新时代 新挑战 新发展

——民防工程科技创新学术论文集

上海市民防工程行业协会 编著

同济大学出版社·上海

图书在版编目（CIP）数据

新时代　新挑战　新发展：民防工程科技创新学术论文集/上海市民防工程行业协会编著 .—上海：同济大学出版社，2022.10
 ISBN 978-7-5765-0385-2

Ⅰ.①新… Ⅱ.①上… Ⅲ.①民防－技术革新－中国－文集 Ⅳ.① E256-53

中国版本图书馆 CIP 数据核字（2022）第 176515 号

新时代　新挑战　新发展
——民防工程科技创新学术论文集

上海市民防工程行业协会　编著

责任编辑：吕　炜
助理编辑：邢宜君
责任校对：徐春莲
排版制作：嵇海丰
封面设计：陈益平

出版发行　同济大学出版社　www.tongjipress.com.cn
　　　　　（地址：上海市四平路 1239 号　邮编：200092　电话：021-65985622）
经　　销　全国各地新华书店、建筑书店、网络书店
印　　刷　常熟市大宏印刷有限公司
开　　本　787mm×1092mm　1/16
印　　张　23
字　　数　574 000
版　　次　2022 年 10 月第 1 版
印　　次　2022 年 10 月第 1 次印刷
书　　号　ISBN 978-7-5765-0385-2
定　　价　128.00 元

版权所有　侵权必究　印装问题　负责调换

编委会

主编

祝进才　姚保华

副主编

施建明　谭社红

编委

（按姓名拼音为序）

蔡来炳　陈　虹　陈力新　付建明　马建民
王　挥　吴国忠　张　慧　张冬梅　赵　唯

序

上海市民防工程行业协会自 2015 年 10 月成立以来，在市民防办、市社团局的监督管理和帮助指导下，在理事会的正确领导和广大会员单位的支持配合下，行业协会切实履行"服务、自律、桥梁、创新"的职能，不断深化行业服务与行业自律，肩负着政府与企业之间的沟通重任，致力于推动民防工程行业科技创新发展，同时，行业协会自身也不断地壮大和发展。

民防工程是防备敌人突然袭击、有效掩蔽人员与物资及保存战争潜力的重要设施，是坚持城镇战斗、长期支持反侵略战争直至胜利的工程保障。习近平总书记指出，科学技术是第一生产力，创新是引领发展的第一动力。《新时代　新挑战　新发展——民防工程科技创新学术论文集》是来自行业协会会员单位的作者们，基于其对民防工程深厚的专业底蕴以及积累的大量工程实践经验，详细介绍了民防工程监理、设计、检验检测、科研信息以及防护（化）设备等专业领域的学术研究成果。这些成果契合民防工程的实际需求，符合行业发展的总体趋势，势必可以提升民防工程从业人员的科研能力和学术水平，对行业的创新发展起到积极的推动作用。

不同的时代有不同的发展特点，作为一名老民防科技工作者，我殷切期望行业协会和广大民防行业专家与时俱进、开阔视野、开拓创新，为推动民防工程科技进步不断做出新的贡献。

原上海市民防办公室　副主任
2022 年 8 月 1 日

前　言

"人民防空是国之大事，是国家战略，是长期战略""要坚持人民防空为人民，铸就坚不可摧的护民之盾""提高防空袭斗争能力，有效履行战时防空、平时服务、应急支援职能使命""团结一心开创人民防空事业新局面"，这是习近平总书记对新时代人民防空事业作出的历史定位。目前，传统产业正在经历快速更新。在人工智能、大数据、"互联网+"等信息化技术的加持下，民防工程建设行业迎来了新的发展与变化。一方面，国家倡导存量发展的理念，传统的民防工程建设随着地面建筑的功能布局正在经历更新；另一方面，高科技时代催生出新兴产业，民防工程建设模式呈现新的变化。随着国家"十四五"总体战略规划的推进，民防工程行业将迎来新的机遇，同时也将面临内部和外部产业环境的全新挑战，逐步形成新的创新协同产业体系，民防工程建设与之相辅，也将不断步入新的征程。

在这一新的历史使命和时代背景下，为充分发挥行业协会的服务功能，促进民防工程行业的技术进步，培养广大技术人员的创新意识和创新能力，上海市民防工程行业协会坚持以习近平新时代中国特色社会主义思想为指导，在上海市民防办公室领导的大力支持下，组织开展了2021年度学术论文征集评选活动。通过精心组织和严格审核，共评选出51篇高质量论文，其中12篇优秀论文作为学术交流文章应邀在"第十二届全国运营安全与节能环保的隧道及地下空间科技论坛暨第三届交通隧道工程火灾防控与应急救援技术论坛"的"民防地下空间"分论坛上进行分享，获得大会组委会的高度评价。

本论文集从民防工程设计、防护（化）设备、检验检测、监理、科研信息设计等五个维度出发，共收录51篇论文。这些文章有的结合社会热点对民防工程防灾减灾功能的延伸进行深入研究；有的对5G、BIM、大数据等信息化技术在民防工程中的应用进行探索；有的对防护设备的质量检测进行分析；有的站在长三角一体化的高度思考科技创新及人才培养的问题。这些论文一定程度上反映了上海市民防行业在数字化、标准化、长三角一体化及科技创新方面所取得的成就，并为切实落实民防建设"十四五"规划、开创人民防空高质量发展新局面进行了积极探索。

本论文集得到上海市2020年度"科技创新行动计划"社会发展科技攻关项目资助（项目编号：20dz1201400）。由于编著人员水平有限，书中难免有疏漏和不当之处，敬请专家、同行和读者批评指正，不胜感谢！

上海市民防工程行业协会
2022年9月1日

目　录

第1篇　第十二届全国运营安全与节能环保的隧道及地下空间科技论坛交流文章

003　地铁人防设备抵御暴雨倒灌可行性分析·吴国忠　王素芳

009　"5G+云VR"技术在人民防空中的应用趋势·陈海霞　顾春华　姚保华

013　钢板与UHPC复合结构形式防护设备暨方钢管钢结构防护设备的研究
　　　·王　挥　张效晗　赵　唯　胡鹏飞

020　上海市废弃早期民防工程隐患整治·陈力新

027　民防工程防护通风系统临战转换关键技术研究·洪　流

035　人防工程防护通风系统检测及案例分析·魏建生　白晓清

041　某地下人防工程空气质量分析及其解决措施探索·冯　涛　殷　豪　严慧栋

048　民防工程信息化管理规范建设探索·曹　峰

056　新型高延性冷轧带肋钢筋CRB600H动态力学性能研究
　　　·陈力新　李亚杰　李天悦　田　杰

068　某坑道工程超大型洞库单层衬砌设计及研究应用·张效晗　杨　杰　苏胜根

077　医疗救护工程多种用途转换的研究
　　　——结合上海市第六人民医院临港分院项目的应用·葛怡璇　郦振中

083　地铁区间防护密闭门安装控制要点·赵晓旭　赵　发

第2篇　民防工程设计

089　下沉式商场战时掩蔽能力的数值模拟分析·张效晗

097　战时有人员停留人防工程洗消技术研究·陈力新

106　人防均布荷载作用下型钢混凝土梁斜截面受剪承载力计算研究·冯　星

116　冷冻暗挖地铁车站结构技术浅析·文丽琴

123　常规武器爆炸动荷载作用下人防地下室顶板尺寸对等效静荷载标准值的影响·徐　方

131　兼顾人防需要的综合管廊设防与灾后修复技术研究
　　　·束　昱　史慧飞　陈　钢　路　姗　陈国蓓

141	集中荷载作用下人防型钢混凝土梁斜截面受剪承载力计算研究·冯　星
149	人防工程给排水设计思路简介·原芳芳
156	轨道交通工程人防及防淹门系统与其他机电系统接口做法浅析·石　磊
162	人防工程洗消间布置的探讨·朱明亮
168	上海地铁江浦路站逆作顶板纵向施工缝防水设计·陈　琦
173	人防工程口部标准化设计研究·王　睿
186	城市轨道交通系统兼顾设防浅谈·颜　文
191	基于BIM人防工程运维管理系统设计研究·荣鑫明　陈力新　刘宝权
199	基于数值模拟的型钢混凝土梁在人防荷载作用下正截面受弯承载力计算研究·冯　星
208	地下空间商业价值的设计理念和实践·赵丽萍
213	某人防指挥工程空调系统改造设计·朱明亮
218	装配式混凝土结构在加固改造工程中的应用·徐　方

第3篇　民防工程防护（化）设备

227	人防工程项目招投标与合同管理相关问题的探讨·韩　冰　王　锐
231	民防设备生产企业转型升级为高端装备制造业是战略站位的责任需要·葛俊红
237	在用民防工程防护设备的维护与管理探讨·陈　勇　谢　燕

第4篇　民防工程检验检测

243	民防工程防护设备原材料检测项目的检测方法和评定依据梳理·朱　攀
251	防护设备用海绵橡胶密封条试验过程中试样静置时间对压缩反力结果影响的分析·王宇轩
258	民防工程防护设备质量部分检测方法的探讨·谢冬进　刘海斌
265	人防工程钢结构门焊接质量无损检测·刘　欢
271	浅析人防工程钢结构门检测方法应用·沈嘉毅
286	民防工程防护设备检测中尺寸测量方法的探讨·李青山
291	人防工程防护设备存在的问题及质量检测技术分析·许红生

第5篇　民防工程监理

299	BIM技术在地铁机电设备监理工作中的应用探讨·彭金元
304	民防工程渗漏监理检查要点分析及防治建议·张德新
309	强风化泥质砂岩地质条件下深基坑施工技术探讨·蔡晓明

第6篇　民防工程科研信息

319　国内轨道交通兼顾设防的发展现状、问题和对策·赵　晟　秦莉真

325　人防工程空气质量与安全的智能监控·李树广　马　军　周　奕

329　新形势下加强民防事业单位财务管理的探讨·沈小艳

333　民防指挥室和会议室中音频信号技术的发展趋势·茅翔升

338　融媒体时代下的民防宣教·浦　玮　钱晨路　陈　曦　吴苑琪

346　浅谈风险文化理论对民防工作的启示·侯瑞同

350　基于大数据的人防工程全生命周期管控探讨·李　昌

353　长三角一体化背景下高层次科技创新人才培养和流动的思考探析·王嘉文

第1篇

第十二届全国运营安全与节能环保的隧道及地下空间科技论坛交流文章

地铁人防设备抵御暴雨倒灌可行性分析

吴国忠　王素芳

(上海三维工程建设咨询有限公司，上海 200060)

摘　要　根据超常规雨量引起暴雨倒灌入地铁的路径，匹配相关地铁兼顾人防防护设备，对相关设备抵御暴雨的可行性进行分析，提出应对此类灾害的改进措施。

关键词　地铁；暴雨倒灌；人防设备；应急使用

1　引言

2021年郑州特大暴雨引发郑州市地铁车站隧道雨水倒灌，导致重大人员伤亡和物损事故，震惊全国。实际上，随着近年来地铁建设全面推进，暴雨倒灌入已通车地铁工程的案例并不少见，此类事件是否可以避免，采取何种措施，是否可以利用地铁兼顾人防防护设备，为平时结合应急防护使用，是人们需要考虑的主要问题。

2　地铁遭暴雨引发洪水淹没的成因分析

通常，地铁车站废水系统主要是将车站冲洗废水、生产废水、结构渗漏水和消防废水，自动扶梯基坑、垂直电梯集水坑以及风亭下和废水井等中的水收集起来并排放到市政排水管网。对于有盖结构并不考虑雨水排水系统，为防止地面雨水侵入地铁车站，采取的措施包括提高口部标高、优化地面散水构造，以及当地面有少量积水时出入口采取应急挡水措施等，如图1所示；即便是无盖敞开式出入口和风亭也仅按50年一遇的洪水重现期进行设计计算。因此在全球气候不断恶化的今天，突发天气经常发生，短时强降雨往往超出了城市排水能力。据报道，这次郑州暴雨被称为"百年不遇"的暴雨。在城市排水系统整体瘫痪的情况下，地铁项

图1　地铁车站出入口防止地面暴雨侵入常用措施

基金项目：沪民防〔2020〕64号；上海三维工程建设咨询有限公司科研项目。

作者简介：吴国忠（1968年—），男，工程硕士，正高级工程师，主要从事民防工程、轨道交通方面工程管理和研究。E-mail: gzhwu@163.com。

目首当其冲、无法幸免，因此，在目前城市建设水平和资源持续投入的情况下，暴雨倒灌对于地铁交通来说将是一个长期的隐患，需要尽快解决。

3 兼顾人防防护设备应对暴雨倒灌的可能性

3.1 地铁工程暴雨倒灌的路径

一条通车的地铁线路，各车站通过隧道连成一个整体。暴雨能够倒灌入地铁的路径包括以下三条：车站出入口、车站风亭以及线路出入场线（或由高架进入地下出入段）。

对在建的地铁工程，由于其车站、盾构和出入场段等分属各项目班子管理，并未形成线路整体，这导致无法从整体防御进行分析。所以这里特别要提出的是，对于已通车的既有地铁线路有关的施工，如增加出入口、换乘车站夜间施工线路作业等，尤其要重视雨水（包括施工材料、气体、扬尘等）的侵入，因为此时对一个地铁车站甚至于整体线路来说都处于不设防状态。

3.2 暴雨倒灌路径相应位置人防防护设备的情况

一条完整的地铁线路，也是地铁工程能够在战时兼顾人防的前提条件。轨道交通工程战时的主要功能是保障人员安全转移和物资运输，也可转换为紧急人员掩蔽部和物资库。根据这样的战时功能定位，轨道交通兼顾人防一般防护等级为核 6 级、常 6 级，防化等级为丁级，为了防止冲击波与化学毒剂等，对防护和密闭都有一定的要求[①]，因此对暴雨可能的倒灌部位，在人防设计中也都有相应的防护设备，具体设备见表 1。

表 1　暴雨可能倒灌部位的人防防护设备设置

暴雨倒灌路径	路径细分	人防防护设备	每处数量	设计压力值
车站出入口	战时主、次出入口	防护密闭门、密闭门	1 组	0.15 MPa
	平时出入口等	防护密闭门	1 樘	0.15 MPa
车站风亭	战时进排风井	清洁式通风防护密闭门、风机密闭门	1 组	0.15 MPa
	非战时通风部位	防护密闭门	1 樘	0.15 MPa
线路正线	出入场线（或由高架进入地下出入段）	防护密闭门、密闭门	1 组	0.15 MPa
	每防护单元间	区间防护密闭隔断门	1 樘	0.05 MPa
	大江大河两侧	防淹防护密闭隔断门	各 1 樘	20 m 水头或 32 m 水头

注：一条地铁线路一般将一站一区间划分为一个防护单元。

这里要特别说明，地铁防淹防护密闭隔断门一般设立在大江大河的两侧，垂直升降，作用是防止江河漏底灾害导致的江河水倾入地铁线路和车站。

---

① 见于《轨道交通工程人民防空设计规范》(RFJ 02—2009)。

3.3 人防防护设备应对暴雨倒灌的可能性
3.3.1 抗力分析

一旦启用人防防护设备来抵御暴雨倒灌，防护设备外侧即成为雨水汇水处。以图 2 地铁车站给排水图为例。

1）车站出入口

站厅层相对室外地坪标高为 -11.120 m，地面积水以 1.2 m 计，人防门受淹最大水头达 11.12+1.2=12.32 m，该数据小于车站出入口防护密闭门 0.15 MPa 设计抗力值，满足抗力要求。

2）车站风亭

车站底板标高 -21.420 m，地面积水以 1.2 m 为计，人防门受淹最大水头达 21.42+1.2=22.62 m，该数据大于车站风亭防护密闭门 0.15 MPa 设计抗力值，不满足抗力要求。

3）线路出入场线（或由高架进入地下出入段）

一般出入场线（或高架进入地下出入段）防护密闭门标高介于车站出入口和地面标高之间，取车站出入口标高（大值），满足抗力要求。

区间防护密闭隔断门为防护单元之间的双向受力人防门，0.05 MPa 的设计抗力值无法承受满灌的暴雨水压力。

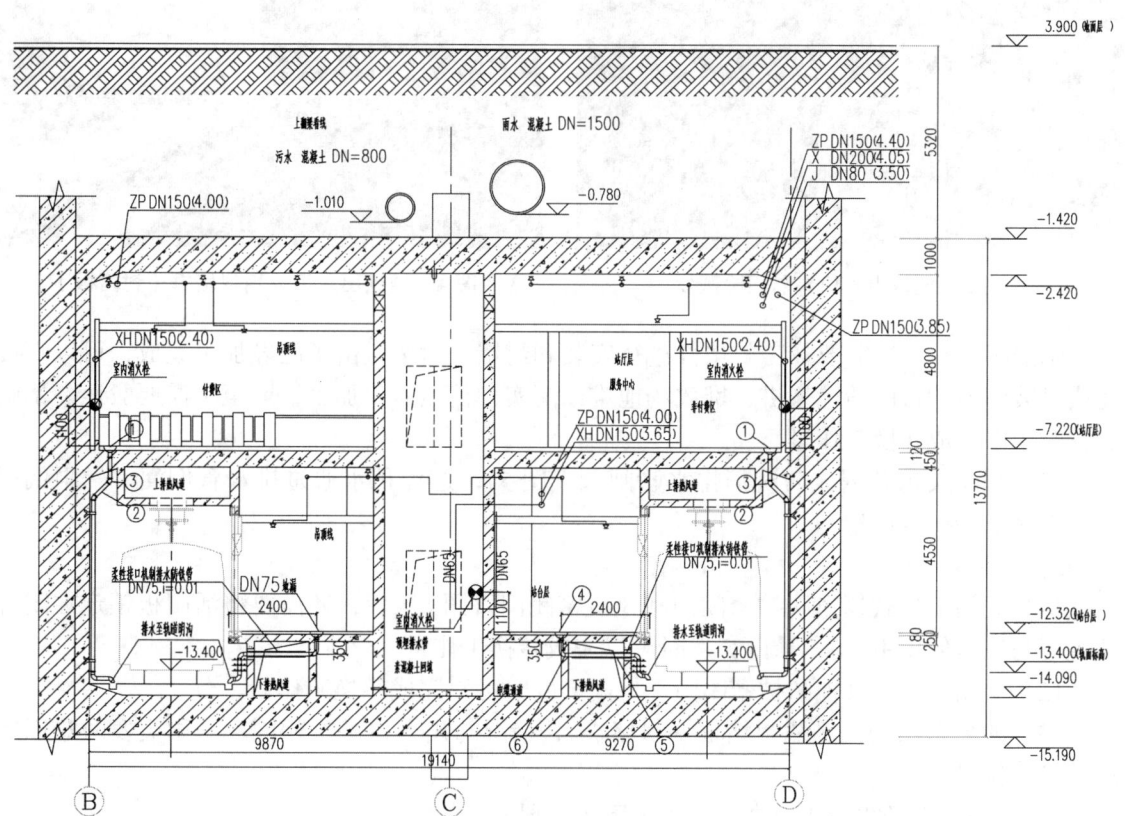

说明：标高以 m 为单位。

图 2 地铁车站给排水示意（单位：mm）

3.3.2 转换时间分析

根据人防战术平战转换的技术要求,孔口防护设备平战功能转换的紧急转换时限为 3 d[①],显然,当面对突如其来的恶劣暴雨天气,3 d 的响应时间过慢。

3.3.3 暴雨倒灌时转换工作量分析

面对暴雨倒灌突发事件,如果应急使用人防防护设备,需要完成以下工作量。

1) 车站出入口

(1) 为了平时使用的安全美观,人防门在验收完成后,应被装饰面隐蔽,如图 3 所示。

临战时需要拆除侧墙装饰面板和轻钢龙骨,部分升降式人防门还受到吊顶影响,墙顶装饰层都需要拆除才能够启闭人防门。暴雨突发时难以完成转换工作量。

(2) 由于是兼顾人防,部分车站结构若安装人防门,门扇安装开启会受到影响,所以采取临战封堵框(封堵板)形式,见图 4。

图 3 地铁出入口人防门隐蔽　　　　图 4 地铁出入口采用封堵框(封堵板)

临战时,封堵框需要加工封堵件进行安装和封堵,封堵板由于已经加工完成,可以直接完成吊装。但就目前情况来讲,堆放场地难以落实,仍然需要加工,或至少需要驳运。暴雨突发时难以完成转换工作量。

(3) 关闭集水井内人防洗消排水管闸阀(图 5),避免积水通过排水管倒灌。暴雨倒灌时可以完成转换工作量。

2) 车站风亭

(1) 关闭清洁式通风防护密闭门和风机密闭门(图 6)后,还需要将活门板锁定在闭合位置(与战时使用不同)。暴雨突发时可以完成转换工作量。

(2) 关闭风亭内其他防护密闭门。暴雨突发时可以完成转换工作量。

(3) 如果采用的是临战封堵框(封堵板),情况与出入口基本相同。暴雨突发时难以完成转换工作量。

3) 线路出入场线(或由高架进入地下出入段)

(1) 正线防护密闭门的关闭,需要就位活置式门槛,门槛与轨道间的异形缝隙用组合封

---

① 见于《人民防空地下室设计规范》(GB 50038—2005)。

图 5　集水坑中人防洗消排水管闸阀　　　　图 6　地铁风亭清洁式通风防护密闭门

堵块封堵，与触网配合的门的上封堵（早期形式）或异形缝隙组合封堵块封堵，可能还涉及触网调整或拆除。早期形式防护密闭门在暴雨突发时难以完成转换工作量。

（2）人防门下轨道两侧排水洞法兰安装或闸板闭合。暴雨突发时可以完成转换工作量。

3.3.4　对防护设备使用队伍的专业化要求

地铁工程线路长，防护设备多，暴雨状态下应急使用工作量大，目前缺乏一支成熟的人防专业化队伍。

综上分析，目前通过使用地铁人防防护设备来抵御暴雨倒灌可能性不大。

4　兼顾人防防护设备应对暴雨倒灌的改进措施

随着国家机构改革，人防部门的职能越发聚焦到战时防空，设防理念主要考虑的是地铁工程如何为战时所用，如果能将人防防护设备与平时的应急使用场合和功能有机结合，将能够用最小的代价，利用好有限的资源，更好地发挥兼顾人防的社会效用。

4.1　适当提高人防防护设备的抗力等级和设备设置

由抗力分析可知，车站出入口和出入场线（或由高架进入地下出入段）人防防护设备设计抗力值虽然能够满足抵御暴雨倒灌的需求，但冗余量不大，情况稍微复杂的地铁车站可能就不满足抗力要求；风亭防护设备抗力无法抵御满灌的暴雨水压力。如果我们将防护设备抗力提高到核 5 级、常 5 级（设计抗力值 0.3 MPa），除非换乘车站等特殊情况基本能够满足防护设备对暴雨倒灌水压力需要。

我们甚至可以在上述位置直接开发、选用平开式的防淹防护密闭门，全方位满足抵御暴雨倒灌的需要。

4.2　提高人防防护设备的使用便利性

虽然人防防护设备直接为战时防空准备，但"养在深闺"，平时少保养、不演练，不仅战时难以达到预期的效果，也降低了平时应急使用的可能性。这需要转变观念，统一协调，通力合作，在源头阶段做好相应规划。

4.3 建立职业的人防专业队

专业的事要有专业的人去做。目前人防工程，尤其是结建人防、兼顾人防，建、养、用高度脱节，亟须建立一支全过程介入的高素质职业人防专业队，平时参与养护、演练、应急使用，战时方能保证防护设备的有效使用。

上述措施仅从人防系统的立场考虑，若从当前我国部门职能分配角度考虑，应当从更高层次的角度出发，进行统筹布局。

5 启用兼顾人防防护设备应对暴雨倒灌的应急决策

根据人防有关设计规范，对于常规武器爆炸动荷载和核武器爆炸动荷载，设计时均按一次作用，因此如果上述分析条件均满足，且真实发生了使用人防防护设备抵御暴雨倒灌后，人防防护设施的后续检修、检测与恢复需要一定的时间。同人防临战使用理念一致，要启用人防防护设备抵御暴雨倒灌，其暴雨强度一定是灾害程度。如何来判断暴雨一定会发生倒灌灾害，需要根据每座城市的不同情况进行科学建模与果断决策，毕竟封闭一座城市的轨道交通，启用战时防护设备，对社会的影响和代价是巨大的。

6 结论

（1）在目前城市建设水平和资源投入的情况下，恶劣天气导致的暴雨倒灌，对于地铁交通来说将是一个长期的隐患。

（2）一条通车的整体地铁线路，暴雨若倒灌地铁车站出入口、车站风亭和线路出入场线（或由高架进入地下出入段）的三条路径，人防设计中设有相应的防护设备。车站出入口、线路出入场线（或由高架进入地下出入段）的人防门设计抗力值可以抵御倒灌雨水的压力，风亭人防门设计抗力值不满足抵御倒灌雨水的压力；人防临战紧急转换时间为 3 d，转换工作量较大，难以满足暴雨倒灌来袭时间；较大的转换工作量也缺乏训练有素的人防专业队来完成。因此，目前通过使用地铁人防防护设备来抵御暴雨倒灌可能性不大。

（3）人防防护设备与平时的应急使用场合和功能有机结合，能够用最小的代价，利用好有限的资源，更好地发挥兼顾人防的社会效用。

（4）可以通过适当提高人防防护设备的抗力等级和设备设置、提高人防防护设备的使用便利性以及建立职业的人防专业队等措施，提高利用兼顾人防防护设备应对暴雨倒灌的可行性。

（5）即便地铁启用人防防护设备应对暴雨倒灌的条件满足，是否启用、何时启用防护设备也需要精准决策。

"5G + 云 VR"技术在人民防空中的应用趋势

陈海霞[1]　顾春华[2]　姚保华[1]

(1 上海市民防科学研究所，上海 200020；2 上海理工大学，上海 200093)

摘　要　虚拟现实（Virtual Reality，VR）作为新一代人机交互平台，可使用户在虚拟世界中有身临其境的感觉，5G 通信技术带来的网络大带宽、低时延和稳定性，结合云计算技术带来的计算设备成本降低和平台扩展性提升，为各种以内容为载体的 VR 视频推广营造了十分良好的大环境。通过分析我国 5G 和云 VR 技术的现状和研究趋势，对"5G + 云 VR"技术在人民防空中的应用场景进行探索，包括疏散演练、工程介绍和科普宣教等，为"5G + 云 VR"技术在人民防空中的应用积累理论经验。

关键词　民防工程；虚拟现实；5G 通信；人工智能；大数据

1　引言

在"互联网 +"、云计算、大数据等概念和技术相继提出的大背景下，为提高控制与管理效率，人民防空在继承以往建设发展成果的基础上，结合新技术和高层次应用推进信息化深入发展，进一步提出智慧人防的概念，其目标在于运用信息技术手段为整个城市的智能防护提供更优质的系统平台和信息保障。为更好地融入智慧城市的总体建设规划，与智慧城市建设协调推进、融合发展，使人防触角尽可能延伸到城市的各个重要方面，同时使智慧城市的建设成果更多更好地应用到人防指挥建设领域，智慧人防需要充分运用智慧城市建设发展的成果。当前 5G 通信技术带来的网络大带宽、低时延和稳定性，结合云计算技术带来的计算设备成本降低和平台扩展性提升，为各种以内容为载体的 VR 视频推广营造了十分良好的大环境。如何推动 5G、虚拟现实和人工智能等新技术在人民防空中的深入应用已成为智慧民防的重点。

2　5G 和云 VR 技术现状分析

VR 技术是一种可以创建和体验虚拟世界的计算机仿真技术[1]，可使用户在虚拟世界中有身临其境的感觉，故而在人防科普宣传方面得到了较好的应用。当下人防科普利用 VR 技术，可以为用户打造身临其境的空袭虚拟场景，通过与虚拟环境的交互实现人民防空疏散与人防工程虚拟体验强化虚拟演练体验的效果，从而可大大提升民众学习兴趣，并加深对人

资助项目：上海市科学技术委员会科研计划项目（20dz1201400）。
作者简介：陈海霞（1984 年—），女，高级工程师，硕士研究生，主要从事民防工程及地下空间的研究。Email: 107708393@qq.com。

防知识的理解和对人防应急技能的掌握。但是，现有的单机 VR 由于存在消费成本高、获取内容困难、流畅性和清晰度低等原因，难以得到大规模普及。随着 5G 的应用和推广，其提供的高带宽、低时延和可靠性为解决云 VR 技术在清晰度、流畅度和交互感上的问题提供了可能性。首先，5G 网络通信技术在性能的各个维度上都有数量级的改进，其带宽的提升满足了云 VR 的高分辨率画面传输，从而在清晰度上得到保障[2]。其次，网络的高带宽同时满足了云 VR 视频内容中单位时间内有效帧率的要求，且高可靠性的低时延网络传输保障了云 VR 视频的流畅度。最后，5G 网络通信技术的 10 Gbps 下行速率能保障云 VR 的高画质稳定低时延传输，进而使得交互感也得到保证。因此，5G 网络通信技术提供的高带宽、低时延和高可靠性的网络服务是云 VR 良好体验的保障。同时，VR 结合云计算技术的云 VR 技术将内容存储、复杂的渲染与计算迁移至云端，大幅度降低对终端性能的要求，并在实现对设备要求降低的同时还提高了其便携性。云 VR 随着 5G 的部署以及宽带的提速，未来必将成为主流 VR 产品的形态之一。

当前"5G+云 VR"技术已经在许多不同的场景与领域展现出惊人潜力。如：①在教育场景中[3]，"5G+云 VR"技术构建异地、多人、多端的全息教学场所，实现异地多人即时加入课堂、多人同时交互和各种智能设备的无缝衔接，通过虚实结合的全新教学方式辅助课堂教学，营造场景化教学新体验。②在工业场景中，"5G+云 VR"技术深度融合物联网技术，实现全息产品展示、全息工厂巡检以及设备远程操作指导和远程协助的功能，围绕工业中的场景，满足智慧工业更精细化、要求更高的各种需求。③在医疗场景中，"5G+云 VR"技术实现集远程指导基层首诊、专家会诊、远程交流和培训等多项功能于云平台，助力医疗资源公平化和均衡化发展，让更多偏远地区患者享受优质医疗服务。④在游戏娱乐场景中，"5G+云 VR"技术打造全新互动游戏视觉与交互体验。VR 游戏所需的用于实时渲染和媒体处理的庞大 GPU 算力通过 5G 通信技术实现低时延、高可靠性和高带宽的传输至云端完成，在降低用户端设备成本的同时完善用户游戏的沉浸体验。5G 通信技术与云 VR 技术的结合在不同场景下激发出巨大潜力，为应用于人民防空领域起到了良好的导向作用。

3 5G 时代下虚拟现实在人民防空中的应用前景

人民防空（简称人防）是指人民政府和军事部门动员和组织人民群众防备敌人空中袭击、消除空袭后果所采取的措施和行动。人民防空是国防的重要组成部分，是现代城市建设的重要内容，是一项全民的社会公益事业。《中华人民共和国人民防空法》规定："国家开展人民防空教育，使公民增强国防观念，掌握人民防空的基本知识和技能。"依法开展人民防空教育，是党和国家赋予人民防空部门的重要职责。

3.1 "5G+云 VR"技术应用于人防虚拟疏散演练

人民防空疏散是在战争爆发前后，将人员、物资、设施等有计划、有组织地撤出并安置到安全地区的行动，是保存战争潜力、减少人员伤亡和经济损失的主要措施。熟悉疏散预案要求、掌握应急疏散要点，是每个居民实现自我防护的基本技能。在实际生活中人民防空疏散演练往往规模宏大，即使将疏散演练社区化以减小组织规模，但由于居民难以统一演练时间、对人防知识了解不多、重视程度不足以及配合度低等原因，难以组织科学、高效、统一的疏散演练。因此，融合大数据计算技术、无线通信技术和仿真技术等新技术优势，对解决社区人民防空疏散演练存在的困难，是科学合理的，也是十分必要的。

防空警报是在城市受到空袭威胁时鸣响的提醒人们防空袭的警报，它是各级人民政府实施人民防空指挥、组织人员疏散的基本手段。防空警报信号分为三种：预先警报、空袭警报和解除警报。

以社区居民在家中听到防空警报后的响应行动为应用场景，依托无线通信、云计算和计算机虚拟仿真等最新技术成果，研发基于"5G+云VR"的社区人民防空疏散虚拟演练技术方案。通过将相关内容以及复杂的渲染与计算进行云端部署，结合虚拟交互设备，可实现随时随地、经济简便地进行人防疏散培训或体验，在虚拟仿真的环境中获得接近真实场景的、身临其境的演练效果，从而有效增强民众对防空袭应急疏散要求的理解和自救互救技能的运用，达到以新技术手段进一步推进人防宣传教育"进社区"的目的。

3.2 "5G+云VR"技术应用于人防工程领域

人民防空工程始建于第二次世界大战，战后为了适应城市战时防空和平时防灾的需要，世界上许多国家进行了大规模的人民防空工程建设，逐渐形成了布局合理、配套系统与城市建设紧密结合的现代工程体系。截至目前，根据国外公布的资料数据，许多国家人民防空建设已经达到较高的水平。其中较具代表性的国家如：美国建有防空指挥所约4 140个，公共掩蔽部约20.5万个，全国11个城市建有地铁约1 000 km，在紧急情况下可掩蔽450万人。美国现有的民防工程能提供2.4亿个人员掩蔽位置，可掩蔽全国85%左右的人口。俄罗斯建有1 500个民防指挥所，可容纳17.5万人；在城市和工业区构筑有1.5万~2.0万个抗冲击波掩蔽部，可容纳2 000多万人；在紧急情况下，还可启动地铁、地下车库、地下街等地下建筑物用于人员掩蔽。俄罗斯现有的民防工程可掩蔽全国70%以上的人口。瑞士建有民防指挥所1 660个，人员掩蔽部20多万个，可提供掩蔽位置600万个，地下医疗设施1 430个，病床103 500个，全国人口100%都有符合要求的掩蔽位置。以色列建有各类防护工程近3万个，遍布全国各地。多数民众在警报响起后，短时间内即可就近找到防护工程。在2006年的黎以冲突中，超过100万的以色列民众被疏散至防空洞内。

以某一代表性的人防工程为对象，采用"5G+云VR"技术，构建人防工程三维模型，还原真实场景及设施设备操作模型。

3.3 "5G+云VR"技术应用于人防科普宣教领域

落实人防宣传教育"五进"政策（进社区、进学校、进机关、进企业、进网络），是人防部门长期推动的一项基础性工作。如何更新宣传教育理念，充实宣传教育内容，尤其是不断创新社区宣传教育形式，有效提升宣传教育效果，是各级人防部门所面临的一项重要课题。国家人防办在《关于加强人民防空宣传教育工作的意见》（国人防办〔2007〕8号）中提出：要通过丰富实用的人防宣传教育工作内容，形式多样的人防宣传教育工作方法手段，使全体公民的国防观念和人防意识不断增强。并明确：要充分采用多媒体技术和现代传媒技术，发挥互联网的优势，不断提高实效性。《关于加强新形势下国防教育工作的意见》（中发〔2011〕8号）中要求：要积极改进和创新国防教育的方法手段，要注重运用互联网、手机等新兴媒体，加强国防教育的普及宣传。

基于5G、大数据搭建人防科普平台。通过上传围绕人防科普为主题，涵盖各种教育宣传片、空袭模拟动画、防空警报和其他科普视频等不同形式的VR视频内容到云服务器中进行存储，居民可以在不受时间和空间限制的条件下通过接入 5G 网络的 VR 头盔或通过手机、PC 设备在云端点播观看人防相关宣教内容，达到线上了解和学习人防相关知识的目的。此外，用户可以在科普平台上收看定期的 VR 直播内容，从中获取最新的人防知识和各地区人防相关的消息动态。

4 结语

通过分析 5G、云 VR 现状，结合教育、工业、医疗和游戏娱乐等不同场景与领域的应用介绍，提出"5G+云 VR"技术应用于人防虚拟疏散演练、人防工程及科普宣教领域的设想。相信在不久的将来能真正实现"5G+云 VR"技术在人民防空中的实践应用。

参考文献

[1] 高红波. 中国虚拟现实（VR）产业发展现状、问题与趋势 [J]. 现代传播，2017，247（2）：8-12.
[2] 张骁鸾. 5G 关键技术与研究热点浅析 [J]. 广播电视网络，2020，371（11）：27-31.
[3] 乔振华，左佳斌. VR 技术在口腔教学中的应用 [J]. 电脑知识与技术，2019，20（15）：278-279.

钢板与 UHPC 复合结构形式防护设备暨方钢管钢结构防护设备的研究

王 挥[1]　张效晗[1]　赵 唯[2]　胡鹏飞[2]

(1 上海市地下空间设计研究总院有限公司，上海 200125；2 上海地空防护设备有限公司，上海 201602)

摘　要　传统钢筋混凝土结构不适用于较大尺寸的防护设备；钢结构不适用于地下潮湿环境且拼接切口、焊接线路复杂，生产制造质量不稳定等情况；轨交工程轨行区防护设备锈蚀失效后不可更换。本研究采用钢板与 UHPC[1] 的复合结构，拓宽了普通钢筋混凝土防护设备的适用尺寸范围，使轨交防护设备与主体结构同寿命周期，且生产工艺简单、成品质量可靠；对于超大尺寸防护设备，化工字钢骨架为方钢管[2]骨架，化"凸"字形切口为平直形切口，实现自动化焊接，提高产品质量和生产效率。由陆军工程大学爆炸冲击国家重点实验室进行抗爆试验，验证其合理性。

关键词　防护设备；耐久性；UHPC；方钢

1 引言

习近平总书记在 2016 年全国科技创新大会上指出："科技兴则民族兴，科技强则国家强。"以科学技术研究为基础的创新应用尤为重要。

随着我国经济和城市化的发展，地下工程和轨道交通工程建设飞速发展，防护设备的质量和耐久性问题日益突出，耐久性是指处于设计确定的环境作用和维护、使用条件下，在设计使用年限内保持其适用性和安全性的能力，通常与门扇结构材料密切相关。

门扇结构材料通常有普通钢筋混凝土、钢结构等。其中，影响钢筋混凝土防护设备质量和耐久性能的主要因素有混凝土的碳化、侵蚀性介质的腐蚀以及钢筋锈蚀等，采用碳化深度、氯离子扩散系数等指标来衡量；影响钢结构防护设备质量和耐久性能的主要因素有焊接质量、温度、湿度的变化以及二氧化碳、氧、盐、酸等环境因素，采用锈蚀率或损失厚度等来表现。

近年来，UHPC 材料在桥梁工程的桥面建造、加固与修复中得到广泛应用，使用 UHPC 材料可拓展普通钢筋混凝土防护设备的适用尺寸范围，且耐久性更好；空心型钢在其交叉处拼接切口、焊接线路均为直线，下料、拼装和焊接工艺均较工字钢、槽钢简单，产品尺寸一致性好，便于在流水线平台上实现自动焊接，质量稳定可靠，在钢材经环氧富锌漆处理、环

基金项目：国人防〔2021〕52 号，上海市地下空间设计研究总院科研项目。
作者简介：王　挥（1965 年—），男，硕士研究生，教授级高工，主要从事地下工程、防护工程等领域的设计与科研工作。E-mail: wanghui@suadi.com.cn。

周边的焊缝把中间空腔封闭、内外隔绝后,能保证防护设备空腔的耐久性。本文就 UHPC 材料及空心型钢在防护设备中的应用展开研究。

2 钢板与 UHPC 复合结构防护设备

采用标记为 ST-N-UHPC UC2（及以上级）/UT4-T/CECS 10107—2020 的 UHPC 材料,通过在钢板上设置栓钉、锁头、锁座和传动机构等连接件,解决钢板与 UHPC 复合结构之间的剪力传递问题,实现共同受力。该复合结构防护设备与普通钢筋混凝土门扇相比,不仅受力性能好（可考虑钢板和 UHPC 的抗拉强度）、门扇薄、质量轻、强度高、韧性好,而且更密实、抗渗、耐腐蚀,适用于更大尺寸的防护设备；与钢结构门扇相比,不仅生产工艺简单（振捣密实即可）、整体性好、质量稳定,由于是实体结构,可避免钢结构门扇空腔内部受地下潮湿空气侵蚀作用,失效后又无法更换的缺陷,能满足轨道交通工程百年设计使用的年限要求。

按军标规范[①],结合总体方案设计、门框设计、门扇结构设计（每个型号门扇结构都进行有限元计算分析）、启闭机构受力计算设计、防腐防锈设计、安全保障设计和样品试制、性能测试、安装和试运转等方面作试验研究,选取其中最典型的无门槛双扇防护密闭门（SWSFM6030-30）,由陆军工程大学国防工程学院爆炸冲击防灾减灾国家重点实验室进行正、反两面的抗爆试验,验证其合理性。

2.1 加载试验原理

将试件放入模爆坑密闭空间中,并放置导爆索,通过对化爆的控制达到设定的冲击波超压值,施加于试件上（图1）。

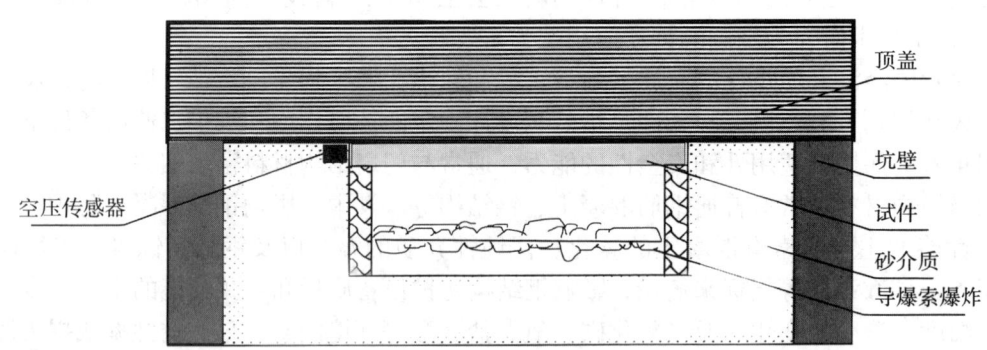

图 1 模爆坑剖面示意图

2.2 正向试验

UHPC 复合结构防护门具有抗冲磨、耐久性好等特点,其正向试验示意如图 2 所示。

2.2.1 正向压力时程

在进行正向压力试验时,两只压力传感器（测点为 P_1 和 P_2）的试验数据分别如图 3（a）

---

① 见于《防护工程防护设备和消波系统技术规范》(GJB 3137—1997)。

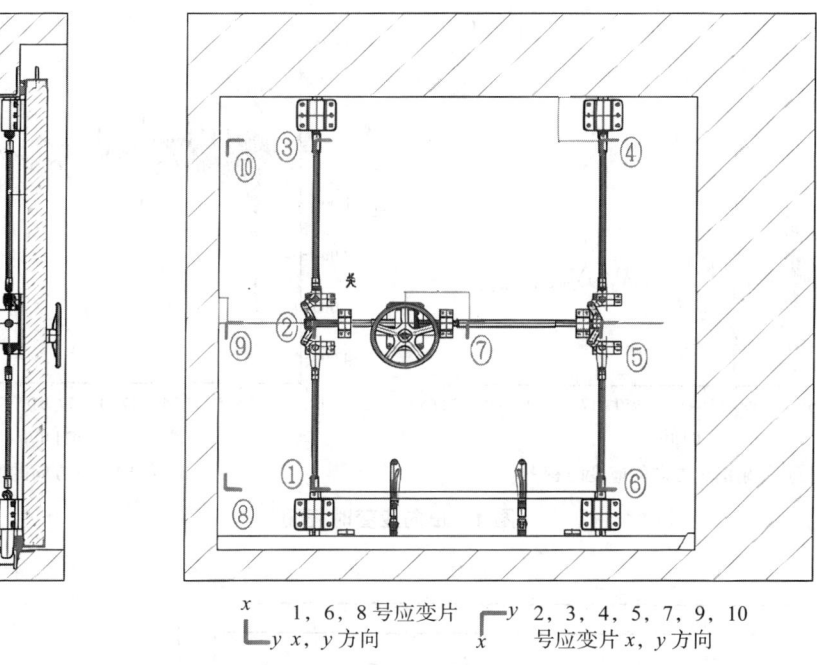

图 2 UHPC 复合结构防护门正向试验示意图

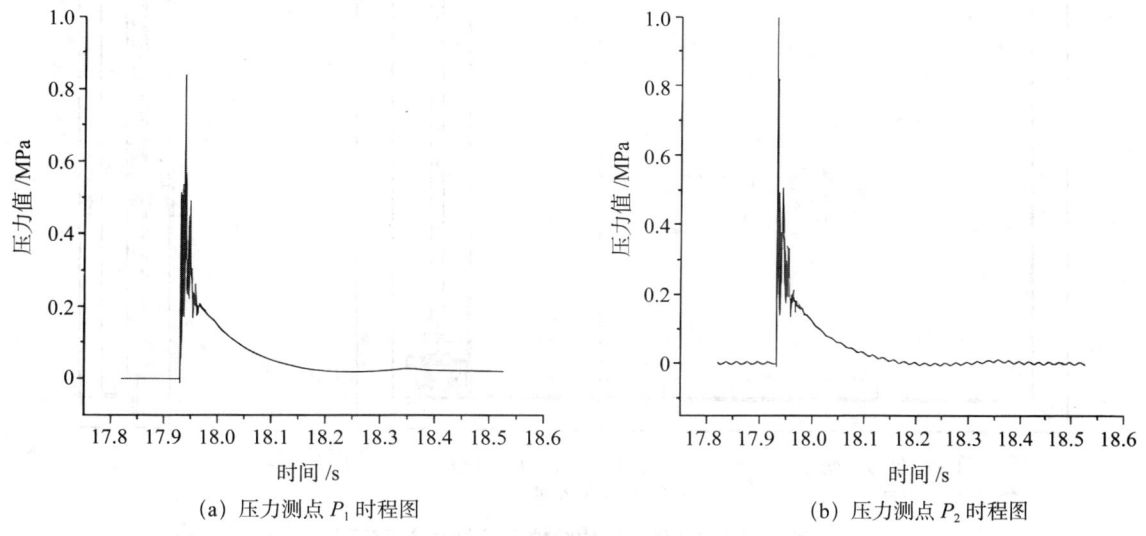

(a) 压力测点 P_1 时程图 　　(b) 压力测点 P_2 时程图

图 3 正向压力时程图

和 (b) 所示，超压达到 0.3 MPa，正压作用时间 300 ms。

2.2.2 正向应变时程

应变片粘贴的背板为外包钢板，故应变信号含钢板振动信号，波形如图 4 (a) 和 (b) 所示。

2.3 反向试验

UHPC 复合结构防护门反向试验如图 5 所示。

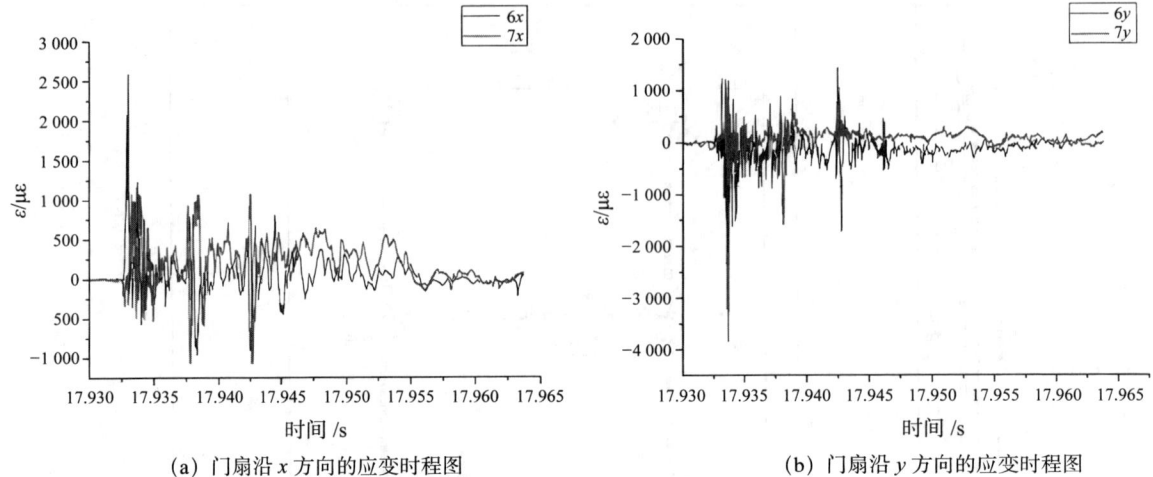

(a) 门扇沿 x 方向的应变时程图　　(b) 门扇沿 y 方向的应变时程图

图 4　正向应变时程图

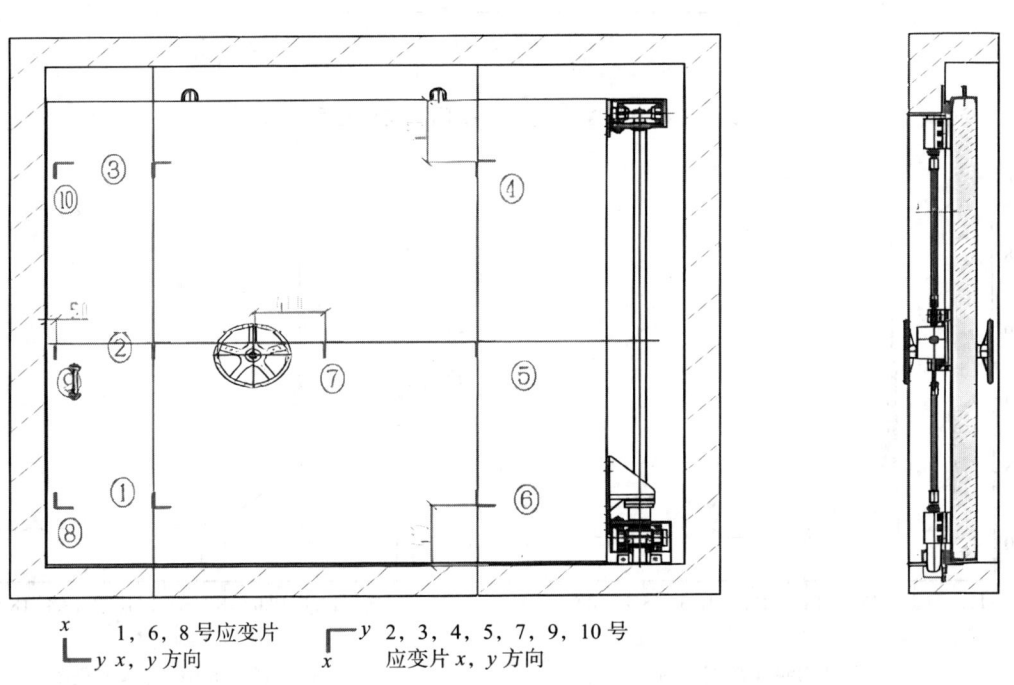

x　1，6，8 号应变片　　y　2，3，4，5，7，9，10 号
y　x，y 方向　　　　x　应变片 x，y 方向

图 5　UHPC 复合结构防护门反向试验示意图

2.3.1　反向压力时程

当进行反向压力试验时，两只压力传感器的实验数据分别如图 6（a）和（b）所示，超压达到 0.1 MPa，正压作用时间 400 ms。

2.3.2　反向应变时程

应变片粘贴的背板为外包钢板，当前应变信号含钢板振动信号，应变波形如图 7 所示。

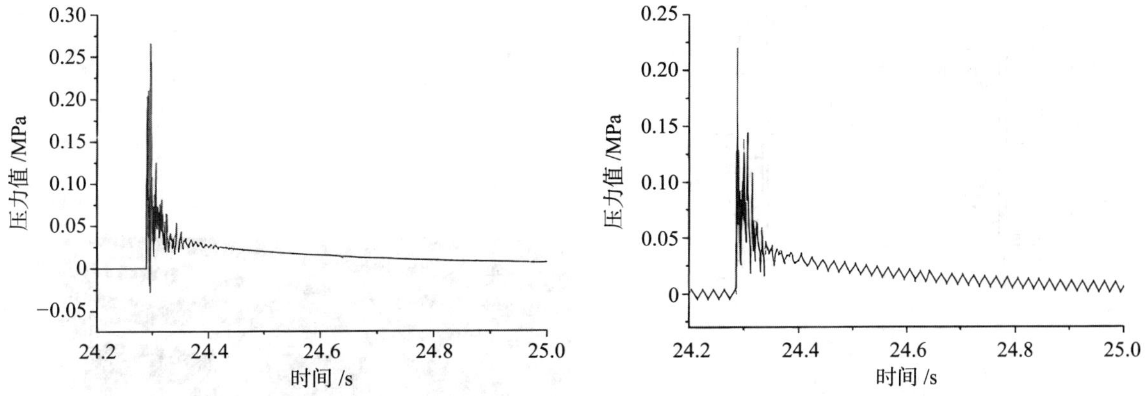

(a) 压力测点 P_1 时程图

(b) 压力测点 P_2 时程图

图 6　反向压力时程图

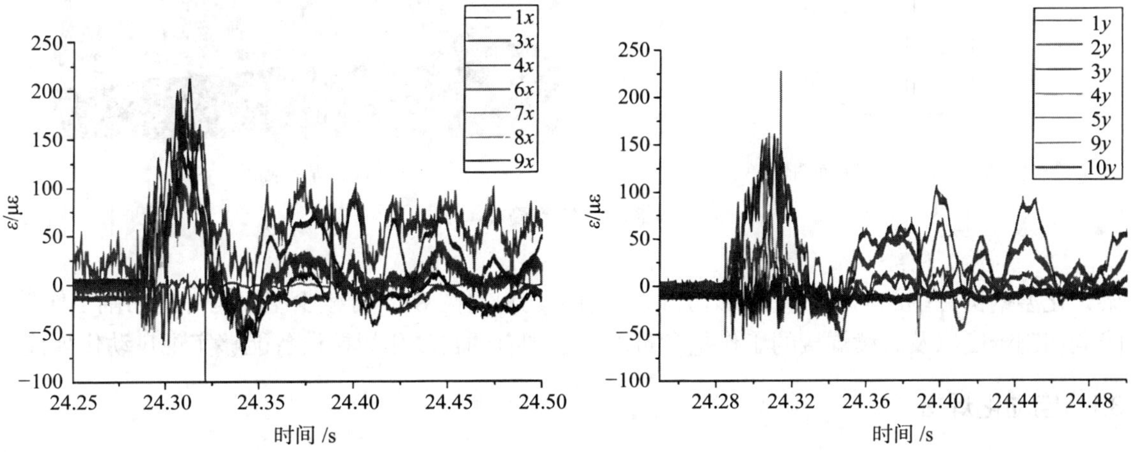

(a) 门扇沿 x 方向的应变时程图

(b) 门扇沿 y 方向的应变时程图

图 7　反向应变时程图

2.4　小结

受设计抗力的冲击波荷载后，门体结构均处于弹性工作状态，无残余变形，门扇能正常启闭，传动机构能正常运行，达到了设计的抗力要求。

相关成果已通过国家人民防空办公室的鉴定并发布《关于人防科研创新成果发布应用事》（国人防办〔2021〕52 号）；笔者主持编写的国家人防行业标准图集《轨道交通工程超高强钢纤维混凝土防护设备选用图集（试行）》（RFJ 019—2021）已经发布实施，目前在福州地铁 6 号线工程的防护设备和上海地铁工程的防淹防护密闭隔断门设备上进行应用，效果良好。

3　钢结构防护设备的自动化焊接工艺技术

传统的钢结构防护设备采用工字钢和槽钢骨架外覆钢板的结构形式，骨架交叉处拼接切口与焊接线路复杂，内部连接处焊接困难，质量不稳定。拟化工字钢和槽钢骨架为方钢管骨

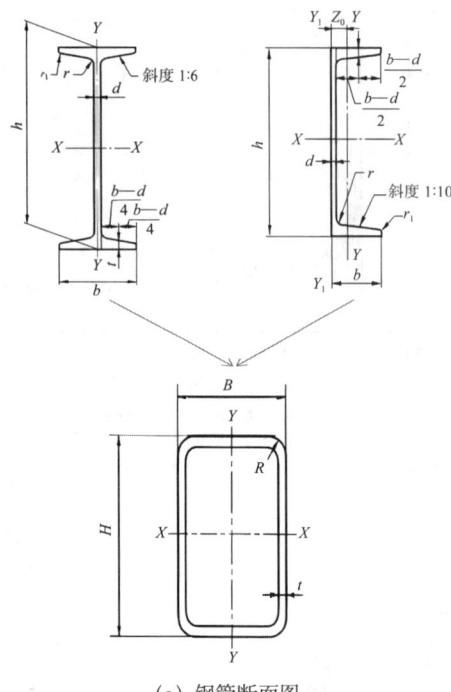

(a) 钢管断面图　　　　　　(b) 焊接成品

图 8　钢管骨架

架，化型钢构件端部的"凸"字形切口为平直形切口（图 8），可减少型钢构件的切割工作量，降低切割难度以及后续焊接的工作量和难度，使现有的自动化焊接设备能够实现自动化焊接。

3.1　自动化焊接

现有生产线可兼容生产线尺寸内的骨架焊接，提高生产线利用率，推广应用后可在钢结构防护设备的生产中采用自动化焊接技术，节省下料时间约 80%、拼装时间约 60%、焊接时间约 40%，不仅能提升质量，还能减少修补工作，显著提升了生产效率。自动化焊接设备如图 9 所示。

图 9　自动化焊接设备图

4 结论及展望

钢板与 UHPC 复合结构防护设备生产工艺简单、整体性好、质量稳定,通过检测和模拟爆炸试验,综合验证了其受力性能好、强度高、韧性好、耐久性优等特点,产品适用于地下工程尤其是轨道交通工程轨行区的使用。

空心型钢的下料、拼装、焊接工艺均较工字钢、槽钢简单,产品尺寸一致性好,可实现自动焊接生产,质量稳定,应用前景广阔。

研究详细成果可参考笔者主持编写的国家行业标准图集《轨道交通工程超高强钢纤维混凝土防护设备选用图集(试行)》(RFJ 019—2021);相应的上海市地方标准图集也将发布实施。该两项标准图集的发布,如两把科技利剑,为本科研成果顺利落地提供了强有力的技术支持。

科技创新应紧密结合工程实际,正如习近平总书记所说,"拆除阻碍产业化的'篱笆墙',疏通应用基础研究和产业化连接的快车道,促进创新链与产业链精准对接,加快科研成果从样品到产品再到商品的转化,把科技成果充分应用到现代化事业中去。"

参考文献

[1] 中国工程建设标准化协会. 超高性能混凝土(UHPC 技术要求):T/CECS 10107—2020[S]. 北京:中国标准出版社,2020.
[2] 中国工程建设标准化协会. 结构用冷弯空心型钢:GB/T 6728—2017[S]. 北京:中国标准出版社,2017.

上海市废弃早期民防工程隐患整治

陈力新

(上海结建规划建筑设计有限公司,上海 200333)

摘 要 1949—1980 年,早期上海建设了大量的民防工程。这些工程以砖混结构的简易工程为主,且设计不规范,施工过程缺少监督,普遍存在各种安全隐患。改革开放之后,尽管经过大规模的城市建设,已有大批的早期工程随着城市建设和地下空间开发建设而被拆除,但仍需要整治近 65 万余平方米的早期民防工程。通过对早期民防工程隐患的风险评估,有 75% 的早期民防工程应报废。本文详细阐述了废弃早期民防工程隐患整治的各种措施,主要包括拆除或回填。在回填技术上,则有砂袋堆砌、水撼砂等常规回填措施,以及现浇泡沫混凝土、EPS 颗粒混合轻质材料和低强度流动性固化土等轻质材料回填措施,以满足不同的需求。

关键词 早期民防工程;风险评估;隐患整治;砂回填;水撼砂;轻质材料;泡沫混凝土;EPS 颗粒混合轻质材料;低强度流动性固化土

1 早期民防工程建设历程

1949 年后,面对美军、国民党军队的空中袭扰,上海等主要大城市和主要工业区开始实行积极的防空政策。1953 年 11 月,第一次全国人民防空工作会议召开,标志着上海市进入基本建设和城市建设结合人民防空建设的时期。1969 年开始,在美苏两大超级大国核军备竞赛的背景下,我国掀起了"深挖洞"的建设高潮,建设了大量的民防工程。这些民防工程以砖混结构的简易工程为主,设计不规范且施工过程缺少监督,普遍存在各种安全隐患,迫切需要得到整治。

1978 年的第三次全国人民防空工作会议,确立了"全面规划、突出重点、平战结合、质量第一"的人防建设方针。1980 年以后,在新修编的《人民防空工程设计规范》(GB 50225—1995)、《人防工程结构设计手册》指引下,尽管民防工程的建设标准有了很大提高,但还是缺少设计和施工的全过程监督管理,工程质量和防护效能难以得到有效保障。

1987 年,上海市人民防空办公室成立了专业的人防工程质量监督站,对民防工程的建设进行了全过程的质量监督,标志着上海市从此之后建设完成的民防工程摘掉了"早期工程"的帽子。

作者简介:陈力新(1970 年—),男,硕士,高级工程师,主要从事人防防护方面工作或研究。E-mail: chenlixin@jiejianpad.com。

2 早期民防工程隐患特征

兴建于特定年代的早期民防工程，大部分不具备或已丧失战时防护效能，不适于现代战争的防护要求，已有相当数量的早期民防工程在上海城市地下空间开发的过程中被拆除。2016 年，上海市民防办公室将尚存的 1980 年以前建设的 2 791 个早期民防工程列入退出民防序列工程，共计 649 937.06 m^2，并要求按《退出民防序列工程处置技术标准》（DG/TJ 08-2323—2020）进行整治。退出序列的早期民防工程主要有以下隐患特征。

（1）建设标准和建筑质量不高，大部分是砖混结构的简易工程，空间狭小，渗漏严重，除少数工程外均已不能使用。

（2）城区地下空间的开发建设导致很多早期的民防工程局部被破坏，有些是主体结构被挖断，有些则是出入口和通风孔口被封堵或是拆除，甚至有些工程的"人民防空工事档案卡"还在，但是工程难以找寻。

（3）附建式早期民防工程的上部建筑均为老旧住宅，人口密度大，部分住宅还是二、三层的简易房，建筑本身存在严重的结构安全隐患。

（4）绝大部分早期民防工程因长年泡水，钢筋锈蚀、结构表面剥落、结构开裂等问题严重，存在严重的结构安全隐患。

3 退出序列早期民防工程风险评估[1]

大部分退出序列的早期民防工程因长年积水，结构损坏严重，随时有塌陷的可能，安全性已无法得到有效保障，给城市的日常运营带来严重的安全隐患，迫切需要进行整治。早期民防工程在整治之前应进行风险评估，包括结构风险评估、防护功能评估、消防风险评估以及其他风险评估等。工程经过结构风险评估的，有些无法修复或修复成本过高的，已无保留的必要，只能拆除或回填。对于结构风险评估为安全或是经结构加固后安全的工程，应继续进行消防风险和其他风险评估等适用性评价。适用性评价安全的，可继续开发利用；适用性评价不安全的，可选择拆除、回填，或是结构加固后临时封堵处置。

上海市民防办公室公开的数据显示，退出序列的 2 791 个早期民防工程，仅有 10.6% 的工程维修养护较好，尚在利用，14.6% 的工程处于闲置待利用状态，近 75% 的工程经结构安全和适用性评价，为风险不可控，无法整治利用（表 1）。

表 1 上海市退出序列早期民防工程情况汇总

结构无隐患工程 / 个				结构隐患工程 / 个						工程合计 / 个	建筑面积 /m^2
正在使用	闲置待利用	不可利用	合计	加固处置	加固并封堵处置	填埋处置	拆除处置	其他	合计		
295	407	226	928	245	428	539	149	502	1 863	2 791	649 937.06

4 废弃早期民防工程处置措施

4.1 拆除处置

2021 年 1 月 30 日，上海市人民政府发布了《上海市国民经济和社会发展第十四个五年规划和二〇三五年远景目标纲要》（以下简称《纲要》）[2]。根据《纲要》，上海要全力推进旧区改造和旧住房更新改造，到 2025 年全面完成约 110 万 m^2 中心城区成片二级旧里以下房屋、20 万 m^2 中心城区零星二级旧里以下房屋改造任务。《纲要》还强调，全面完成旧改范围外的无卫生设施的老旧住房改造，全面启动以拆除重建为重点的旧住房成套改造，到 2025 年分类实施旧住房更新改造 5 000 万 m^2。结合城市的旧区改造和地下空间开发，在拆除高密度旧式里弄和老房简屋的同时，将不可利用和存在结构隐患的废弃早期民防工程一并拆除，是彻底解决隐患的好办法。

拆除处置的方法虽然可以彻底解决废弃早期民防工程的安全隐患，但是在实施过程中对周边的环境会造成非常大的影响。因此，除了将结合工程所在地块的城市和地下空间开发建设的基坑开挖一并拆除以外，一般不采取单独开挖拆除的方式。

4.2 回填处置

将废弃早期民防工程回填处置，也是解决该类工程的结构安全隐患的有效措施。存在结构安全隐患的早期民防工程一般有以下两种状态：一类是单建式早期民防工程，一般处于道路、广场、公园绿地和学校操场等下方。另一类是附建式早期民防工程，上方建筑物一般是正在使用的居委会办公用房、企事业单位用房、商业用房和居民居住用房等。

单建式早期民防工程的回填施工基本不用考虑对周边环境的影响，施工简便且回填密实的材料和施工措施均可使用；而附建式早期民防工程的回填则需要重点考虑对周边环境的影响，特别是上部本身存在结构安全隐患的老房简屋，回填应经过专业设计并结合监测技术进行全过程信息化施工，一旦出现异常须立即采取有效技术措施来消除安全隐患。具体回填措施可有以下几种。

4.2.1 砂回填

建筑用砂是指自然生成或是通过机械破碎的粒径小于 4.75 mm 的岩石、矿山尾矿或工业废渣颗粒，其力学性能稳定，广泛应用于基础工程、混凝土、砂浆和相应制品，是基础设施建设不可或缺且不可替代的骨料材料之一。建筑用砂也广泛应用于回填技术，废弃早期民防工程回填处置主要有砂袋堆砌回填和水撼砂回填两种措施。由于建筑黄砂的容重在 1.4~1.6 t/m^3，回填后会导致工程荷载发生变化而产生不均匀沉降，因此砂回填只能用于单建式的废弃退出民防序列早期工程。

1）砂袋堆砌回填

砂袋堆砌回填是最为常见，也是最为成熟的回填工艺，适用于工程内部较干燥、施工环境良好的单建式废弃退出民防序列早期工程。这种回填方法需要工人进入工事进行砂袋堆砌，对工程的施工环境要求较高，且需要大量的劳动力，在劳动力成本越来越高的当下，已较为少见。砂袋堆砌回填前应根据工程平面划分回填区域，每块回填区域边长宜 3~5 m，区域分割采取砖墙分隔。回填砂袋内装砂应采用中粗砂，粒径为 0.25~2 mm。

砂袋堆砌回填施工还应符合下列规定：

（1）因砂袋堆砌回填施工需要工人进入工程内作业，回填作业前应将工事内的积水抽干，以确保工程内部施工环境良好，施工人员可安全顺利地从出入口进入工事施工。

（2）砂袋堆砌回填施工应分段按顺序进行。

（3）采取砂袋堆砌回填时，要求其稳定性好，少留空隙。

（4）砂袋堆砌至顶板（拱顶）之前，应在顶板（拱顶）与砂袋之间的空隙埋设注浆管，后期压力注水泥浆，使砂袋与老工事顶板和外墙之间形成固化状态，保证结构安全。

2）水撼砂回填

水撼砂回填工艺适用于顶板可凿除、具有良好排水条件的单建式废弃早期民防工程。水撼砂回填的施工工艺为：地下空间清理→分层铺砂、耙平→灌水振捣密实→试验合格→验收。相对于砂袋堆砌作业，水撼砂作业对于劳动力的要求和内部作业环境要求均大幅度降低。而且由于砂石材料的物理稳定性，待回填区域进行地下空间开发时，回填的砂还可以全部被回收利用。除此之外，水撼砂的回填施工还应满足以下要求：

（1）工事应划分回填区域，每块回填区域边长宜 3~5 m，区域分割可采取砖墙分隔。

（2）水撼砂回填法的材料宜采用中粗砂，粒径为 0.25~2 mm，干密度宜控制在 1.4~1.7 g/cm^3。

（3）水撼砂回填应分层回填，每坯砂层厚度控制在 25 cm 之内。

（4）回填砂用平板振动器分层振实，可借助水冲使其密实，回填密实系数不小于 0.94。

（5）水撼砂回填应注入清洁水，注入水位按略高于回填砂面层来控制。

（6）振捣器宜采用插入式振捣器，振捣时应依次插入，间距按对角线不超过 30 cm 为宜，振捣时间不少于 40 s。

（7）施工前应制订可靠的排水方案，不得影响周边环境。

（8）施工完成后应测试干密度。

4.2.2 轻质材料回填

废弃早期民防工程回填可采用的轻质材料，包括泡沫混凝土、EPS 颗粒混合轻质材料、低强度流动性固化土等轻质材料。轻质材料回填最早应用于黄浦区的废弃早期民防工程回填。黄浦区有相当数量的附建式早期民防工程，其上部建筑是旧式里弄和老房简屋，上部建筑本身就有一定的安全隐患，如采取普通的砂回填处置对地基存在一次加载的过程，将会引起附加沉降，导致基础出现不均匀沉降现象。同时这些早期工程长年积水，存在严重的水浸泡现象。在这种工况下，轻质材料回填并结合监测技术实施信息化施工，可以有效消除安全隐患从而避免不均匀沉降的危害。

附建式的废弃早期民防工程回填采用轻质材料回填处置，应事先进行基础沉降控制评估，设计宜遵循等重代换的原则，避免增加地基附加应力。设计应根据此原则具体明确泡沫混凝土的干密度等级、抗压强度、吸水率和其他性能指标。

1）泡沫混凝土回填

泡沫混凝土是在由水泥、骨料、外加剂和水等组分制成的料浆中引入气泡，经混合搅拌、浇筑后凝结而成的具有闭孔结构的轻质混凝土。

泡沫混凝土回填法施工应符合下列规定：

（1）泡沫混凝土回填实施前应将工事内的积水抽干，建筑垃圾应清理并运出退出民防序列工程，应修复影响泡沫混凝土施工质量的渗漏水。

（2）泡沫混凝土回填施工均应分段按顺序进行，施工分段可采取砖墙分隔。

（3）泡沫混凝土流动性应符合设计和施工要求，拌合物的初凝时间不应大于 2 h。

（4）泡沫混凝土应随制随用，留置时间不宜大于 30 min。

（5）泡沫混凝土运输、浇筑及间歇的全部时间不宜大于 30 min。同一施工段的泡沫混凝土宜连续浇筑，一次性浇筑的长度不宜大于 25 m。

（6）泡沫混凝土可采用普通混凝土生产和泵送设备，泡浆混合好后宜由软管泵送至浇筑部位。水平泵送距离不大于 350 m，当水平泵送距离大于 350 m 时，应采用泡浆分离中继泵送的方法，在离浇筑部位 200 m 内的位置进行泡浆混合继续泵送。

（7）泡沫混凝土应分层浇筑，单次浇筑厚度不宜大于 0.8~1.0 m，且应在底层泡沫混凝土终凝之前将上一层混凝土浇筑完成。

（8）现浇泡沫混凝土工程在施工过程中禁止振捣。

（9）泡沫混凝土应填满整个工事的空隙，施工顺序应该从工事的端部向原出入口逐步进行，施工需保证回填的充盈度。泡沫混凝土应在封闭的环境中使用，回填处置后的工事应做好封闭措施。

（10）如遇找不到原出入口的工事，可在顶板上开设人孔。人孔的大小以施工作业人员能顺利进入工程内部为标准，且不可影响结构安全。人孔的位置、间距和数量根据工事的形状和大小由施工单位组织设计确定。

（11）泡沫混凝土原材料检验、泡沫混凝土拌合物性能检验以及泡沫混凝土填筑性能质量检验应符合《泡沫混凝土应用技术规程》（JGJ/T 341—2014）的相关规定。

2）EPS 颗粒混合轻质材料回填

膨胀聚苯乙烯颗粒是一种经过发泡膨胀后形成密度为 11~15 kg/m³ 的颗粒状聚苯乙烯，简称 EPS 颗粒。由 EPS 颗粒、土、水泥、外加剂和水等按照一定比例充分拌和而成，密度为 900~1 350 kg/m³ 的轻质材料，称为 EPS 颗粒混合轻质材料。EPS 颗粒混合轻质材料的性能设计应符合下列规定：

（1）EPS 颗粒混合轻质材料的配合比应通过击实试验确定，并应满足强度和施工技术要求。

（2）EPS 颗粒混合轻质材料的吸水率、饱和重度、抗压强度和迟滞时间等参数应通过试拌养护和块状养护后测定。

（3）应通过试铺确定松铺系数和压实工艺。

EPS 颗粒混合轻质材料的无侧限抗压强度不宜超过 1.5 MPa，并应满足设计文件和施工技术要求，试验项目应符合表 2 的规定。

表 2　EPS 颗粒混合材料试验项目

项次	试验内容
1	最优含水率、最大干密度
2	重度
3	吸水率、饱和重度
4	抗压强度
5	迟滞时间

EPS 颗粒混合轻质材料的原材料应符合下列规定：

（1）EPS 颗粒应符合现行行业标准《聚苯乙烯颗粒泡沫混凝土》（JC/T 2458—2018）的有关规定，并应为阻燃型且不可降解，颗粒大小应均匀。

（2）宜选用细砂、黏性土与粉土等土体作为细集料，颗粒直径应小于 4.75 mm。若用淤泥质土作为细集料，应添加减水型淤泥固化剂进行减水。

（3）EPS 颗粒混合轻质材料的土源宜通过试验确定，试验项目应符合表 3 的规定。

表 3　原材料（土源）试验项目

项次	试验名称	试验内容
1	含水率	原料土的初始含水率
2	有机质和硫酸盐含量	土的有机质和硫酸盐含量
3	液塑限	土的液限、塑限
4	颗粒分析	原料土颗粒成分、级配曲线
5	终凝时间	终凝时间

3）低强度流动性固化土

低强度流动性固化土是一种以水泥为主要胶凝材料，并与土、外加剂和水等按照一定比例混合搅拌形成的具有低强度高流动性的材料。

低强度流动性固化土的湿密度等级应符合表 4 的规定，抗压强度宜为 0.40~2.00 MPa，和易性应采用坍落度和扩展度控制，并应满足设计方案和施工技术要求。

表 4　低强度流动性固化土的湿密度等级

密度等级	湿密度 /($kg \cdot m^{-3}$)	
	标准值	允许偏差范围
W9	900	$850 < \rho \leqslant 950$
W10	1 000	$950 < \rho \leqslant 1 050$
W11	1 100	$1 050 < \rho \leqslant 1 150$
W12	1 200	$1 150 < \rho \leqslant 1 250$
W13	1 300	$1 250 < \rho \leqslant 1 350$
W14	1 400	$1 350 < \rho \leqslant 1 450$
W15	1 500	$1 450 < \rho \leqslant 1 550$

低强度流动性固化土的原材料应符合下列规定：

（1）胶凝材料可采用通用硅酸盐水泥，并应符合现行国家标准《通用硅酸盐水泥》（GB 175—2017）的有关规定。

（2）掺入粉煤灰作为胶凝材料时，可采用符合现行国家标准《用于水泥和混凝土中的粉煤灰》（GB/T 1596—2017）的Ⅲ级粉煤灰。

（3）土料可采用现场开挖的淤泥、淤泥质土、黏土、粉土、砂土及混合土等，有机质含量不得超过 5%，不得采用未经处理的污染土。

（4）再生细骨料应符合现行国家标准《混凝土和砂浆用再生细骨料》（GB/T 25176—2010）的有关规定。

5 结语

对于废弃的退出序列早期民防工程来说，处置的方法有很多，结合城市建设和地下空间开发的情况，通常直接拆除是成本最低也是彻底处置的好办法，但直接拆除的方式并不适用于大部分废弃早期民防工程。技术成熟且曾经被广泛采用的砂袋堆砌处置措施，也随着劳动力成本的不断上涨且作业环境的恶劣，加之在附建式工程中对上部建筑沉降的影响，近年已较少被采用。笔者提出的水撼砂处置措施，以及在黄浦区处置了 582 个废弃早期民防工程的泡沫混凝土回填处置措施，凭借其绿色环保、施工简便及对上部建筑沉降影响小的优点，被编入《退出民防序列工程处置技术标准》（DG/TJ 08-2323—2020）中，并加以推广。但这两种措施也存在各自的缺陷：水撼砂法需要大量建筑用砂进行回填，而天然砂已在全球陷入资源枯竭的状态，这种方法不可持久且不宜推广；泡沫混凝土回填相对造价较高，对于经济欠发达地区难以推广。笔者在本文给出了 EPS 颗粒混合轻质材料和低强度流动性固化土这两种成本相对较低、施工简便的轻质回填材料用于废弃早期民防工程的回填，以期在今后的废弃退出序列早期民防工程中得到推广应用。

参考文献

[1] 上海市住房和城乡建设管理委员会. 退出民防序列工程处置技术标准：DG/TJ08-2323—2020[S]. 上海：同济大学出版社，2020.

[2] 上海市人民政府. 上海市国民经济和社会发展第十四个五年规划和二〇三五年远景目标纲要 [EB/OL].（2021-01-30）. https://www.shanghai.gov.cn/2035nyjmbgy/index.html.

民防工程防护通风系统临战转换关键技术研究

洪 流

(上海建科检验有限公司，上海 200232)

摘 要 民防工程在投入使用前，应对防护通风系统进行临战转换，并经调整（调试）与检测（验证），以确定该系统中配置的设施能否达到设计要求。防护通风系统调试是整个通风空调系统调试的一个组成部分，但是，由于防护通风系统调试为民防工程特有，且与民用建筑通风空调系统调试不同，所以应由建设方委托有能力的第三方组织实施为宜。民用建筑通风空调系统调试的实施可参照其他设计手册，由施工单位组织实施。本文仅论述防护通风系统的调试，不包括防化部分。

关键词 民防工程；防护通风；临战转换；密闭性能

1 概述

民防工程区别于其他地下建筑的主要特点之一就在于其有预设的战备功能，这一战备功能由工程建设主管部门在设计任务书中明确，并由设计单位依据相关标准规范，通过设计计算，选择相关设施，采取相应措施来实现。人防工程防护通风系统是整个防护系统中的一个重要组成部分，目的是保证进入工程内部的空气洁净、避免外界染毒空气的侵入及保证出入工程人员的生命安全。

民防工程在投入使用前，应对防护通风系统进行临战转换，并经调整（调试）与检测（验证），以确定该系统中配置的设施能否达到设计要求。防护通风系统调试是整个通风空调系统调试的一个组成部分，但是，由于防护通风系统调试为民防工程所特有，且与民用建筑通风空调系统调试不同，所以应由建设方委托有能力的第三方组织实施为宜。本文仅论述防护通风系统的调试，不包括防化部分。

防护通风系统主要由战时进排风系统及其防护设备构成，由暖通专业负责设计，但其战技指标的实现却涉及民防工程各个专业[1]。民防工程施工单位在竣工验收前，应按照现行《人民防空工程质量验收与评价标准》(RFJ 01—2015) 第 11.13 条的规定完成各项通风系统试验项目①，并参照《通风与空调工程施工质量验收规范》(GB 50243—2016) 第 11 章的规定，完成整个通风空调系统的调试。在此基础上由建设单位委托有能力的第三方组织实施防护通风系统的调试。

作者简介：洪 流 (1988 年—)，男，本科，高级工程师，主要从事防护工程检测与科研方面工作。E-mail: gogoleo@sina.com。

① 见于《人民防空工程质量验收与评价标准》(RFJ 01—2015)。

2 防护通风系统调试的准备工作

防护通风系统调试技术性强，综合性强，它不仅涉及平（战）时通风空调系统，还涉及建筑与其他内部设备（如给排水系统、自动控制系统和电气系统等）[2]。调试人员不仅要与建设单位有关部门及人员密切配合，还要与施工单位的相关部门及人员协同工作，因此需要有工作预案，做好各项准备工作，以保证调试工作的全面展开。

2.1 收集并熟悉技术资料

技术资料是开展调试工作的主要依据，它包括现行规范、竣工图纸、设备样本、单机试运转记录以及通风空调系统调试报告。熟悉技术资料应做到：①熟悉现行规范的相关要求，对照施工图纸，确定适用条文规定。②熟悉施工图纸，了解工程等级、战技指标、施工要求、系统构成及其可调性、防护设施位置、设施类型及保障区间和口部及战时人员出入通道等。由于施工图纸在实际施工中会发生变更，应以竣工图为主要依据，竣工图未完成的，应在原施工图基础上提供相应的变更通知。③熟悉设备样本，了解系统所选用设备的性能参数。④查阅设备的试运转记录，了解是否有遗漏试运转的设备（民防工程设备中包括防护设施）。⑤查阅通风空调系统调试记录与报告，了解内部通风空调系统调试项目、实测数据与结论。

熟悉施工图纸是了解工程实际、进行现场调查与编制调试计划的基础，本项工作应该细致以保证后续工作的开展，防护通风进风、排风系统分别如图1、图2所示。

2.2 现场调查

现场调查以施工图与检测项目为依据，主要完成下列工作：①防护通风系统与相关防护设施构成的普查；②工程清洁区内部体积的测算；③密闭墙上预留、预埋及安装的部件类型核查与编号对应；④穿越密闭单元的地沟、地下管线及地漏等部件核查与编号对应；⑤密闭墙上建筑二次施工部位核查与编号对应；⑥手电动密闭阀门安装位置核查与编号对应；⑦（防爆）（超压）排气活门安装位置核查与编号对应；⑧测压管安装位置核查与编号对应；⑨取样管安装位置核查与编号对应；⑩超压排风通道调查与检测位置确定；⑪防护通风系统调试测试项目；⑫需要的其他调查内容。

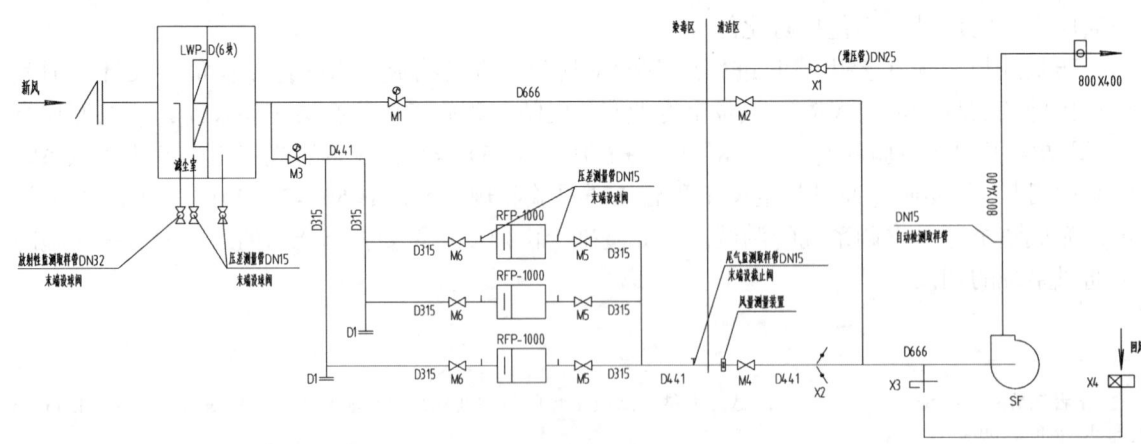

图1 防护通风进风系统（单位：mm）

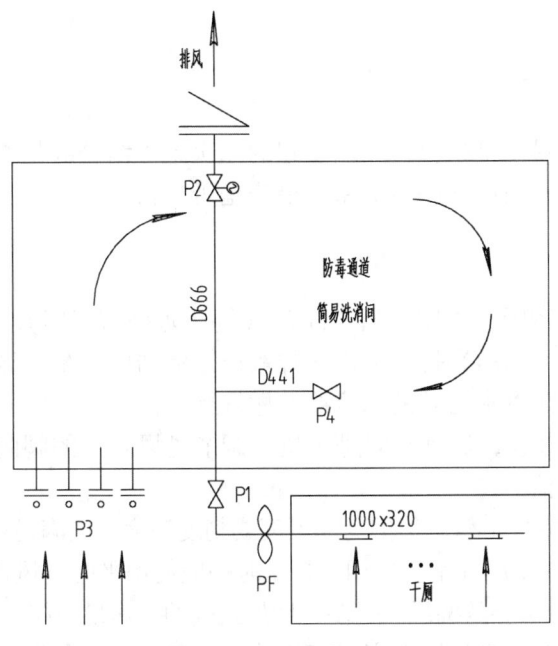

图 2　防护通风排风系统（单位：mm）

现场调查是顺利开展调试工作的基础，调查项目考虑不周或调查不细会对后续调试的实施带来影响，未来将对查找调试中出现问题的原因带来一定困难。

2.3　调试示意图绘制

示意图以竣工图与现场调查结果为依据，根据调试项目要求绘制，必须反映所有测点，统一编号，并注明建筑轴线。

2.4　制订调试计划

防护通风系统调试计划的编制与民用建筑通风空调系统调试计划的编制应保持一致，应当反映调试项目与建设单位及施工单位的配合要求、检测用仪器仪表、人员组织安排和进度计划等内容。

3　防护通风系统调试的内容

防护通风系统调试的主要内容有四项：工程气密性试验、（超压）排气活门启动压力调整[3]、最小防毒通道通风换气次数测试和工程漏风量测试。第一项为基础项目，其由第四项进行验证，第二项和第三项为主控项目。

3.1　工程气密性试验
3.1.1　工程气密性保障措施

民防工程内部有一个密闭单元（本专业称清洁区），这个单元有相应的气密性要求，依靠密闭墙、密闭门及穿越密闭单元的各类设备管线、观察窗、地漏及水封井等密闭措施来实现，其作用是防止有害物利用自然压差（风压与热压）的作用沿各种缝隙或人员出入通道侵入工程内部危及人员安全[①]。

3.1.2 工程气密性试验目的

工程气密性试验的目的是检验密闭墙土建的二次施工结合缝是否严密，密闭门及密闭活门关闭是否严密，穿越密闭单元的各类密闭措施是否严密。

3.1.3 试验程序与方法

第一步：将清洁区密闭。关闭所有密闭门（包括防护密闭门），关闭进排风管道上的所有密闭活门，闭锁所有（超压）排气活门，拧紧连接清洁区与染毒区的防爆地漏盖板，检查防毒通道内的水封井及防爆水封井的水位线并做好标记。

第二步：连好测压装置，启动平时进风机，调节进风管上的阀门开度，使工程内部超压值是设计超压值的2~3倍。

工程内一般设计安装U形管，但因为无刻度或刻度精度不能满足检测要求，检测时建议使用倾斜式微压计或补偿式微压计配合使用。打压时一般使用平时进风机，试验时工程内部超压值适度控制，超压值过大会导致漏风点过多，增加甄别的工作量，超压值过小则会遗漏漏风点。

第三步：漏风点检查。全数检查穿越密闭单元的密闭门、各类设备管线、预埋套管、电站观察窗、水封井与地漏等，包括电动、手动密闭门（防护密闭门）的门缝与手柄、电动门的传动门轴、预埋套管与密闭墙结合缝、阀门闭合缝、电站观察窗密封口、线缆与预埋管密闭缝、密闭线盒的密闭缝、水封井最低水位线、地漏端口、密闭墙预留孔口二次施工结合缝以及密闭墙重开孔口的二次施工结合缝等。

核查采用烟气示踪法。将点燃后能产生明显烟柱的檀香靠近密闭缝，利用烟柱在风力作用下的偏移与扩散来寻找漏风点，并根据表1的规定对漏风点情况做好记录。

表1　漏风情况记录规则

序号	烟柱情况	漏风情况
1	烟柱无明显偏移	无
2	烟柱有明显偏移但未扩散	弱
3	烟柱有明显偏移且有明显扩散	强

漏风情况检查是整个防护通风系统调试的关键工作，而且涉及民防工程各专业，应先绘制相关的检测草图，做好编号，再将检测结果进行分类记录。

这项检测内容较多，在调试报告中只需反映各类气密性检查结果，并归纳整理出缺陷类型。在第四项检测完成后，根据漏风量的控制标准与实测漏风量，来评价缺陷的综合结果将会对工程整体密闭性产生何种影响。

第四步：对漏风点，尤其是漏风情况为"强"的漏风点，应采取临时封堵措施。

临时封堵是为了后续调试的顺利实施，在调试完成后应采取永久性的密闭措施。临时密闭材料可以采用方便快捷的聚氨酯发泡剂。

[①] 见于《人民防空地下室设计规范》（GB 50038—2005）。

3.2 （超压）排气活门启动压力调整

3.2.1 调整的必要性

（超压）排气活门的启动压力应该调整到与设计超压值的低限相同，低则影响工程内部人员的安全，高则影响最小防毒通道换气次数，危及工程内部及出入防毒通道人员的安全。而（超压）排气活门的启动压力在出厂前是不会被调整到与设计超压值的低限相同的，即使要求厂方调整到与设计超压值的低限相同，而由于安装误差（阀门端口与阀门调节重锤的绝对垂直是不可能实现的），实际启动压力仍不可能与设计超压值的低限相同。因此，现场调整是实现（超压）排气活门的启动压力与设计超压值的低限匹配的唯一可行的方法。

3.2.2 调整程序与方法

第一步：完成工程气密性试验，完善临时密闭措施。

第二步：将工程保持在密闭状态下，启动平时进风机，调节进风管上的阀门开度使进风量接近过滤式通风状态下的设计进风量，粗调出一个略大于设计超压值的初始超压值。

（超压）排气活门启动压力调整时，与通风状态并没有直接关系，仍可使用平时进风机来模拟战时过滤式通风时的进风。进风量的调整以过滤式通风状态下的设计进风量为标准，实测进风量以接近该设计进风量为宜，但不能过小，以避免初始工程超压值小于设计超压值的低限。通过调节进风管上的阀门粗调出一个初始超压值，初始工程超压值略大于设计超压值的低限。

将实测超压值调整到设计超压值低限的过程要耗费大量时间，调整期间要注意保持工程的密闭，这个微调过程可以通过调节进风管上的阀门或排风管道上的阀门来实现。

第三步：连好测压装置，将实测超压值调整到最接近设计超压值的低限，松开（超压）排气活门的闭锁装置，同时调节（超压）排气活门重锤使（超压）排气活门在设计超压值的低限时启动。

测压装置宜用倾斜式微压计或补偿式微压计，以减小检测误差。在调整进风量时，可以先安装好测压装置，以测压装置显示压差略大于设计超压值的低限为宜。

在调整（超压）排气活门启动压力前，先做好压差匹配，使实测压差最接近设计超压值的低限，误差控制在 ±5%。

调整（超压）排气活门启动压力时，先将调节重锤调至最小启动压力的位置，然后松开闭锁装置，再调节重锤至阀门能开启的位置，然后锁紧调重锤并作好记号。

（超压）排气活门有最小启动压力和最大启动压力之分，对应调节重锤的最轻与最重位置，设计超压值的低限应介于二者之间，超出这一范围的设计超压值的低限是无法调出的。实际检测时曾发现有设计超压值的低限小于阀门最小启动压力的，这时的工程实际超压值低限就是阀门的最小启动压力。

该项检测合格的标准是：（超压）排气活门启动压力等于设计超压值的低限或该阀最小启动压力小于设计超压值的高限。

3.3 最小防毒通道通风换气次数测试

3.3.1 测试的必要性

防毒通道通风换气是对防毒通道内染毒空气进行稀释以控制染毒浓度的主要方法，目的是保证出入防毒通道的人员及工程内部人员的安全。设计对最小防毒通道的通风换气次数有一个最低必须满足的要求,并根据这一要求来确定(超压)排气活门至防爆波活门各部件的规格与数量[4]。

3.3.2 测试程序与方法

第一步:完成工程气密性试验,完善临时密闭措施。

第二步:完成(超压)排气活门启动压力调整,并锁紧重锤,做好标记。

第三步:将工程恢复到密闭状态,重新启动平时进风机,调节进风管上的阀门开度,使进风量与过滤式通风状态下的设计进风量相同(注意:不启用除尘滤毒设备)。

当进行最小防毒通道通风换气次数测试时,可以用平时风机来模拟战时风机,如果使用战时进风机也要注意不能启用除尘滤毒设备,将进风量调整到战时过滤式通风状态下的设计进风量。

在通风空调系统调试过程中,战时进风系统的调试要注意在管网被平衡调整后,将进风机的送风量调整到设计进风量 ±10% 范围内,作为进风系统的初始状态。在战时系统进入过滤式通风状态后,再根据除尘滤毒设备投入使用后的阻力变化来调整进风阀的开度,以保证除尘滤毒设备在额定风量下工作。

第四步:测量并计算最小防毒通道的体积,在最小防毒通道的连通管口检测防毒通道的总通风量,计算实测通风换气次数。当防毒通道个数大于或等于 1 个时,测量所有防毒通道主体容积,确定最小防毒通道。

最小防毒通道有效容积应按式(1)计算。

$$V = V_0 + V_1 - V_2 \tag{1}$$

式中 V——最小防毒通道有效容积,m^3;

V_0——最小防毒通道主体容积,m^3;

V_1——最小防毒通道附加容积,m^3;

V_2——最小防毒通道扣除容积,m^3。

在检测防毒通道总通风量时,应将最小防毒通道管理门关闭,并将工程管理门的门缝进行临时封堵(门上带百叶的也一并封堵)。为了减小检测误差,可以在工程内侧连通管两端分别检测再取平均。最小防毒通道通风换气次数应按式(2)计算。

$$n = \frac{Q'}{V} \tag{2}$$

式中 n——最小防毒通道通风换气次数,次/h;

Q'——实测防毒通道排风量,m^3/h。

该项检测合格的标准是:最小防毒通道实测换气次数大于或等于设计要求保证的次数。

3.4 工程漏风量测试

3.4.1 测试目的

通过此项测试,验证气密性试验,如漏风量在规范或设计允许的范围内,则气密性试验中的缺陷综合结果将不会影响工程整体密闭。如漏风量超出规范或设计允许范围,则须对气密性试验中主要缺陷类型进行整改,以提高工程整体的密闭性。

3.4.2 测试程序与方法

第一步：完成工程气密性试验，完善临时密闭措施。
第二步：完成（超压）排气活门启动压力调整，并锁紧重锤，作好标记。
第三步：完成最小防毒通道的通风换气次数测试，记录最小防毒通道的总通风量。
第四步：计算工程漏风量。

正确计算工程漏风量较为困难的是精确计算清洁区的总体积。工程整体漏风量应按式（3）计算。

$$L = Q - Q' \tag{3}$$

式中　L——工程整体漏风量，m^3/h；
　　　Q——实测战时进风量，m^3/h；
　　　Q'——实测防毒通道排风量，m^3/h。

式（3）中的实测防毒通道总通风量是指在进风时按设计进风量、（超压）排气活门在调整位置启动状态下，工程内部形成了一个稳定的超压值，在此超压作用下通过防毒通道排出工程的排风量[5]。这个数值与工程气密性、设计进风量、（超压）排气活门启动压力有关，必须经过工程气密性试验和（超压）排气活门启动压力调整与测试后才能获得。

工程漏风量与工程规模、口部数量及内部设备配置等因素有关，《人民防空工程设计规范》（GB 50225—2005）第 7.2.25 条给出了不同超压值下的漏风量控制标准。在评价工程漏风量时应该注意两点[6]：

（1）设计超压值给出的是一个范围，其低限是（超压）排气活门启动压力调整的依据。工程实际超压值是战时设计进风量下实测出来的压差，根据工程气密性的不同，该值可能在设计超压值范围内，也可能超出设计超压值的高限。

（2）评价时应以工程实际超压值为依据，对照《人民防空工程设计规范》（GB 50225—2005）第 7.2.25 条规定，与实测漏风量进行比较。在范围内的，说明工程密闭措施得当；超出范围的，应进一步完善密闭措施。

工程漏风量还应按式（4）计算，以积累不同工程漏风量与设计进风量的关系。

$$p = \frac{L}{V'} \tag{4}$$

式中　p——漏风量占清洁区有效容积的实测百分率，%；
　　　L——工程整体漏风量，m^3/h；
　　　V'——清洁区有效容积，m^3。

该项检测合格的标准是：漏风量占清洁区有效容积的实测百分率小于规范或设计允许的控制标准。

4　工程整体密闭性能评定标准的思考

工程实际漏风量在防护通风调试完成前是个未知数，它与工程实际形成的气密性、调整后的（超压）排气活门启动压力、设计进风量这三大因素有关，与清洁区体积大小是没有直接关系的，三大影响因素本身跟清洁区体积大小也没有关系。

笔者参与的几项防护通风系统调试项目，还没有一项工程的实测漏风量达到规范要求的。因为调试是指挥工程，清洁区体积相对较小，设计进风量也小，口部及预留预埋管却相对较多，但在漏风量控制标准上却是一致的。例如，某民防指挥工程的漏风量占清洁区有效容积的实测百分比超过控制标准，达 +4.7%，但工程内部形成的在过滤式通风状态下的稳定超压值满足设计要求，最小防毒通道通风换气也满足设计要求，所以该工程是满足防护通风系统对于工程防护的要求的。

笔者认为，如果检测（超压）排气活门启动压力和最小防毒通道通风换气次数能满足设计要求，该工程即为合格。而将工程整体密闭性能标准作为评价气密性试验的一个辅助指标，可以帮助建设单位明确工程密闭措施完善的方向，且应作为整个防护通风系统临战转换过程中的一个关键的技术指标。

参考文献

[1] 耿世彬，马吉明，张华. 人防工程通风系统与设备 [M]. 北京：军事科学出版社，2010.
[2] 朱培根，付建明. 防空地下室设计手册——暖通、给水排水、电气分册 [R]. 北京：中国建筑标准设计研究院，2005.
[3] 于开洋，王磊. 超压自动排气活门在民防工程中的作用 [J]. 工程质量，2007（18）：30-33.
[4] 上海市地下建筑设计研究院，中国建筑标准设计研究院. 防空地下室通风设计（2007 年合订本）：FK 01—02[S]. 北京：中国计划出版社，2007.
[5] 中华人民共和国住房和城乡建设部. 通风与空调工程施工质量验收规范：GB 50243—2016[S]. 北京：中国计划出版社，2017.
[6] 国家人民防空办公室. 人民防空工程设计规范：GB 50225—2005[S]. 北京：中国建筑工业出版社，2006.

人防工程防护通风系统检测及案例分析

魏建生　白晓清

（上海同济检测技术有限公司，上海 200092）

摘　要　人防工程属于地下建筑，其围护结构具有很好的密闭性能，平时和战时都离不开通风系统。人防工程战时通风分为清洁通风、隔绝通风和滤毒通风[1]。在人防工程验收时，通常需要检测清洁风量和滤毒风量，在实践中以检测清洁风量为主。本文综述分析了普通通风系统和人防工程战时防护通风工程系统检测要求异同点，通过某实际案例，在同一工况下，针对采用风速仪和毕托管两种方法检测得到的清洁风量结果，与不同的测点位置检测得到的结果进行比较，分析总结了产生结果差异的主要原因，点明了理解和熟悉人防工程检测的特殊性以及检测前制订有效检测方案是十分重要的，对实际的防护通风工程系统检测具有重要指导和借鉴意义。

关键词　人防工程防护通风系统；清洁风量；滤毒风量；检测

1　引言

人防工程的围护结构具有很好的密封性能，防护通风系统是人防工程的重要组成部分，人防工程一旦建成并投入使用后就离不开通风系统，人防工程的防护通风系统必须确保战时防护要求，保证人防工程内人员和物资的安全[2]。因此在投入使用前，验证人防工程的防护通风系统是否达到设计要求的现场检测工作尤为重要。目前行业内相关文献主要涉及了人防相关设备，如阀门、风机及风管等产品的质量检测，王亮[3]提出人防工程防护通风系统的特点并阐述了人防防护通风系统检测的意义。李洪鑫等[4]等提出了人防工程竣工验收评估系统，防护通风系统作为人防竣工验收工作的一部分真实有效的检测结果，是评估系统实现的基石之一。通过查阅文献，鲜见对防护通风系统检测的有关论文。本文通过某实际案例，在同一工况下，针对采用风速仪和毕托管两种方法检测得到的清洁风量结果，以及不同的测点位置检测得到的结果进行比较，希望对实际的防护通风工程系统检测具有指导和借鉴意义。

2　普通通风系统和人防工程战时防护通风工程系统检测要求

普通通风系统（本文中普通通风系统是指工业和民用建筑中的通风系统）检测的标准主要有《通风与空调工程施工质量验收规范》（GB 50243—2016）、《采暖通风与空气调节工程检测技术规程》（JGJ/T 260—2011）、《公共建筑节能检测标准》（JGJ/T 177—2009）等。

作者简介：魏建生（1984 年—），男，学士，工程师，主要从事人防工程检测、建筑节能、绿色建筑方面工作或研究。E-mail: 155352428@qq.com。

人防工程战时防护工程风量的检测的标准主要有《通风与空调工程施工质量验收规范》(GB 50243—2016)、《工业通风机 现场性能实验》(GB/T 10178—2006)，进行风量检测时用的仪器设备主要有风速仪、风量罩、微压计、毕托管及钢卷尺等。

2.1 普通通风系统风量检测要求

（1）检测条件：通风空调系统安装调试完成，检测时要求通风空调系统正常运行即可。

（2）检测参数：风口风量、系统总风量和风机单位风量耗功率等。

（3）检测方法：使用风速仪或者风量罩测试风口风量，使用风速仪或者毕托管测试风管风量[5]。

2.2 人防工程战时防护通风工程风量检测要求

（1）检测条件：人防工程防护通风系统安装调试完成，防护单元内的防护密闭门（防护门）安装完成且可正常开启，检测时系统内的调节阀及开关阀的状态要与测试工况相对应。

（2）检测参数：风量。

（3）检测方法：使用风速仪或者毕托管测试清洁区风管风量，使用风速仪测试洞口风量。

3 人防工程战时防护通风工程系统检测案例分析

人防战时通风分为清洁通风、隔绝通风和滤毒通风，实际检测时多数项目的滤毒装置仅放在现场备用，实际使用时再安装。现场检测时若要求将滤毒设施打开使用，检测完成后滤毒设施可能会失效，根据项目业主要求此次仅对清洁风量进行检测。因此本文主要通过对该项目清洁风量的检测，探讨人防工程清洁通风不同的检测方法和检测位置对检测结果的影响。

3.1 项目介绍

本项目是上海市某地下工程，为甲类附建式人防工程，人防建筑面积为 9 294 m²，掩蔽面积为 6 145 m²，战时为核 6 级、常 6 级二等人员掩蔽所（含 1 个移动式柴油电站），防化级别为丙级，设 5 个防护单元，战时可掩蔽 6 145 人。

3.2 现场勘察和检测方案

现场勘查发现，该工程设有 5 个防护单元，各防护通风系统及防护门（防护密闭门）均已安装完成，抽取其中一个防护单元（防护单元 D）进行检测。

人防工程战时防护通风工程系统检测实施中要充分认识和了解其特殊性。人防的围护结构需要具有很好的密闭性能，尤其是各种口部要求安装相应的防爆波活门以及具有不同类型防护功能的门。

检测前应将被测人防通风系统（图 1）所在防护单元防护密闭门关闭，进风口处防爆波活门关闭（悬板在自重作用下以一定角度保持张开状态），扩散室防护密闭门关闭，滤毒机房防护密闭门关闭，防护单元内的排风系统开启。测试清洁通风时，阀门 M1，M2，X2，X5 开启，阀门 M3，M4，M5，X1，X3，X4，X6，D1 关闭，风机 SF1 开启，风机 SF2 关闭。

检测完成由式（1）和式（2）计算出风量。

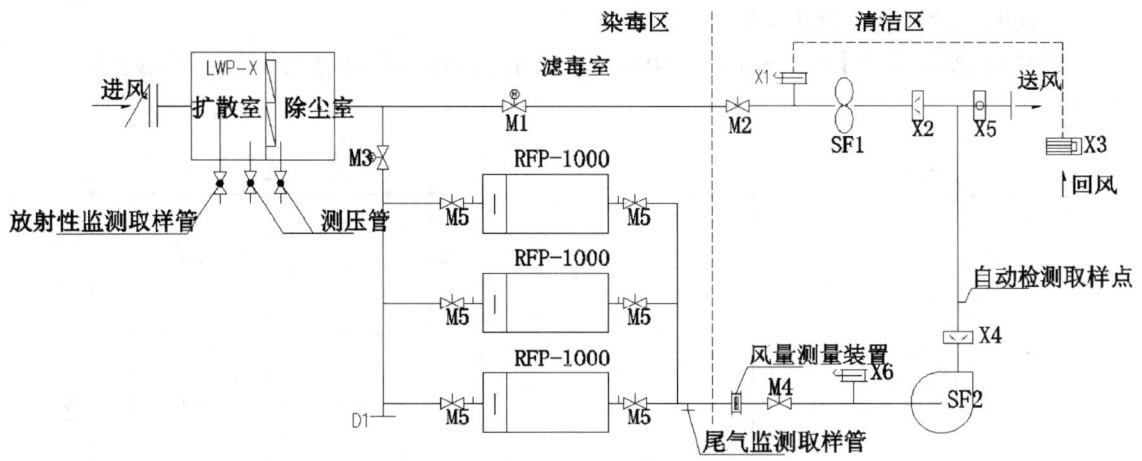

图 1 被测人防通风系统原理图

$$v = \left[\frac{2\Delta p}{\rho}\right]^{1/2} \tag{1}$$

$$L = 3\,600VF \tag{2}$$

式中　Δp——采用毕托管检测时的各测点动压，Pa；

　　　v——各测点的风速，m/s；

　　　ρ——空气密度，kg/m³；

　　　V——断面平均风速，取算数平均值，m/s；

　　　F——测试断面面积，m²；

　　　L——风量，m³/h。

1）清洁区风管处测试清洁风量

测量断面一般选择在人防风机机房外，人防送风管与普通通风管道连接附近。应选择在直管段上，距上游局部阻力部件不小于 5 倍管径，距下游局部阻力构件不小于 2 倍管径。被测风管尺寸为 800 mm×400 mm，按规范要求布置 8 个风速测点或动压测点，见图 2。

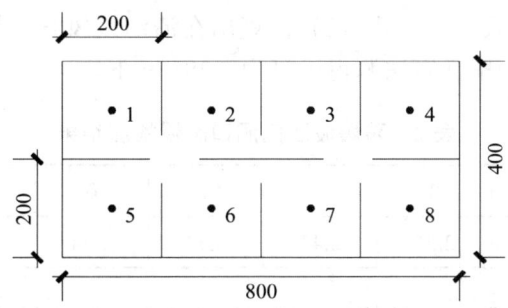

图 2 清洁区风管风量检测布点图（单位：mm）

2）防爆波活门洞口处测试清洁风量

防爆波活门洞口尺寸为 620 mm×1 400 mm，在洞口表面均匀布置 8 个风速测点，如图 3 所示。

3）油网过滤器测试清洁风量

油网过滤器尺寸为 1 060 mm × 1 640 mm，在油网过滤器表面均匀布置 6 个风速测点，见图 4。

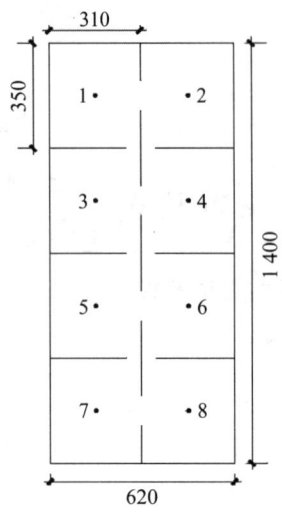

图 3　防爆波活门洞口风量检测布点图（单位：mm）

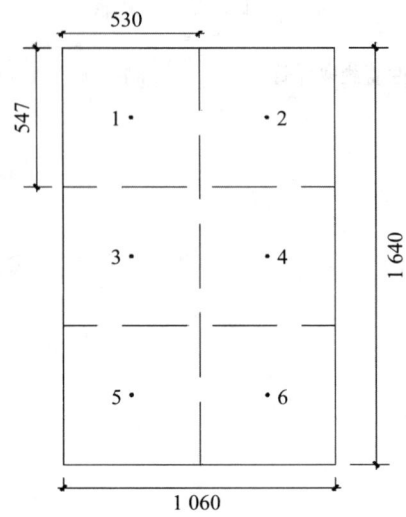

图 4　油网过滤器风量检测布点图（单位：mm）

4　结果分析

当对清洁风量分别在洁净区风管、防爆波活门洞口和油网过滤器处检测时，相应的结果见表 1—表 5。

表 1　清洁区风管风量检测结果

测点编号	1	2	3	4	5	6	7	8
风速仪 /(m·s^{-1})	5.28	6.69	6.12	6.17	6.07	6.52	6.47	6.04
毕托管 /Pa	17.8	27.4	24.9	24.1	22.7	25.7	25.0	23.1

根据表 1 检测数据由式（1）、式（2）计算出在清洁区风管风量的检测结果，风速仪法测得风量为 7 107 m^3/h，用毕托管法测得风量为 7 281 m^3/h。

表 2　防爆波活门洞口风量检测结果

测点编号	1	2	3	4	5	6	7	8
风速仪 /(m·s^{-1})	2.19	2.26	2.43	2.52	2.44	2.61	2.14	2.13

根据表 2 检测数据由式（2）计算出在防爆波活门洞口处风量检测结果为 7 312 m^3/h。

表 3　油网过滤器处风量检测结果

测点编号	1	2	3	4	5	6
风速仪 /(m·s^{-1})	0.76	0.87	1.92	1.63	1.36	1.33

根据表3检测数据由式（2）计算出在油网过滤器处风量检测结果为 8 219 m³/h。

表4　检测结果汇总

测试位置	清洁区风管		防爆波活门洞口	油网过滤器
	风速仪法	毕托管法		
测试结果 /(m³·h⁻¹)	7 107	7 281	7 312	8 219

在清洁区风管处两次测量结果的平均值为 7 194 m³/h，以该结果作为基准值，分别计算不同检测结果与基准值的偏差。

表5　检测结果分析

测试位置	清洁区风管		防爆波活门洞口	油网过滤器
	风速仪法	毕托管法		
测试结果 /(m³·h⁻¹)	7 107	7 281	7 312	8 219
与基准值偏差 /%	−1.2	1.2	1.6	14.2

在油网过滤器处测得结果为 8 219 m³/h，与基准值的偏差为 14.2%，同其他位置的测试结果相比，与基准值的偏差最大，具体见图5和图6。

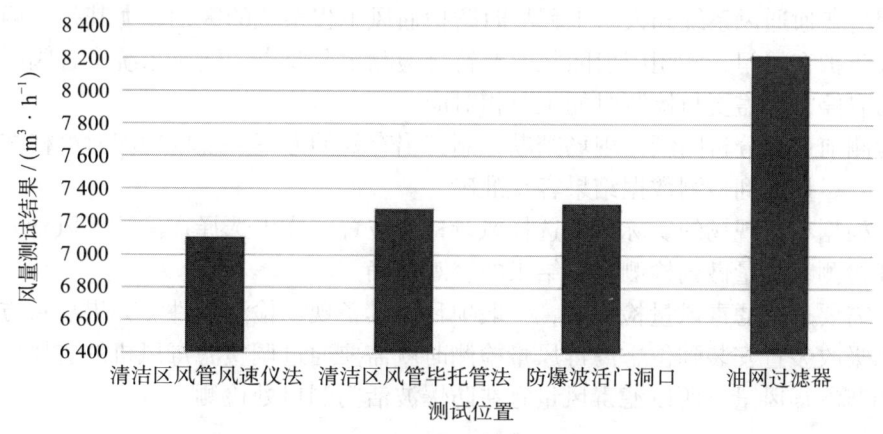

图5　不同位置测试结果对比

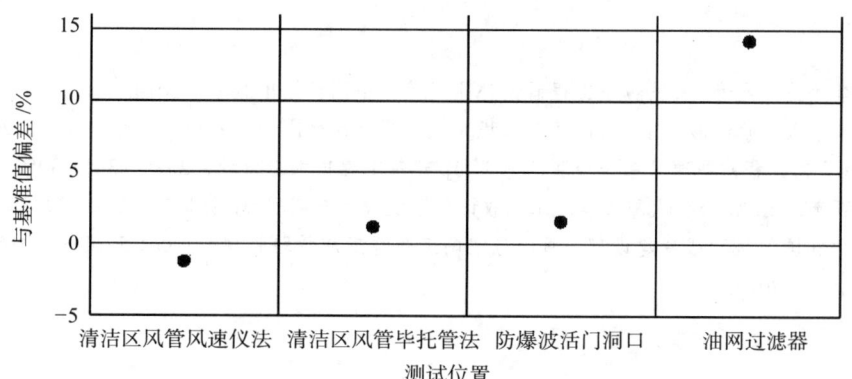

图6　不同位置测试结果与基准值对比

综上，不同检测位置和检测方法对检测结果均有明显的影响，由此可知：

（1）从检测结果的准确性出发，在清洁区风管测试最接近真实结果，防爆波活门洞口处次之，在油网过滤器处检测得到的结果准确性最低，因为在油网过滤器处检测时，风速仪需要贴在油网过滤器表面，油网过滤器表面的风速不均匀，且根据风速计算风量时，油网过滤器的面积系数不容易确定。

（2）在清洁区风管处检测对检测位置的要求较高，需要在直管段上，距上游局部阻力部件不小于5倍管径，距下游局部阻力构件不小于2倍管径，并且需要按检测规范的要求在风管上开若干测试孔，测试完成后需对开孔进行修复，相对于在防爆波活门和油网过滤器处检测难度较高。

（3）从检测的实施难度出发，在防爆波活门洞口处和油网过滤器处检测较容易实施，只需根据洞口或者油网过滤器的尺寸按检测规范要求布置检测点位即可。

（4）从检测结果分析，在综合考虑检测操作的方便性和检测结果的准确性后，清洁风量的检测可选在防爆波活门洞口处。

5　结语

人防工程中的防护通风系统是在人防工程受到敌人袭击的情况下，保证工程内人员和物资的安全，人防工程验收时，检测验证是必要的验证环节，总结如下：

（1）理清普通通风系统和人防工程战时防护通风工程系统的区别，尤其是检测时防护单元内的各种防护密闭门，密闭门启闭状态要符合检测工况要求，通风系统中各阀门的启闭状态及风机的启停，都需要与检测时的工况相对应。

（2）检测前认真分析图纸，现场踏勘，制订出有效的方案，现场检测时严格按照既定检测方案进行，尽量做到检测数据结果客观准确。

（3）应根据项目现场的实际情况选择风量检测位置，优先选择在清洁区风管处或防爆波活门洞口处检测，尽量做到检测数据结果的客观准确。

（4）在需要进行滤毒风量检测时，一般项目不具备现场检测条件。如果项目方按照设计要求将滤毒吸收装置安装到位，滤毒风量检测时就需要通过调整滤毒风机的进风口前插板阀的开度来调节滤毒风量，所以滤毒风量宜在防爆波活门洞口处检测。

参考文献

[1] 杨延军，李建民，吴涛.人民防空工程概论[M].北京：中国计划出版社，2014.

[2] 马吉民，朱培根，耿世彬，等.人民防空工程通风空调设计[M].北京：中国计划出版社，2006.

[3] 王亮.浅谈人防工程防护通风系统检测的意义[J].建筑工程技术与设计，2015（36）：3057.

[4] 李洪鑫，石光，王坤，等.人防工程竣工验收评估系统设计与实现[J].防护工程，2013，35（6）：65-69.

[5] 中华人民共和国住房和城乡建设部.通风与空调工程施工质量验收规范：GB 50243—2016[S].北京：中国计划出版社，2017.

某地下人防工程空气质量分析及其解决措施探索

冯 涛 殷 豪 严慧栋

(上海市民防防护救援中心,上海 200020)

摘 要 人防工程作为空袭避灾场所,战时承担人员物资掩蔽、防空指挥及医疗救护等功能。工程深藏地下,要防备"核生化"武器袭击,消减冲击波,隔绝放射性污染和化学毒剂的入侵,同时又要满足人员的生存需求。随着工程深度的增加,内部产生的有毒有害气体容易积聚,相对封闭空间无法通过自然排风满足通风要求,必须使用机械通风排风以满足人员生存条件。因此,地下人防工程换气过滤对保护人民生命安全,保存战争潜力具有重要作用。上海市民防防护救援中心使用便携式气相色谱-质谱联用仪(以下简称"GC-MS")和能谱仪等侦检仪器设备,对某指挥工程内部空气质量进行了跟踪监测。在对结果进行分析后,发现工程中存在一定浓度的大分子污染物,并据此对污染物来源做出分析,对通风排风系统的设计提出优化建议。

关键词 人防工程;通排风;空气污染

1 引言

人防工程内部优良的通风与空气调节系统是保障工程内部达到人员生存环境要求的重要设施,是保证防护效能的重要标志[1]。我国人防工程已经具有体系完善的设计建设标准①,但鉴于地下设计难度大,施工条件受限,又要兼顾战争防护,消防安全,空气质量达标等多重叠加因素,设计中存在较大难度。工程内部各类建筑材料都可能释放出大量的有害气体,如放射性氡气,有机气体等[2,3],因此良好的通风排风对人防工程的作用发挥至关重要。

本文使用"GC-MS"、六合一气体检测仪、单一气体检测仪(甲醛)和伽马能谱仪等,可对上海某人防指挥工程内部不同深度、不同部位进行多次检测[4],并将工程内部检测结果与内部装修建材样本和地上空气环境检测结果进行对比,研究工程内部通风系统设计方案,尝试从污染源和通排风系统两方面对检测结果中大分子有机物浓度偏高的问题进行探讨[5]。

2 空气质量分析

2.1 检测设备

主要包括:美国英福康公司便携式"GC-MS"联用仪(型号为:INFICON HAPSITE ER);美国华瑞公司 ppbRAE3000 复合式气体检测仪(分别检测:爆炸下限、氧气、硫化

作者简介:冯 涛(1986年—),男,研究生,工程师,主要从事民防防护救援工作。E-mail: fengtao666888@163.com

① 见于《人民防空地下室设计规范》(GB 50038—2005)。

氢、氨气、总挥发性有机气体、一氧化碳）；美国华瑞公司单一气体检测仪（甲醛）；上海新漫传感器有限公司 G1110 伽马能谱仪。

2.2 "GC-MS" 仪器配置及条件

2.2.1 仪器配置

NEG 泵和离子泵分别将活性气体和惰性气体抽至真空（真空度 $<6\times10^{-3}$ Pa）以达到质谱分析条件、Tri-bed 浓缩管以及色谱柱：100% 聚甲基硅氧烷固定相（15 m × 0.25 mm × 1.0 μm）。被测物经浓缩管浓缩后进入色谱柱分离，之后再进入质谱检测器，通过计算机转换得出谱图，通过内标物半定量分析。载气为氮气，内标气是以氮气为底气，体积含量为 50 ppm 五氟溴苯和 100 ppm 1,3,5-三（三氟甲基）苯。

2.2.2 仪器条件

初始柱温 60 ℃，保持 1 min，以 6 ℃/min 的升温速率升温至 80 ℃，再以 12 ℃/min 的升温速率升温至 120 ℃，以 26 ℃/min 的升温速率升温至 180 ℃。质谱条件：扫描范围 41~300 u，电子能量：70 eV。

2.3 检测与分析

2.3.1 其他设备检测结果

通过对不同房间不同气体等进行检测，可知 HCHO 结果使用单一气体检测仪（甲醛）测得，剂量率使用 G1110 伽马能谱仪测得，其余结果使用 ppbRAE3000 复合式气体检测仪测得，具体见表 1。

表 1 不同房间的检测结果汇总

房间	HCHO/ppm	O_2/%	H_2S/ppm	NH_3/ppm	TVOC/ppb	CO/ppm	剂量率/($uSv \cdot h^{-1}$)
107	0.01	20.9	0	0	230	0	0.21
101	0.01	20.9	0	0	200	0	0.18
118	0.03	20.9	0	0	410	0	0.17
222	0.02	20.9	0	0	360	0	0.21
指挥厅	0.01	20.9	0	0	350	0	0.20
外环境	0	20.9	0	0	100	0	0.20

表 1 中所测结果甲醛浓度明显高于外环境，通过进一步巡检，发现床头柜和电视柜里甲醛浓度要明显过高，最高达 0.08 ppm，已经接近室内空气国家标准值。房间中 TVOC 浓度最高达 410 ppb，约为地面 4 倍，其余均显示正常。考虑到除 TVOC 和剂量率外，仪器检测精度只到 ppm 级别，且无法具体定性，遂使用便携式 "GC-MS" 联用仪进行定性定量分析。

2.3.2 "GC-MS" 检测

在室外开启 GC-MS，并调用 "SURVEY" 方法运行单质谱模式（即进样后不经过色谱柱，而直接进质谱检测，一般寻源时使用此方法）等基线稳定后，携带仪器进入工程内部，分别在地下一层和地下两层巡检污染源头。在多次巡测中，运行单质谱模式测得最大总离子流色谱图（TIC）数值比地面环境高 30% 左右，但未发现明显峰值。

随后，调用 "ER Air Tri Bed mg/m³ Quant" 方法（即色谱质谱联用检测方法，一般定性定量时使用此方法）检测，并使用仪器内置 NIST 库鉴别污染物成分。选择地下一层 117 房间和地下二层指挥室运行该方法直接取样 2 次，测得谱图如图 1 和图 2 所示，定性定量结果如表 2 和表 3 所列，图 3 和表 4 是同日在工程外部空旷处运行该方法的结果。在此后连续一个月的每周一、三、五同时间段、同位置进行检测，检测结果高度相似。故仅以其中一日检测数据为例，进行以下分析。

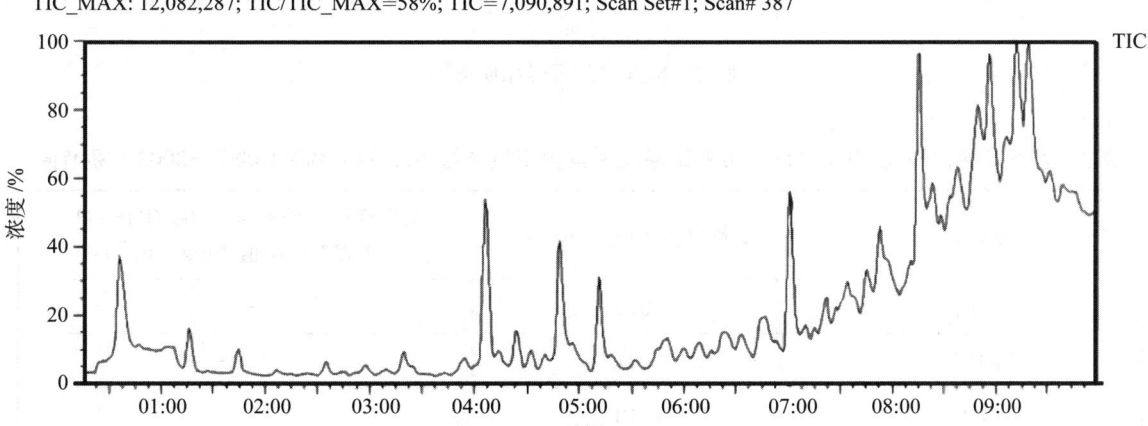

图 1　117 室空气样品质谱图

表 2　地下一层 117 室 "GC-MS" 检测结果及《室内空气质量标准》（GB/T 18883—2002）标准值

分析物	定量分析/(mg·m⁻³)	《室内空气质量标准》（GB/T 18883—2002）标准值/(mg·m⁻³)
丙酮	0.123	—
三氯乙烯	0.051	—
1,1,2-三氯乙烷	0.003	—
甲苯	0.022	0.20
乙苯	0.008	—
邻二甲苯	0.013	0.20
间/对二甲苯	0.005	—
1,3,5-三甲苯	0.007	—
对乙基甲苯	0.005	—
1,2,4-三甲苯	0.003	—
1,3-二氯苯	0.005	—
萘	0.013	—

注：表 2 中未列明部分无法定量的组分如壬烷、1,1,2,2-四氯乙烷、α-蒎烯、4-甲基癸烷、丙苯、1-甲基乙基苯、3-甲基-2-环戊烯-1-酮、癸烷、茚、十二烷、1,1,2,3,4,4-六氯-1,3-丁二烯、1-甲基萘、2-甲基萘。

TIC_MAX: 16,158,916; TIC/TIC_MAX=62%; TIC=10,142,980; Scan Set#1; Scan# 557

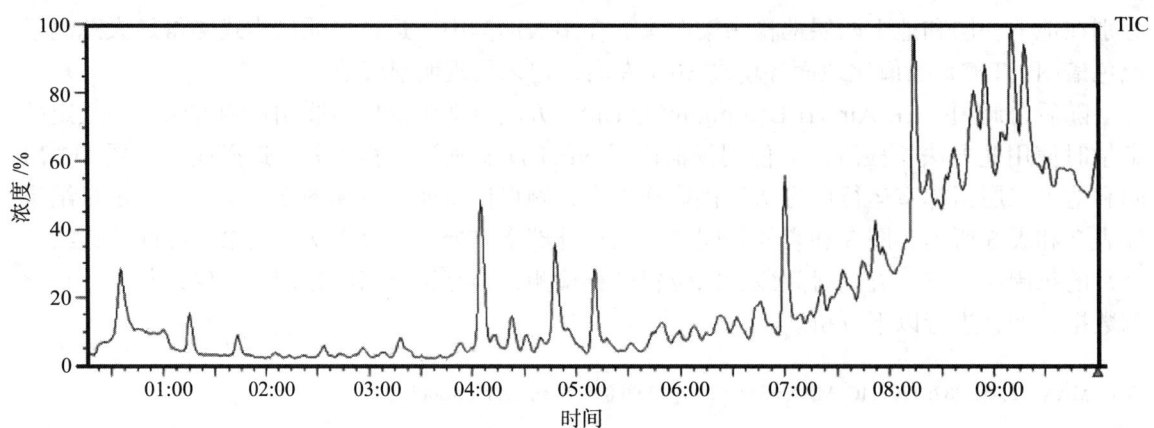

图 2　指挥室空气样品质谱图

表 3　地下二层指挥室"GC-MS"检测结果及《室内空气质量标准》（GB/T 18883—2002）标准值

分析物	定量分析/(mg·m^{-3})	《室内空气质量标准》（GB/T 18883—2002）标准值/(mg·m^{-3})
乙腈	0.010	—
丙酮	0.091	—
二氯甲烷	0.010	—
三氯乙烯	0.027	—
甲苯	0.023	0.20
乙苯	0.017	—
间/对二甲苯	0.007	—
邻二甲苯	0.013	0.20
对二甲苯	0.005	—
1,3,5-三甲苯	0.007	—
对乙基甲苯	0.005	—
1,2,4-三甲基苯	0.005	—
1,3-二氯苯	0.003	—
1,4-二氯苯	0.002	—
1,2-二氯苯	0.002	—

注：表 3 中未列明部分无法定量的组分如甲基环己烷、1,1,2-三氯乙烷、乙基环己烷、呋喃、1,1,2,2-四氯乙烷、壬烷、α-蒎烯、4-甲基癸烷、丙苯、1-甲基乙基苯、癸烷、1,2,4-三甲基苯、1-乙烯基-2-甲基苯、叔丁基苯、4-异丙基甲苯、十一烷、1,2,3,4-四甲基苯、1-乙基-3,5-二甲基萘、十二烷、1,1,2,3,4,4-六氯-1,3-丁二烯、2-甲基萘、1-甲基萘。

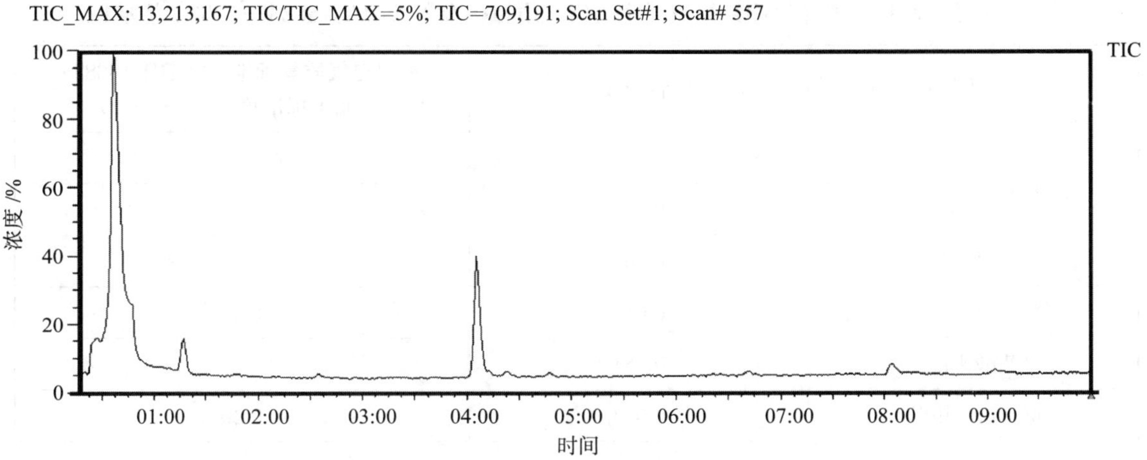

TIC_MAX: 13,213,167; TIC/TIC_MAX=5%; TIC=709,191; Scan Set#1; Scan# 557
TIC
浓度/%
100
80
60
40
20
0
01:00
02:00
03:00
04:00
05:00
06:00
07:00
08:00
09:00
时间

图 3　工程外空旷环境空气样品质谱图

表 4　工程外空旷环境空气检测结果及《室内空气质量标准》(GB/T 18883—2002)标准值

分析物	定量分析/($mg \cdot m^{-3}$)	《室内空气质量标准》(GB/T 18883—2002)标准值/($mg \cdot m^{-3}$)
甲苯	0.004	0.20
间 / 对二甲苯	0.002	0.20
邻二甲苯	0.003	—
乙苯	0.006	—

注：表 4 中未列明部分无法定量的组分如乙腈、环氧乙烷。

经过对工程内部巡检分析，怀疑污染物来源于装修材料的可能性最大，而在工程各房间均铺设地垫。所以随机选择一块地垫，包在保鲜袋里，在气温 20 ℃左右，自然光照 20 min 后进行检测，相同条件下运行 Analyze 模式的结果见图 4 和表 5。

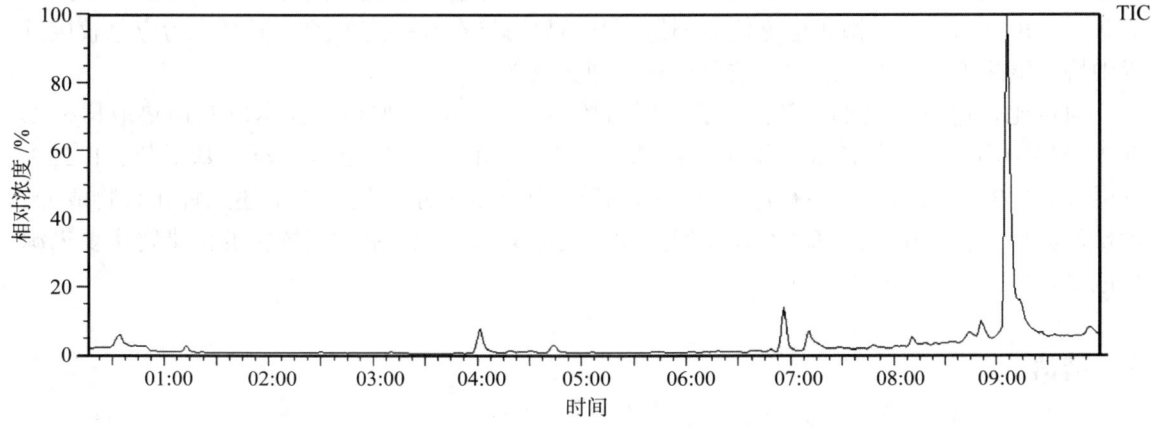

TIC_MAX: 128,499,104; TIC/TIC_MAX=6%; TIC=7,784,435; Scan Set#1; Scan# 557
TIC
相对浓度/%
100
80
60
40
20
0
01:00
02:00
03:00
04:00
05:00
06:00
07:00
08:00
09:00
时间

图 4　地垫样品挥发气体质谱图

表 5　地垫样品挥发气体检测结果及《室内空气质量标准》(GB/T 18883—2002)标准值

分析物	定量分析/(mg·m^{-3})	《室内空气质量标准》(GB/T 18883—2002)标准值/(mg·m^{-3})
乙腈	0.007	—
丙酮	0.068	—
三氯乙烯	0.002	—
甲苯	0.016	0.20
醋酸丁酯	0.051	—
间/对二甲苯	0.003	0.20
乙苯	0.009	—
环己酮	0.039	—
2-庚酮	0.025	—
1,3,5-三甲苯	0.002	—
1,3-二氯苯	0.004	—
1,2-二氯苯	0.003	—
1,4-二氯苯	0.003	—
1,2,4-三甲苯	0.001	—

注：表5中未列明部分无法定量的组分如：1,1,2,2-四氯乙烷、壬烷、α-蒎烯、4-甲基癸烷、1-甲基乙基苯、癸烷、2-乙基己醇、乙酰苯、邻甲基异丙苯、十二烷、十一烷、5-乙基间二甲苯、萘、1,1,2,3,4,4-六氯-1,3-丁二烯、1-甲基萘、癸烷。

通过"GC-MS"采样测试，可见工程内存在诸多污染物，由于部分污染物在"GC-MS"标准库中未进行过标样测试，因而无法定量分析，故在以上各表后加注了测得的成分。且便携式"GC-MS"受限于仪器自身技术条件，仅可测试含有1~12个碳原子、分子量大于41、小于300的挥发性有机物，因此存在部分大分子有机物未被检测出的可能性。而参考标准《室内空气质量标准》(GB/T 18883—2002)[6]的各项标准值测试方法为实验室方法，本文从应急救援角度，使用便携式检测仪器测量，其结果可能存在一定偏差，但可作为应急救援过程中快速检测手段，本文的测试结果仍具有创新意义。

通过比较地下一层117室、地下二层指挥室、工程外空旷环境样本以及地垫取样挥发气体结果中丙酮、三氯乙烯、甲苯、乙苯、二甲苯、1,3,5-三甲苯、对乙基甲苯、1,2,4-三甲苯、1,3-二氯苯等9种有定量结果的物质，如图5所示，地垫中上述几种化合物成分、含量趋势与117室和指挥室具有高度似然性，故而可认定117室和指挥室的污染物主要来源是地垫。

3　结语

由于本文创新性地使用便携式"GC-MS"对人防工程内部污染物进行检测分析，所测

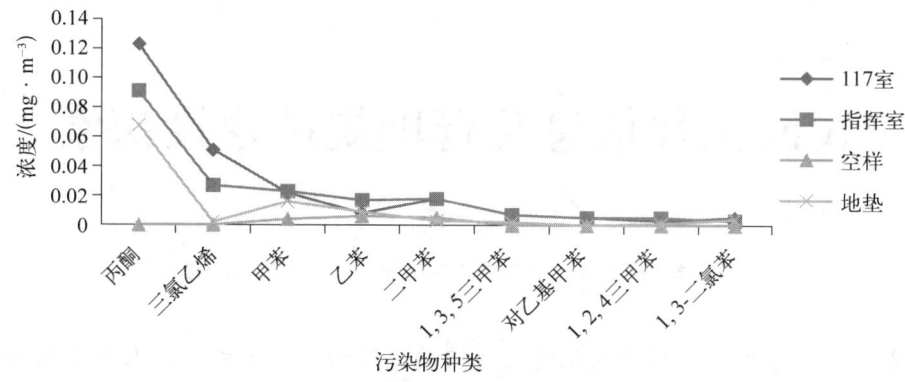

图 5　9 种污染物在不同取样点的含量对比

精度与实验室设备所测精度尚有一定差距。通过结果分析，该工程内部大分子有机物众多，成分复杂，因受限于所使用便携式设备的定量精度，污染物浓度是否超过国家标准，需进一步探究。该工程建造级别较高，且建成多年，大分子有机物沉积在工程底部，检测时已经过连续多日机械通风，仍然有较高水平的污染，说明沉积污染物难以排出。笔者建议在人防工程内部装修选材上要充分考虑污染问题，以选择环保材料为宜。

由于人防工程需要对核生化武器防护，在设计上封闭性较强，自然通风性能差，必须采取机械通排风把工程中各类污染物稀释排出[7]。在综合考虑战备和消防安全的基础上，应充分考虑送、回风方式以及空气动力学参数。在设计时适度增加房间上侧送风，下部回风的气流组织方式，特别是在多层地下工程底层下部设置回风口。

参考文献

[1] 谭丽娴. 人防工程通风空调设计常见问题及解决办法 [J]. 上海建设科技，2019（6）：1-2.
[2] 唐泉，马晓. 衡阳地区人防工程氡浓度调查 [J]. 南华大学学报（自然科学版），2011，25（3）：4-7.
[3] 吴东艳. 地下人防工程内部空气质量现状及改善措施 [J]. 污染防治技术，2019（3）：24-25，41.
[4] 文正江，韩旭，刘迎新，等. 地下建筑空间空气污染物的试验研究及来源分析 [J]. 洁净与空调技术，2012（1）：4-8.
[5] 李宜岩. 人防工程装饰材料与空气质量 [J]. 建材与装饰，2017（48）：46.
[6] 国家质量监督检验检疫总局. 室内空气质量标准：GB/T 18883—2002[S]. 北京：中国标准出版社，2002.
[7] 何实. 人防地下室战时通风控制及设备综述 [J]. 黑龙江水利科技，2012，40（3）：211-212.

民防工程信息化管理规范建设探索

曹 峰

(上海市地下空间设计研究总院有限公司,上海 200125)

摘 要 为探索民防工程信息化建设所需的合适的实践方式。以上海市虹桥商务区核心区民防工程为建筑信息模型应用案例,结合上海市《人防工程设计信息模型交付标准》(DG/TJ 08-2206—2016)的建立和修订,从规范建设、设计、施工、运维管理和拓展应用这几方面逐步推演,发掘民防工程信息化管理的优势在各阶段的实际运用。结果表明:信息化建设对于民防项目有良好的使用效果,建设合理的、统一的、可拓展的民防工程信息化管理平台,需要有相应的规范来要求和限制,使得民防工程信息化管理能让民防项目在平时及战时均能发挥其实际效果,有效保障人民防空安全。

关键词 BIM 信息化;管理系统建设;交付标准;平战转换;拓展接口

1 引言

随着建筑行业的蓬勃发展,建筑设计施工的水平逐年上升,精细化的深入设计要求越来越多,以达到避免设计与施工之间的误差、减少返工而导致的人、物、材的浪费、推进项目快速运行的目标[1]。为了达到这一目标,从 2000 年之后开始逐步引入建筑信息模型(Building Information Modeling,BIM)的概念,其主要目的为:通过 BIM 的数字信息化、三维可视化和可传递性的能力来提高图纸的准确性,为施工提供更多的指导,从而提高生产效率、节约成本、提升问题的解决效率,有效推进项目的进行。

为了发挥 BIM 对于建筑设计施工行业更有效的作用,专业单位也对其特性进行逐步开发,逐渐形成了针对不同类型项目的 BIM 管理平台:从设计、施工及运维等覆盖建筑项目的全生命周期。使业主、设计团队、施工单位和运维部门,能在同一管理平台上协同工作,各方也在此 BIM 平台上构建自己的工作内容,并收到良好的反馈,有利于项目的推进。

住建部发布的《2016—2020 年建筑业信息化发展纲要》中明确指出:"深度融合 BIM、大数据、智能化、移动通信、云计算等信息技术,实现 BIM 与企业管理信息系统的一体化应用,促进企业设计水平和管理水平的提高。"国务院发布的《关于促进建筑业持续健康发展的意见》重点专项中提出加强技术研发应用。加快推进 BIM 技术在规划、勘察、设计、施工和运营维护全过程的集成应用,实现工程建设项目全生命周期数据共享和信息化管理,为项目方案优化和科学决策提供依据,促进建筑业提质增效[2]。全国住房和城乡建设工作会议要求:"加快 BIM 技术研发和应用,建设建筑产业互联网平台,完善智能建造标准体系"。

作者简介:曹 峰(1980 年—),男,大学本科,高级工程师,主要从事民防给排水及民防信息化方面工作或研究。
E-mail:caofeng@suadi.com.cn。

上海制定《推进 BIM 技术应用三年行动计划（2021—2023）》，主要目标是到 2023 年年底，BIM 技术应用取得重大突破，应用水平和软件创新能力得到大幅度提升，成为本市建筑业普遍应用的基础性数字化技术，BIM 技术在建筑运维和智慧城市管理方面的应用逐步深化，为全面推进城市数字化转型、建设国际数字之都提供有力的技术支撑[3]。

人民防空工程是现代国防工程的重要组成部分，亦是现代城市建设的重要内容。人民防空工程的建设，需要着眼于全局统筹规划，既要保证战时人民防空的需要，又要与平时城市建设相协调，这样对于人民防空项目的建设管理提出了一定的要求。

综上所述，国家对于 BIM 技术融入建设行业具有很大的决心，但是人民防空项目与 BIM 相关联的设计建设标准尚未完全统一。本文以上海市虹桥商务区核心区民防工程为 BIM 应用案例，结合上海市《人防工程设计信息模型交付标准》(DG/TJ 08-2206—2016) 的建立和修订，从规范建设、设计、施工、运维管理、拓展应用这几方面逐步推演，发掘民防工程信息化管理能力在各阶段的实际运用，最终阐述规范化民防工程信息化管理的实际效果。

2 工程概况

基地位于上海市虹桥商务核心区内，其地面用地性质为城市绿地，地下为车库。本项目分为地下两层，平时为地下停车库，车位 186 个，其中无障碍车位 5 辆，充电车位 28 辆。战时为一个核 6 级、常 6 级民防物资库，一个核 5 级、常 5 级防空专业队装备掩蔽部（含民防柴油电站），一个核 5 级、常 5 级防空专业队队员掩蔽部。总建筑面积为 8 243.67 m²，战时防护区内面积为 6 106.57 m²。

根据业主（上海市民防办公室）要求，以本项目为试点，从设计方案阶段直至项目竣工运维，运用 BIM 技术进行方案深化，三维设计建模，综合调整，二、三维一体化交底及施工模拟直至建设民防的信息化管理平台，从而形成较完整的民防 BIM 全生命周期项目，如图 1 所示。

图 1 基地内民防 BIM 三维图

3 项目前期准备

在上海市民防办公室的大力推进下，市民防办要求本项目可以达到智慧民防管理要求，从设计、施工直至运维，在项目中全方位使用 BIM 技术。

项目从 2017 年 5 月开始设计到 2018 年 4 月完成施工图设计，当时适用的国家 BIM 规范有：《建筑信息模型应用统一标准》(GB/T 51212—2016) 实施时间为 2017 年 7 月，《建筑信息模型施工应用标准》(GB/T 51235—2017) 实施时间是 2018 年 1 月；《建筑信息模型分类和编码标准》(GB/T 51269—2017) 实施时间为 2018 年 5 月；《建筑信息模型设计交付标准》(GB/T 51301—2018) 实施时间为 2019 年 6 月；然而因为项目开始阶段早于标准实施时间，故上述标准在该项目未得以执行。适用的地方标准为《人防工程设计信息模型交付标准》(DG/TJ 08-2206—2016) 实施时间为 2016 年 11 月，和上海市住房城乡建设管理委发布的《上海市建筑信息模型技术应用指南（2017 版）》。

项目组根据业主（上海市民防办公室）要求、《建筑信息模型应用统一标准》(GB/T 51212—2016)、《人防工程设计信息模型交付标准》(DG/TJ 08-2206—2016) 及《上海市建筑信息模型技术应用指南（2017 版）》制定交付成果及相应的建模标准。

4 设计阶段 BIM 运用及问题

4.1 设计运用成果

设计阶段基本满足了之前预定的交付要求，并且证明 BIM 技术对设计提供了有效的帮助，提高了设计质量。

（1）在项目开始阶段，利用 BIM 模型的直观展示能力，为决策方提供了不同方案的比对效果，为决策方提供更有效的判断依据，提高方案定稿效率。逐步完成预定的方案设计优化及定稿工作（图 2）。

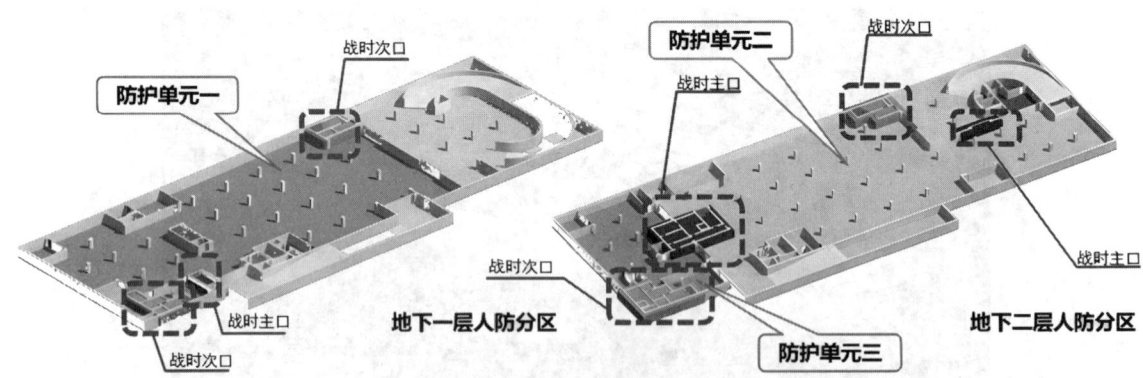

防护单元	战时功能	抗力等级	人防建筑	掩蔽物资
防护单元一	人防物资库	核6级、常6级	3 863 ㎡	2 705 t
防护单元二	防空专业队装备掩蔽部	核5级、常5级	3 603 ㎡	32 辆
防护单元三	防空专业队队员掩蔽部	核5级、常5级	789 ㎡	200 人

图 2 民防分区布置分析图

（2）在设计实施阶段利用BIM的三维综合能力，对设计各专业进行整合，发现碰撞点，协调各方解决问题，提高了以往设计的拍图效率，减少设计冲突，优化设计（图3）。

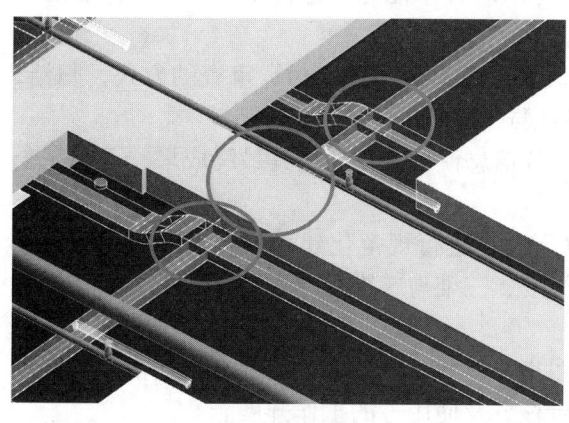
(a) 检查管线冲突

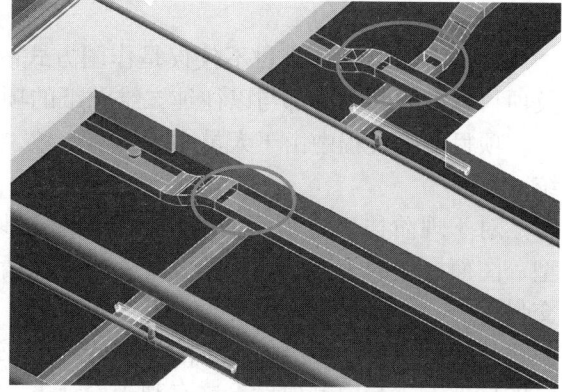
(b) 修改BIM模型成果

图3　多专业冲突复核调整

（3）设计完成后出具二维、三维一体化的交底白图及局部难点的展示，在与施工方交接的时候，可以提供设计指导。提前发现施工难点，有效指导现场的施工安装（图4）。

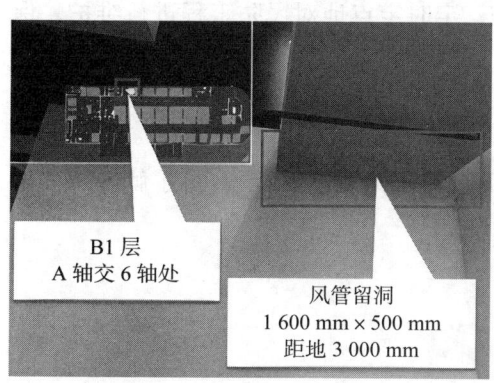
(a) 模型内容　　　　　　　　　　　　　(b) 交底白图

(c) 施工三维交底

图4　三维施工交底

4.2 设计阶段运用 BIM 存在的问题

现在在设计阶段运用 BIM 主要是在翻模，但 BIM 并不能完全进行正向设计，如需正向设计还需要做很多的工作。

信息模型的设计交付不仅仅是作图方式的改变，还有模型的交付，审查的方式，归档，及项目各方的配合等都与以往纯二维图纸的项目模式不同。

项目实施过程中由于人员水平的不一致，导致信息模型的建立与其最终成果并不能完全统一。

对于现阶段信息模型的建立，还需要对以下内容进行规范化建设：如族库的建立、线型、图面标注的表达、图例的设置、构件的精细度、三维与二维相结合的出图方式以及最终交付等。

故需要建设一套类似施工图出图的标准或图集，以此来规范各方的要求，使得各方在统一的标准下进行模型建设，这有利于设计方、审核方及使用方的工作开展。

5 项目运维的实施

本项目在设计施工阶段逐步建立了信息模型平台，为项目的运维工作做好了准备。

在平时民防管理单位可以通过信息管理系统直观地了解项目运转情况，建立完善的档案。根据预设的管控要求，对项目内部设施进行监控，定时定点地对民防工程进行维护，保养设备。

在战时及临战状态下民防单位除了对内部设备的监控，还可以及时了解临战转换的要求，及其相关的人员安排、物资需求及资金筹备。

在战时周边的人员进入民防区后，战时人员对相关的口部扫描二维码，可了解内部的民防设施，便于快速及时完成战时人员掩蔽工作（图5）。

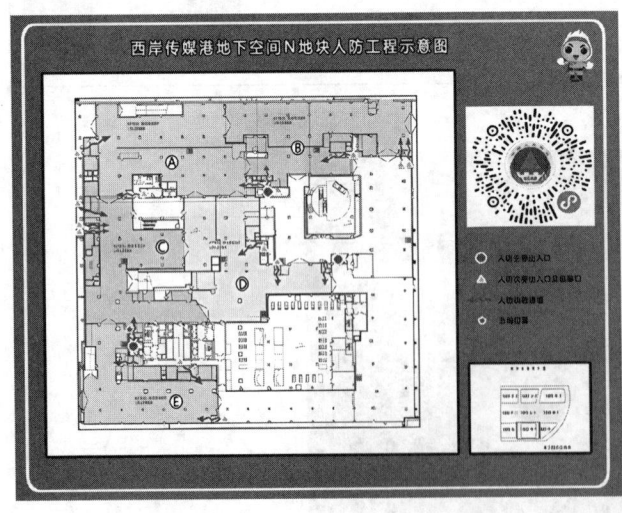
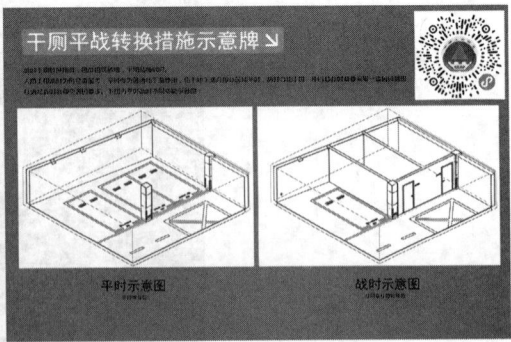

图 5　民防标识示意牌

5.1 智能化运维监控系统

根据需求确定实际功能，通过智能感知技术，集成 BIM 智能化运维监控系统。运维管理系统通过构建稳定可靠、安全方便的控制网络，将工程内的各种保障设备和环境参数进行集中监视和控制，如：通风空调系统的风机、阀门、除湿机组，给排水系统的水泵、水阀、液位计，发供电系统的发电机、变压器、配电柜，防护系统的防化探测设备、防护门等，又如工程内部的温、湿度参数、二氧化碳浓度等。这样可形成可靠的智能三防系统（图6）。

良好的智能管控系统可有效减轻维护人员的劳动强度，提高工程应急和战时运作的可靠性，是民防工程发挥实际效用的有效辅助。

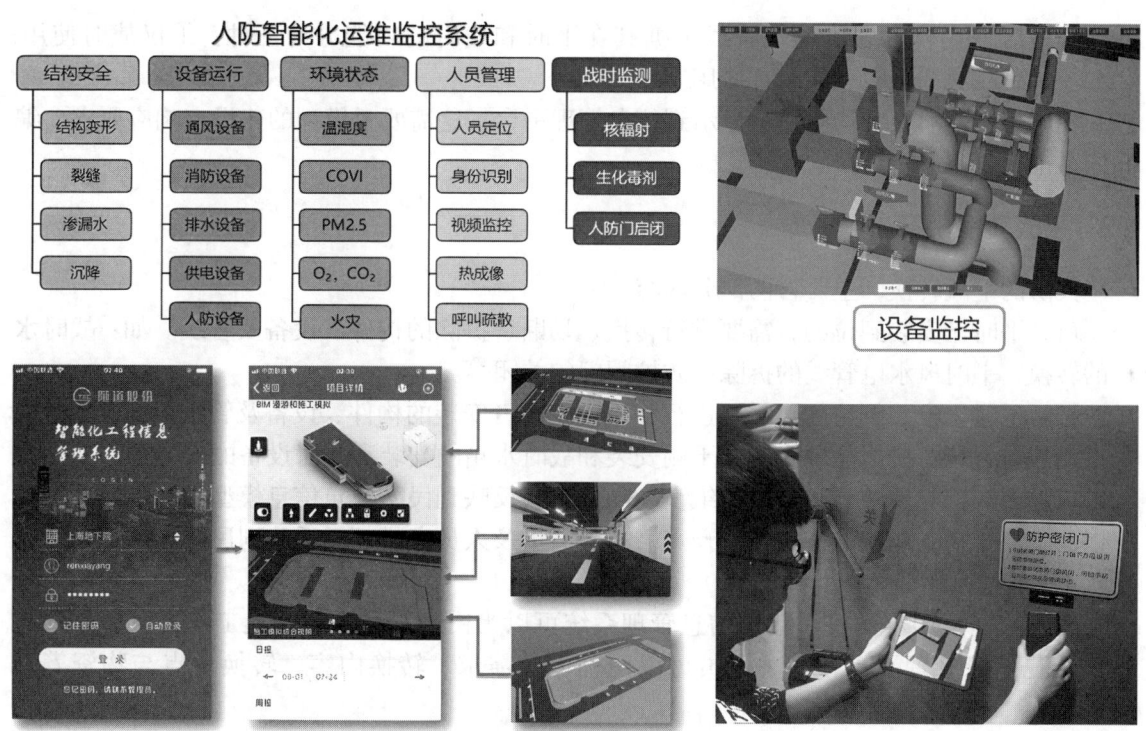

图 6　智能化管理系统建设

5.2 运维监控系统对于信息模型的需求

可视化的运维管理平台是基于模型的轻量化展示。不同项目对于信息运维管理系统有其特殊的柔性需求，需要按专业要求进行定制。其功能主要体现在以下几个方面。

（1）模型的信息传递：从设计→施工→运维，将各阶段的模型信息进行统一整理归纳。

（2）体现关注要点：基于操作的简便，需要对信息模型进行适当轻量化，但是关键区域需要着重体现，比如民防口部、各类民防战时设备间和临战转换内容等。

（3）管理平台的功能要求：需要按民防的要求设置监控位置，例如三防控制、环境监控和人员管理等。

（4）拓展接口：考虑到技术的发展及建设要求的不断提高，运维系统需要预留扩展接口。

为了给智能化管理平台提供实践基础，设计施工阶段的信息模型需要按规范要求进行编码，每个部件按其分类进行统一编码。《建筑信息模型分类和编码标准》（GB/T 51269—2017）中对于民防的相关编码要求较为简单，未使民防需要按战时和平时功能的构件、设备、管线进行区分，否则将不利于民防运维管理系统的建设。

6 民防信息模型的特殊性

由于使用管理和审查的原因，民防的信息模型与一般建筑的信息模型是有区别的。

6.1 平战需有区分

民防区域内构件、设备及管线根据其在平时和战时的功能分为三种：①仅战时使用；②仅平时使用；③平时和战时都使用。

不同的使用功能，均要完全显示到信息管理平台，这需要对模型的建设有响应要求，编码体系也需要有民防对应的内容。

6.2 平战转换内容

民防的平战转换，主要含两部分内容：

（1）平时已安装到位的，需要进行转换、切断、拆除的构件、设备及管线。如：战时水箱的转换、平时风水电管线的拆除、防护阀门的关闭等。

（2）平时未安装到位的，需要进行临战砌筑或者安装的构件、设备及管线。如：平时出入口的战时封堵、抗爆隔墙砌筑、干厕安装和战时水箱的安装和战时设备的安装等。

以上内容都会反映到相应的图纸上，随之也会反映到民防建筑信息模型上，当然为了便于以后临战转换，相应的平战转换预案、材料清单及人员安排都需反映到民防运维信息管理平台上。

含平战转换内容的民防运维信息管理系统可以为民防项目平战转换工作提供良好的支持。依托信息管理平台，相关人员可以明确人员需求、转换内容、转换地点与物资筹措等内容。

7 结语

民防项目是国家建设及国防工程中重要且必不可少的一环。BIM 技术的出现，可以带动民防项目的智能化建设和管理。

考虑到民防项目的管理是由国家行政单位进行统一管理的，战争发生时需要通盘考虑，不存在孤立的民防项目，其在设计、施工和运维管理上必须要有统一的要求。通过项目的实践，来推动相关规范的建设与修订，使其在设计、施工、运维、临战转换上都有相应的标准来进行约束，各方以同一个技术交流平台为基础，进行设计、审核、施工、验收、归档、运维和转换，以减少信息的流失。

对于相关民防管理单位，亦可以根据规范的民防信息化建设要求对民防信息模型及智能管理系统进行核查与验收。按同一规范建设的民防信息模型可以对接同一规范的运维管理系统。民防运维管理平台也可不再局限于单个项目的管理，有利于建设区域化的信息化民防管理系统。

规范化的民防信息化建设有利于民防管理单位即使在无人的平时状态下能进行巡检、维护和档案管理，同时也有利于战时的应急转换，人员掩蔽的安排。

综上所述，加强民防信息规范化建设有利于人民防空建设，可以协助推进城市人民防空治理体系和治理能力现代化建设，响应国家号召，贯彻新时代军事的战略方针，铸就坚不可摧的护民之盾。

参考文献

[1] 肖成志，薛鑫磊. BIM 技术应用的研究现状及发展趋势 [J]. 建筑技术，2019，50（7）：798-800.
[2] 卢晶晶. BIM 技术发展前景分析 [J]. 产业创新研究，2019（11）：240，242.
[3] 包胜，杨淏钦，欧阳笛帆. 基于城市信息模型的新型智慧城市管理平台 [J]. 城市发展研究，2018，25（11）：50-57，72.

新型高延性冷轧带肋钢筋 CRB600H 动态力学性能研究

陈力新[1]　李亚杰[2]　李天悦[1]　田　杰[3]

(1 上海结建规划建筑设计有限公司，上海 200333；2 安阳复星合力新材料股份有限公司，安阳 455000；3 中国科学技术大学工程与材料科学实验中心，合肥 230027)

摘　要　冷轧带肋钢筋是一新品种小直径钢筋，已在一般民用建筑工程中得到广泛应用，但由于学界对其动态性能掌握不多，在抗震动、抗爆及抗冲击结构中很少见到应用。为了掌握冷轧带肋钢筋的动态力学性能，以促进高延性冷轧带肋钢筋在更多领域的应用，利用 MTS 液压伺服材料动态试验系统、Zwick 高速拉伸试验机以及霍普金森压杆设备对直径 12 mm 的高延性冷轧带肋钢筋 CRB600H 进行了动态力学性能实验，得到了 0.001/s、0.1/s、1/s、10/s、100/s 和 1 000/s 等 6 个应变率下的材料应力-应变曲线，以及规定的塑性延伸强度 $R_{p0.2}$，抗拉强度 R_m，断后延伸率 A，最大力总延伸率 A_{gt}。结果表明，相较普通冷轧带肋钢筋，CRB600H 钢筋具有更好的静力延伸率与动态延伸性能。

关键词　高延性冷轧带肋钢筋；CRB600H 钢筋；应变率；伸长率；动力性能；试验研究

1　引言

钢筋作为钢筋混凝土骨架结构的线材，是建筑工程中用量最大的钢材产品品种之一，它的力学性能和经济指标直接影响建筑工程的质量和造价。当前，建筑用钢筋种类主要有：热轧钢筋、冷拉钢筋、冷拔钢丝和冷轧钢筋等。CRB600H 高延性高强度钢筋是国内近年来研制开发的新型带肋钢筋，它采用强度较低、塑性较好的普通低碳钢或低合金钢热轧盘圆条钢筋为母材，冷轧后增加了回火处理过程，使钢筋有屈服台阶，形成三面或两面横肋的钢筋[1,2]。CRB600H 冷轧带肋钢筋与传统冷轧带肋钢筋 CRB550 相比，CRB600H 冷轧带肋钢筋的强度和伸长率指标均有显著提高。其抗拉强度达到 600 MPa 以上，均匀伸长率比国际标准提高了 1.5 倍，断后伸长率大于 14%，最大力下总伸长率大于 5%，突破了传统冷轧钢筋强度高、延性差的行业瓶颈，是传统冷轧带肋钢筋的更新产品。CRB600H 冷轧带肋钢筋符合国家推广 500 MPa 级以上高强钢筋和减量化用钢的产业政策，2017 年高延性冷轧带肋钢筋纳入了《冷轧带肋钢筋》(GB/T 13788—2017) 的标准规范中。

CRB600H 冷轧带肋钢筋具有与混凝土黏结锚固性能好、强度高、延性好等特点，其可提高构件质量，节省钢材和水泥。它和混凝土之间的黏结力主要是由钢筋表面斜肋和混凝土

作者简介：陈力新 (1970 年—)，男，硕士，高级工程师，主要从事人防防护方面工作或研究。E-mail: chenlixin@jiejianpad.com。

之间的机械咬合力、混凝土收缩时对钢筋握裹产生的摩擦力和混凝土粒的化学作用与钢筋产生的胶结力三部分组成，其中机械咬合力占主要部分。对于冷拔盘圆预应力钢筋，由于放松钢筋后钢筋的弹性回缩，造成部分摩擦力和胶结力的破坏，所以预应力试件的初始滑移应力要小于非预应力的初始滑移应力。CRB600H冷轧带肋钢筋用于构件中，从根本上杜绝了冷拔钢丝的沾油滑丝问题，且提高了构件端部的承载能力和抗裂能力。用它来替代冷拔低碳钢丝和热轧光圆钢筋，不仅可以节约钢材、水泥，降低工程造价，节省建设资金，而且在一定程度上提高了混凝土构件质量、建筑结构性能和质量水平，推动建筑用钢材技术的结构调整。

在承受爆炸冲击荷载的国防工程、机车运行震动的铁道工程等领域，必须关注钢筋在爆炸、冲击和震动等载荷作用下的动态力学性能。在动态载荷作用下，钢筋的力学性能与静态载荷作用时相比将发生变化，产生应变率效应，这已被大量研究所证实[3, 4]。新型高强钢筋的力学性能是否依然存在应变率效应，相关力学性能参数如何确定，需进行深入系统的研究。本文对直径12 mm的CRB600H冷轧带肋钢筋进行了准静态和动态力学性能实验，得到了0.001/s，0.1/s，1/s，10/s，100/s和1 000/s等6个应变率下的材料应力-应变曲线，以及规定塑性延伸强度$R_{p0.2}$、抗拉强度R_m、断后延伸率A、最大力总延伸率A_{gt}，并给出相应的力学模型。结果表明相较于普通冷轧带肋钢筋，CRB600H冷轧带肋钢筋具有更好的静力延伸率与动态延伸性能。研究结果将有助于CRB600H冷轧带肋钢筋动力性能研究的完善，促进其工程应用。

2 试验方案

2.1 研究目标

对直径12 mm的CRB600H冷轧带肋钢筋进行静动态力学性能实验，应变率分别为0.001/s，0.1/s，1/s，10/s，100/s和1 000/s等，获得CRB600H冷轧带肋钢筋的静、动力学性能参数，塑性延伸强度$R_{p0.2}$、抗拉强度R_m、断后延伸率A、最大力总延伸率A_{gt}等材料指标。

2.2 试验内容

项目将完成以下研究内容：

(1) 针对直径12 mm的CRB600H冷轧带肋钢筋的准静态拉伸力学性能测试，应变率为0.001/s，从而得到试样的规定塑性延伸强度$R_{p0.2}$、抗拉强度R_m、断后延伸率A、最大力总延伸率A_{gt}。

(2) 针对直径12 mm的CRB600H冷轧带肋钢筋的中应变率拉伸力学性能测试，应变率分别为0.1/s，1/s，10/s和100/s，从而得到试样对应的规定塑性延伸强度$R_{p0.2}$、抗拉强度R_m、断后延伸率A、最大力总延伸率A_{gt}。

(3) 针对直径12 mm的CRB600H冷轧带肋钢筋的动态高速拉伸力学性能测试，应变率为1000/s，从而得到动态高速拉伸1 000/s时的应力-应变曲线。

2.3 试验设备简介

试样的力学性能试验是在中国科学技术大学工程与材料科学实验中心进行的，将采用应变率覆盖范围10^{-4}~10^3/s，载荷覆盖范围3~50 kN的系列材料力学性能试验机完成该试验工作，主要运用 MTS810 液压伺服材料动态试验系统、Zwick 高速拉伸试验机以及霍普金森压杆设备。

2.3.1 MTS 810 材料试验系统

在伺服液压材料试验机 MTS Landmark 370.50 材料试验系统（图 1）上完成应变率为 0.001/s，0.1/s 和 1/s 共三个应变率的拉伸测试，测试过程中使用了 MTS COD 规，如图 2 所示。试验过程中引伸计的型号为 MTS632.24F-50，标距 25 mm，行程为 100%，精度为 0.5 级。

测试试样时使用水冷液压夹具夹持，所有测试均在应变控制模式下进行，试验机的横梁位移速率为 0.28 mm/s（应变率 0.001/s）。

2.3.2 Zwick/Roel 材料动态拉伸试验机 HTM16020

在 HTM16020 高速拉伸试验机上完成应变率 10/s 和 100/s 的中应变率拉伸试验，见图 3。拉伸速度分别为 300 mm/s（应变率 10/s）和 3 000 mm/s（应变率 100/s）。

图 1　伺服液压试验机（MTS Landmark 370.50）

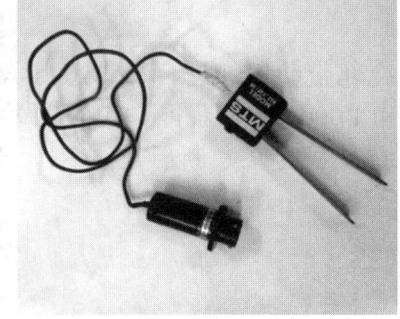

图 2　MTS COD 规

图 3　高速拉伸试验机（HTM16020）试验图

由于仪器没有位移，试验过程中试样的应变信息采用搭建的高速相机采集系统（DIC）获取。试件表面在测试前喷上散斑，试验过程中用高速相机对高速拉伸试验的全过程进行记录。最后通过图像分析处理软件计算出试样变形的相关数据，从而得到试样的应变。

在试验过程中，当加载速度较快时，仪器自带的传感器所测得的载荷信号波动较大，因此每次试验可直接从拉伸试验机自带的压电力传感器上获得载荷数据；同时在试样下部夹持段的弹性变形区粘贴应变片，得到应变片的应变信号，换算后也能得到试样试验段的载荷信号。分析比较采集仪器的传感器和应变片两个信号，最终得到试样的应力信号。图 4 给出了通过仪器自带的载荷传感器和应变片获取的载荷信号换算成应力-应变曲线的对比。从图 4 中可以看出，在应变率 10/s 时，高速拉伸试验机自带的载荷传感器和应变片获取的数据震荡都较小，如图 4（a）所示。而在应变率 100/s 时，动态拉伸试验机自带的载荷传感器得

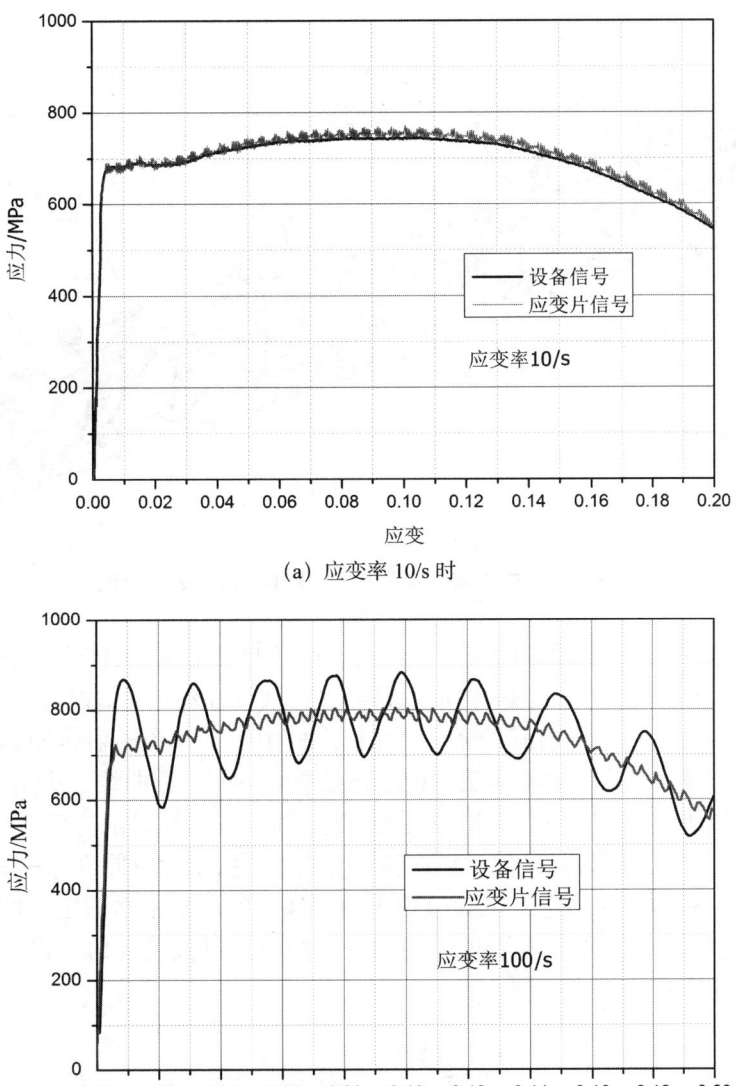

图 4　应变片和载荷传感器得到的应力 – 应变曲线对比

到的信号震荡非常大，不能满足测试要求，应变片的信号震荡很小，精度更高，如图 4（b）所示。所以在高应变率时，只能采用应变片的信号获取材料的应力 – 应变曲线。

2.3.3　分离式霍普金森压杆试验装置

自 Kolsky 发明分离式霍普金森压杆（SHPB）以来，它已被普遍认为是测试多种材料的良好试验装置，试验材料如金属、陶瓷、岩石、混凝土、复合材料、聚合物和泡沫材料等，在高应变率下，其为一种行之有效的试验手段。应变率 1 000/s 时的高应变率动态拉伸试验在 SHPB 上进行。在试验过程中，利用示波器取压杆上贴的应变片上所得电压信号，从而获得数据的采样频率为 10 MHz。杆直径为 φ14.5 mm，杆材质为 60Si2MnA。子弹长度达 300 mm，入射杆长 3 m，透射杆长 1.5 m。试验装置简图如图 5 所示。

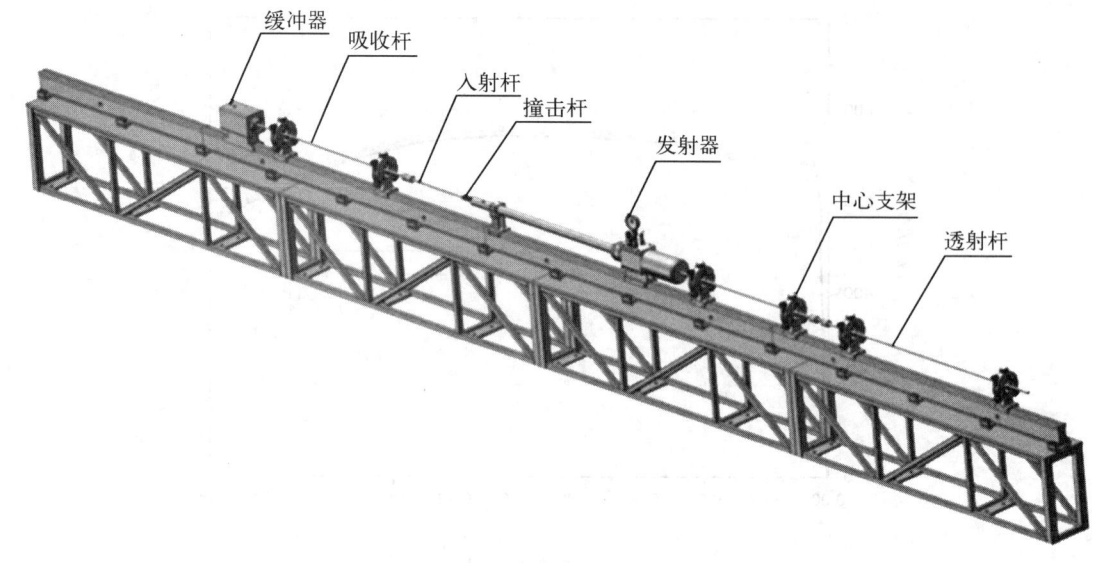

图 5　分离式霍普金森压杆（SHPB）试验装置简图

采用 SHPB 装置进行试验的过程中，打击杆（子弹）在压缩气体驱动下撞击输入杆，并在杆上产生拉伸入射波 ε_i，当应力脉冲到达试样后，试样在该应力脉冲作用下发生变形。与此同时，在输入杆中产生一个反射脉冲 ε_r，而在输出杆中产生一个透射脉冲 ε_T。通过粘贴在入射杆和透射杆中部适当位置的电阻应变片记录该处质点应变时程曲线，用示波器测出入射波、反射波和透射波，利用一维应力假定和均匀性假定，可以获得试件的应变率 $\dot{\varepsilon}_s$、应变 ε_s、应力 σ_s 随时间变化的关系，进而得到试件材料在各个应变率下的工程拉伸应力-应变曲线。

一维应力假定和均匀性假定是试验过程中需被满足的两个基本假定，即：①波导杆中一维应力假定；②短试件应力/应变沿轴向均匀分布假定，可按式（1）、式（2）和式（3）来分别确定试件的应变率、应变和应力：

$$\dot{\varepsilon}(t) = \frac{2C_o}{l_s}\left[\varepsilon_I(t) - \varepsilon_T(t)\right] \tag{1}$$

$$\varepsilon(t) = \frac{2C_o}{l_s}\int_0^t [\varepsilon_I(t) - \varepsilon_T(t)]\mathrm{d}t \tag{2}$$

$$\sigma(t) = \frac{EA}{A_s}\varepsilon_T(t) \tag{3}$$

式中　C_0——压杆的弹性波速，mm/s；
　　　l_0——试件的初始长度，mm；
　　　l_s——试件的瞬时长度，mm；
　　　E——压杆的弹性模量，MPa；
　　　A——压杆的横截面积，mm^2；
　　　A_s——试件的瞬时横截面积，mm^2；
　　　ε_I——入射波；
　　　ε_T——透射波。

2.4 试件参数

为了保证试件材料分组的一致性，采用同一家企业生产的同一批次生产材料，每个试验点有效的试件数量不低于 5 件，试件参数见表 1。

表 1 不同应变率时试样尺寸和实验仪器对应表

应变率	试样直径 /mm	试样试验段长度 /mm	实验仪器
0.001/s	12	280	MTS 材料试验机
0.1/s	12	280	MTS 材料试验机
1/s	12	280	MTS 材料试验机
10/s	7	300	动态拉伸试验机
100/s	7	300	动态拉伸试验机
1 000/s	4	7	SHPB 试验装置

3 试验结果分析

3.1 应力-应变分析

对直径 12 mm 的 CRB600H 冷轧带肋钢筋试件在不同应变率下拉伸试验得到的原始曲线进行分析，经过数据处理得到应力-应变曲线。除非特别指出，下文图中应力-应变曲线结果均默认为原始数据得到的未经光滑过的曲线。

图 6—图 11 为直径 12 mm 的 CRB600H 冷轧带肋钢筋在应变率分别为 0.001/s，0.1/s，1/s，10/s，100/s，1 000/s 时的拉伸应力-应变曲线。从应力-应变关系曲线图可见，每组 5 个试样结果比较接近，结果重复性较好。随着应变率的提高，钢材的断裂变形有了明显的增加，极限强度也随之提高。为了便于比较，将 6 种不同应变率条件下的应力-应变平均曲线列在同一图上进行比较分析，见图 12。

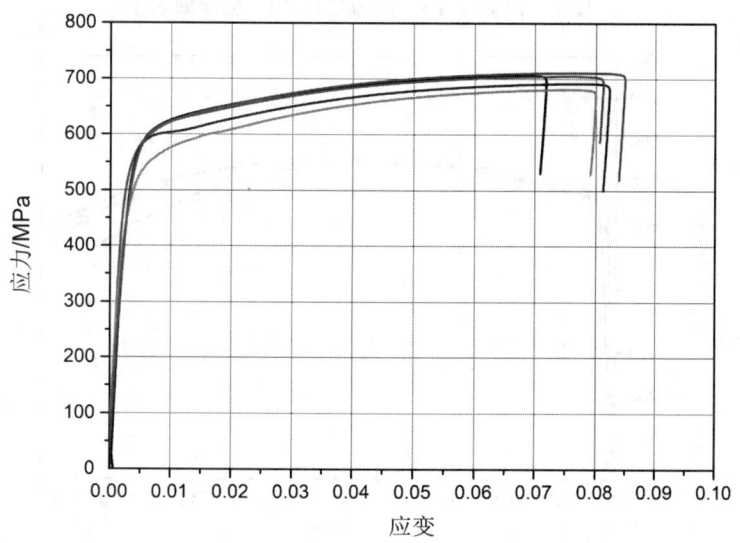

图 6 应变率 0.001/s 时拉伸的应力-应变曲线

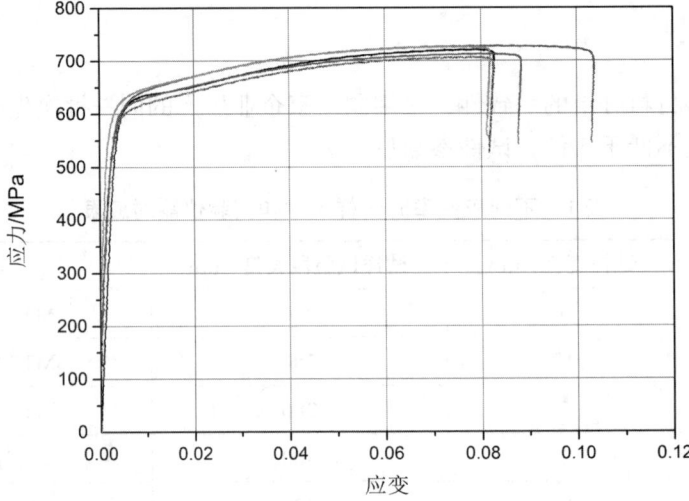

图 7　应变率 0.1/s 时拉伸的应力–应变曲线

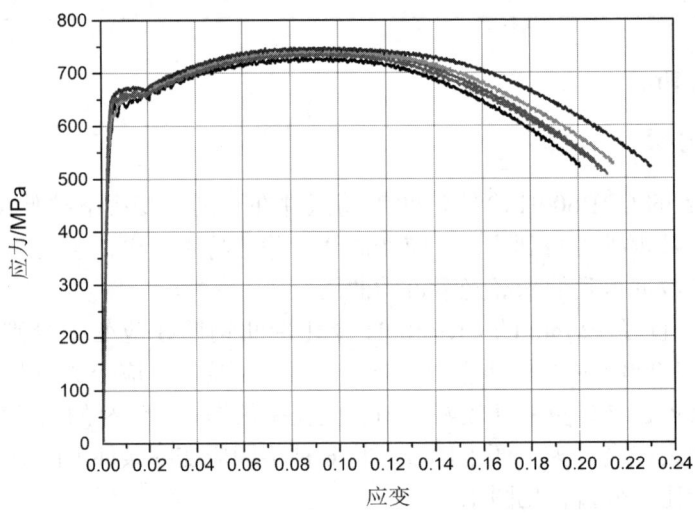

图 8　应变率 1/s 时拉伸的应力–应变曲线

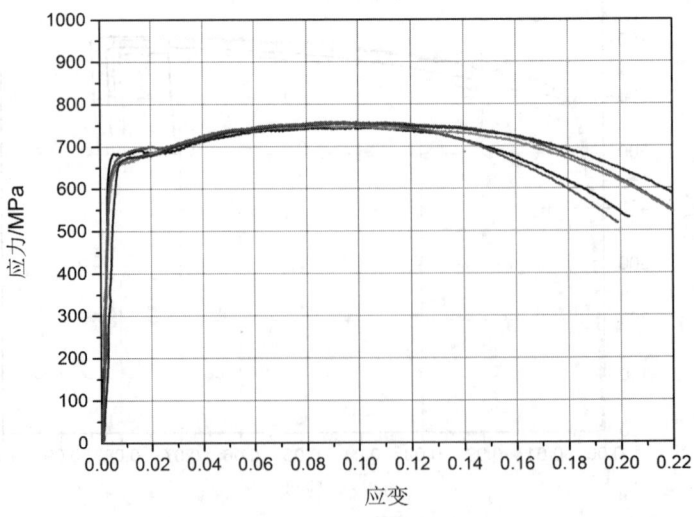

图 9　应变率 10/s 时拉伸的应力–应变曲线

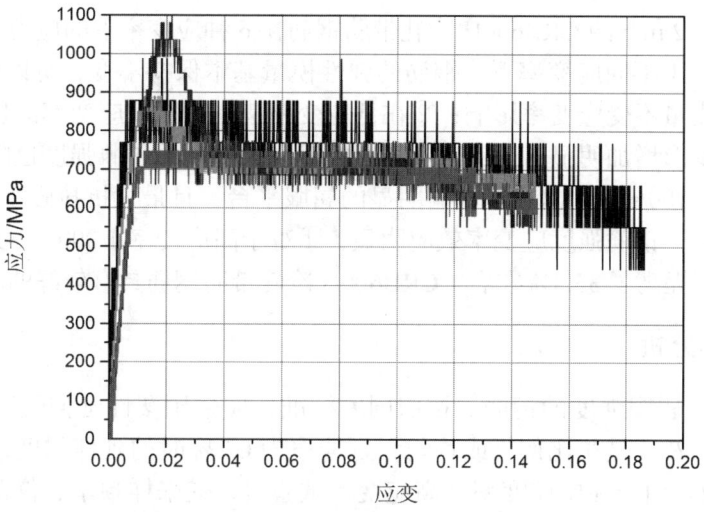

图 10　应变率 100/s 时拉伸的应力－应变曲线

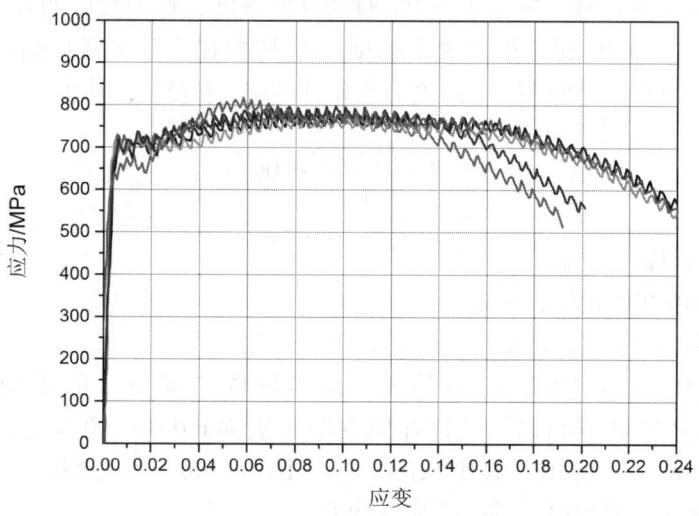

图 11　应变率 1 000/s 时拉伸的应力－应变曲线

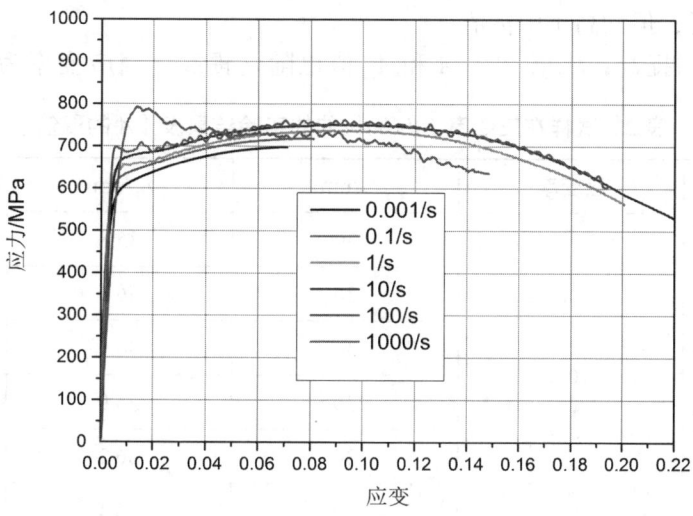

图 12　不同应变率时拉伸的应力－应变平均曲线汇总图（光滑后）

图 12 为直径 12 mm 的 CRB600H 冷轧带肋钢筋在 6 种应变率下的应力–应变平均曲线对比图。由图可知，①不同应变率下，钢筋的弹性模量基本保持不变，可以认为 CRB600H 冷轧带肋钢筋弹性模量不受应变率影响；②在低应变率范围，随着应变率的提高，钢筋抗拉强度增加不大，但变形增加明显；③随着应变率的提高，材料的屈服强度也随之增加，对于应变率为 1/s，10/s，100/s 时，出现了较为明显的屈服平台，且最大抗拉强度均大于屈服强度，说明中应变变形时，钢筋强度应变率效应明显；④对于高应变率 1 000/s，实测平均屈服强度比静态荷载作用下提高了 33.3% 左右，CRB600H 冷轧带肋钢筋具有较好的动态强度。

3.2 强度与变形分析

对于没有明显屈服强度的钢筋，按照国家标准，应采用塑性延伸强度 $R_{p0.2}$ 来表征钢筋屈服强度特征值，$R_{p0.2}$ 是非比例（或均匀）延伸率为 0.2% 时的延伸强度，或者引伸计标距为 0.2% 时的应力。由于在中应变率和高应变率试验时，受采样频率、仪器惯性、仪器原理等因素造成 $R_{p0.2}$ 难以准确得到，因此，本文对中、高应变率还选择了 $R_{p0.1\%}$ 强度，即 $R_{p0.1\%}$ 取值标准为非比例（或均匀）延伸率为 1% 时的延伸强度，作为强度的补充数据，并在应变率为 10/s，100/s 和 1 000/s 时提供了这个数据。R_m 抗拉强度是试样拉断前承受的最大标称拉应力。伸长率采用断后延伸率 A、最大力总延伸率 A_{gt} 来表征，其中：

$$A = \frac{L_u - L_0}{L_0} \times 100 \quad (4)$$

式中 A——断后延伸率，%；

L_0——试件的初始长度，mm；

L_u——试件断后长度，mm。

表 2、表 3 为应变率 10/s，100/s 的 5 个试样试验结果及 A 的平均值，表 3 为直径 12 mm 的 CRB600H 冷轧带肋钢筋试样在应变率分别为 0.001/s，0.1/s，1/s，10/s，100/s 和 1 000/s 时的 $R_{p0.2}$，R_m，A 和 A_{gt}。其中 0.1/s，1/s，10/s，100/s 和 1 000/s 时的数据为对应值，为了节省篇幅，表 4 中只列出了试验结果平均值。

从表 4 可见，应变率为 0.001/s 时相当于准静态条件，此时的 $R_{p0.2}$，R_m，A 和 A_{gt} 值与国标静力值比较接近，但均高于国标值。

随着应变率的提高，$R_{p0.2}$，R_m，A 和 A_{gt} 值也随之提高，当应变率为 100/s 时，$R_{p0.2}$ 较

表 2 试样在应变率 10/s 的拉伸的实验结果表（A 的取值）

试样编号	应变率	L_0/mm	L_u/mm	A_{30mm}/%
1		30	35.8	19.3
2		30	36.5	21.7
3	10/s	30	36.1	20.3
4		30	35.9	19.7
5		30	36.2	20.7
平均		30	36.1	20.3

表 3 试样在应变率 100/s 的拉伸的实验结果表（A 的取值）

试样编号	应变率	L_0/mm	L_u/mm	A_{30mm}/%
1		30	37.0	23.3
2		30	35.7	19.0
3	100/s	30	36.9	23.0
4		30	35.9	19.7
5		30	37.3	24.3
平均		30	36.9	21.9

表 4 不同应变率拉伸的实验结果平均值对比表

应变率 /s	$R_{p0.2}$/MPa	$R_{p0.1\%}$/MPa	R_m/MPa	A/%	A_{gt}/%
0.001	561	—	699	17.5	7.9
0.1	600	—	719	18.3	7.7
1	640	—	737	19.2	9.0
10	639	666	752	20.3	10.8
100	678	753	764	21.9	8.5
1000	408	744	799	21.2	5.2
《冷轧带肋钢筋》（GB/T 13788—2017）	540	—	600	14.0	5.0

应变率 0.001/s 时的值分别增加了 20.8%，13.5%，21.1%，7.5%；当应变率为 100/s 时 $R_{p0.2}$ 较国标静力值分别增加了 25.5%，32.3%，56.4%，70%。可见在中高应变率条件下，直径 12 mm 的 CRB600H 冷轧带肋钢筋具有良好的抗中高应变率动载性能。

对于 1 000/s 的高应变率条件下，与国标静力值相比，$R_{p0.1\%}$ 值增加了 37.7%，R_m 值增加了 33%，A 值增加了 51.4%，A_{gt} 值增加了 4%。

根据上述试验结果，将塑性延伸强度 $R_{p0.2}$（或名义塑性延伸强度）、$R_{p0.1\%}$ 强度随应变率变化趋势、抗拉强度 R_m（或名义抗拉强度 R_m）随应变率变化趋势如图 13 所示。

从图 13 可以看出，随着应变率的增加，直径 12 mm 的 CRB600H 冷轧带肋钢筋的抗拉强度都随着应变率的增加而增加。相对准静态 0.001/s 的抗拉强度，应变为 1 000/s 的抗拉强度提高了 31%。由于试验测量动态取值问题，在高应变率 1 000/s 时，5 个试样测量到的 $R_{p0.2}$ 值数据显示出不稳定性，而 $R_{p0.2}$ 值出现了明显降低，但 $R_{p0.1\%}$ 却是增加的，塑性延伸强度也表现了明显的应变率效应。

将断后延伸率 A（或名义断后延伸率 A）随应变率变化趋势和最大力总延伸率 A_{gt}（或名义最大力总延伸率 A_{gt}）随应变率变化趋势如图 14 所示。

从图 14 可见，在 6 个不同的应变率下，CRB600H 冷轧带肋钢筋的断后延伸率 A（或名义断后延伸率 A）大于 14%。

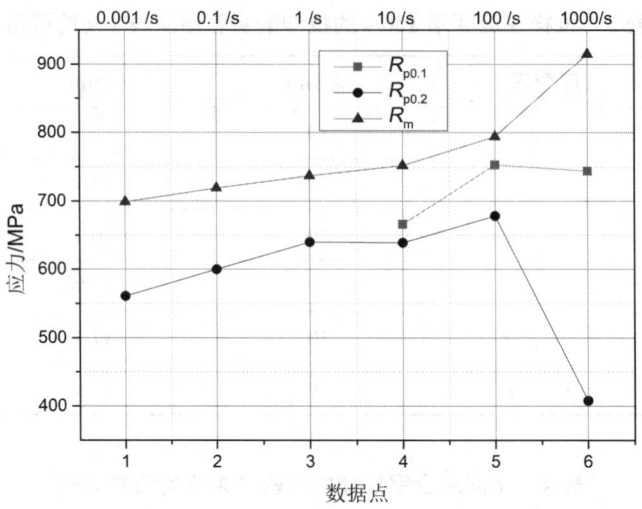

图 13 钢筋的 $R_{p0.2}$，$R_{p0.1\%}$，R_m 随应变率变化曲线

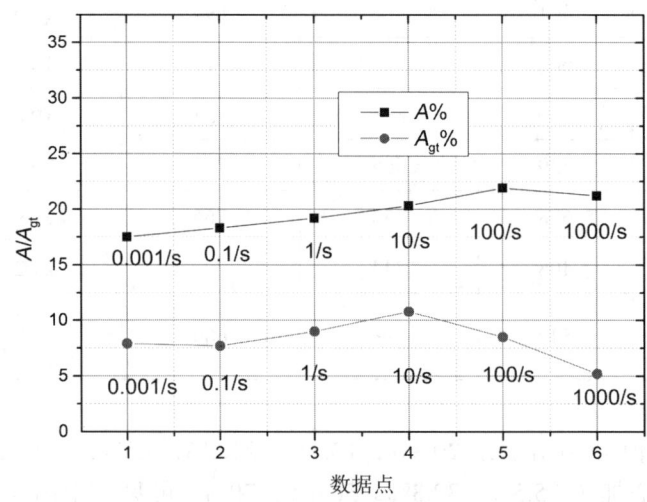

图 14 钢筋的 A，A_{gt} 随应变率变化曲线

对于直径 12 mm 的 CRB600H 冷轧带肋钢筋来说，最大力总延伸率 A_{gt}（或名义最大力总延伸率）在低应变率时大于 5%，在应变率为 10/s 时达到 10%，之后则随应变率增大而变小，当应变率为 1 000/s 时 A_{gt} 接近 5%，这可能跟材料在高应变率时由于强度增加而塑性变差有关。

李磊等[6]的研究成果结合《混凝土结构设计规范》（GB 50010—2010）[7]中的内容对 HRB400，HRB500，HTRB600 热处理带肋钢筋进行了高速拉升试验，认为应变率对 4 种钢筋的弹性模量、塑性段切线模量、最大力总伸长率和断后伸长率基本没有影响。HRB400 和 HRB500 钢筋的屈服应力、延伸率随应变率的增加均有较为明显的提高趋势，HTRB600 和 HTRB700 钢筋的屈服点延伸率随应变率的增加基本保持不变。测得 HRB500 钢筋和 HTRB600 钢筋的最大力总伸长率为 8.0%~8.9%，7.8%~9.0%，断后伸长率为 12.0%~12.5%，11.6%~12.7%，而本文研究的 CRB600H 钢筋最大力总伸长率为 7.7%~10.8%，断后伸长率为 17.5%~21.2%，可见 CRB600H 带肋钢筋的延伸率是比较大的。

李保军[8] 和于秋波等[9] 的研究表明：在普通建筑中应用高延性冷轧带肋钢筋 CRB600H 代替目前工程上常用的 HRB400 级钢筋作为各类建筑结构体系中混凝土现浇楼板的纵向受力钢筋和分布钢筋时，其楼板钢筋用量的总节约率与结构形式有关，框剪、剪力墙结构最高，其次是框架、核心筒结构，最后为剪力墙结构，框架结构总节约率最低。在民防工程中，钢筋混凝土结构除了满足平时静荷载作用外，主要还需满足抵抗爆炸、冲击等瞬态动荷载，该动荷载峰值较大，大于平时的静荷载，作用时间很短，只有几秒钟甚至更短，结构设计中主要是动荷载控制结构强度。在动荷载作用过程中允许钢筋进入塑性阶段工作，以便使结构吸收更多的动荷载产生的能量，节约工程造价，但钢筋不能断裂，这样动荷载作用后钢筋混凝土结构依然保持完整，钢筋的屈服强度和塑性变形量是民防工程的主要设计依据。在民防工程中应用 CRB600H 钢筋代替常用的 HRB400 级钢筋，将产生明显的经济效益，为此建议对 CRB600H 钢筋材料在冲击爆炸环境下的力学性能进行深入研究，为该新型钢筋在抗动载领域里得到应用提供充分的试验依据和理论基础。

4 结论

通过对直径 12 mm 的 CRB600H 冷轧带肋钢筋进行准静态、中应变率及高应变率试验及分析，得到以下结论：

（1）在 6 种不同的应变率下，CRB600H 冷轧带肋钢筋弹性模量不受应变率影响。

（2）在低应变率范围，随着应变率的提高，钢筋抗拉强度增加不大，但变形增加明显。

（3）随着应变率的提高，材料的屈服强度随之增加，在中、高应变率加载时钢筋出现了较为明显的屈服平台，说明钢筋强度应变率效应明显。

（4）随着应变率的提高，$R_{p0.2}$，R_m，A 和 A_{gt} 值也随之提高，应变率为 100/s 较应变率 0.001/s 时的值分别增加了 20.8%，13.5%，21.1%，7.5%。

（5）通过与 HRB400，HRB500，HTRB600 热处理带肋钢筋试验对比发现，CRB600H 冷轧带肋钢筋在中高应变率下动力性能与 HRB400，HRB500 和 HTRB600 较接近，显示了 CRB600H 冷轧带肋钢筋良好的动力性能，有望在抗爆抗冲击荷载结构中得到更好的应用。

参考文献

[1] 中国工程建设协会. CRB600H 高延性高强钢筋应用技术规程：CECS458—2016[S]. 北京：中国计划出版社，2017.

[2] 郑先超，周林磊. CRB600H 高延性冷轧带肋钢筋时效性能研究 [J]. 科技创新与应用，2021（2）：14-19.

[3] 钱七虎，王明洋. 高等防护结构计算理论 [M]. 南京：江苏科学技术出版社，2009.

[4] 李敏，李宏男. 建筑钢筋动态试验及本构模型 [J]. 土木工程学报，2010，43（4）：70-75.

[5] 黄晓莹，陶俊林. 三种建筑钢筋材料高应变率下拉伸力学性能研究 [J]. 工程力学，2016，33（7）：184-189.

[6] 李磊，张磊，魏久淇，等. 新型高强钢筋动态拉伸力学性能研究 [J]. 振动与冲击，2020，39（19）：62-68，106.

[7] 中华人民共和国住房和城乡建设部. 混凝土结构设计规范：GB 50010—2010[S]. 北京：中国建筑工业出版社，2011.

[8] 李保军. CRB600H 高延性冷轧带肋钢筋在结构设计中的应用 [D]. 邯郸：河北工程大学，2016.

[9] 于秋波，谢丽丽，刘立新，等. CRB600H 钢筋在板类构件中的应用 [J]. 建筑结构，2013，43（S1）：708-711.

某坑道工程超大型洞库单层衬砌设计及研究应用

张效晗[1] 杨 杰[2] 苏胜根[2]

(1 上海市地下空间设计研究总院有限公司,上海 200125;2 中铁四局集团市政工程有限公司,合肥 230041)

摘 要 目前我国坑道及洞库工程多为基于新奥法的复合衬砌,该方法在软弱围岩中效果显著,但存在施工周期长、特种结构筑模困难的问题。本文依托某坑道工程超大储油库,结合挪威法设计理念,首次在坑道工程中提出单层永久衬砌方案。利用 Q 系统标准对围岩重新评价,添加聚丙烯纤维来增加喷射混凝土抗裂性。围岩采用莫尔库仑弹塑性本构模型,用 Flac 3D 有限差分软件模拟稳定性分析,现场连续监测发现洞体变形较小,支护结构安全可靠。与传统复合衬砌对比,其更好地发挥了硬质岩自承能力,解决了穹顶筑模的难题,工期大幅缩短,减少了钢筋混凝土方量,经济效益良好,对坑道工程建设具有重大意义。

关键词 坑道工程;超大洞库;挪威法;Q 系统法;数值模拟;稳定分析;单层衬砌;聚丙烯喷射混凝土

1 引言

随着我国工程建设技术飞速发展,以新奥法为理论基础的复合衬砌在坑道工程中的应用已经非常常见。当坑道工程位于硬质岩地区,且洞体形状特殊、洞体尺寸巨大时,复合衬砌二衬施作难度较大、风险系数高且工期长。自 20 世纪 70 年代以来,基于挪威法(The Norwegian Method of Tunneling,NMT)的单层永久衬砌技术逐步在沿海一带以花岗岩为主的硬质岩地区被广泛应用,其具有施工快,造价低和风险系数低等特点,但在坑道工程中的应用尚未见报道案例。

本文依托东南地区某坑道工程,研究主题位于坑道主硐室,形式为直径达 25 m 的直墙穹顶结构,主硐室被覆厚度大于 50 m,属于深埋隧道,被覆厚度大于安全防护厚度,处于坑道的静载段;硐室周边围岩以微风化花岗岩为主,岩体较完整。工程难题主要有两点:①主硐室为超大尺寸双曲面穹顶结构,二次衬砌模筑困难,施工安全风险较大;②合同工期紧张。

遵循围岩动态设计理念,委托勘察单位对主硐室围岩钻心取样复勘,获取 Q 系统法所需要的 6 个参数,采用 Q 系统评定标准对围岩进行重新评价,使用确定的 Q 值并考虑一定安全余量,采用 NMT 设计理念,提出单层永久衬砌设计方案。添加聚丙烯纤维增加喷射混凝土的抗拉强度,为主硐室提供有效的永久支护。为减少计算工作量,用 Flac 3D 有限差分软件将硐室简化为平面应变模型进行模拟分析,模拟开挖方式为台阶法+竖井 7 步开挖,围岩

基金项目:中铁四局科研项目。
作者简介:张效晗(1987 年—),女,高级工程师,国家注册土木工程师(岩土),国家一级注册结构工程师,国家注册咨询工程师,主要从事地下工程、防护工程等领域的设计与科研工作。E-mail: zhangxiaohan@suadi.com.cn。

采用服从莫尔-库仑破坏准则的弹塑性本构模型和支护采用弹性模型模拟,锚杆采用cable模型模拟,计算位移及应力均满足要求,且现场连续监测发现洞体变形很小,支护结构安全可靠。

2 工程概况

储油库工程主硐室埋深60~70 m,属于深埋隧道,处于坑道的静被覆段;围岩为微风化花岗岩,岩体较完整,裂隙微发育,呈块状结构,地下水以基岩裂隙水为主,主要以点滴状或潮湿出水,岩体分级为Ⅲ级围岩。罐室为穹顶直墙结构,开挖直径为24.7 m,高为22.45 m,原设计采用复合式衬砌结构,如图1所示。

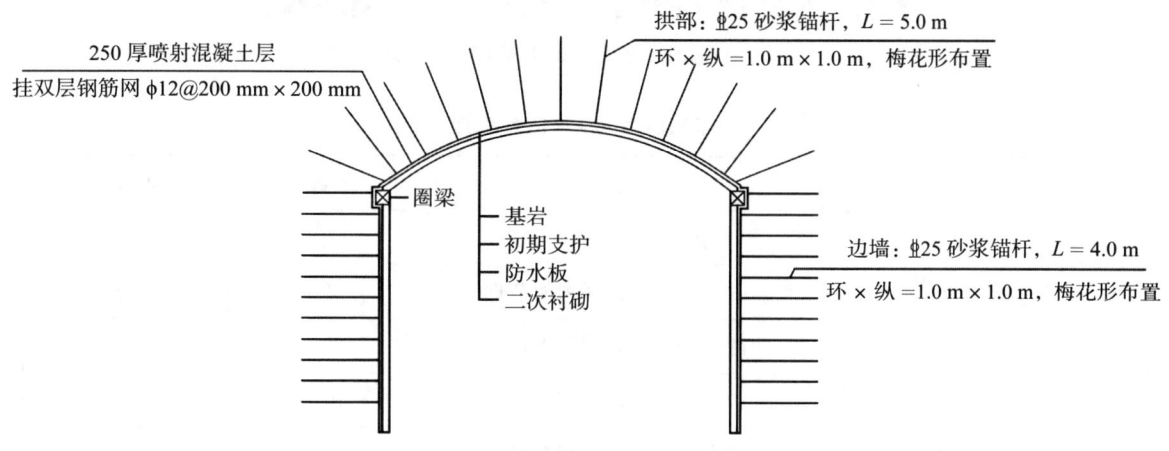

图1 洞室初支剖面图

3 NMT应用

目前国内外应用于单层衬砌支护设计较为成熟的方法是NMT,它是由正确的围岩评价、合理的支护参数和高性能的支护材料三部分组成的一种经济而安全的隧道施工方法[7]。围岩稳定性评价正确与否是单层衬砌支护设计成败的关键,在NMT中,对围岩稳定性评价主要采用Q系统分类法。

Q系统分类法计算公式如下[1,2]:

$$Q = \frac{RQD}{J_n} \times \frac{J_r}{J_a} \times \frac{J_w}{SRF} \tag{1}$$

式中 RQD——岩石的质量指标;
J_n——节理组数;
J_r——节理粗糙度;
J_a——节理蚀变度程度;
J_w——节理折减系数;
SRF——应力折减系数。

(1) 计算 Q 值需要式（1）中涉及的 6 个参数。对罐室工程地质进行针对性复勘，现场钻芯取样，芯样照片如图 2 所示。得到罐室 RQD 为 72.3，其他地质参数如表 1 所列。

图 2　复勘钻取芯样图

表 1　岩体质量等级 Q- 值系数建议值 [2-5]

类型	描述	系数	建议值
节理组数	两个节理组 + 随机节理	J_n	6
节理粗糙度	粗糙的，不规则，平坦的节理	J_r	1.5
节理蚀变度	非蚀变岩面，表面仅着色	J_a	1
节理水折减系数	干开挖或少量水流入	J_w	1
应力折减系数	低应力，近地表，张节理	SRF	2.5
开挖种类	民防室	ESR	1

通过表 1 中数值代入式（1）后得到 Q=7.23。

根据图 3 相关内容和数据可知，支护参数的确定与 Q 值硐室的尺寸以及开挖支护比 ESR 有关，等效尺寸见式（2）：

$$等效尺寸 = \frac{跨度或高度}{ESR} \quad (2)$$

（2）罐室高度约 22.45 m，跨度约 24.7 m，取最不利的情况 24.7 m 进行计算，得到等效尺寸为 24.7 m。可根据图 3 中确定永久单层衬砌支护参数。

图 3 中黑色圆点位置为 Q 值 7.23，等效尺寸 24.7 m 所对应的支护参数，判断该围岩条件适用于图 3 中④支护参数，即采用纤维增强喷射混凝土和锚杆支护，喷射混凝土厚度 6~9 cm，锚杆间距约 2.5 m，锚杆长度约 5 m。

根据已有围岩参数及 Q 法设计理念对④支护参数进行加强，对其支护参数进行重新设计，方案如图 4 所示。

考虑罐室穹顶首次开挖高度 2.0~5.5 m，5 m 的长锚杆难以实施，为便于锚杆施工且保证初期支护的及时性，拟将锚杆长度适当缩短，同时增加喷射混凝土厚度、减小锚杆间距并

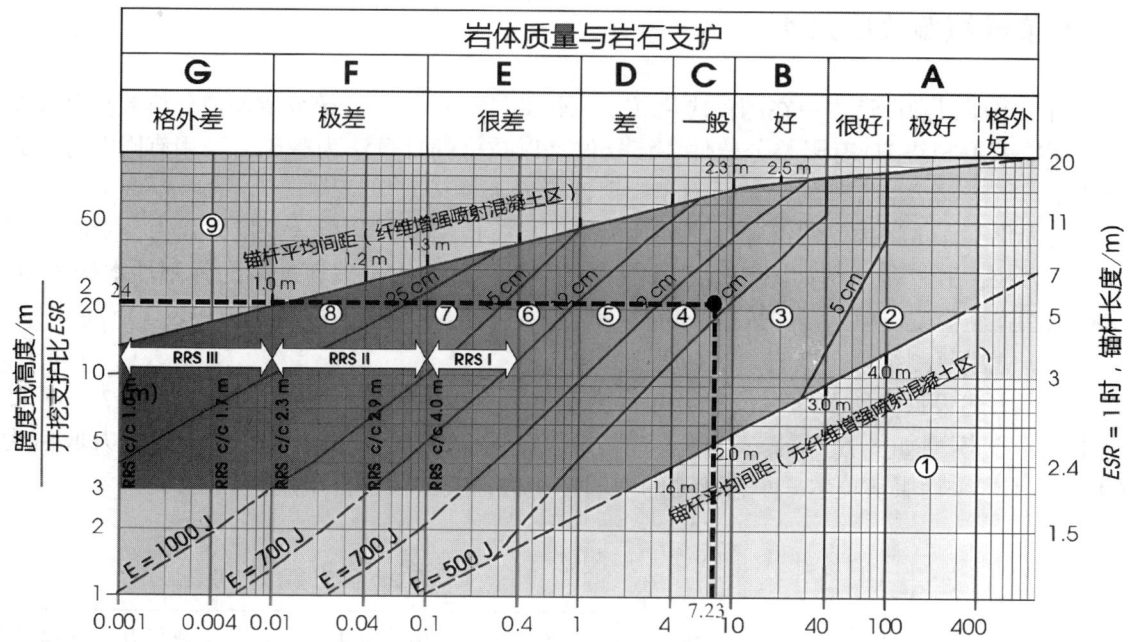

图 3　基于 Q 值和跨度 /ESR 的永久性支护建议 [6]

支护分类：
① 无支护或局部锚杆支护；
② 局部锚杆支护；
③ 系统锚杆支护，纤维增强喷射混凝土，5~6 cm；
④ 纤维增强喷射混凝土和锚杆支护，6~9 cm；
⑤ 纤维增强喷射混凝土和锚杆支护，9~12 cm；
⑥ 纤维增强喷射混凝土和锚杆支护，12~15 cm+ 喷射混凝土加筋肋和锚杆支护 +RRSⅠ；
⑦ 纤维增强喷射混凝土 >15 cm+ 喷射混凝土加筋肋和锚杆支护 +RRSⅡ；
⑧ 模筑混凝土衬砌 RRSⅢ；
⑨ 专项评估。

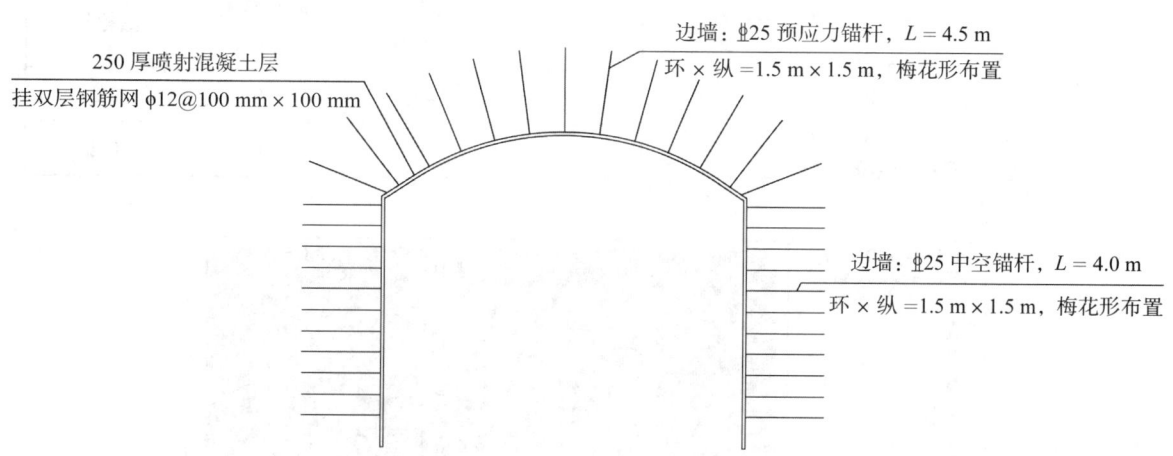

图 4　单层衬砌支护方案示意

在穹顶锚杆施加预应力，将支护参数合理调整如下：

硐室单层衬砌采用 C30 聚丙烯纤维喷射混凝土，厚度为 25 cm，分两层喷射，配双层 $\phi12$ 钢筋网，网格尺寸 10 cm × 10 cm；罐体采用 $\phi25$ 中空注浆锚杆，长度达 4 m，间距呈 1.5 m × 1.5 m 梅花形布置；穹顶采用 $\phi25$ 预应力锚杆，长度为 4.5 m，间距呈 1.5 m × 1.5 m 梅花形布置，预应力为 60 kN。

4 数值模拟验算稳定性

由于单层衬砌设计方法在国内应用较少,特此针对本工程进行数值模拟分析验算其安全性。模拟采用 Flac 3D 有限差分软件,该软件是以拉格朗日算法为基础,采用有限差分显式算法来获得全部运动方程的解,适用于模拟计算岩土材料力学行为。

为简化工作量将硐室偏保守计算简化为平面应变模型进行分析。开挖方式为台阶法+竖井 7 步开挖,开挖步序图如图 5 所示,围岩采用服从莫尔库伦破坏准则的弹塑性本构模型,支护采用弹性模型模拟,锚杆采用 cable 模型模拟,围岩及支护参数如表 2 和表 3 所列。

根据地勘复测结果,围岩参数如表 2 所列。

根据上述设计参数及埋深设置可知计算模型尺寸为 230 m×185 m,硐室埋深 70 m,简化平面应变模型如图 6 所示。衬砌及锚杆相关计算参数见表 3,其中穹顶预应力取值为 60 kN。围岩采用服从莫尔-库仑准则的弹塑性本构,支护及锚杆采用弹性本构。

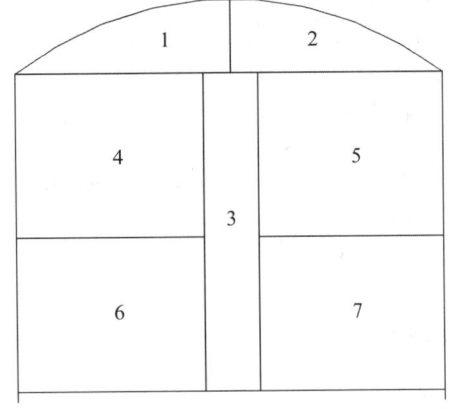

1,2——穹顶部位;
3——中间立柱部位;
4,5,6,7——圆柱体罐室部位

图 5 开挖步序图

表 2 围岩参数参考表

密度/(kg·m^{-3})	弹性模量/GPa	泊松比	黏聚力/kPa	内摩擦角/(°)
2 700	90	0.25	200	40

表 3 支护参数表

内容	密度/(kg·m^{-3})	弹性模量/GPa	泊松比
衬砌	2400	30	0.2
锚杆	7500	500	0.2

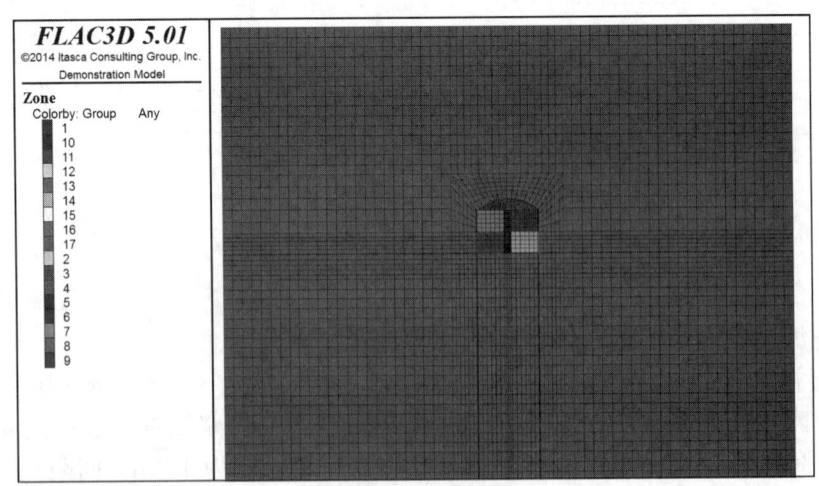

图 6 计算模型

由图 7—图 11 可知，拱顶沉降最大值为 -3.16 mm，仰拱隆起最大值达 1.02 mm，水平收敛最大值是 0.6 mm（两侧代数和）；衬砌结构最小主应力为 82 kPa，最大主应力达 -6.2 MPa；锚杆轴力最大值是 139 MPa。衬砌的最小主应力远小于 C30 聚丙烯纤维喷射混凝土的极限抗拉强度 3 MPa，最大主应力远小于 C30 聚丙烯纤维喷射混凝土的极限抗压

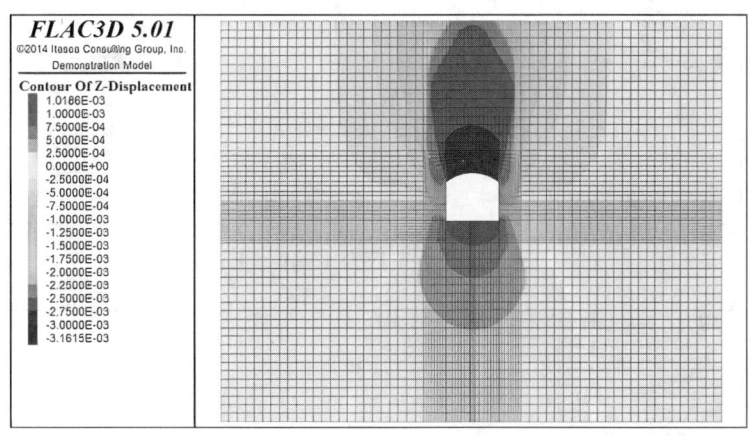

图 7　竖向位移（单位：m）

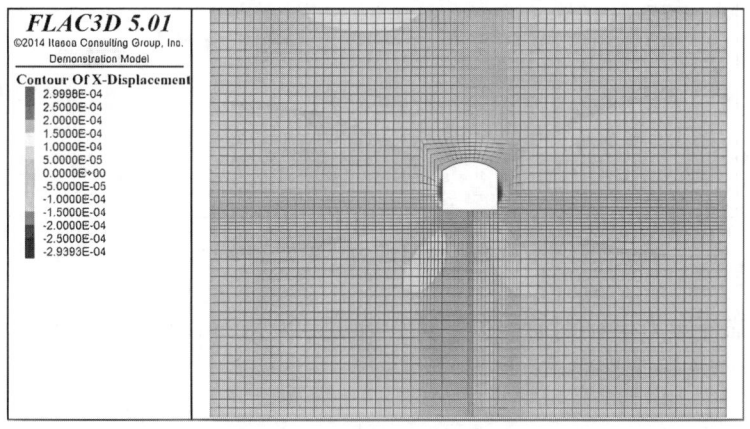

图 8　水平位移（单位：m）

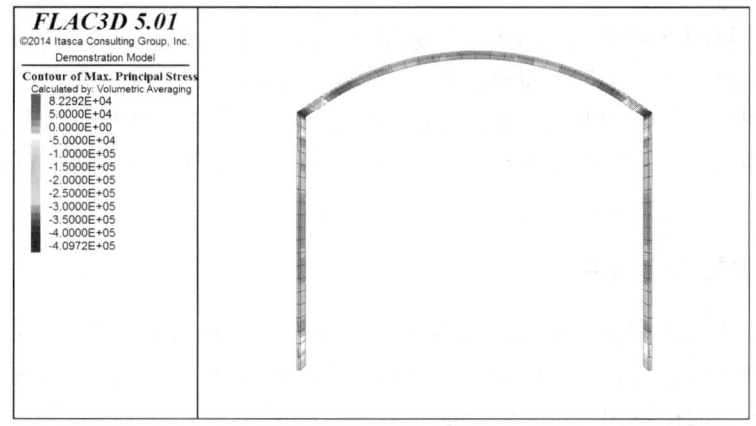

图 9　最小主应力（单位：Pa）

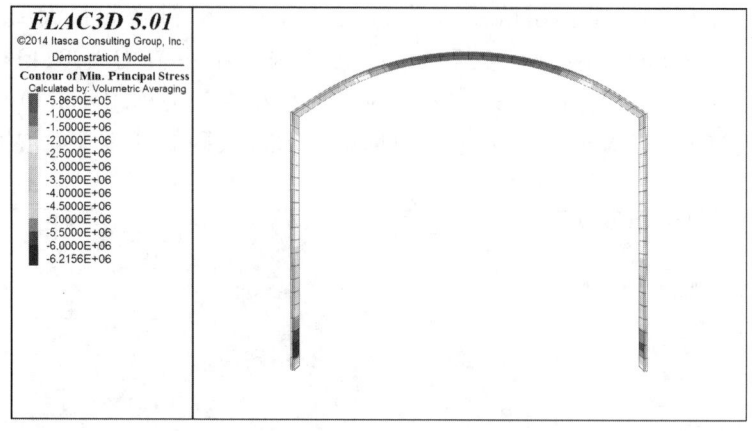

图 10　最大主应力（单位：Pa）

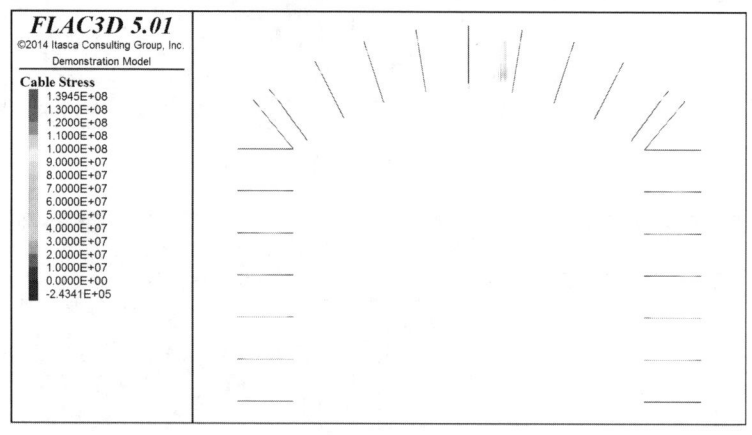

图 11　锚杆应力（单位：Pa）

强度 30 MPa，锚杆应力也在钢筋的极限抗拉强度 420 MPa 以内。此单层衬砌结构罐室变形较小，满足支护结构稳定性要求。

5　工程应用

本工程单层衬砌支护体系应用包含的关键支护手段主要为：高质量的预应力锚杆与 C30 聚丙烯纤维喷射混凝土。在双曲面顶拱处设置预应力锚杆，锚杆主动施加预加力，使得围岩快速形成压力拱效应，更好地发挥围岩自承能力。聚丙烯纤维很好地提高了混凝土的抗裂性、耐久性和韧性；适量的掺加硅粉能够提高混凝土的密实性、抗渗性和强度。本节主要针对聚丙烯纤维喷射混凝土的应用技术难点进行论述。

5.1　混凝土最优配合比确定

在喷射混凝土基体中掺入聚丙烯纤维或钢纤维都可防止或减少混凝土收缩裂缝的产生，改善喷混凝土的变形特性和韧性以及提高喷射混凝土的耐久性，但同聚丙烯纤维相比，钢纤维由于在混凝土中的掺量相对较少，不能有效消除或减少原生裂缝的数量和缩小尺度，另外在潮湿环境下钢纤维的耐久性相对较差，基于上述原因本工程决定采用性能更优的聚丙烯纤维喷射混凝土[7]。

在胶凝材料中掺入适量的硅粉，以提高喷射混凝土的密实性、抗渗性和强度。

掺入适量聚丙烯可缩小混凝土的裂缝，提高混凝土的韧性和抗渗性能。为了提高聚丙烯喷射混凝土的早期强度、最终强度及抗渗性，试验室经过多轮次试拌、指标检测、工艺验证才找到最优配合比例如表4所列。

检测后技术指标如下：1 d强度达到23.8 MPa，7 d强度达到32 MPa，28 d强度达到40.2 MPa，抗渗等级可以达到P10以上，达到单层衬砌的防水要求。

经现场取芯试验，28 d单轴抗压强度为34.1 MPa，满足设计要求。

表4 每立方米混凝土用料表

材料	水泥	硅粉	细骨料	粗骨料	水	减水剂	速凝剂	纤维
用量/kg	455	25	866	798	206	11.04	38.4	0.9
比例	1	1	1.80	1.66	0.43	0.023	0.08	0.001

5.2 现场湿喷情况

采用HSC-3016L型湿喷机，喷射混凝土现场坍落度控制在160~180 mm。喷射混凝土作业采用分段、分片、分层依次进行，喷射顺序应自下而上，分段长度不宜大于6 m。喷射时先将低洼处大致喷平，再自下而上分层、往复喷射，第一层喷射厚度达10~15 cm。

待第二层钢筋网片安装完成后喷射第二层混凝土，喷射混凝土前用风水清洗喷层表面，再按照第一层喷射工艺喷至设计厚度。

喷射混凝土终凝2 h后洒水养护，养护时间不少于14 d，现场湿喷情况如图12所示。

6 结论及展望

6.1 结论

图12 湿喷机作业

（1）通过现场位移监测发现，穹顶及罐体各个位置实际变形均不超过1 mm，本工程采用的单层永久衬砌支护体系安全可靠。

（2）在单层永久衬砌结构中防水技术是关键，本工程采用25 cm厚的聚丙烯纤维喷射混凝土掺入适量硅粉，以提高混凝土的抗裂抗渗性能。现场试验检测混凝土抗渗等级达到P10以上，满足防水要求。

（3）在本工程中的应用，节约综合造价约700万元，缩短工期107 d，经济效益和社会效益表现良好。

（4）国内单层衬砌设计用于坑道工程的案例较少，尚未见有案例报道。本工程的成功为类似工程提供借鉴。如上海市地下空间设计研究总院于2020年在某市坑道工程的支护结构体系构建就借鉴了本项目的成功经验，在被覆厚度大于安全防护厚度的静载段区域合理采用单层衬砌支护结构，大大提高了施工效率，并节约综合造价约 400 万元。目前该项目土建部分已施工完毕，施作效果良好。

6.2 展望

单层永久衬砌的应用可大大缩短工期，减少人材机等工程量的投入，综合造价比复核衬砌明显降低，具有较好的经济效益和社会效益，在坑道工程建设中具有重大战略意义，值得推广应用。

参考文献

[1] 张俊儒，仇文革. 隧道单层衬砌研究现状及评述 [J]. 地下空间与工程学报，2006，2（4）：693-699.

[2] 张俊儒. 隧道单层衬砌作用机理及设计方法研究 [D]. 成都：西南交通大学，2007.

[3] 陈祥. 黄岛地下水封石油洞库岩体质量评价及围岩稳定性分析 [D]. 武汉：中国地质大学（武汉），2007.

[4] 李友强. 挪威法（NMT）在汕头液化石油气储库工程中的应用 [J]. 世界隧道，2000（6）：17-23.

[5] 史永跃，杨林，严金秀，等. 基于地质展开图的单层衬砌在青岛地铁的应用 [C]// 中国地质学会. 2019 年全国工程地质学术年会论文集. 北京：[s. n]，2019.

[6] 何林生，王明年. 隧道工程中的挪威法 [J]. 广东公路交通，1998（z1）：108-110.

[7] 周平，王志杰，雷飞亚，等. 考虑层间效应的钢纤维混凝土隧道单层衬砌受力特征模型试验研究 [J]. 土木工程学报，2019，52（5）：116-128.

医疗救护工程多种用途转换的研究
——结合上海市第六人民医院临港分院项目的应用

葛怡璇　郦振中

(上海市地下空间设计研究总院有限公司，上海 200125)

摘　要　面对战时医疗救护工程建设、使用和管理中的多方矛盾和阻碍，本文以问题为导向，系统地梳理了战时医疗救护工程的规范原则，深入分析现状问题，结合实际调研，研究多种用途的平时功能与战时功能的转换模式，在上海市第六人民医院临港分院中进行试点，创新性地运用装配式技术作为支撑，切实解决战时医疗救护工程难以落地、难以使用、难以维护的问题，提升战时医疗救护工程的整体价值，创造更大的社会效益和经济效益。

关键词　人防工程；医疗救护工程；平战转换；功能转换

1　引言

根据《上海市国民经济和社会发展第十四个五年规划和二〇三五年远景目标纲要》的建议，在"十四五"时期，上海将坚持人民至上、生命至上，树立大卫生及大健康的观念，深化医疗卫生体制改革，健全基本医疗卫生制度，推进健康上海建设，全方位全周期保障人民健康。上海市的医疗工程面临着新一轮的规划和建设。考虑到医院的功能地位特殊，医院应建的民防工程类型应当优先考虑建设战时医疗救护工程。然而，在项目推进中，多数建设单位、使用单位对建设战时医疗救护工程存在一定的排斥和回避心态。长此以往，关于战时医疗救护工程的建设与平时医疗工程建设的矛盾将越发激烈，成为民防建设发展的短板。

突发的新冠肺炎疫情对于医用资源的需求是巨大的，尤其是医疗场地、医疗设备、防护设备成为了控制疫情的重要物资。在目睹了方舱医院在疫情中发挥重要作用的同时，也引发了对于战时医疗救护工程的反思。

本文以问题为导向，深入分析现状问题，结合实际调研，研究多种用途的平时功能与战时功能的转换模式，在上海市第六人民医院临港分院中进行试点，创新性地运用装配式技术作为支撑，切实解决战时医疗救护工程难以落地、难以使用、难以维护的问题，提升战时医疗救护工程的整体价值，为今后医疗救护工程的建设创造更大的社会效益和经济效益。

作者简介：葛怡璇（1989 年—），女，大学本科，工程师，主要从事民防建筑设计方面工作或研究。E-mail: geyixuan@suadi.com.cn。

2 医疗救护工程建设面临的问题

2.1 规范的适应性问题

人防医疗救护工程按其规模和任务可划分为三个等级，根据不同的等级承担不同的战时治疗任务，其中：一等人防医疗工程（即中心医院）防护区最大建筑面积为 4 500 m^2，战时主要承担对伤员的早期治疗和部分专科治疗；二等人防医疗工程（即急救医院）防护区最大建筑面积为 3 000 m^2，战时主要承担对伤员的早期治疗；三等人防医疗工程（即救护站）防护区最大建筑面积为 1 500 m^2，战时主要承担对伤员的紧急救治。

医疗救护工程设计主要采用的规范为《人民防空医疗救护工程设计标准》（RFJ 005—2011）、《人民防空工程设计防火规范》（GB 50098—2009）和《人民防空地下室设计规范》（GB 50038—2005）等，同时，根据其平时使用功能，采用相应的国家标准与行业标准的规定。由于部分规范内容有所重叠，相关规范发布时间不同，导致部分规范标准存在矛盾。例如：在《人民防空工程设计防火规范》（GB 50098—2009）第 3.1.4 条中规定：医院病房不应设置在地下二层及以下层。而随着医疗工程建设需求的增加，医疗工程的规模逐渐增大，为更合理开发、有效利用土地资源，新建的医疗工程地下层数已不止地下二层。同时，从结构的合理性上考虑，人防区域首先考虑布置在地下室的最下层，根据《人民防空地下室设计规范》（GB 50038—2005）第 4.8.12 条规定：对多层地下室结构，当防空地下室未设在最下层时，防空地下室顶板和防空地下室及其以下各层内、外墙、柱以及最下层底板均应考虑核武器爆炸动荷载作用。因此当规范和合理性相结合时，存在一定矛盾。

2.2 对平时医院建设造成的影响

在医疗救护工程平战结合的设计中，经历过一段时间的探索[1]。早期的平战结合设计，仅对规范规定的一次完成内容设置到位，其余内容均进行临战转换，这种做法对临战转换造成了巨大的困难。由于临战转换工作量巨大，难以在 15 d 内转换完成，近些年在医疗救护工程的设计中，多地规定了应将所有人防工程口部用房以及功能用房一次完成内容设置到位的要求。但战时医疗救护工程一次到位建设完成后，又导致了所占用的空间在平时无法作为地下停车库使用，大大减少了停车位的数量，同时，由于医疗救护工程的造价增大，政策上对于医疗救护工程的补贴费用无法填补造价的缺口。医疗救护工程在平时无法使用，但要建设单位承担建设任务和主要建设费用，这样的局面持续至今，导致建设单位对建设医疗救护工程的回避心态加剧。

2.3 对平时维护和临战启用造成的影响

医疗救护工程的建设，除了对建设单位造成的负面影响外，对使用单位也造成了一定的困扰。由于医疗救护工程的功能、流线与平时功能差异较大，特别是对于原本平时功能是地下停车库的地下室来说，医疗救护工程的建设导致这部分区域在平时一直处于闲置状态。同时，使用单位对于医疗救护工程内的设施设备维护存在盲区，地下室环境潮湿、灰尘污垢聚集，容易造成设备腐蚀生锈。在长期没有得到有效维护的情况下，即使在建设上做到了一次到位，但在临战时也很难做到正常启用。

3 实际案例的相关调研

3.1 上海新华医院小儿外科中心楼医疗救护工程

上海新华医院小儿临床医疗中心楼的平时为医疗用房，战时功能的抗力级别为核 5 级、常 5 级的医疗救护工程。该项目将战时与平时功能相近的医疗用房结合设置，将战时流线与平时流线梳理清晰，做到平时与战时的高效结合。在施工中提前将槽钢封堵预埋件埋好，各类用房在平时均设置到位，临战前仅需按照转换要求，配置槽钢、土和砂包等材料，干厕、玻璃钢水箱按图纸要求进行临战设置与安装，土建的临战转换工作量相对其他工程都较简单易行。在设备方面，战时风管与平时风管相结合，风口布置均匀，平时排风及战时进风均匀，兼顾平时通风的同时，不用再单独设战时风管，减少了临战转换量。给排水管线穿越人防相邻单元时多采用在单元隔墙上穿越、设防护阀门的方式，通过阀门的关闭/开启，能快速方便地实现平战转换。本项目的建设为医疗救护工程平战结合提供了成功的案例。

3.2 医疗工程平时功能设计单位调研

医疗救护工程的战时功能设计应与平时功能设计进行密切配合，由于医疗功能的流线较多、管线复杂，各类功能房间的规范要求特殊，需要针对具体的技术要求进行专业设计。在与平时功能协调中，遇到的平战矛盾不胜枚举。由于并不是所有医疗项目规划的地下室均可达到与平战医疗功能相近的条件，进而整合设计，使大多数医疗项目为达到车位数量的指标，地下室一般作为机动车停车库使用。此前一刀切地认定战时功能必须实行一次到位的做法，将直接导致大多数项目的平时停车功能的丧失，对平时功能造成极大的浪费。在设计单位的协调中，提出了利用新的措施和手段，将医疗救护工程与平时功能结合起来，实现平战结合，为平时释放出一定的空间用于平时功能使用。带着这个思路，我们开始探索新的技术手段。

3.3 火神山、雷神山医院设计和建设单位调研

火神山和雷神山医院是为应对大规模突发性疫情而快速修建的临时性大型呼吸道传染病救治医院。在火神山和雷神山医院的设计中采用模块化设计、细化洁污分区及创新卫生通过室等设计，集成了一套高效可靠的应急医院防扩散设计技术，解决了呼吸类传染病应急医院快速建造和安全保障的难题。

火神山和雷神山医院主要采用打包式集装箱房，以箱体为基本单元，箱体结构采用钢构件，维护保温材料全部采用不燃材料。水、暖、电气、装饰以及配套功能全部在工厂预制完成，箱内具有独立的机电管路及给排水管路，箱外管路与箱体明装对接，无需二次施工。

以火神山医院为例，火神山医院采用 6 m×3 m×2.9 m 的模块拼接形成的标准单元。箱式活动板房上部荷载较轻，对地基承载力的要求较低，大大简化了地基处理和建筑基础的设计施工，节省了建设周期，最大限度地实现了项目的模块化、工业化及装配化，提升工程进度，在火神山医院开工的第四天就已经开始了现场安装，一个护理单元 1~2 d 就可基本拼装完成。火神山和雷神山医院的高效建设和装配式手段，为我们转变战时医疗救护工程的设计思路提供了有力的技术支撑。

4 医疗救护工程多种用途转换思路

4.1 结合上海市第六人民医院临港分院项目的应用

上海市第六人民医院临港分院科研专科门诊综合楼的民防工程位于地下一层和地下二层，平时为地下停车库，战时功能的抗力级别为核 5 级、常 5 级的医疗救护工程，以及抗力级别为核 6 级、常 6 级的二等人员掩蔽所。本项目以"标准先行，创新发展"为指导思想，探索医疗救护工程与平时车库的平战结合手段，实现资源效益的最大化发挥，保障了综合作战能力。

4.1.1 细化规范

根据《人民防空医疗救护工程设计标准》(RFJ 005—2011) 中关于平战结合内容的规定，要求平战结合的人防医疗工程中的下列各项，应在工程施工、安装时一次完成，不得实施转换：

(1) 现浇的钢筋混凝土和混凝土结构、构件。
(2) 战时出入口、连通口的防护密闭门、密闭门。
(3) 战时通风口、柴油排烟口的防护设施。
(4) 战时使用的给水引入管、排水出户管和防爆波地漏等。
(5) 手术室、卫生间、盥洗室及洗涤室等房间的固定设备。

此外，固定电站工程及设备宜一次施工、安装到位。深井泵房应一次施工、安装到位。

通过规范的细化，在方案设计中的重点是一次施工且安装到位的区域布置在工程的四周，将规范中允许进行平战转换的区域集中布置，为平战结合创造条件。

4.1.2 平战结合设计

人防医疗救护工程的建设涉及多个专业，其中包括土建、暖通、给排水和电气专业，各个专业在设计上的要点如下。

土建专业：内科、外科、烧伤护理单元以及部分后勤保障用房的墙体平时设置不到位，与平时停车库结合设置。

暖通专业：平时与战时所有管线、机房一次设置到位，进、排风竖井平战结合使用，战时送、排风管独立设置，在满足规范要求的前提下，减小风管尺寸。

给排水专业：平时与战时所有给排水管线一次设置到位，各科室供水末端预留供水主管，供水主管贴近一次建成的墙体进行设置，供水末端预设至墙体低位。洗手台、排水点无条件贴近一次建成墙体，且位置不影响车位布置。喷淋及消火栓系统平时全部安装到位。

电气专业：平时与战时所有管线一次到位，平时砌筑到位的房间照明平时到位，平战结合，战时照明按战时功能设计，由配电箱内集中控制。

通过平战结合设计，本项目在平时能够释放 60 余个车位供平时使用。

4.1.3 平战转换措施

人防医疗救护工程中平战转换中，各专业应落实的措施包括如下方面。

土建专业：内科、外科、烧伤护理单元以及部分后勤保障用房的墙体在临战时采用装配式隔墙进行安装。装配式隔墙采用模块设计，固定模数，部品构件以及配套功能由工厂加工

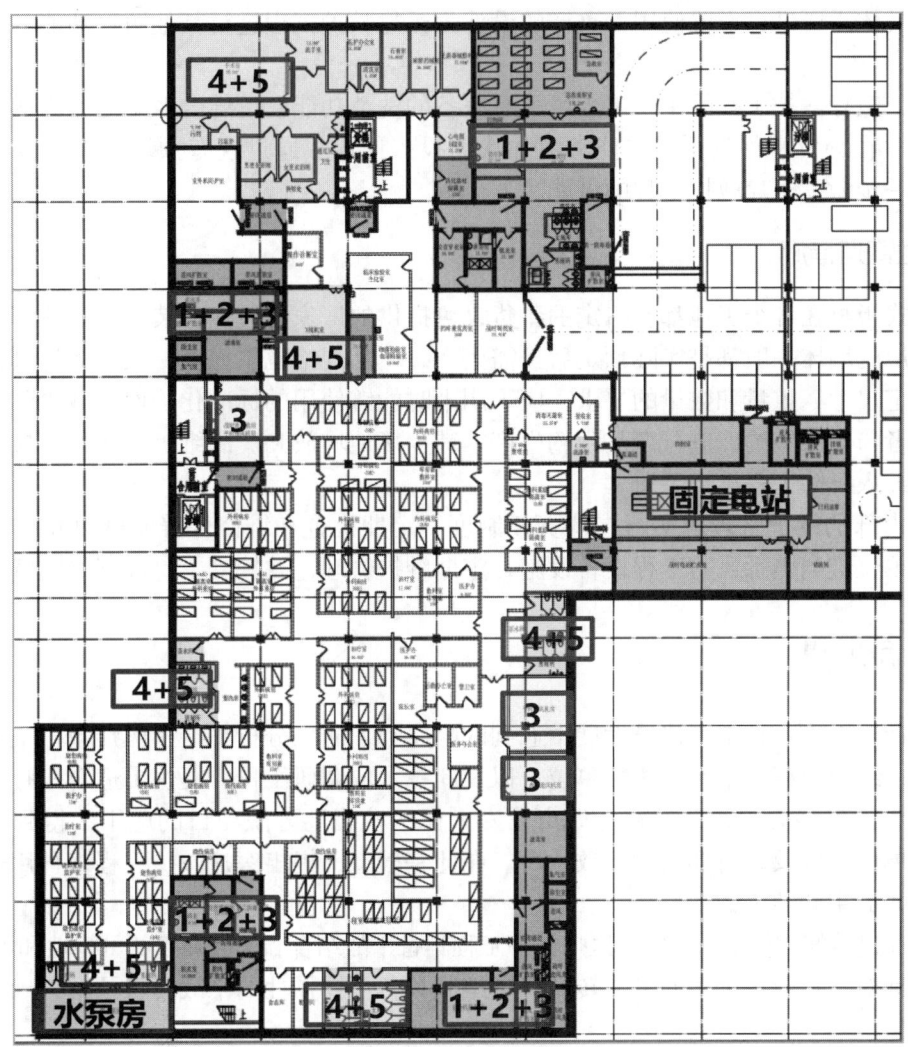

图 1 人防医疗救护工程平面示意图

完成。在临战转换 15 d 内安装到位。

暖通专业：临战安装防化设备，在临战转换 3 d 内安装到位。

给排水专业：临战安装洗手台、水龙头、热水器及排水接管，在临战转换 3 d 内安装到位。

电气专业：除控制室、防化值班室相关配电箱平时到位外，其余动力配电箱与设备同步安装并完成配电，病床呼叫系统临战安装，在临战转 15 d 内完成安装。

针对项目情况专门编制具备操作性的平战转换预案，以确保该项目平战转换的顺利实施。

4.2 医疗救护工程多用途转换

不同于火神山和雷神山医院完全从零开始的状态，医疗救护工程在建设时就已经完成平时使用的风、水、电等设备管线，并预留好战时功能需要的接口，与装配式墙体连接使用。医疗设施设备也可以根据使用需求进行分类设计，较为复杂的、功能要求较高的手术区域可以一次建设到位，其他诊疗设施设备可以选用可移动形式，配合装配式墙体带来的灵活空间，根据具体需要进行设置使用。这样的设计为医疗救护工程进行其他医疗功能的转换创造了可能性。

此外，医疗救护工程的主要出入口具有完备的洗消功能，可结合卫生通过室的技术要求进行设计，在突发事件发生时，能够更加快速投入使用。通过现有预埋条件以及装配式技术，可进一步激发医疗救护工程的潜能。

4.3 运维管理措施

装配式板材在各个工地都有一定的备货，可提供的厂家也较多。装配式墙体，尤其是带有装饰面层的墙体一般都是实际预定后按需生产，产品规格也不完全一致。无论哪种产品材料都有一定尺寸、重量和数量的要求，应采用平时能够使用的标准化构件，减少临时生产的成本，或者与厂家签约，进行产品预约生产，减少场地堆放和产品维护的成本。应明确责任归属，并编入民防工程维护手册。

工程内部的维护管理应实行岗位责任制度、定期检查和维修保养制度以及档案管理制度，使用单位应当熟悉民防工程设备设施，定期维护管理，并接受主管部门的监督检查。

5 结论和展望

本文针对医疗救护工程建设发展中遇到的阻碍和矛盾，分析总结了医疗救护工程建设面临的问题，结合对相关案例、相关单位，以及新技术的调研工作，提炼出适合医疗救护工程设计和建设的发展方向，并且在上海市第六人民医院临港分院项目的应用中得到了建设单位、使用单位，以及政府部门的一致认可。在此基础上，提出医疗救护工程多种用途转换思路，得到的成果和结论如下：

（1）通过装配式技术的引入，医疗救护工程具备平战结合和平战转换的可能性和可操作性。

（2）针对医疗救护工程的平战转换，应编制具备可操作性的平战转换预案，确保平战转换顺利实施。

（3）充分利用医疗救护工程的设施条件，可进一步激发其潜能，做到多用途转换。

（4）结合上海市第六人民医院临港分院项目的实践，为切实解决战时医疗救护工程难以落地、难以使用、难以维护的问题提供了新的思路和方向，并且提升战时医疗救护工程的整体价值，创造更大的社会效益和经济效益。

在现有成功案例的基础上，下一步应继续深化实施细则，进一步优化设计，拓展多功能转换的形式。同时，汇总收集好相关经验，为更新技术标准和设计规范做好准备。

参考文献

[1] 程磊. 浅谈医疗建筑的人防设计 [J]. 中国医院建筑与装备，2011（5）：58-60.

地铁区间防护密闭门安装控制要点

赵晓旭 赵 发

(上海建科工程咨询有限公司,上海 200032)

摘 要 从地铁区间防护密闭门安装控制要求,以及与结构等相关专业接口的角度出发,在门框、门扇安装及调试验收等过程中提出全面控制措施,形成控制要点以用于施工过程的控制及调试验收。

关键词 地铁人防;防护密闭门;工序搭接;控制要点;调试

1 引言

人民防空工程是指战时防备敌人空中袭击,有效地掩蔽人员和物资,保护人民生命和财产安全,可进行人民防空指挥、医疗救护,保存战争潜力的重要场所,是实施人民防空最重要的物质基础[1]。人防工程应对各种武器破坏的防护性能主要有以下几个方面:对核武器地面冲击波的防护;对化学武器、生物武器和放射性沾染的防护;对早期核辐射、光辐射的防护;对火灾的工程防护;对常规武器的防护;对核电磁脉冲和核爆地震动的防护。

地铁人防工程是利用地铁平时已有的结构强度以及设施设备,对地铁车站出入口及风亭等关键部位增加防护,通过一定的平战转换措施来达到人防要求[2]。人防工程是地铁建设的重要组成部分,平时地铁以交通运营为主,战时则承担着人员转运、重要物资输送的生命线作用。

地铁区间防护密闭门是地铁人防工程的重要防护设施,起分隔防护单元的作用,保证在战时一个防护单元防护功能丧失的情况下不影响其他防护单元防护功能的发挥。

2 防护密闭门安装要点

2.1 安装流程及设备验收

地铁人防密闭门安装工作流程一般是:安装准备→立框隐蔽验收→挂扇调试→除锈涂漆→设置标志→检测验收。

首先,设备验收应首先关注质量证明文件是否齐全有效,包括人民防空专用设备的生产和安装从业能力达标企业证书、国家地下空间协会人防分会公布的产品目录、产品出厂合格证、专项检测和试验报告等。未达规定要求的产品不得在工程中使用;其次,是检查人防门类别、规格型号是否与图纸相吻合;第三,是检查人防门的外观质量,门扇、门框有无破损、变形和锈蚀,零部有无损坏、锈蚀、缺少;第四,是检查人防门孔的净宽、净高、对

作者简介:赵晓旭(1972年—),男,大学本科,高级工程师,主要从事人防施工监理工作。E-mail: zhaoxiaoxu@jkec.com.cn。

角线长度是否在允许偏差范围内;最后凡定型设备及配件数质量出厂未达规定标准的不得安装,如果现场无法修复时,应退回生产厂家处理。

2.2 门框安装

预埋阶段的门框安装是人防密闭门安装的质量控制中十分重要的基础工作。从管理角度出发,地铁人防密闭门安装牵涉与结构、铺轨及接触网等施工的物理接口,必须把握事先技术的交底,过程测量控制及现场指导监督等重点工作内容。

(1) 密闭门门框的安装必须待轨道铺轨施工结束调试后方可进行。安装前应首先同相关施工单位和工程监理实测并定位好轨道中心线,轨面标高等内容后,方可安装内部支撑体系并做到牢固,以防门框变形。对于安装基准的控制,应根据现场轨面的实际高低和轨道中心安装门框的情况,安装时应以低轨道轨顶面作为下门框面的基准。

(2) 在对门框形位和铰页孔位进行核对时,应确认无误后方可进入门框吊装程序。门框吊装后,在绑扎和焊接过程中,需防止因焊接而引起的门框变形,应事先做好刚性固定。门框安装,锚钩的焊接绑扎,混凝土浇筑前应加固支撑,以避免因混凝土浇筑造成的框架倾斜扭曲变形,使后续门扇的安装质量造成难以弥补的隐患。

(3) 对轨道密封箱的安装应根据轨面高低,做好实际测量使密封块实际尺寸的配件制作更加符合钢轨截面形状与钢轨底部密封块的实际厚度,以便在门扇安装时保证密封梁挤压的密封性,当整个密闭门调试时安装挤紧装置,再进行调试。

(4) 门框安装质量控制要求包括:门框孔宽度、高度、对角线长度及门框垂直度除满足现行《人民防空工程质量验收与评价标准》(RFJ01—2015) 的要求外,还必须满足相应的技术要求。施工过程中应加强防护和支撑以及在装运或吊装过程中避免撞击变形,门框上的临时支撑型钢必须待拆模后才能拆除,还应采取防止混凝土流进门槛槽的措施。

在混凝土浇筑前应做好各加工面、连接贴合面和螺栓孔洞的防护。做好因混凝土浇筑而引起门框变形的预防工作。对薄弱处应加以加强支撑,待拆模后方可去除各支撑,并将支撑遗留焊接疤痕修割磨平。

安装全部结束后应及时去除支撑焊疤,同时去除浇筑时在门框上的一切残留混凝土和其他污染物,然后按要求完成喷涂防锈漆和中间漆等工艺流程与操作。

2.3 门扇的安装

2.3.1 门扇安装

应首先进行门扇铰页的安装,安装应按相关规范及工艺要求执行。吊装后对门扇与门框的间隙和密封状况按要求做好调整。调试闭锁装置开闭的灵活性,并做好调试记录。

针对地铁人防密闭门来讲,重点是要对汇流排的相对位置做好检测数据(主要是对限界要求进行控制)并进行保留,做好记录。

调整整个门的开启密闭状况,门扇与门框应贴合均匀,除应符合现行《人民防空工程质量验收与评价标准》(RFJ01—2015) 要求外,还必须满足相应的技术要求。门扇应启闭灵活,无自开自闭现象。

2.3.2 上部小门安装

上部小门铰页和闭锁全部装配后方可进行吊装。根据门孔中心左右实际偏差放置大箱体和小箱体，其与大门扇的闭合间隙应严格按技术要求装配。上部小门上的汇流排是起密封顶紧作用的换向器，其运动直线应和大门扇上换向器应保持同一轴线，并与整个门扇上下换向器垂直，以利于密封的可靠性。装配大、小、下，以及中间的密封块与连接丝杆等，并做好调试，应做到闭合灵活。上部小门调试完成后，可装上部小门下的安全装置。并通过手轮可以调节定位轴，使其对小门起限位作用。

2.3.2 下部小门安装

做好下部小门闭锁的装配与调试，粘贴密封条，并调试其密封性，按技术要求，其胶条压缩量为 6 mm，使密封条均匀压缩，必要时，应观察每条口边缘齐口状况进行打磨直至平直圆滑，使其更加均匀地压入密封条，起较好的密封作用。

2.4 密封梁安装工艺

在大门闭锁锁头处装上转臂，即大门闭锁在完全开启状态下作 50° 位置转角并加以固定轴。

将连接头、连接杆、连杆，以及连接座用销轴连接并作上下提升尺寸的调整，调整应根据横梁与轨面和下门框组件贴合面的实际情况而进行，调整幅度为 (163+9) mm，确定定位块与定位孔。

装配各件连成一体后，调整及提升幅度确定固定限位槽的具体高度。

轨道外侧密封块，应采用模具进行加工，和轨道配合的模具断面曲线应按 60 kg/m 钢轨侧面曲线仿形加工成型。

转臂滑槽与各连接销轴涂抹润滑油脂，上下动作无卡阻现象。

粘贴胶条（密封条），根据规范及技术要求做好密封条的粘贴，与门框密封条连接处应作 45° 双斜面配作，并做好开闭调试，以达到最佳效果。

2.5 门扇的调试
2.5.1 门扇的主要评价标准

门扇的整体调试应严格按照国家验收标准进行，其要点如下：

（1）门框平面贴合良好，其局部允许间隙或空隙，但要满足《人民防空工程质量验收与评价标准》(RFJ01—2015) 要求，还必须满足相应的技术要求。

（2）双扇防护密闭门和防护密闭门安装时应严格控制中缝间隙，且应防止两扇门关闭状态时前后上下的错位情况。

（3）大门扇闭锁与轨道密封升降梁、汇流排密封装置联动，三者虽然行程不同，但必须做到开和关同步到位。

2.5.2 大门闭锁系统调试

各部件装配到位后应做好调试，使其操作轻松灵活，无卡阻现象和杂音产生，各转轴、滑槽和锁头伸缩部位应涂抹润滑油，涡轮丝杆内加注油脂后，拧紧所有螺栓、螺钉，并掰开开口销。

导杆向上运动使转臂转 120°。即开锁终止位置，锁头伸缩行程按 147 mm 为宜，关锁结束时，锁头插入锁孔内应达 58 mm，此时导杆行程为 147 mm。

通过调整各调整垫圈、垫片，使丝杆中心线、连杆中心线和锁头中心线在同一平面内，即与门扇与门内面保持一致高低。

通过调整连杆螺纹使各锁头伸缩相等。

铰页装配的各部件都应转动、平移自如，无异常。

2.5.3 上部小门闭锁系统的调试

门扇上下间隙的调整是先将门框上铰座螺栓松开，再将下铰座拆下，测出所需垫片的厚度。然后再将下铰座装上固定牢固。

上部小门的横向调整可松开门框下铰座螺栓，插入适宜的调整垫片直至门扇与门框垂直线与大门开口面平行。

上部小门的上、下或前后倾向可通过铰链板螺栓调节，通过调节使大小门面保持一致。

3 结论

鉴于地铁人防密闭门的特殊性，即与结构、轨道、接触网等专业所存在的工序搭接，期间还会产生排水孔洞预留等其他接口问题。因此，地铁人防密闭门安装质量控制要点，除需关注常规施工流程及技术质量问题之外，更应重点关注与结构、轨道、接触网等专业存在工序搭接及技术的接口问题，除把控门框安装质量、挂扇调试（门扇及小门），设置标志等内容之外，还应通过技术交底，现场测量等事前控制手段进行沟通确认，确保密闭门安装质量符合规范及技术标准要求。

参考文献

[1] 杨延军，李建民，吴涛. 人民防空工程概论 [M]. 北京：中国计划出版社，2006.
[2] 刘飞，李欢秋，高永红. 城市地下空间人防工程设计施工技术 [M]. 武汉：武汉理工大学出版社，2017.

第 2 篇

民防工程设计

下沉式商场战时掩蔽能力的数值模拟分析

张效晗

(上海市地下空间设计研究总院有限公司，上海 200125)

摘　要　随着新世纪战争形式的重大变化，以防核爆为主要目标的防护理念无法与时俱进，以防常规武器打击的新目标愈发重要。大量城市地下空间的蓬勃发展为人民防空事业提供了良好的研究土壤。本文依托于"上海市民防办公室科研项目"，以下沉式地下商场为算例，采用理论计算结合 ANSYS/AUTODYN 数值模拟的分析方法，研究战斗部位在下沉式广场地爆时冲击波的传播规律，根据人体承受冲击波伤害限值拟合出掩蔽模型，在不增加工程投资的前提下，秉持"以存量挖增量"的理念，其目的在于当城市遭遇突然空袭人群无法及时进入防空地下室时，指导人群快速就近掩蔽，最大限度地减少人员伤亡。本文研究为国内首创，具有重大创新性和战略意义，研究成果操作简单，推广前景良好，社会效益和经济效益良好。

关键词　下沉式商场；爆炸；数值模拟；掩蔽模型

1　引言

21 世纪以来，城市地下空间的大力开发应用，为人民防空提供了良好的研究基础。调查研究表明，目前中国城市配建的人防工程数量还无法满足日益增长的海量城市居民的防护需求，简言之，人防工程的数量远远不够。

正如 2000 年 11 月第四次全国人民防空会议上中央军委副主席迟浩田所讲：党的十一届三中全会以后，人民防空由计划经济体制下单一的行政管理，转变到适应市场经济要求的综合运用行政、经济、法制等多种手段上来，由只注重战备功能，转变到综合发挥战备、社会、经济三个效益上来。这一战略性的转变，为人民防空事业的发展方向奠定了重要研究及实践基础。在大量的已建成的地下空间存量工程中，除了已按照各地民防办公室的政策要求配建人防工程以外，还有巨大的掩蔽潜能可以挖掘。本文研究的战略意义，正是在于不增加直接工程量的前提下，"以存量挖增量"，深层次发掘已建成的未设防地下空间建筑的防护潜能。

冷战的结束意味着全球战争形势开启了新的篇章，大国核威慑前提下的局部常规武器战争将成为战争防御新态势。中国作为国际上五个合法拥核国之一，在遵守《不扩散核武器条约》(Treaty on the Non-Proliferation of Nuclear Weapons, NPT) 的前提下，通常认为新世纪发

基金项目：上海市民防办公室科研项目。
作者简介：张效晗 (1987 年—)，女，高级工程师，国家注册土木工程师 (岩土)，国家一级注册结构工程师，国家注册咨询工程师，主要从事地下工程、防护工程等领域的设计与科研工作。E-mail: zhangxiaohan@suadi.com.cn。

生大规模核打击这种拥核大国两败俱伤的战争概率偏低。自 20 世纪 90 年代海湾战争以来，数次现代化战争都以常规武器打击形式为新战争的主要形态。

本文依托"上海市民防办公室科研项目"，研究对象为那些已建成的未设防的地下空间，研究其在遭遇常规武器打击时的临时应急掩蔽能力，研究侧重点与新时代战争形式相匹配。笔者针对大开口、下沉式地下商场遭遇常规武器打击建立数值分析模型，并结合理论计算，分析不同区域的生存概率，挖掘其战时掩蔽能力并拟合出安全掩蔽模型。本文研究结论以简单直观的示意图呈现，非专业人士亦可读懂，一目了然。目的在于当城市遭遇常规武器突然袭击时，指导来不及进入防空地下室的人群就近快速掩蔽，显著提升人民群众在常规武器袭击下的生存概率。

2 计算分析

2.1 计算假定

(1) 假定中庭下沉式商场开口尺寸为 20 m × 20 m。
(2) 假定地下商场层高 H = 3.7 m（保守计算）。
(3) 假定炸弹命中下沉式商场并在中心处爆炸（保守计算）。
(4) 等效 TNT 装药量 C = 117.5 kg。

2.2 理论计算

2.2.1 等效弹药量换算

基于上述四个假定条件根据爆炸的两个阶段作出如下等效弹药量的换算

(1) 爆炸发生的第一个阶段，空气冲击波从爆心传至顶盖边缘，即前 10 m 的一段。这一阶段的空气冲击波以 1/2 半球形向外传播直至顶盖边缘处。等效弹药量根据实际入射角度折减，具体见式（1）：

$$\tan \alpha = \frac{H}{R} \tag{1}$$

式中 α——入射角度，(°)；
      H——地下商场层高，m；
      R——空气冲击波从爆炸至顶边缘的距离，以前 10 m 为第一段。

通过上文给出的数据计算可得 α = 20°。

地面爆炸时空气冲击波以 1/2 半球形向外传播，传播至顶盖处其实际入射量按照角度折减计算见式（2），表示为

$$C_{e_1} = \frac{\alpha}{180°} \times C \tag{2}$$

式中 C——等效 TNT 装药量，kg；
      α——入射角度，(°)；
      C_{e_1}——实际入射量，kg。

通过上文给出的数据计算可得 C_{e_1} = 13 kg。

(2) 爆炸发生的第二个阶段，空气冲击波从顶盖边缘传至工程内部远端侧壁，即后60 m段。这一阶段空气冲击波以圆柱形的形式在有限高度的地下空间内部传播。参照本小节的等效原则，把地下室内爆炸的药量转换成等效的自由大气爆炸的药量，计算见式（3），表示如下：

$$C_e = \frac{2L}{H} C_{e_1} \tag{3}$$

式中　H——地下室高度；
　　　L——空气冲击波从顶盖边缘传至工程内部远端侧壁，以后60 m为第二段；
　　　C_{e_1}——实际入射量；
　　　C_e——等效的自由大气爆炸的药量。

上述公式为笔者根据炸弹空爆传播规律参考了《地下防护结构》[1]，及《爆炸基本原理》[2]中的公式推导得出。

2.2.2 冲击波超压计算

炸药在自由大气中爆炸的冲击波峰值超压的计算见式（4）为

$$\Delta P_m = 0.084 \times \left(\frac{\sqrt[3]{C_e}}{R}\right) + 0.27 \times \left(\frac{\sqrt[3]{C_e}}{R}\right)^2 + 0.7\left(\frac{\sqrt[3]{C_e}}{R}\right)^3 \tag{4}$$

式中，ΔP_m为冲击波峰值超压。

将$C_e = \frac{2L}{H} C_{e_1}$代入式（4）可得式（5）：

$$\Delta P_m' = 0.1058 \times \left(\frac{C_{e_1}}{L^2 H}\right)^{\frac{1}{3}} + 0.4286 \times \left(\frac{C_{e_1}}{L^2 H}\right)^{\frac{2}{3}} + 1.4\left(\frac{C_{e_1}}{L^2 H}\right) \tag{5}$$

式中　$\Delta P_m'$——入射冲击波超压峰值，MPa；
　　　L——爆心至指定点的距离，m。

本例中，L取最远端情况60 m，代入式（5）算出：

$$\Delta P_m' = 0.016 \text{MPa}$$

反射超压峰值通过式（6）计算：

$$\Delta P_f = 0.2846 \times \left(\frac{C_{e_1}}{L^2 H}\right)^{\frac{1}{3}} + 1.153 \times \left(\frac{C_{e_1}}{L^2 H}\right)^{\frac{2}{3}} + 3.766\left(\frac{C_{e_1}}{L^2 H}\right) \tag{6}$$

式中，ΔP_f为反射超压峰值。

经过计算可得$\Delta P_f = 0.033$MPa。

式（6）来自《地下防护结构》及《爆炸基本原理》。

通过以上计算结果发现，这一设定很巧妙，空气冲击波传至$L = 60$m处时，其入射冲击波超压值刚好降到与前述设定的人体所能承受的界限压力值 0.016MPa 相等,当面积小于等于 20 000 m² 时整个地下室均为 Ⅱ 区危险区,不做区域划分。

当面积大于 21 000 m²(考虑反射冲击波作用扣除距墙 5 m 为 Ⅱ 危险区)的情况可得出如下结论:

(1)$L \leqslant 60$ m 内区域为 Ⅱ 区危险区。

(2)60 m $< L <(B-5)$ m 内区域为 Ⅰ 区相对安全区。

其中,B 为下沉式商场入口边缘至远端侧壁的距离。

2.3 数值模拟计算分析

(1)使用 ANSYS/AUTODYN 建立数值分析模型。

(2)使用 Multi-material 建立弹药的空爆 2D 模型,采用小网格,以便获得更为准确的模拟结果。

(3)将弹药空爆计算结果映射到 3D 模型中。

(4)分析计算结果并绘制出冲击波衰减曲线图。

根据计算假定,建立下沉式商场三维模型(图 1)。如前所述,将 2D 爆炸结果映射到 3D 模型上。计算得到不同时间模型的压力云图如图 2 所示。从图中可以看出爆炸压力波的传播及反射。

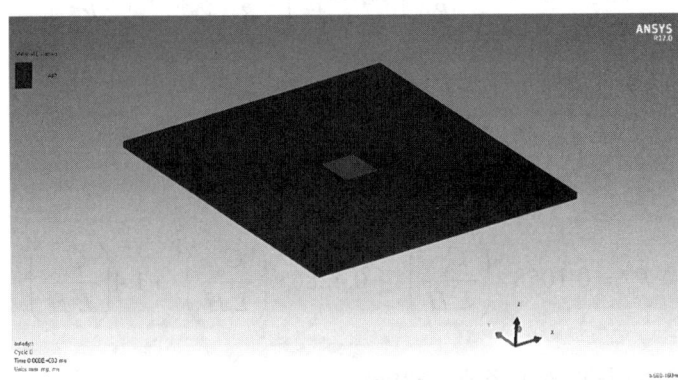

图 1 下沉式商场三维模型

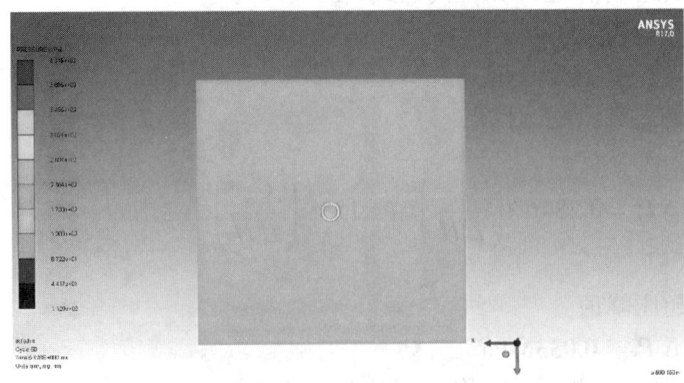

(a)$t = 5$ ms 下沉式商场压力分布云图

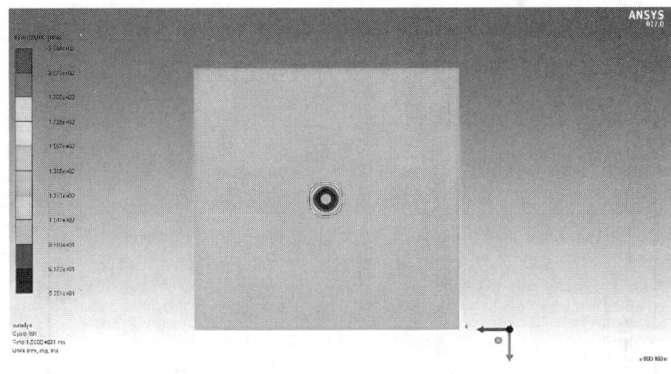

(b) $t = 15$ ms 下沉式商场压力分布云图

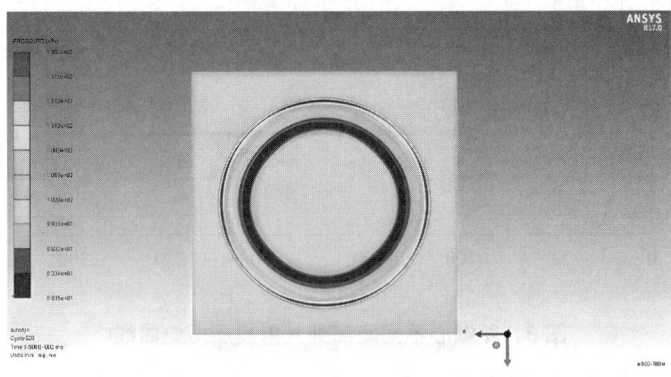

(c) $t = 150$ ms 下沉式商场压力分布云图

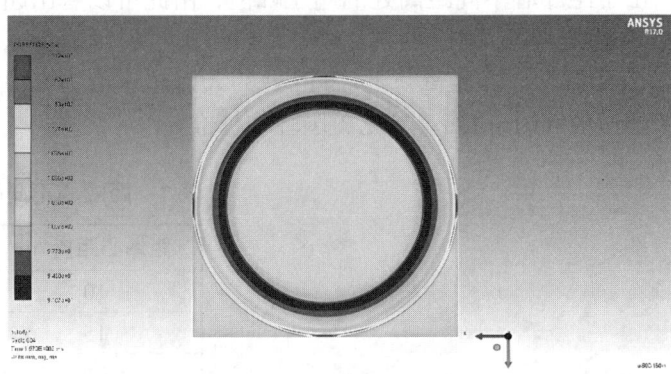

(d) $t = 190$ ms 下沉式商场压力分布云图

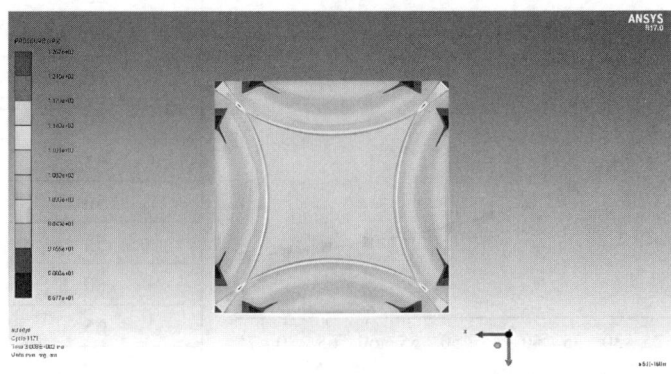

(e) $t = 300$ ms 下沉式商场压力分布云图

图 2 不同时间下沉式商场压力分布云图

在模型中设置距爆心 10~75 m 不同距离的 14 组测点，各测点的超压历史曲线如图 3 所示。从图中可看出爆炸压力波的传播过程，压力波到达时间及压力到达峰值的时间随着距爆心距离的增大而增大，这与客观事实相符合。

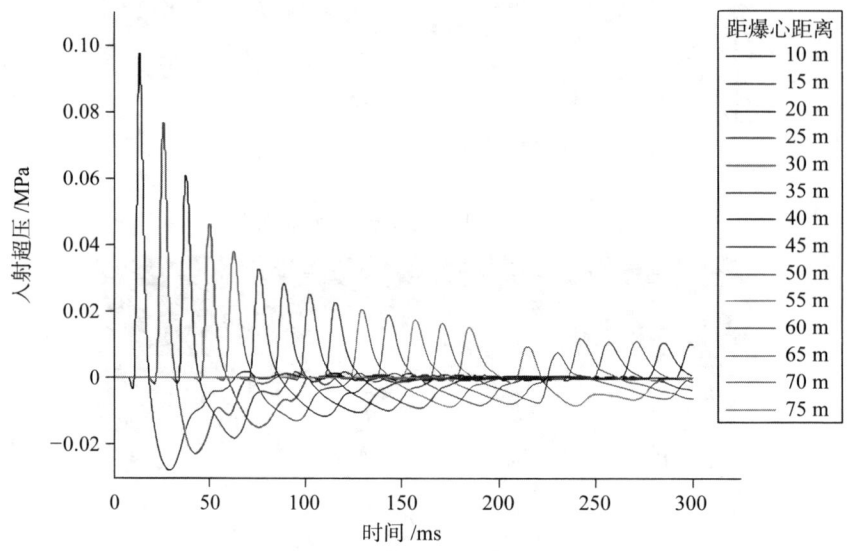

图 3　距爆心不同距离处入射超压历史曲线

图 4 和表 1 则给出了距爆心不同距离处的超压峰值，由此可以看出超压峰值随着距爆心距离的增大而减小，在距离爆心 70 m 处（$L = 60$ m）的入射超压值为 0.0164MPa，与前述根据规范计算所得数值相符合。在距离爆心 75 m 处的入射超压值为 0.0152MPa，小于人体所能承受最大冲击波超压值 0.016MPa（参见美国轻伤标准）。

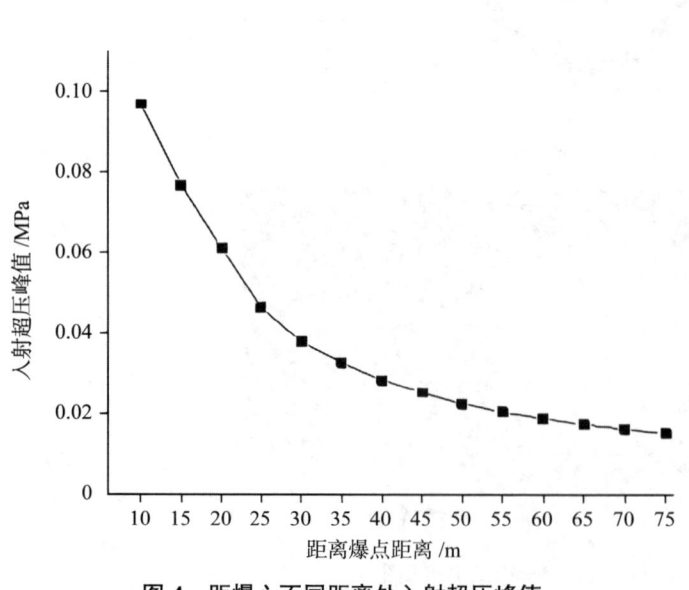

图 4　距爆心不同距离处入射超压峰值

表 1　距爆心不同距离处入射超压峰值

距爆心距离 /m	超压峰值 /MPa
10	0.097 6
15	0.076 8
20	0.061 1
25	0.046 3
30	0.038 0
35	0.032 8
40	0.028 4
45	0.025 3
50	0.022 7
55	0.020 6
60	0.019 0
65	0.017 5
70	0.016 4
75	0.015 2

2.4 理论计算与数值模拟结果对比

上述理论计算分析和有限元数值模拟两种研究方法结果表明,在相似条件下,取二者误差在 10% 以内的数值,贴合度较好,结论可互为佐证,本文偏保守,取二者包络。

2.5 绘制典型模块划分示意图

由上述计算分析可知,冲击波随爆距加大衰减很快,区域划分规则比较直观。根据冲击波衰减规律,绘制下沉式商场典型模块划分示意图。

将上述研究成果反映在模块模型里,绘制出轻伤边界线及破片伤害范围线,可划分出生存概率较高的区域。如图 5 所示。

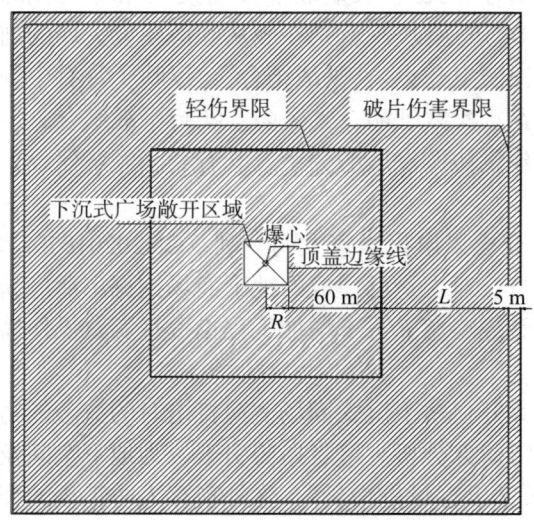

图 5　下沉式商场典型模块划分示意图

针对典型下沉式商场形式的结构,建立上述标准化模块模型,并将上述数值模拟研究成果在模块模型里完全融合实现,可较好地指导工作人员操作执行疏散掩蔽工作,意义较为明显。

如开口形状为圆形或不规则形状,根据冲击波随着与爆心距离的增加而衰减的规律可知,本研究结论同样适用。开口尺寸越大,冲击波在无顶盖区域扩散衰减就越快,计算结果越偏保守。

3 结语

3.1 研究结论

下沉式商场开口尺寸为 20 m × 20 m,当爆心位于下沉式商场中心时,理论计算结合数值模拟计算结果取包络得出的安全距离为 60 m(自顶盖边缘处起算)。根据此结果绘制出下沉式商场典型模块划分(图 5),标示出轻伤边界线及破片伤害范围线。

3.2 建议

上述研究并未考虑破片的杀伤作用及冲击波遇障碍物时的反射增强作用。由于此二者传力情况更为复杂及随机，针对此种复杂情况，建议措施如下：

（1）为避免人体遭受反射超压叠加的伤害，在图 5 中给出了距离地下室边界 5 m 的范围线作为缓冲地带，人员紧急掩蔽时应尽量避开此区域。

（2）若遭遇突发空袭，人员应尽量选择地下室内有遮障的墙体或柱体背后，进行紧急掩蔽，可有效避免破片的直接伤害。

3.3 前沿理论展望

《中华人民共和国人民防空法》中明确规定："人民防空实行长期准备、重点建设、平战结合的方针，贯彻与经济建设协调发展、与城市建设相结合的原则。"该规定体现了以经济建设为中心，正确处理人民防空建设与国防建设、经济建设、城市建设协调发展的关系，对新时期做好人民防空工作具有重要的指导意义。"长期准备"，就是在和平时期居安思危，有计划、有步骤地实施人民防空建设。"重点建设"，就是在服从经济建设大局的前提下，区分轻重缓急，有重点、分层次地实施人民防空建设。"平战结合"，反映了具有中国特色的人民防空特点，是人民防空发展的必由之路。实践证明，人民防空实行平战结合，用一笔投资办两件事，体现了人民防空建设与经济建设协调发展的关系，既有利于经济建设，也有利于人民防空建设。

本论文研究方向为国内首创，研究成果申报国家发明专利（CN202010798784.2）。在理论计算结合数值模拟计算的结论指导下，对大量已建成的地下商场挖掘出适应新战争形态的应急掩蔽模型，具有较大的社会效益和战略意义，不增加工程投资且实践操作简单，推广前景较大。

因科研经费有限，本文仅论证了大开口式下沉式商场遭遇打击时的掩蔽能力，目前国内存在大量不同形式的地下空间类型尚待研究分析。笔者抛砖引玉，为地下空间及防护工程专业的科研工作者提供创新思路和视角，"以存量挖增量"，弥补现存人防工程的配建不足，战略意义重大，充分体现了邓小平同志"平战结合才靠得住"的建设理念。

参考文献

[1] 方秦，柳锦春. 地下防护结构 [M]. 北京：中国水利水电出版社，2010.
[2] 张守中. 爆炸基本原理 [M]. 北京：国防工业出版社，1988.

战时有人员停留人防工程洗消技术研究

陈力新

(上海结建规划建筑设计有限公司，上海 200333)

摘 要 战时有人员停留需求的人防工程，在人员进入工事之前，需要对自身和装具进行消毒。本文详细分析了战时有人员停留需求的二等人员掩蔽所、电站控制室等人防工程的核生化武器作用效应、战时染毒人员洗消流程等，对《人民防空地下室设计规范》(GB 50038—2005) 规定的洗消设计技术要求进行了优化和补充。

关键词 人防工程；染毒；洗消间；防毒通道；清洁区；放射性沾染；核生化武器；洗消程序

1 引言

人防工程是为战时防空服务的，通常战时有人员停留需求的人防工程，在人员从工事外染毒区进入室内清洁区清洁之前，需要对自身和装具进行消毒，彻底消除有害物，防止污染物被带入清洁区。《人民防空地下室设计规范》(GB 50038—2005)（以下简称《规范》）规定医疗救护工程、专业队队员掩蔽、一等人员掩蔽所、生产车间和食品站等防毒要求较高的工程，应设置洗消间；二等人员掩蔽所与电站控制室等防毒要求较低的工程，可采取设置简易洗消间或是在防毒通道内设置简易洗消区的方式。《规范》第 3.3.24 条认为简易洗消宜与防毒通道合并设置，带简易洗消的防毒通道由人行道和简易洗消区两部分组成[①]。人行道的净宽不宜小于 1.3 m；简易洗消区的面积不宜小于 2.0 m²，且其宽度不宜小于 0.6 m。当带简易洗消的防毒通道不能满足所规定的换气次数要求时，可单独设置简易洗消间。

《规范》认为，平战结合的二等人员掩蔽所与电站控制室等人防工程，防毒要求可以降低。简易洗消间和与防毒通道合并设置简易洗消区的做法相比，更符合这类工程战时简易洗消的作业流程，而且设计简单，施工方便，建设成本较低。但是从战时防化角度来说，这种做法却有诸多不足之处。人员掩蔽工程防护单元最大面积为 2 000 m²，可以掩蔽 1 400 人左右的留城人口。战时工事外部一旦染毒严重，这些非专业的掩蔽人员，出入工事仅靠 2.0 m² 的简易洗消区中所放置的一些简单洗消设施，如桌子、柜子、水桶等，是极难做到既能彻底消除有害物，又可避免交叉感染的。

2 战时染毒人员进入人防工程洗消程序

为了更好地使战时人员从工事外染毒区进入室内清洁区，如何彻底消除有害物质，首先

作者简介：陈力新（1970 年—），男，硕士，高级工程师，主要从事人防防护方面工作或研究。E-mail: chenlixin@jiejianpad.com。

①见于《人民防空地下室设计规范》(GB 50038—2005)。

应充分了解洗消间、简易洗消区和简易洗消区的洗消程序和要求。

2.1 洗消间

设置洗消间的工程洗消程序主要有以下七步（图1）：
① 进入室外通道，进行工程前的准备。
② 进入第一防毒通道。
③ 进入脱衣室。
④ 进入淋浴室。
⑤ 进入检查穿衣室。
⑥ 进入第二防毒通道。
⑦ 进入室内清洁区。

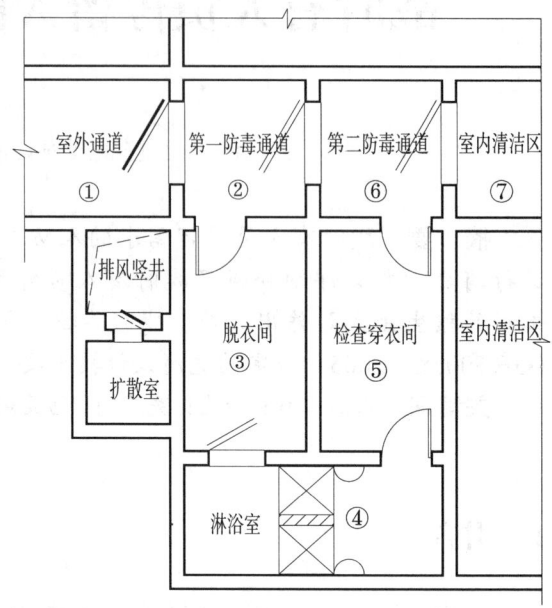

图 1 洗消间的染毒人员洗消程序

2.1.1 进入工程前的准备

在进入工程前，先在最外侧防护密闭门外刮去鞋底携带的染毒泥土，拍打防护服上沾染的浮尘等，以尽可能地减少带入工程内的沾染物。如这些沾染物被带入工事，将会造成非常严重的后果，特别是沙林等毒剂，挥发后可很快导致伤害浓度。

2.1.2 进入第一防毒通道

打开防护密闭门，进入第一防毒通道后迅速关闭防护密闭门，经空气消毒至携带进入的毒氛降至安全浓度后，脱去受沾染的防护服、防护鞋套及防护手套等防护器具，放入塑料袋内装入污染物贮存桶内封存。

2.1.3 进入脱衣室

进入脱衣室，脱下防毒面具[有部分观点认为，沙林蒸汽浓度为 5×10^{-4}（$mg \cdot L^{-1}$）时，2 min 就可使人缩瞳，因此防毒面具必须在淋浴开始后脱下]、衣服和鞋子等，放入塑料袋内装入污染物贮存桶内封存。

2.1.4 进入淋浴室

打开通往淋浴室的密闭门，进入淋浴室后迅速关闭密闭门，然后淋浴冲洗，在染毒区暴露的头发、耳朵、面部、颈部、手和脚等重点部位应重点冲洗。

2.1.5 进入检查穿衣室

冲洗完毕后进入检查穿衣室，先用仪器仪表检测身体表面是否被清洗干净，特别是重点部位，检查合格后穿上清洁的衣服和鞋帽等，不合格则返回淋浴室再次冲洗。值得注意的是，检查穿衣室内还应备足清洁的衣服鞋帽。

2.1.6 进入第二防毒通道

衣物穿戴整齐后,打开检查穿衣室出口,进入第二防毒通道。

2.1.7 进入室内清洁区

打开通往工事内部的钢筋混凝土密闭门,进入室内清洁区,关闭密闭门。

2.2 简易洗消区

设置简易洗消区的工程洗消程序主要有以下三步(图2):
①进入室外通道,进行工程前的准备。
②进入防毒通道洗消。
③进入室内清洁区。

2.2.1 进入工程前的准备

同洗消间洗消步骤①的要求。

2.2.2 进入防毒通道洗消

①进入工程前的准备,进入室外通道;
②进入防毒通道洗消;
③进入室内清洁区。

打开防护密闭门,进入防毒通道的人行通道后迅速关闭防护密闭门,经空气消毒至携带进入的毒氛降至安全浓度后,脱去受沾染的防护服、防护鞋套、防护手套和防毒面具等防护器具,放入塑料袋内装入污染物贮存桶内封存;然后至简易洗消区,用清水和药剂冲洗擦拭在染毒区暴露的面部、耳朵、颈部、手等重点部位;回到靠近清洁区一侧的人行通道,用仪器仪表检测毒剂是否已被清洗干净,不合格则返回简易洗消区再次清洗。

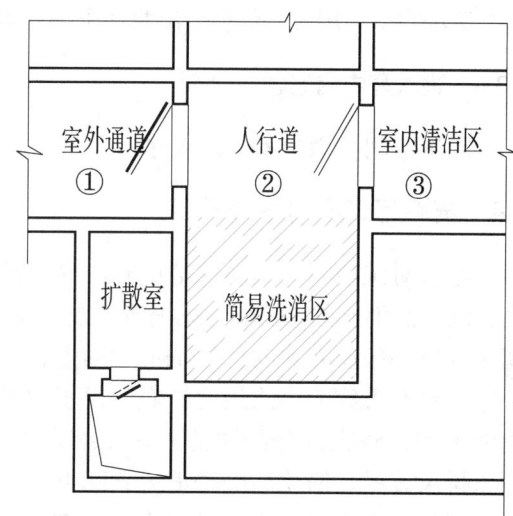

图 2 简易洗消区的染毒人员洗消程序

2.2.3 进入室内清洁区

同洗消间洗消步骤⑦的要求。

2.3 简易洗消间

设置简易洗消间的工程洗消程序主要有以下四步(图3):
①进入室外通道,进行工程前的准备。
②进入防毒通道。
③进入简易洗消间洗消。

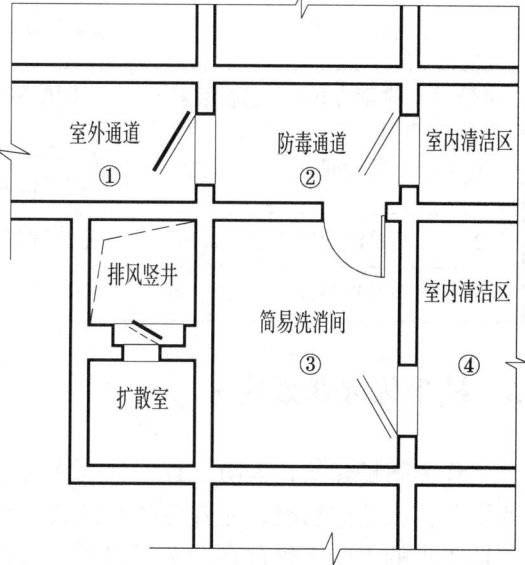

图 3 简易洗消间的染毒人员洗消程序

④进入室内清洁区。

2.3.1 进入工程前的准备

同洗消间洗消步骤①的要求。

2.3.2 进入防毒通道

同洗消间洗消步骤②的要求。

2.3.3 进入简易洗消间洗消

进入简易洗消间，用清水和药剂冲洗擦拭在染毒区暴露的面部、耳朵、颈部和手等重点部位，清洗完毕后用仪器仪表检测身体上沾染的毒剂是否已被彻底消除，不合格则返回再次清洗。

2.3.4 进入室内清洁区

同洗消间洗消步骤⑦的要求。

2.4 洗消方式适用性分析

通过对洗消间、简易洗消区和简易洗消间等三种洗消方式的洗消程序分析，不难得出结论：设置洗消间的工程洗消程序最完整，洗消的各个步骤都在各自的气密房间内进行，在全超压或口部超压方式的空气洗消帮助下，逐级降低身体所携带的各类污染物，直至彻底洗消干净，对有害物的消除最为彻底。设置简易洗消区和简易洗消间的工程，均大幅度简化了洗消的流程，将大部分的洗消程序压缩在1~2个区域内，而且工程采用的空气洗消是全工程超压排风方式。简化后的洗消方式降低了设计和施工的难度，也降低了工程的建造成本，这对于平战结合人防工程建设的推广是有利的，但是这种做法交叉感染的风险非常高，特别是工程气密性较差导致漏风时，无法在防毒通道内形成超压，导致无法将毒剂通过空气洗消降至安全浓度（表1）。

表1 洗消方式适用性分析

序号	洗消方式	洗消程序	排风系统	交叉感染	建造成本	适用环境
1	洗消间	完整	全工程超压、口部局部超压	无交叉感染	较高	外部污染严重
2	简易洗消区	简单	全工程超压	易交叉感染	低	外部污染较轻
3	简易洗消间	较简单	全工程超压	较易交叉感染	较低	外部污染较轻

3 核生化武器效应

作为防护建筑，人防工程特别是战时有人员停留需求的工程，不仅要具有能够抵抗常规武器与核武器的功能，还要有防御核放射性沾染和生化武器的功能。为了更好地解决有人员停留需求的人防工程存在的洗消问题，还有必要了解核武器、生物武器和化学武器的杀伤作用效应，以使找到更合理的洗消措施。

3.1 核武器效应

核武器通常分原子弹和氢弹两大类，原子弹的核反应是铀-235 或钚-239 发生链式裂变反应，氢弹的核反应是氢的同位素氘和氚链式聚变成氦的过程。核武器爆炸时会在瞬间释放出巨大的能量，这些能量主要通过光辐射（热辐射）、空气冲击波、早期核辐射、放射性沾染（剩余核辐射）以及核电磁脉冲等五种效应释放出来。

3.1.1 光辐射（热辐射）

核爆炸时反应区内形成数千万摄氏度的高温，并形成明亮的火球，向外辐射可见光和红外线，持续 1~3 s，光辐射的杀伤破坏作用主要发生在这一时间段。光辐射能造成人体受照面直接烧伤，可燃建筑物着火，引发严重的城市大火。人防工程位于地下，光辐射不构成直接威胁。对于城市大火，地下工程本身也是具有良好的防火功能，只需注意出入口的防火、防堵情况，以及大火引起的热环境所需的内部通风、降温和给氧等要求即可。

3.1.2 空气冲击波

核武器爆炸时，在反应区内可形成高达几百亿个大气压的高压和几千万摄氏度的高温，强烈压缩周围空气，形成向外的冲击波。空中爆炸的核武器，约有 50% 的能量转化为冲击波。冲击波的破坏杀伤作用主要体现在向外扩散的过程中，对暴露在地面的人体或建筑物产生挤压作用，并且作用时间长达零点几秒至一秒以上。空气冲击波对于人员和防护结构是最主要的破坏杀伤因素，但是仅存在于冲击波传播的过程中。

3.1.3 早期核辐射

核爆炸的早期核辐射主要是由爆炸初期十几秒内释放出的 α 射线、β 射线、γ 射线和中子流等组成。其中 α 射线和 β 射线穿透力弱，传播距离近，对工事内的掩蔽人员危害不大；γ 射线和中子等早期核辐射尽管穿透力强，能够引起被照射人员的放射性损伤，但是作用时间最多只有十几秒，对于掩蔽在人防工程内的人员来说，只要防护结构满足规范规定的厚度要求，就不易受到伤害。

3.1.4 放射性沾染（剩余核辐射）

核爆炸产生后，火球及烟云中存在大量的核裂变放射性碎片和未反应的核装料。当火球和烟云上升膨胀过程中，还会吸进土壤等各种粉尘，在中子照射后变成放射性同位素。这些放射性粉尘（核沉降）随风飘散降落，在爆炸点的下风口形成一个被放射性物质污染的地带。此外，早期核辐射的中子在传播过程中，还会造成途经的其他物质产生感生放射性，譬如土壤、建筑物、灰尘等物质在吸收中子后变成放射性同位素。这些物质在衰变的过程中会持续释放出 α 射线和 β 射线，使人员受到伤害，放射性沾染的危害可持续数月之久。

3.1.5 核电磁脉冲

核爆炸会伴随电磁脉冲发射，核电磁脉冲是一种高能量的电磁波，其中近地核爆炸和高空核爆炸的核电磁脉冲影响范围较大。核电磁脉冲能够穿透一定厚度的钢筋混凝土结构，使工程内的电气和电子设备系统损坏；但是对于掩蔽人员，核电磁脉冲不会对其造成危害。

3.2 生物武器效应

生物武器旧称细菌武器，是指利用生物战剂杀伤有生力量和毁坏植物的各种武器和器材的总称。生物战剂一般通过气溶胶、染毒昆虫或其他动物、水源、公共场所的通风系统、食物以及带菌物品等进行传播。国际公认的生物武器主要有细菌类、病毒类、真菌类、毒素类、衣原体类和立克次体类等六大类，约 30 余种。与常规武器相比，生物武器具有传染性强，杀伤范围大，危害时间长，不易被侦察与检测等特点，是所有核生化等大规模杀伤性武器里，面积效应最大的一种。生物武器对于人防工程内的掩蔽人员具有非常大的威胁，一旦被带入人防工程内，就会造成工事内的掩蔽人员被感染而丧失行动能力，甚至死亡。

3.3 化学武器效应

化学武器是指利用化学物质的毒性杀伤有生力量的各种武器和器材。化学毒剂主要有神经性毒剂、糜烂性毒剂、全身中毒性毒剂、窒息性毒剂、刺激性毒剂与失能性毒剂等六类。毒剂一般以蒸汽、气溶胶、液滴和粉末等状态存在，具有流动性大的特点，极易随风或地形扩散传播，造成大范围的空气、地面、水源和物体污染，经呼吸道、皮肤、眼部或消化系统等引起接触人员中毒甚至死亡，产生大面积的杀伤效应。

3.4 核生化武器沾染的杀伤效应

通过对核生化武器杀伤效应的分析，可以得出核武器的放射性沾染、生物武器和化学武器共性的杀伤效应为：毒性强，都是通过皮肤接触或是吸入体内直接作用于人体，导致人员伤亡；都具有高流动性，可以随风远距离扩散污染；都具有无孔不入的特性，容易随着人员的进出而被带入工事内；危害持续时间长，杀伤作用可延续几十天；污染范围广，空气、地面、水源和物体都可能被污染。

4 核生化武器沾染的洗消效能分析

根据核生化武器的杀伤效应，一旦城市内受到上述武器的攻击，任何区域内的人防工程外部都有可能被污染，导致外出执行任务的人员会沾染危险的污染物。大多数核生化的沾染能够穿透衣物并迅速被皮肤吸收，人员回到工事时，不仅要马上脱除受污染的防护装置和衣物并密封处置，且须彻底清洗自己；还要防止受污染的物品和外部受污染的空气随着人防门的开启和人员的进出进入室内清洁区。

4.1 洗消间的洗消效能分析

设置洗消间的战时有人员停留的人防工程，出入口采用了全超压或口部超压方式，在全超压不足的情况下，增设排风设备实现口部超压。染毒人员进入工事需要通过第一防毒通道、脱衣室、淋浴室、检查穿衣室和第二防毒通道等五个"气闸室"（密闭通道），在不同的区域或气密房间内进行污染物清除、防护装备脱除、全身衣物脱除、全身淋浴冲洗、毒剂检查和清洁衣物穿戴等步骤。毒剂经过多次"渗透—稀释—再渗透"的过程，逐级稀释至安全浓度。

由此可见，设置洗消间有人员停留需求的人防工程，洗消效能可满足工事外部核生化武器沾染较严重的工况，适用于大部分战时受核生化武器袭击的人防工程。

4.2 简易洗消区的洗消效能分析

设置简易洗消区的战时有人员停留需求的人防工程，出入口采用全超压方式，取消全身淋浴冲洗这一最重要也是最有效的洗消措施。染毒人员只在防毒通道这一个"气闸室"里完成受污染的防护装备脱除，裸露皮肤的擦拭，毒剂检查等简易措施，毒剂也只有一次"渗透—稀释—再渗透"的稀释过程。

简化后的洗消程序还存在诸多问题：如当工程漏风量过大导致超压不足，或是外部污染严重的情况下，毒剂难以被有效稀释至安全浓度；靠近密闭门一侧地坪属于可直接进入工事清洁区的地坪，与靠近防护密闭门的染毒地坪之间没有分界面，无法避免交叉感染；通道内放置的受污染防护装具和被防护靴污染的地坪，在同一密闭空间内持续释放有毒物质，会二次污染皮肤、鞋子、衣服和头发等暴露部位。

由此可见，设置简易洗消区的是有人员停留需求的人防工程，洗消效能仅满足工事外部核生化武器轻度沾染程度的工况，适用于战时离核生化武器袭击点较远且远离下风口的人防工程。

4.3 简易洗消间的洗消效能分析

设置简易洗消间的战时有人员停留需求的人防工程，出入口采用全超压方式，同样取消了全身淋浴冲洗这一最重要也是最有效的洗消措施。染毒人员进入工事通过防毒通道和简易洗消间这两个"气闸室"，完成受污染的防护装备脱除，裸露皮肤的擦拭，毒剂检查等简易措施，毒剂经历两次"渗透—稀释—再渗透"的稀释过程。

设置简易洗消间的洗消程序同样存在诸多问题：如当工程漏风量过大导致超压不足，或是外部污染严重的情况下，进入室内清洁区的毒剂无法保证被有效稀释至安全浓度；被二次污染的鞋子、衣服、头发等在简易洗消间内仅通过一次空气洗消，无法确保毒物被彻底消除干净。

由此可见，设置简易洗消间的是有人员停留需求的人防工程，洗消效能也仅满足工事外部核生化武器较轻度沾染程度的工况，适用于战时离核生化武器袭击点较远且没有直接处在下风口的人防工程。

5 战时有人员停留人防工程洗消措施

5.1 二等人员掩蔽所、电站控制室洗消措施需求分析

鉴于核武器的放射性沾染、生物武器和化学武器的扩散特性，人防工程外部的染毒程度与距离核生化武器袭击点的远近没有必然关联。即使是距离很远的人防工程，也仍然存在工事外部被严重染毒的可能。目前全国各地大量平战结合修建完成的人防工程，大部分是战时掩蔽留城的普通居民的二等人员掩蔽所，按《规范》要求，采取的洗消措施都是简易洗消间或是结合防毒通道设置的简易洗消区。通过对洗消效能的分析，这类工程均无法彻底消除有害物，也不能防止将污染物带入清洁区。而且留城的普通城市居民，缺少防空专业知识和训练，一旦有需要在外部染毒状态下进出人防工程时，洗消流程和设施不完善的情况下，更易发生交叉染毒的情况。即使不考虑这些掩蔽人员的进出，专业队队员每天还是有进出工程的需求，每天的食品、药品等物资需要由他们送入工事内。因此有必要对仅设置简易洗消区或简易洗消间的二等人员掩蔽所、电站控制室等人防工程增加临战转换的洗消措施，增设一套淋浴洗消设施来保障工事内掩蔽人员的安全。

5.2 设置简易洗消区的人防工程临战转换洗消措施

设置简易洗消区的战时有人员停留需求的人防工程在简易洗消区已经被限定的情况下，可以考虑在工事内清洁区一侧增设脱衣室、淋浴室和检查穿衣室，淋浴室内增设一套淋浴洗消设施（图4）。隔墙材料可采用轻质装配式材料进行临战转换搭建，隔墙板面层采用易清洗的防水板，便于战时冲洗。淋浴间可采用具有防水防漏功能的整体卫浴，安装便捷，临战转换简单快速。增加洗消措施后的洗消程序主要有以下六步：

①进入室外通道，进行工程前的准备。
②进入第二防毒通道。
③进入脱衣室。
④进入淋浴室。
⑤进入检查穿衣室。
⑥进入室内清洁区。

5.2.1 进入工程前的准备

同洗消间洗消步骤①的要求。

5.2.2 进入第一防毒通道

同洗消间洗消步骤②的要求。

5.2.3 进入第二防毒通道兼脱衣室

同洗消间洗消步骤③的要求。

5.2.4 进入淋浴室

同洗消间洗消步骤④的要求。

5.2.5 进入检查穿衣室

同洗消间洗消步骤⑤的要求。

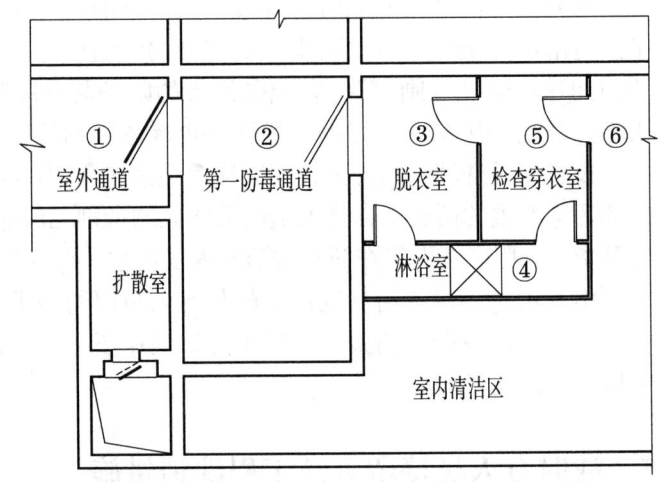

图4 简易洗消区增设洗消设施后的洗消程序

5.2.6 进入室内清洁区

打开通往工事内部的气密门，进入工事内清洁区。

本节六个步骤与洗消间的洗消流程相比，仅省去一个空气洗消流程步骤⑥。染毒人员在不同的区域或气密房间内完成污染物清除、防护装备脱除、全身衣物脱除、全身淋浴冲洗、毒剂检查和清洁衣物穿戴等步骤，毒剂逐级降低至安全浓度。以上洗消措施适用于大部分战时受核生化武器袭击的人防工程，能基本满足工事外部核生化武器沾染较严重的工况。在通风方式上，当工程经检测超压不足时，还需在口部增设超压排风系统，以保障毒剂的有效稀释。

5.3 设置简易洗消间的人防工程临战转换洗消措施

设置简易洗消间的战时有人员停留需求的人防工程，可考虑将简易洗消间分割为脱衣室、淋浴室、检查穿衣室，淋浴室内增设一套淋浴洗消设施（图5）。洗消措施设置与简易洗消区一致。

增加洗消措施后的洗消程序主要有以下六步：

①进入室外通道，进行工程前的准备。
②进入第一防毒通道。
③进入脱衣室。
④进入淋浴室。
⑤进入检查穿衣室。
⑥进入室内清洁区。

以上洗消流程与设置简易洗消区的临战转换措施基本相同。

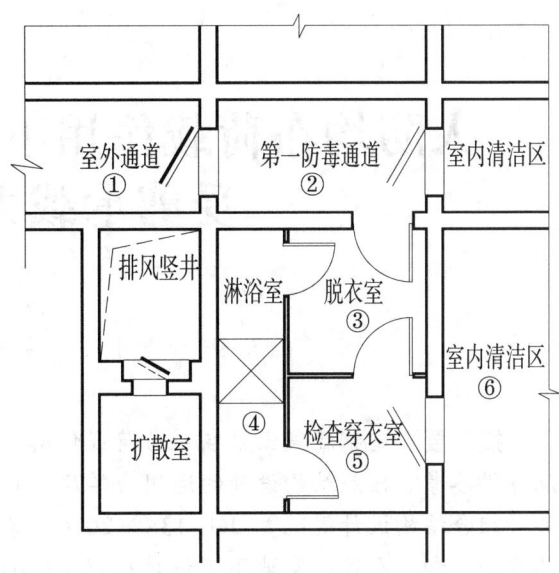

图5 简易洗消间增设洗消设施后的洗消程序

5.4 增设淋浴等临战转换洗消措施后的洗消效能分析

以上六个步骤与洗消间的洗消流程相比，仅省去一个空气洗消流程。染毒人员在不同的区域或气密房间内进行污染物清除，防护装备脱除，全身衣物脱除，全身淋浴冲洗，毒剂检查和清洁衣物穿戴等步骤，毒剂浓度逐级降低，直至彻底洗消干净才可进入工事。在通风方式上，当工程经检测超压不足时，还需在口部增设超压排风系统，以确保被带入工程的毒剂稀释到安全浓度。二等人员掩蔽所、电站控制室的简易洗消设施经过以上临战转换后，洗消效能基本可满足工事外部核生化武器沾染较严重的战时工况。

6 结论

（1）核武器放射性沾染、生物武器和化学武器的传播都有随风飘散的特性，重度染毒区和爆炸点的距离并没有直接关联。

（2）当人防工程外部严重染毒，人员进出战时有人员停留需求的人防工程，必须要经过完整的洗消流程才能彻底消除有害物，以防止污染物被带入工事的清洁区内。

（3）已建设完成的简易洗消间和简易洗消区，具备便捷转换的特点，以及具有较完整洗消功能的条件。

（4）二等人员掩蔽所、电站控制室等战时有人员停留需求的人防工程，提升战时洗消标准，可大幅度提高掩蔽人员的生存概率。战争时期民众的生命安全，既是社会稳定的最有力保障，也是对战争行动的最大支持。

人防均布荷载作用下型钢混凝土梁斜截面受剪承载力计算研究

冯 星

(上海市地下空间设计研究总院有限公司，上海 200125)

摘 要 型钢混凝土梁在人防荷载作用下的截面设计，暂时没有现行的人防工程设计规范可供参考。按照结构设计的通用力学原理和人防工程结构设计等效静荷载的基本方法，参考《组合结构设计规范》(JGJ 138—2016) 等规范给出的型钢混凝土梁在静荷载作用下的计算方法，和《人民防空地下室设计规范》(GB 50038—2005) 等规范给出的人防荷载作用下钢筋混凝土梁的计算方法，提出人防均布荷载作用下型钢混凝土梁斜截面受剪承载力的简化计算公式。采用 ANSYS 数值分析程序，对某型钢混凝土梁构件进行非线性有限元数值分析，得出斜截面受剪承载力的数值模拟结果，并与提出的简化计算公式结果相比较，吻合度较好。

关键词 型钢混凝土梁；人防荷载；集中荷载；受剪承载力；数值模拟

1 引言

型钢混型钢混凝土梁具有承载力大、刚度大、延性好、防火和防腐蚀性能好等优良特性，能更好地满足人防工程的设计需求，具有广泛的应用前景。

但现行的人防工程设计规范中，对型钢混凝土梁在人防荷载作用下，无如何设计截面的相应条文及规定。而正截面受弯承载力[1, 2]和斜截面受剪承载力的正确计算，又是型钢混凝土梁截面科学设计的重要前提。

本文按照结构设计的通用力学原理和人防工程结构设计等效静荷载的基本方法，参考《组合结构设计规范》(JGJ 138—2016)[3]给出的型钢混凝土梁在静荷载作用下的计算方法，和《人民防空地下室设计规范》(GB 50038—2005) 等人防规范给出的人防荷载作用下钢筋混凝土梁的计算方法，提出在人防均布荷载作用下，型钢混凝土梁斜截面受剪承载力的简化计算公式。采用 ANSYS 数值分析程序，对某型钢混凝土梁构件进行非线性有限元数值分析。并将 ANSYS 分析结果与提出的简化计算公式结果相比较，以论证公式的可行性。

作者简介：冯 星 (1973 年—)，男，硕士研究生，高级工程师，主要从事结构工程、人防工程方面的工作和研究。
E-mail: fengxing@suadi.com.cn。

2 相关已有成果介绍

2.1 静载作用下型钢混凝土梁受剪承载力计算

静载作用下，型钢混凝土梁斜截面破坏形态主要有三种类型：斜压破坏、剪压破坏和剪切黏结破坏。斜压破坏由截面控制条件来保证，剪压破坏由受剪承载力计算来保证，因型钢与混凝土界面黏结不足导致的剪切黏结破坏由配置箍筋和栓钉来保证[3-5]。

现行的受剪承载力计算方法，是在试验研究的基础上，分别考虑型钢和钢筋混凝土两部分的承载力。型钢部分受剪承载力主要是由型钢腹板所贡献的受剪承载力，并在计算时，近似假定型钢腹板全截面处于纯剪状态。

《组合结构设计规范》（JGJ 138—2016）规定，静载作用下，型钢混凝土梁斜截面受剪承载力计算见式（1）：

$$V_b \leqslant 0.8 f_t b h_0 + f_{yv} \frac{A_{sv}}{s} h_0 + 0.58 f_a t_w h_w \tag{1}$$

式中 V_b——梁剪力设计值，N；
f_t——混凝土抗拉强度设计值，N/mm^2；
b——梁截面宽度，mm；
h_0——梁截面有效高度，mm；
f_{yv}——箍筋抗拉强度设计值，N/mm^2；
A_{sv}——配置在同一截面内箍筋各肢的全部截面面积，mm^2；
s——沿构件长度方向上箍筋的间距，mm；
f_a——型钢抗拉强度设计值，N/mm^2；
t_w——型钢腹板厚度，mm；
h_w——型钢腹板高度，mm。

《钢骨混凝土结构技术规程》（YB 9082—2006）[6]规定，钢骨混凝土梁的斜截面受剪承载力计算见式（2）：

$$V_b \leqslant V_{by}^{ss} + V_{bu}^{rc} \tag{2}$$

式中 V_{by}^{ss}——梁中钢骨部分的受剪承载力，N；
V_{bu}^{rc}——梁中钢筋混凝土部分的受剪承载力，N。

梁中钢骨部分的受剪承载力，按式（3）计算：

$$V_{by}^{ss} \leqslant t_w h_w f_{ssv} \tag{3}$$

式中，f_{ssv}为钢骨腹板抗剪强度设计值，N/mm^2。

2.2 人防荷载作用下混凝土梁受剪承载力计算

《人民防空地下室设计规范》（GB 50038—2005）规定，钢筋混凝土梁斜截面受剪承载力计算如式（4）和式（5）表示：

$$\psi_1 = 1 - (l/h_0 - 8)/15 \tag{4}$$

$$V \leqslant 0.7\psi_1 f_{td}bh_0 + 1.25 f_{yd}\frac{A_{sv}}{s}h_0 \tag{5}$$

式中　ψ_1——梁跨高比影响系数；
　　　f_{yd}——箍筋抗拉动力强度设计值，N/mm²；
　　　V——梁斜截面上的最大剪力设计值，N；
　　　f_{td}——混凝土轴心抗拉动力强度设计值，N/mm²；
　　　l——梁的计算跨度，mm，当 $l/h_0 \leqslant 8$ 时，取 $\psi_1 = 1$；
　　　当 $l/h_0 > 8$ 时，ψ_1 按（4）计算确定，当 $\psi_1 < 0.6$ 时，取 $\psi_1 = 0.6$。

2.3 人防荷载作用下型钢混凝土梁受剪承载力计算难点

静载下抗剪强度计算在钢筋混凝土构件的各种工作状态中是最为复杂的，而人防爆炸动载作用下的抗剪计算比静载下更复杂。研究混凝土构件在承受瞬间爆炸压力下的力学性能，可以通过：构件在拉、压、弯状态下的静载材料强度基础上，引入快速变形下的材料性能提高比值，来近似模拟人防爆炸动载下构件的相应力学性能。但此方法对构件抗剪性能分析则不适用，这是因为构件抗剪承载力计算公式是经验公式，构件抗剪强度中混凝土的贡献必须直接从构件的抗剪试验中获得[7, 8]。

基于钢筋混凝土梁在人防荷载作用下受剪承载力计算复杂性，因此对型钢混凝土梁开展受剪承载力研究则更困难。其问题的难点在于，型钢混凝土梁是由钢筋混凝土和型钢两部分组合而成的结构构件，仅仅参考已有的钢筋混凝土或型钢的单一部分力学性能研究相关成果，是否合理合适，最终还是需要通过型钢混凝土梁构件的相应试验来验证。

3　人防均布荷载作用下型钢混凝土梁斜截面受剪承载力简化计算公式

3.1　原理和依据

《混凝土结构设计规范》（2015 年版）（GB 50010—2010）[9] 第 5.1.4 条指出：结构分析应符合下列要求：
（1）满足力学平衡条件。
（2）在不同程度上符合变形协调条件，包括节点和边界的约束。
（3）采用合理的材料本构关系或构件单元的受力-变形关系。

力学平衡是必须满足的首要条件，这是结构设计的通用力学原理。由于人防工程所抵御的爆炸荷载的特殊性，以及人防工程设计通常采用等效静荷载方法（一种近似计算方法），人防工程结构设计通常对变形的协调和本构关系的符合性要求不高。

因此，型钢混凝土梁的斜截面受剪承载力计算可简化地将钢筋混凝土部分和型钢部分的承载力叠加而成。

钢筋混凝土部分的抗剪承载力计算，按《人民防空地下室设计规范》（GB 50038—2015）采用。计算公式中的混凝土动力强度设计值应乘以折减系数 0.8。对于发生剪切破坏的梁，其跨高比通常较小，跨高比修正系数取 $\psi_1 = 1$。箍筋部分的抗剪承载力，参考其他相关人防设计规范，系数取 0.95，相对保守。型钢部分的抗剪承载力，参考《组合结构设计规范》（JGJ 138—2016）。

3.2 简化计算公式

在人防均布荷载作用下,型钢混凝土梁斜截面受剪承载力简化计算见式(6):

$$V \leqslant 0.56 f_{td}bh_0 + 0.95 f_{yd}\frac{A_{sv}}{s}h_0 + 0.58 f_{ad}t_w h_w \tag{6}$$

式中,f_{ad} 为型钢抗拉动力强度设计值,N/mm²。

3.3 受剪截面要求

参考《组合结构设计规范》(JGJ 138—2016),均布人防荷载作用下的型钢混凝土梁斜截面受剪截面的相关公式见式(7)—式(10),其具体要求如下:

(1) 一般框架梁:

$$V \leqslant 0.45 \beta_c f_{cd}bh_0 \tag{7}$$

$$\frac{f_{ad}t_w h_w}{\beta_c f_{cd}bh_0} \geqslant 0.10 \tag{8}$$

式中 β_c——混凝土强度影响系数;
f_{cd}——混凝土轴向抗压动力强度设计值,N/mm²。

(2) 转换梁:

$$V \leqslant 0.4 \beta_c f_{cd}bh_0 \tag{9}$$

$$\frac{f_{ad}t_w h_w}{\beta_c f_{cd}bh_0} \geqslant 0.10 \tag{10}$$

4 计算实例

某型钢混凝土梁(图1),宽 0.3 m,高 0.6 m,混凝土等级为 C35,钢筋等级为 HRB400,型钢型号为 H400 mm × 150 mm × 6 mm × 8 mm,型钢钢材牌号为 Q345。

在人防均布荷载作用下,按式(6)计算,该梁的斜截面受剪承载力值为 986 kN,其中:混凝土部分为 209 kN,箍筋部分为 218 kN,型钢部分为 559 kN。

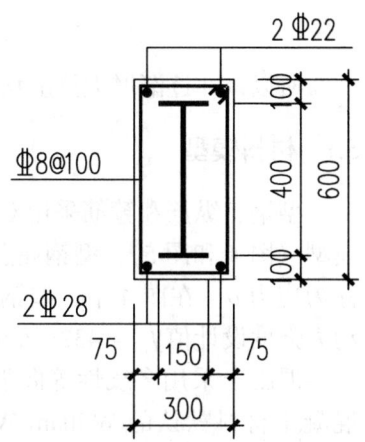

图 1 某型钢混凝土梁断面图
(单位:mm)

5 ANSYS 数值模拟分析

对图 1 所示的型钢混凝土梁,按图 2 和图 3 的方式在 ANSYS 程序中进行数值模拟加载,对其斜截面抗剪承载力进行分析研究。

该梁正截面受弯承载力值为 681 kN·m,相应的外加极限均布荷载:

$$q_m = \frac{8M}{l^2} = 1\ 362 \text{ kN/m}$$

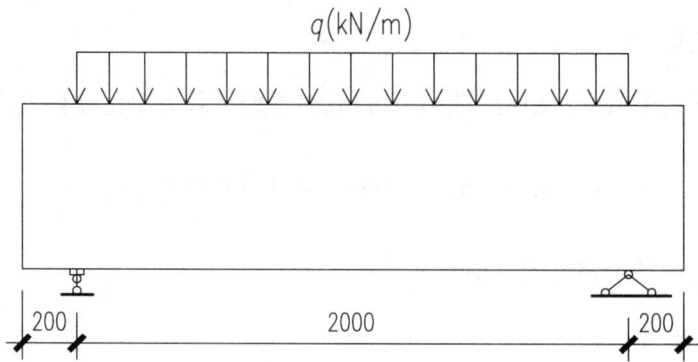

图 2　梁构件均布加载示意图（单位：mm）

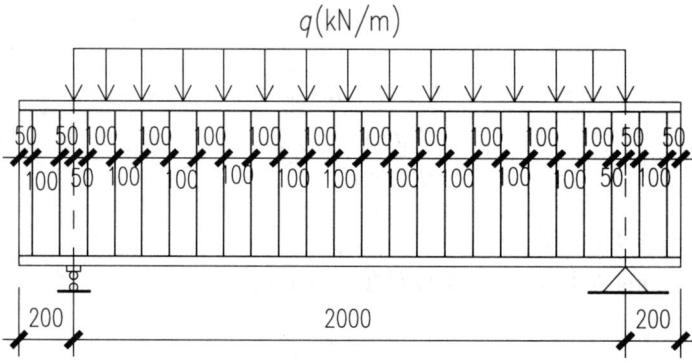

图 3　梁钢筋分布示意图（单位：mm）

该梁斜截面受剪承载力值为 986 kN，相应的外加极限均布荷载：

$$q_v = \frac{2V}{l} = 986 \text{ kN/m}$$

所以，在逐渐增大梁上均布荷载 q 的过程中，该构件先发生剪切破坏。

5.1　材料模型

型钢、纵筋和箍筋采用双线性等向强化模型（BISO），单轴应力应变关系为理想弹塑性模型（图 4 和图 5），型钢屈服准则为 Mises 准则。在图 4、图 5 中，横坐标为应变 ε，纵坐标为应力 σ。在图 4 中，型钢抗拉动力强度设计值 f_{ad} = 418.5 N/mm^2。在图 5 中，钢筋抗拉动力强度设计值 f_{yd} = 432 N/mm^2。

混凝土采用多线性等向强化模型（MISO）如图 6 所示，破坏准则采用 ANSYS 程序中混凝土材料默认的 William-Warnker 五参数破坏准则。在图 6 中，混凝土的轴向抗压强度设计值 f_{cd} = 25.05 N/mm^2。图 7 为在 ANSYS 程序中，混凝土的轴向抗拉强度设计值设置为 f_{td} = 2.355 N/mm^2。

5.2　单元类型

混凝土采用 Solid65 单元。为了便于正常收敛，不考虑形函数附加项，考虑拉应力释放，关闭 Solid65 单元的压碎功能（将混凝土单轴受压强度设为 −1）。

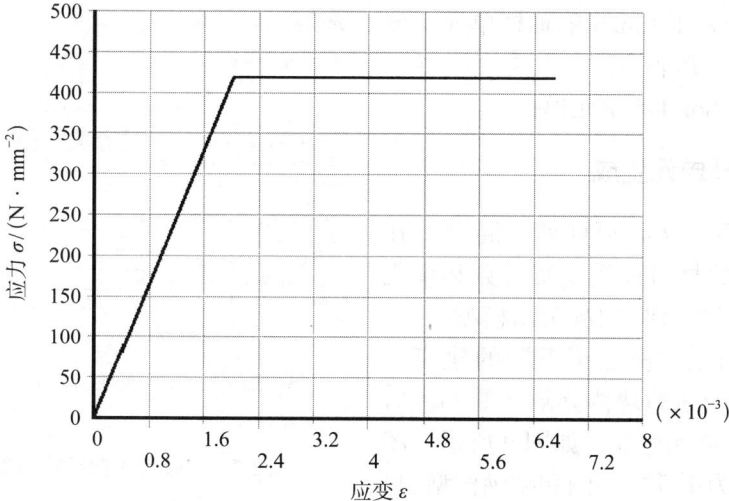

图 4 型钢应力应变曲线 BISO 模型

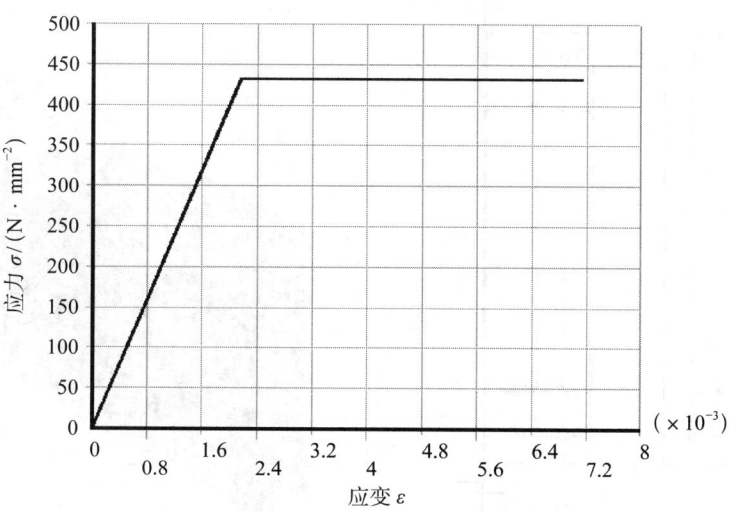

图 5 钢筋应力应变曲线 BISO 模型

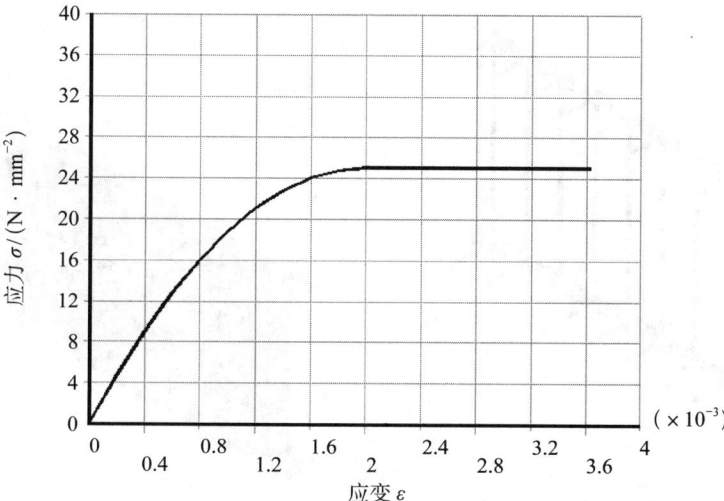

图 6 混凝土应力应变曲线 MISO 模型

纵筋和箍筋采用 Link8 单轴杆单元，该单元只能承受拉、压轴力。

型钢则采用 Solid45 单元模拟。

5.3 网格划分及单元生成

在确定型钢、纵筋和箍筋、混凝土在 ANSYS 程序中的材料性质、实常数和单元类型后，利用对称性建立 1/4 分析模型。

几何建模采用"由上至下"的建模方法，通过布尔运算进行块体分割（图8）。后进行网格划分、单元生成，如图9所示。图10和图11分别为钢筋模型图和型钢模型图。

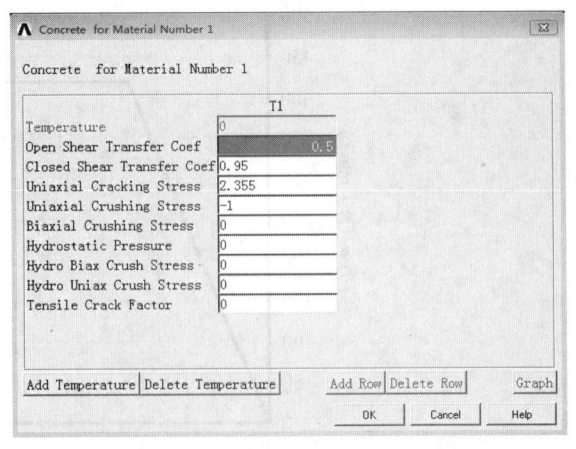

图 7　混凝土轴向抗拉强度设计值设置

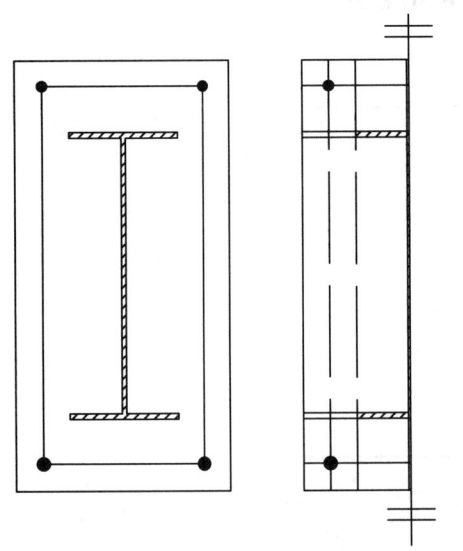

图 8　块体分割示意图

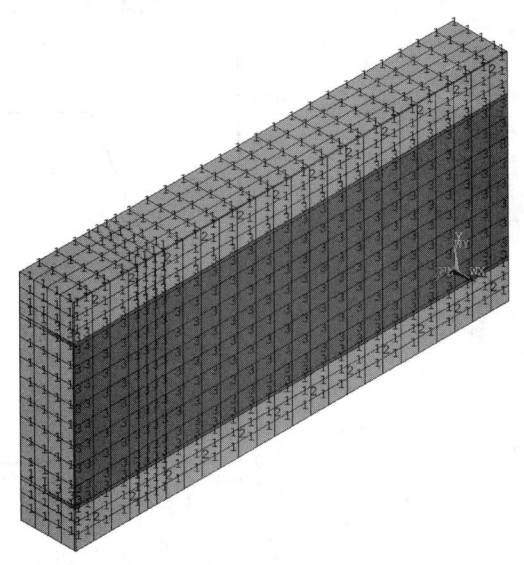

图 9　型钢混凝土梁分析模型

图 10　钢筋模型图

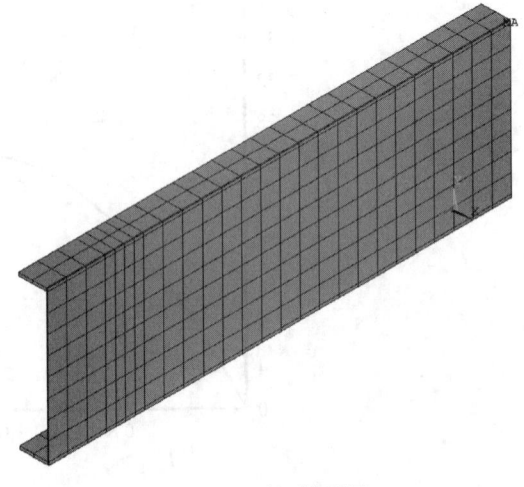

图 11　型钢模型图

5.4 支座约束和加载求解

如图 12 所示，在对称截面处施加对称约束。对于支座处，为避免支座集中反力导致的局部应力集中，影响分析结果的可靠性，以竖向局部面约束代替竖向线约束。

5.5 计算结果

经过多次试算和非线性迭代求解收敛，跨中挠度 y 与外加荷载 q 的相关曲线关系，如图 13 所示。图 13 中，横坐标为跨中挠度，最大值 y_{max} 约为 3.6 mm；纵坐标为外加荷载，最大值 q_{max} 约为 1 000 kN/m。根据式（12），梁相应的斜截面受剪承载力值亦约为 1 000 kN。

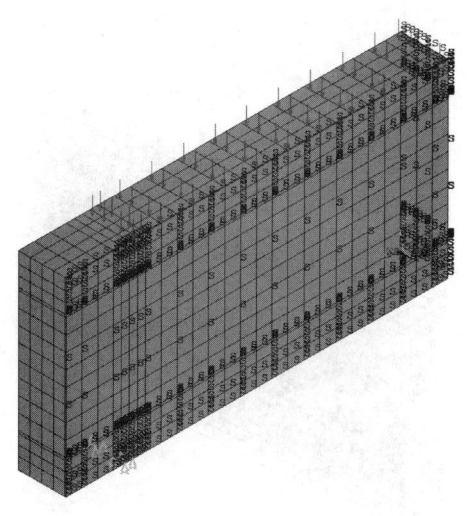

图 12　约束及加载图

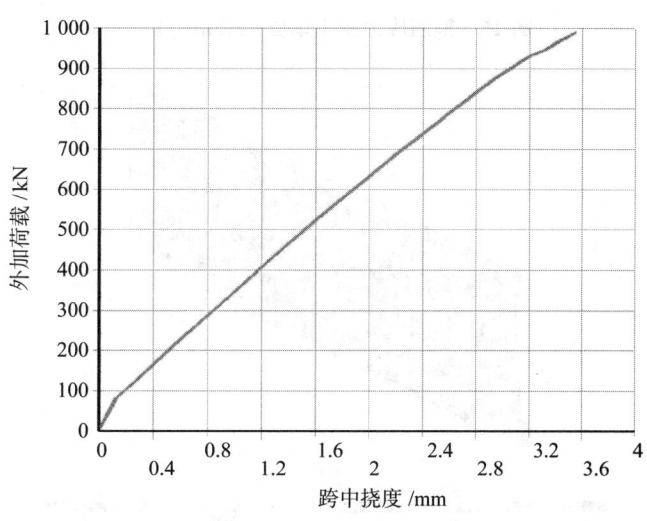

图 13　跨中挠度与外加荷载相关曲线图

图 14—图 18，为在极限荷载作用下，梁的整体变形图、钢筋应力图、箍筋应力图、型钢横截面剪应力图和混凝土裂缝分布示意图。图 15 表示梁下皮纵筋最大拉应力为 377.6 N/mm²，

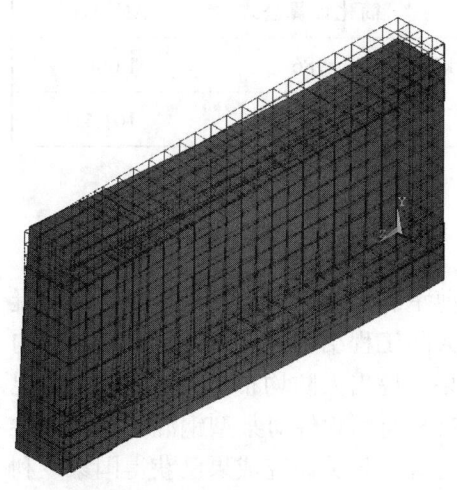

图 14　梁整体变形图（单位：mm）

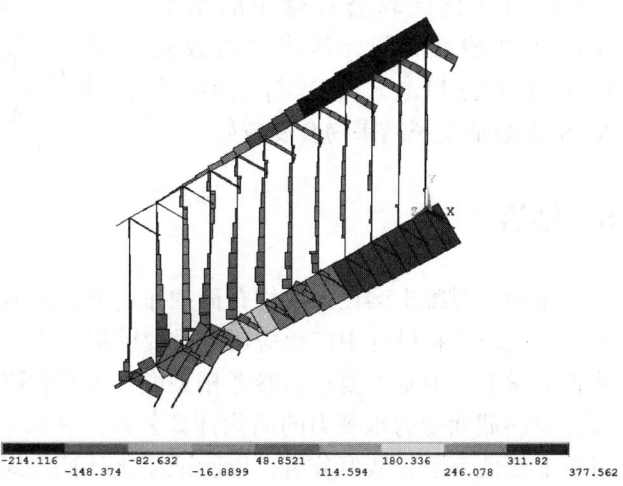

图 15　钢筋应力图（单位：N/mm²）

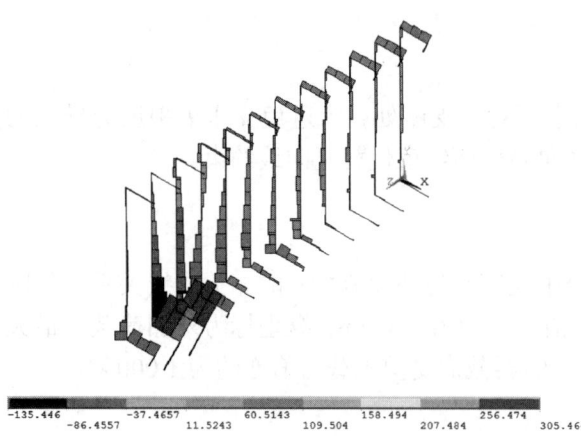

图 16 箍筋应力图（单位：N/mm²）

上皮纵筋最大压应力为 214.1 N/mm²，均小于屈服极限应力 432 N/mm²，未屈服。分析图 15 和图 16 可知，由于左侧支座对梁向上的较大局部有压应力作用，对于靠近支座处的箍筋下皮水平部分，拉应力最大，约为 305.5 N/mm²，未屈服。梁箍筋竖向部分最大拉应力约为 109.5 N/mm²，未屈服。图 17，型钢横截面剪应力最大值约为 7.8 N/mm²，小于型钢抗剪强度设计值 $f_{ad}/\sqrt{3} = 241.6$ N/mm²。

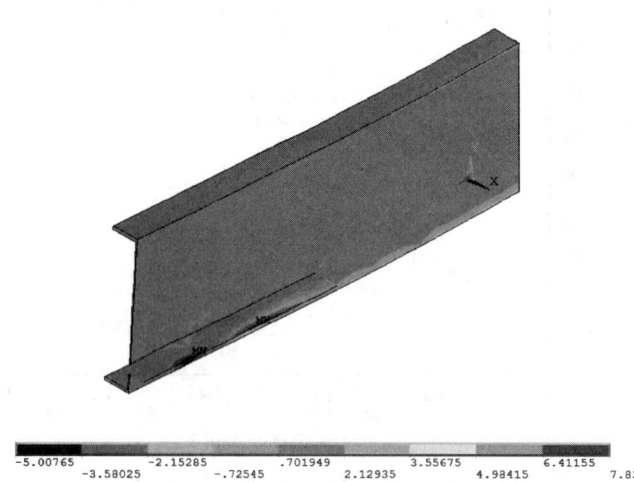

图 17 型钢横截面剪应力图（单位：N/mm²）

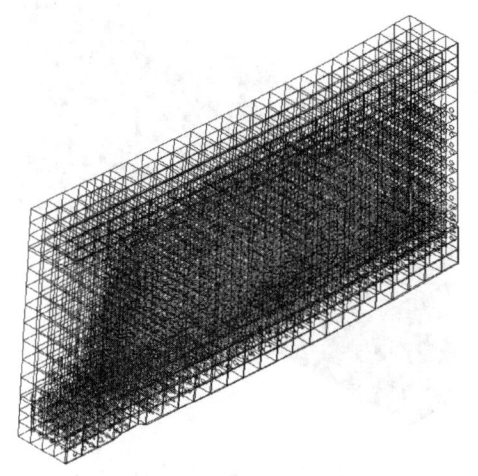

图 18 混凝土裂缝分布示意图

5.6 数据分析

将由简化计算公式得出的结果和 ANSYS 非线性有限元迭代收敛数据对比可知（表1），式（6）计算结果与 ANSYS 数值模拟结果吻合度较好。

表 1 计算结果对比

计算方法	简化计算公式	ANSYS
受剪承载力 / kN	986	1 000
偏差 /%	100	101.4

6 结语

本型钢混凝土梁在人防均布荷载作用下，斜截面受剪承载力的正确计算是推广型钢混凝土梁在人防工程设计中广泛应用的重要前提。本文基于人防工程结构设计的特点，满足结构构件力学平衡的基本要求，参考相关设计规范和研究成果，提出人防均布荷载作用下型钢混凝土梁斜截面受剪承载力的简化计算公式，并采用 ANSYS 通用软件对某型钢混凝土梁构件进行非线性有限元数值分析，以验证简化计算公式的可行性。相关研究成果已获得国家专利授权，并在工程实践中得到应用。

参考文献

[1] 冯星. 型钢混凝土梁在人防工程设计中的应用研究 [J]. 建筑结构, 2018 (s1): 513-518.
[2] 冯星. 某附建式人防工程新技术应用研究 [J]. 生命与灾害, 2018 (235): 122-126.
[3] 中华人民共和国住房和城乡建设部. 组合结构设计规范: JGJ 138—2016[S]. 北京: 中国建筑工业出版社, 2016.
[4] 陈世鸣. 钢－混凝土组合结构 [M]. 北京: 中国建筑工业出版社, 2013.
[5] 薛建阳. 钢与混凝土组合结构 [M]. 武汉: 华中科技大学出版社, 2007.
[6] 冶金工业信息标准研究院. 钢骨混凝土结构技术规程: YB 9082—2006[S]. 北京: 冶金工业出版社, 2006.
[7] 陈肇元. 爆炸荷载下的混凝土结构性能与设计 [M]. 北京: 中国建筑工业出版社, 2015.
[8] 钱七虎, 王明洋. 高等防护结构计算理论 [M]. 南京: 江苏科学技术出版社, 2009.
[9] 中华人民共和国住房和城乡建设部. 混凝土结构设计规范（2015 年版）: GB 50010—2010[S]. 北京: 中国建筑工业出版社, 2016.

冷冻暗挖地铁车站结构技术浅析

文丽琴

(上海市地下空间设计研究总院有限公司，上海 200125)

摘 要 为解决交叉车站换乘节点段施工过程中易出现顶部管线难以迁移改排和二次回迁的问题，依托上海轨道交通 18 号线江浦路站与上海轨道交通 8 号线换乘段两侧建设中采用的冻结暗挖法施工为例，介绍和分析了依据冻结施工工艺要求，冷冻暗挖地铁换乘车站结构中的冻结施工工作井、冻结暗挖区，以及冻结暗挖区与换乘车站结构连接等方面的关键技术，为以后城市中心区域轨道交通建设提供参考借鉴。

关键词 冷冻暗挖；换乘车站；冻结施工工作井；冻结暗挖区；技术要点

1 引言

目前城市交通拥堵问题日益严重，地铁建设正加速发展，伴随着线路立体交叉规划的增多，换乘车站的数量也不断增加。换乘站作为衔接两条甚至多条线路的节点，换乘段一般设置在十字路口的交通要道处，其具有乘客流量大，交通环境复杂，管线错综复杂，管线迁改对周边环境、道路交通、车站运营及居民出行效率影响大等特点，这就对集散功能提出了更高的要求，明挖的施工方法对周边环境及交通影响较大，采用冷冻暗挖法可以解决换乘车站顶部管线难以迁移改排和二次回迁的问题[1]，避免对周边地块日常运营和市政道路交通造成不利影响，有效避免了很多社会和民生问题。

冷冻暗挖法目前主要应用于地铁区间隧道的连通道和车站小断面暗挖施工[2]，开挖断面较小，冻结壁体量较小。本文通过对某双层全断面冷冻暗挖换乘车站的结构设计思路和施工流程的论述分析，以期对同条件下的地铁车站设计与施工有所借鉴。

2 工程概况

上海轨道交通 18 号线江浦路与已建成通车的上海轨道交通 8 号线江浦路站形成"十"字换乘地段，其为地下二层岛式站台车站，站台中心顶板覆土约 2.53 m，底板埋深约 15.14 m，上海轨道交通 8 号线江浦路站为地下三层岛式站台车站。鉴于江浦路等主干交通要道的管线错综复杂、迁移费用大、时间长、协调难度大、周边环境影响控制要求高、且靠近上海轨道交通 8 号线换乘段顶板覆土浅等原因，综合对比了管线翻迁、架空管线桥等多种方案，最终对上海轨道交通 18 号线江浦路车站靠近上海轨道交通 8 号线换乘段两侧主体结构

作者简介：文丽琴（1985 年—），女，本科，工程师，主要从事人防、地铁及地下工程的结构设计。E-mail: wenliqin@suadi.com.cn。

采用"MJS 加固 + 全断面注浆 + 管棚 + 冻结法"进行土体加固，结合矿山暗挖法进行施工。

江浦路站开挖断面大，跨度长，采取分块分段暗挖，冷冻暗挖段分南、北两段工作区域，二者独立施工，南端长度约 15.9 m，北端长度约 10.1 m，每段区域分成 6 个区域分区进行台阶式开挖，每个暗挖段开挖断面最大为 23.7 m × 12.92 m，体积是常规隧道连通道的 55 倍之多。为全国地铁首例双层全断面、首次在浅覆土（杂填土）车站进行的整体冻结暗挖施工。本工程车站总平面布置如图 1 所示。

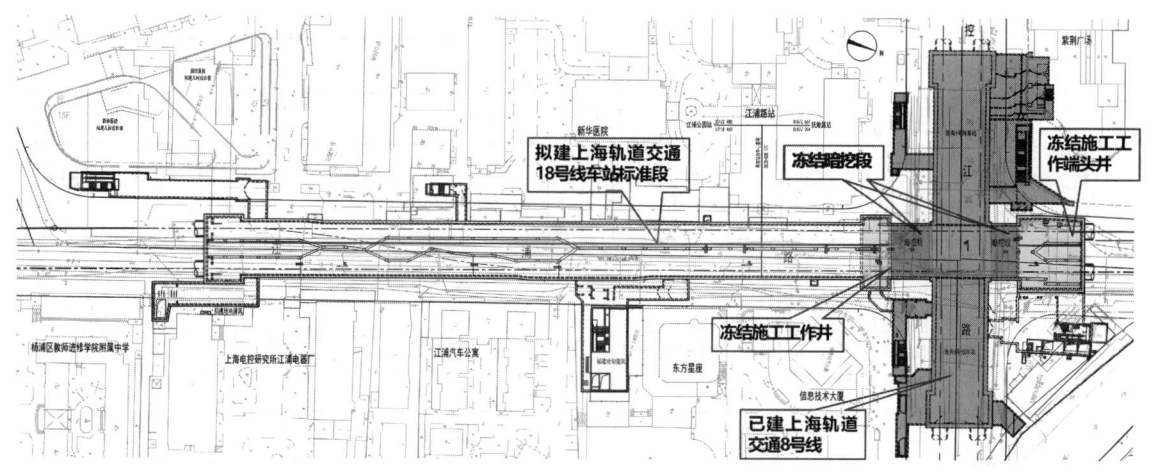

图 1　车站总平面布置图

3　冷冻暗挖车站结构技术要点

为了实现新建车站与已建车站的换乘功能，在已建车站两侧或单侧设置冻结暗挖区和冻结暗挖区单侧设置冻结施工工作井，通过冻结暗挖区连接冻结施工工作井和已建车站，通过冻结施工工作井连接冻结暗挖区和新建车站，初期各连接处设置混凝土传力带，后期完成对接，使新建车站与已建车站连成整体。准备将冻结施工工作井封堵墙和已建换乘车站的地下连续墙凿除时，按照自上而下进行分层凿除。冻结施工工作井和冻结暗挖区对接两侧结构时，按照从下至上依次对接。车站纵剖面见图 2。

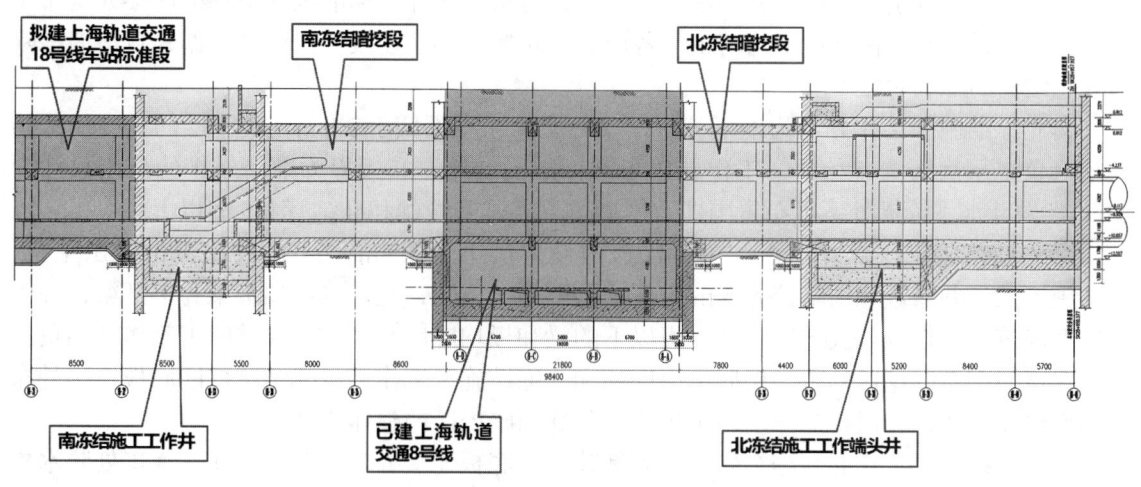

图 2　车站纵剖面图（单位：mm）

本工程冻结暗挖区主体结构施工顺序遵循"纵向分段,竖向分层,从下至上的原则",初期施工南侧冻结暗挖段,单侧施工中的竖向从车站底板开始,内部结构施作采用先下二层后下一层的施工顺序[3]。本工程主体结构暗挖工序复杂,整个过程穿插了不同分部工程的施工。车站冻结暗挖区主体结构施工流程如图3所示。

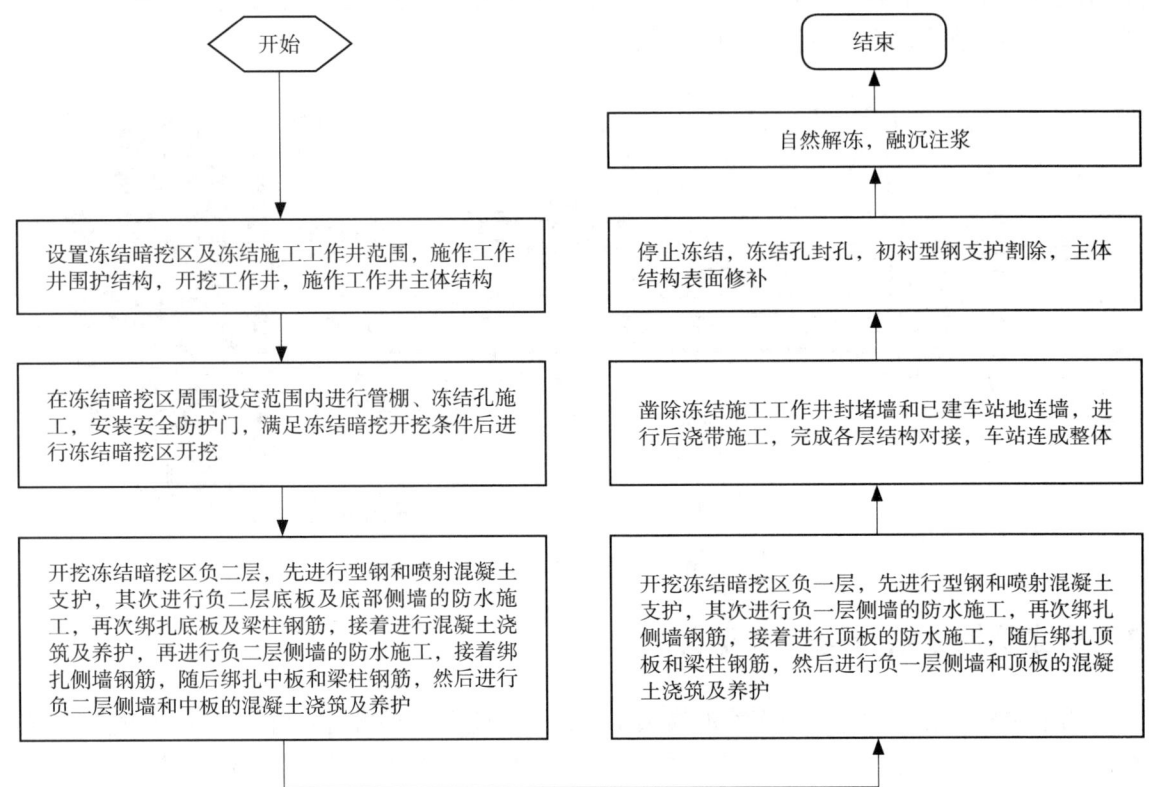

图 3　车站冻结暗挖区主体结构施工流程

3.1　冻结施工工作井技术要点

本工程初期分别施作南北冻结施工工作井,各层工作井与标准段和暗挖区连接处均布设混凝土传力带,并预留好后期与暗挖区各层结构对接的钢筋连接器,保证工作井封堵墙凿除后新老结构的顺利对接。

南北冻结施工工作井均为地下三层,负三层的净高不低于3.0 m,负三层的高度从冻结暗挖区负二层底板为起始端,工作井以车站标准段结构左右边界为准向外扩的最小尺寸为2.0 m,设计水平管棚处不可布置围檩,围檩边界需避开管棚和冻结管0.5 m以上。

南北冻结施工工作井顶板和负一层板内设置最小为3.5 m×6.0 m的施工吊装出土孔,冻结施工工作井靠近冻结暗挖区5 m范围内预留施工空间,此范围内顶板梁为下翻梁,柱子需后期浇筑,工作井内底板以上至中板以下的梁和板均应后期浇筑。冻结施工工作井的负二层板厚度与冻结暗挖区的负二层底板厚度相同,冻结施工工作井与冻结暗挖区底板连接处布设钢筋混凝土暗梁,以提高冻结施工工作井与冻结暗挖区的整体刚度。

南北冻结施工工作井与冻结暗挖区和新建车站底板连接处均设置反牛腿,连接处防水构造采用止水带和遇水膨胀止水胶相结合的方法,并配合预埋注浆管;两侧底板反牛腿钢筋采用植筋植入工作井的地下连续墙内，新旧混凝土结合面充分凿毛并与底板反牛腿同步浇筑混凝土。

3.2 冻结暗挖区结构技术要点

冻结暗挖区与两侧结构底板连接处亦设置反牛腿，连接处防水构造采用止水带和遇水膨胀止水胶相结合的方法，并配合预埋注浆管。两侧底板反牛腿钢筋采用植筋植入连接的地下连续墙内，新旧混凝土结合面充分凿毛并与底板反牛腿同步浇筑混凝土。

冻结暗挖区在冻结之前对开挖面和冻结加固区进行水平MJS改良，以减少冻胀融沉，维持开挖期间掌子面稳定。冻结暗挖区设置测温孔和卸压孔，以监测冻结壁发展状况以及控制内部的冻胀压力[4]。待冻结壁的有效壁厚、平均温度和承载力均达到设计要求时，安全防护门安装完成，满足冻结开挖条件后可进行暗挖区开挖。

本工程冻结暗挖区为地下二层，采用分区域、分台阶开挖的方式，随挖随支初期支护，初期支护内支撑采用HW400 mm×400 mm和HW350 mm×350 mm型钢，每榀支架和下部支架通过螺栓连接，封闭成环。每两榀型钢支架间采用φ22@500 mm的钢筋焊接连接牢固。顶板和侧墙位置的型钢支架间挂φ8@100 mm×100 mm的钢筋网片，喷射混凝土强度等级为C25的混凝土，随挖随喷，每挖出长度5 m即挂网喷射混凝土，喷射混凝土表面同初衬型钢高度平整。底板位置的型钢支架间挂φ16@150 mm×150 mm的钢筋网片，底板每挖出长度5 m即现浇混凝土强度等级为C40的混凝土，混凝土顶面同初衬型钢高度平整。车站冻结暗挖区初衬型钢布置见图4。

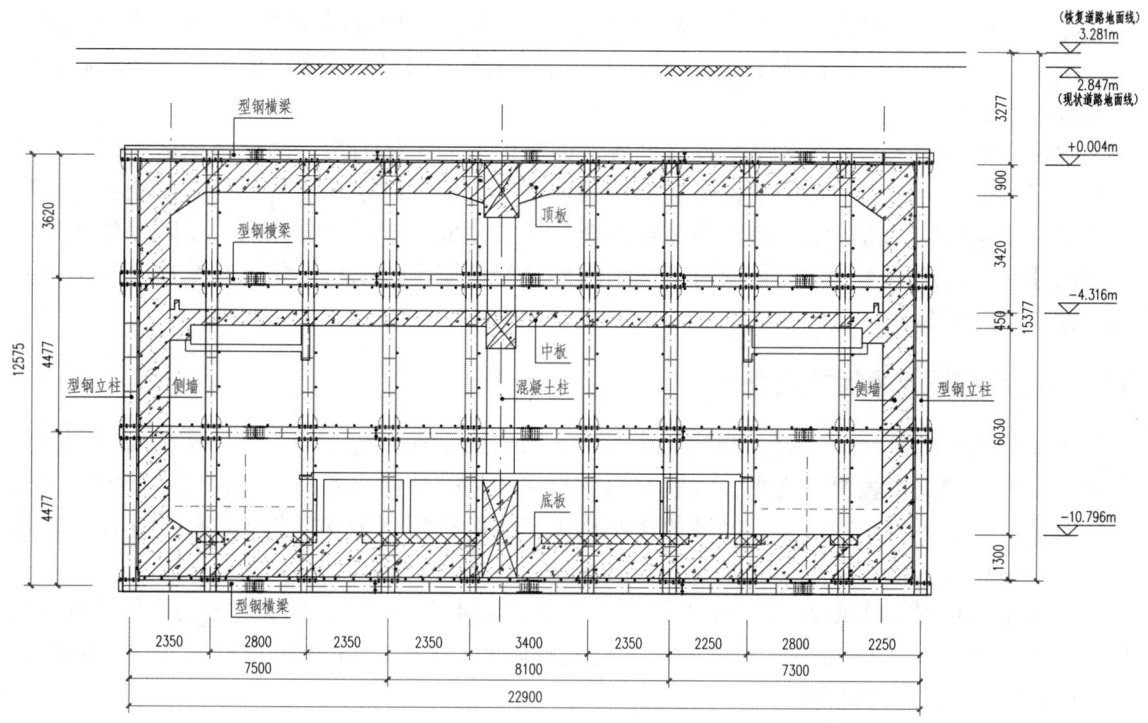

图4 车站冻结暗挖区初衬型钢布置图（单位：mm）

冻结暗挖区各层主体结构在满足型钢支架侧向稳定的前提下，在型钢支架翼缘和腹板面局部开孔，使侧墙、梁、板的钢筋尽量穿过型钢支架，无法穿过型钢支架的钢筋弯折进行满焊，以保证暗挖区结构安全及整体刚度。车站冻结暗挖区底板钢筋布置如图5所示。

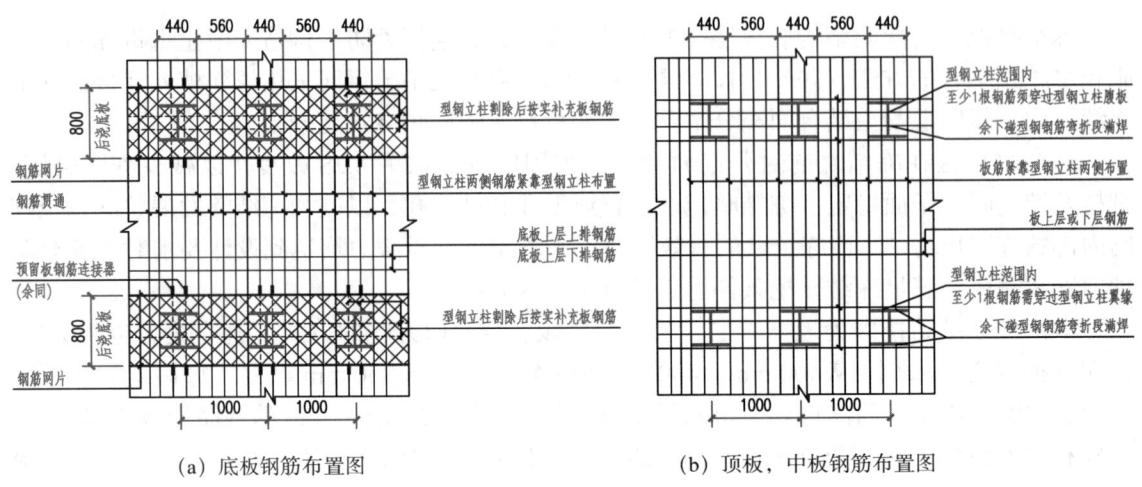

(a) 底板钢筋布置图　　　　(b) 顶板，中板钢筋布置图

图 5　车站冻结暗挖区板钢筋布置图（单位：mm）

冻结暗挖区主体结构采用自密实防水混凝土浇筑，以确保结构质量[5]。冻结暗挖区主体结构全部完成达到设计强度后，停止冻结，冻结孔封孔。随后割除初衬型钢支护，割除表面进行除锈处理，迎水接触的割除表面先涂刷防水涂料，再涂布聚合物水泥防水砂浆。

冻结暗挖区自然解冻开始时即开始融沉注浆，注浆时采用分层注浆，注浆方式为间隔注浆。待冻结壁全部融化，在规定的持续时间内地表沉降量和累计沉降量满足设计要求后，停止融沉补偿注浆。

两侧冻结暗挖区与已建车站与连接处各层亦布设混凝土传力带，冻结暗挖区先期施工时需预留好后期与已建车站各层结构对接的钢筋连接器，保证已建车站的地下连续墙在凿除后顺利对接新老结构。待冻结暗挖区主体结构全部回筑完成达到设计强度后，凿除工作井封堵墙和已建车站的地下连续墙，依次对接冻结暗挖区的各层主体结构，使冻结暗挖区与工作井和已建车站连成整体。

3.3　冻结暗挖区防水技术要点

本工程冻结暗挖区的底板、侧墙及顶板防水层形成全外包防水层，采用预铺反毡卷材全包防水，而型钢支架表面不规则，尖锐突出物较多，易破坏防水卷材，连接节点处的施工处理较麻烦，卷材不易粘贴平整，易造成渗水现象。因此初衬型钢支架与主体结构连接处防水构造宜采用止水钢板、遇水膨胀止水胶与防水涂层相结合。

冻结暗挖区结构的防水层布设于初期支护和二衬混凝土结构之间，防水层采用预铺反粘高分子防水卷材，待初期支护完成后，将卷材防水层粘贴至距离每根型钢支架四周距离100 mm处，并用密封胶密封。

每根型钢立柱的顶部和底部在顶底板内各布设一块止水钢板，同时每根型钢横梁在左右两端侧墙内各布设一块止水钢板，止水钢板的宽度每边突出每根所述型钢支架至少100 mm。止水钢板与型钢支架呈垂直布设，止水钢板与底板底部的竖向间距为底板厚度的1/2，止水钢板与顶板顶部的竖向间距为顶板厚度的 1/2，止水钢板与侧墙的横向间距为侧墙厚度的 1/2，在实际施工时，可根据具体需要进行相应调整。

遇水膨胀止水胶朝向迎水面一侧布设，背向主体结构的混凝土浇筑方向一侧布置，且其环绕每根型钢支架四周粘贴。底板内遇水膨胀止水胶位于止水钢板的下方，顶板内遇水膨胀止水胶位于止水钢板的上方，侧墙内遇水膨胀止水胶位于止水钢板的左侧或右侧。

防水涂层是一层均匀涂刷于每根型钢支架四周的单组份聚氨酯防水涂料形成的涂层，其环绕每根型钢支架兜圈喷涂，防水涂层与型钢支架交接处兜圈粘贴单组份聚氨酯密封胶。防水涂层与暗挖区结构的卷材防水层需进行搭接，搭接宽度为 200~300 mm。

冻结暗挖区底板在初衬型钢立柱处纵向预留宽 800 mm，深 400 mm 的条状槽体后浇筑，以确保底板结构的防水能力及结构质量。待冻结暗挖区主体结构全部完成后，自上而下割除型钢立柱，使之与先浇筑底板的施工缝表面平齐，先对施工缝表面进行凿毛清洗，然后在施工缝表面涂刷一层水泥基渗透结晶型防水涂料[6]，再进行后浇底板内钢筋连接，最后完成底板浇筑。车站冻结暗挖区底板型钢连接节点见图 6。

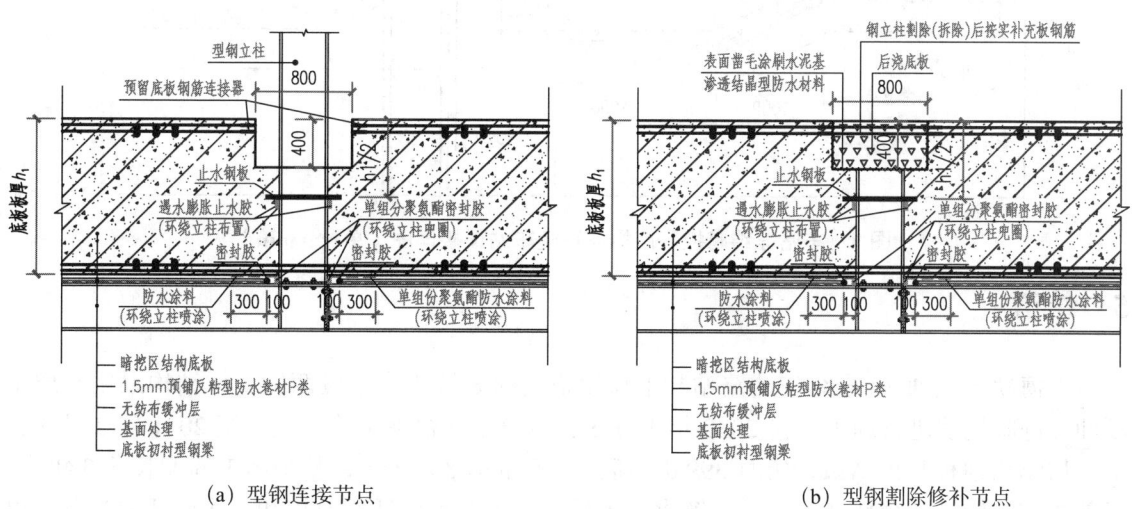

(a) 型钢连接节点　　　　　　　　　　　　(b) 型钢割除修补节点

图 6　车站冻结暗挖区底板型钢连接节点示意（单位：mm）

4　已建车站结构技术要点

已建上海轨道交通 8 号线车站在初期施工车站时，已将后期换乘节点结构施作完成，已预留好后期各层结构对接的钢筋连接器，后期施工过程只需将接口位置结构进行对接即可。在冻结暗挖区结构接入上海轨道交通 8 号线结构前，需检测上海轨道交通 8 号线原预留板钢筋连接器是否完整，冻结暗挖区底板接入上海轨道交通 8 号线下二层板时，凿除上海轨道交通 8 号线地墙时需保留原地墙钢筋，后浇的底板钢筋与上海轨道交通 8 号线下二层内衬墙钢筋满焊并采用单组分聚氨酯膨胀密封胶，冻结暗挖区底板反牛腿钢筋植入上海轨道交通 8 号线地下连续墙内。

待冻结暗挖区主体结构全部完成后，自上而下分层凿除上海轨道交通 8 号线已建车站与上海轨道交通 18 号线冻结暗挖区连接的地下连续墙，凿除地下连续墙前需与运营方协调一致，凿除需分段进行凿除，采用静音切割方式。然后从下至上依次对接冻结暗挖区各层结构，对接冻结暗挖区各层结构前，需检测上海轨道交通 8 号线各层板预留钢筋连接器是否完整，如有损坏，需采用植筋，钢筋植筋技术要求满足规范要求。地下连续墙凿除后各层布设钢筋混凝土梁，上海轨道交通 8 号线已建车站的原各层板筋需锚入连接处新建梁内，以提高上海轨道交通 8 号线已建车站与上海轨道交通 18 号线冻结暗挖区的整体刚度。车站冻结暗挖区底板与已建车站连接详见图 7。

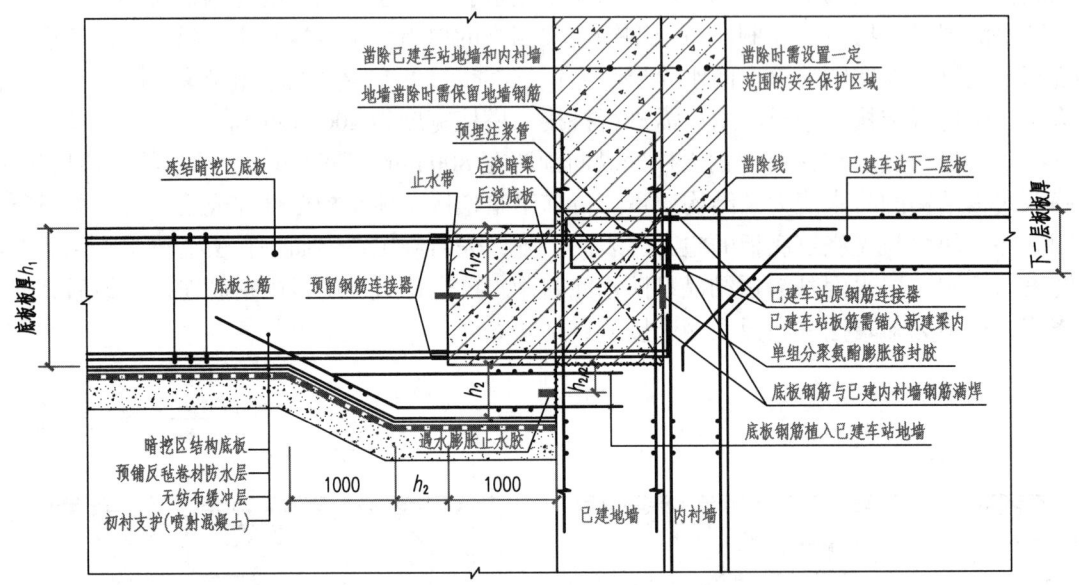

图 7　车站冻结暗挖区底板与已建车站连接详图（单位：mm）

5　结语

上海轨道交通 18 号线江浦路站与上海轨道交通 8 号线换乘段两侧主体结构采用双层全断面冷冻暗挖法进行施工，自 2020 年 1 月 5 日搭设第一根冻结管开始，至 2021 年 2 月 5 日负一层结构顶板封顶结束，历时 399 d，所挖土方量达 8 200 m³，整个施工周期长达 3 年半。目前主体结构已经全部施工完成，解决了车站顶部管线难以迁移改排和二次回迁的难题，也确保了上海轨道交通 8 号线江浦路站的正常运营和江浦路主要交通干路的正常通行。冷冻暗挖法在江浦路站换乘段结构施工中的成功应用可为以后城市中心区域轨道交通建设提供了很好的借鉴参考。

参考文献

[1] 周文.浅谈地铁车站出入口的浅埋暗挖法施工[J].科技创新与生产力，2012（12）：59-62.

[2] 秦一雄，胡向东，尚新民，等.人工冻结技术在上海地下工程中的应用[J].隧道建设，2007，27（z2）：349-353.

[3] 王梦恕.地下工程浅埋暗挖技术通论[M].合肥：安徽教育出版社，2004.

[4] 上海市住房和城乡建设管理委员会.旁通道冻结法技术规程：DG/TJ 08-902—2006[S].上海：同济大学出版社，2006.

[5] 中华人民共和国住房和城乡建设部.地下工程防水技术规范：GB 50108—2008[S].北京：中国计划出版社，2008.

[6] 中华人民共和国住房和城乡建设部.地铁设计规范：GB 50157—2013[S].北京：中国建筑工业出版社，2014.

常规武器爆炸动荷载作用下人防地下室顶板尺寸对等效静荷载标准值的影响

徐 方

(上海结建规划建筑设计有限公司，上海 200333)

摘 要 《人民防空地下室设计规范》(GB 50038—2005)（以下简称《规范》）采用查表法确定人防地下室顶板的等效静荷载标准值时，《规范》中表4.8.2提供的核武器作用下的等效静荷载标准值（q_{e1}）考虑了顶板的尺寸效应（即顶板区格最大短边净跨），查得的 q_{e1} 是一个定值，但对于常规武器作用下的等效静荷载标准值（q_{ce1}），《规范》表4.7.2却未考虑顶板的尺寸效应，且查得的 q_{ce1} 是一个范围值。本文通过在常规武器地面爆炸的作用下，对相同条件不同跨度的人防地下室顶板的等效静荷载标准值进行动力对比计算，来论证常规武器作用下顶板的等效静荷载标准值和顶板的具体尺寸密切相关。

关键词 人防地下室；核武器；常规武器；等效静荷载；尺寸效应；爆炸动荷载；公式法；查表法；冲击波波形；压缩波波形；挠曲型自振圆频率

1 引言

与普通地下室相比，防空地下室结构设计的主要特点是要考虑战时规定武器爆炸动荷载的作用，即要计算常规武器爆炸动荷载和核武器爆炸动荷载，这两种动荷载都是偶然性荷载，具有瞬间量值大，但作用持续时间短且呈不断衰减的特点，为了简化计算同时又满足设计所需的精度，《人民防空地下室设计规范》(GB 50038—2005)（以下简称《规范》）第4.1.5条规定：防空地下室结构在常规武器爆炸动荷载或核武器爆炸动荷载作用下，其动力分析均可采用等效静荷载法[1]。于是，如何把爆炸动荷载转化成与之效应相同的等效静荷载便成了设计之初荷载简化的关键。《规范》也提供了两种方法来求等效静荷载标准值，一种是公式法，另外一种是查表法。

由于查表法更简单明了，所以在工程上运用更为广泛，作为一名从事人防设计的结构工程师，笔者在平时的设计、校对、审核过程中也时时接触和运用查表法。但在使用的过程中发现，同样是人防地下室的顶板，在核武器爆炸动荷载作用下查顶板的等效静荷载标准值 q_{e1} 时，表格提供了"顶板区格最大短边净跨 l_0"的要求，即考虑了顶板的尺寸效应（表1），但在常规武器爆炸动荷载作用下查顶板的等效静荷载标准值 q_{ce1} 时，表格对顶板的尺寸却没

作者简介：徐 方（1976年—），男，硕士，高级工程师，主要从事结构设计方面的工作或研究。E-mail: sullivan_xf@126.com。

[1] 见于《人民防空地下室设计规范》(GB 50038—2005)。

提出要求，也没有相应选项（表2）。于是，造成广大人防结构设计师在使用时，忽略顶板尺寸效应这个因素，仅根据顶板覆土厚度和防常规武器抗力等级这两个指标去选取表2中的顶板等效静荷载标准值。这种做法实际上是有所欠缺、不缜密的。《规范》第4.7.2条虽然也对表2得出的条件做了补充说明，是基于顶板混凝土强度等级C25，按弹塑性工作阶段计算，允许延性比 [β] 取 4.0，顶板四边按固支考虑，板厚对常6级取 200~300 mm，对常5级取 250~400 mm，板短边净跨取 4~5 m 等条件，但也未具体说明顶板尺寸是否对常规武器爆炸动荷载作用下的等效静荷载标准值有何具体影响。为了证明这种影响的存在，笔者在实际工程设计过程中采用结构动力计算的方法对这种影响加以验证。

表1 核武器爆炸动荷载作用下顶板等效静荷载标准值 q_{e1} 单位：kN/m²

顶板覆土厚度 h/m	顶板区格最大短边净跨 l_0/m	防核武器抗力级别				
		6B	6	5	4B	4
$h \leqslant 0.5$	$3.0 \leqslant l_0 \leqslant 9.0$	40（35）	60（55）	120（100）	240	360
$0.5 < h \leqslant 1.0$	$3.0 \leqslant l_0 \leqslant 4.5$	45（40）	70（65）	140（120）	310	460
	$4.5 < l_0 \leqslant 6.0$	45（40）	70（60）	135（115）	285	425
	$6.0 < l_0 \leqslant 7.5$	45（40）	65（60）	130（110）	275	410
	$7.5 < l_0 \leqslant 9.0$	45（40）	65（60）	130（110）	265	400
$1.0 < h \leqslant 1.5$	$3.0 \leqslant l_0 \leqslant 4.5$	50（45）	75（70）	145（135）	320	480
	$4.5 < l_0 \leqslant 6.0$	45（40）	70（65）	135（120）	300	450
	$6.0 < l_0 \leqslant 7.5$	40（35）	70（60）	135（115）	290	430
	$7.5 < l_0 \leqslant 9.0$	40（35）	70（60）	130（115）	280	415

注：表中括号内数值为考虑上部建筑影响的顶板等效静荷载标准值。

表2 常规武器爆炸动荷载作用下顶板等效静荷载标准值 q_{ce1} 单位：kN/m²

顶板覆土厚度 h/m	防常规武器抗力级别	
	5	6
$0 \leqslant h \leqslant 0.5$	110~90（88~72）	50~40（40~32）
$0.5 < h \leqslant 1.0$	90~70（72~56）	40~30（32~24）
$1.0 < h \leqslant 1.5$	70~50（56~40）	30~15（24~12）
$1.5 < h \leqslant 2.0$	50~30（40~24）	—
$2.0 < h \leqslant 2.5$	30~15（24~12）	—

注：1. 顶板按弹塑性工作阶段计算，允许延性比 [β] 取 4.0；
　　2. 顶板覆土厚度 h 为小值时，q_{ce1} 取大值；
　　3. 当符合《规范》第4.3.4条规定考虑上部建筑影响时，可取用表中括号内数值。

2 工程实例的计算过程

本工程为附建式人防工程，位于地下一层，防护类别为乙类，抗力级别为常 6 级。覆土厚度为 1.5 m，板厚为 250 mm，混凝土强度等级为 C35。防空地下室防常规武器作用按非直接命中的地面爆炸计算，且按整体破坏效应设计。常规武器地面爆炸时，防空地下室顶板主要承受空气超声波感生的冲击作用，距爆心越远，顶板上受到的动荷载就越小，如图 1 所示。为了更直观地说明问题，以离外墙最近的不同尺寸的顶板①，②，③，④，作为计算的对象，如图 2 所示。根据《规范》第 4.3.2 和第 4.3.3 条，常规武器地面爆炸在空气中的冲击波波形和在土中产生的压缩波波形可分别按等冲量简化为无升压时间的三角形和有升压时间的三角形，分别如图 3 和图 4 所示。

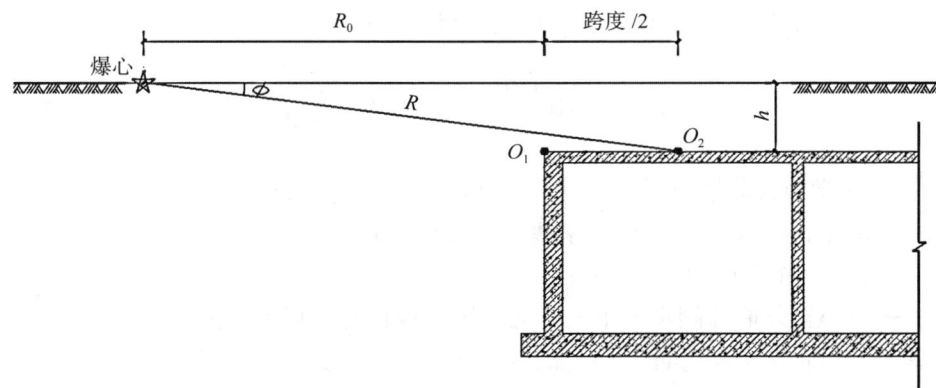

图 1　常规武器地面爆炸示意图

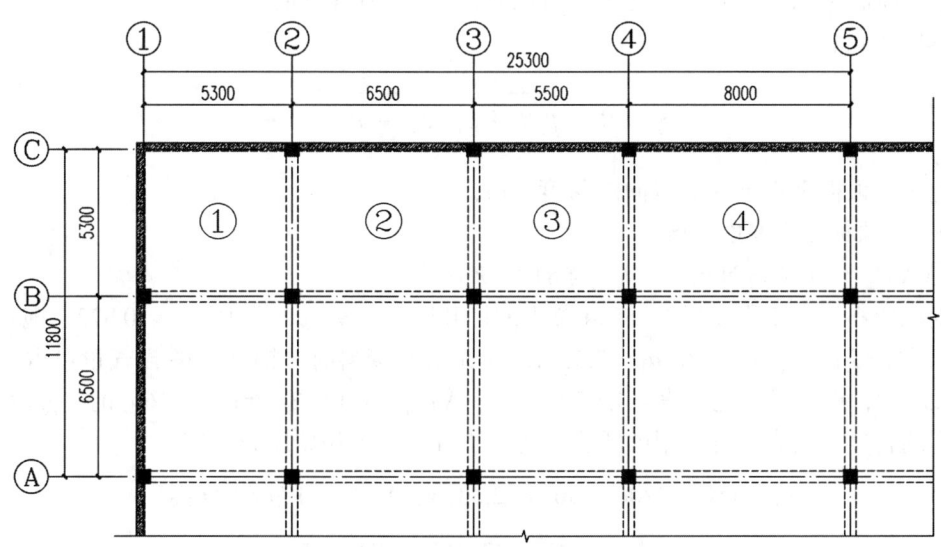

图 2　计算顶板平面位置及尺寸示意图（不设次梁）（单位：mm）

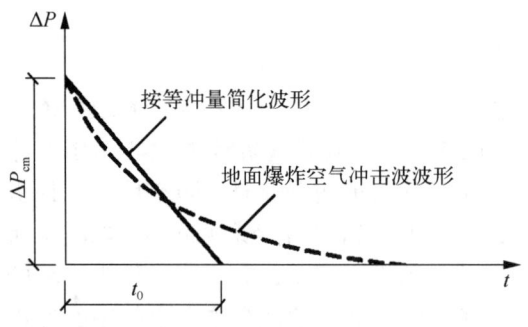

图 3 常规武器地面爆炸空气冲击波简化波形

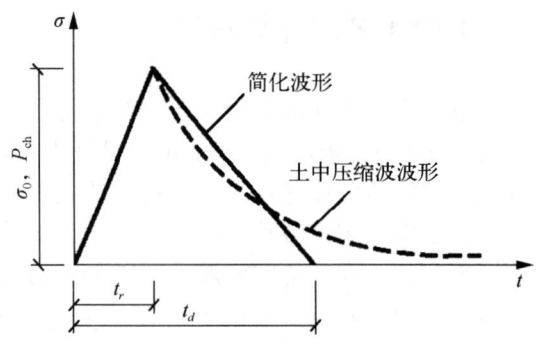

图 4 常规武器地面爆炸土中波简化波形

下面就按次序先求顶板①的等效静荷载标准值，根据《规范》附录 B 中的公式，常规武器地面爆炸空气冲击波最大超压式（1），表示为

$$\Delta P_{cm} = 1.316\left(\frac{\sqrt[3]{C}}{R}\right)^3 + 0.369\left(\frac{\sqrt[3]{C}}{R}\right)^{1.5} \tag{1}$$

式中 ΔP_{cm}——常规武器地面爆炸空气冲击波最大超压，N/mm²；
　　C——等效 TNT 装药量（按国家现行有关规定取值），kg；
　　R——爆心至作用点的距离，m；
　　R_0——爆心至外墙外侧水平距离，应按国家现行有关规定取值。
地面爆炸空气冲击波按等冲量简化的等效作用时间计算见式（2）：

$$t_0 = 4.0\times10^{-4}\Delta P_{cm}^{-0.5}\sqrt[3]{C} \tag{2}{}^{[1]}$$

式中，t_0 为地面爆炸空气冲击波按等冲量简化的等效作用时间，s。
观察图 1 可得：

$$R = \sqrt{(R_0 + L_0/2)^2 + h^2} \tag{3}$$

式中 L_0——顶板垂直于外墙方向的跨度，m；
　　h——顶板覆土厚度，m。
求得 $\Delta P_{cm} = 0.1653$ N/mm²，$t_0 = 4.8188 \times 10^{-3}$/s。
查地勘资料，本工程顶板上 1.5 m 覆土的饱和度 $S_v = 95\%$，孔隙比 $e = 0.872$，饱和土的含气量 $\alpha_1 = e(1-S_v)/(1+e)$，算得 $\alpha_1 = 2.33\%$，当无实测资料时，饱和土的含气量可取 $\alpha_1 = 1\%$，$16\alpha_1 = 0.3728$，根据《规范》表 4.4.3-2 的注 2，$\Delta P_{cm} = 0.1653$ N/mm² ≤ $16\alpha_1$ 时，γ_c 取 1.5。通过已算得的含气量按表 3 可采用内插法可得本工程饱和土初始压力波速：

$$v_0 = 150 + (200-150) \times (2.33-4)/(1-4) = 177.83 \text{ (m/s)}$$

表 3 饱和土起始压力波速 v_0 值

含气量 α_1/%	4	1	0.1	0.05	0.01	0.005	<0.001
起始压力波速 v_0/(m·s⁻¹)	150	200	370	640	910	1 200	1 500

土的峰值压力波速见式（4），如下：

$$v_1 = v_0 / \gamma_c = 177.83/1.5 = 118.55 \text{ m/s} \tag{4}$$

式中　v_0——土的起始压力波速，m/s；
　　　v_1——土的峰值压力波速，m/s；
　　　γ_c——土的波速比。

修正系数 η 对于饱和土取 1.5。土的应变恢复比按《规范》表[1]4.4.3-1 查得 $\delta = 0.1$，故地面空气冲击波在深度 h 处感生的土中压缩波最大压力计算，可参考式（5），如下：

$$P_{ch} = \Delta P_{cm} [1-(1-\delta)h/(2\eta v_1 t_0)] \tag{5}$$

式中　P_{ch}——地面空气冲击波在深度 h 处感受的土中压缩波最大压力，N/mm²；
　　　δ——土的应变恢复比；
　　　η——修正系数，$\eta = 1.5 \sim 2.0$，非饱和土取大值。

代入数据可得 $=0.165\,3 \times [1-(1-0.1) \times 1.5/(2 \times 1.5 \times 118.55 \times 4.8188 \times 10^{-3})] = 0.0351$ N/mm²。

土中压缩波的升压时间：

$$t_r = h(\gamma_c-1)/v_0 \tag{6}$$

式中　t_r 为土中压缩波的升压时间，s。

通过数据计算可得 $=1.5 \times (1.5-1)/177.83 = 4.217\,5 \times 10^{-3}$ s。

土中压缩波按等冲量简化的等效作用时间：

$$t_d = t_r + (1 + 0.4h)t_0 \tag{7}$$

式中　t_d 为土中压缩波按等冲量简化的等效作用时间，s。

通过数据计算可得 $=4.217\,5 \times 10^{-3} + (1 + 0.4 \times 1.5) \times 4.818\,8 \times 10^{-3} = 0.011\,9$ s

顶板荷载均布化系数和顶板综合反射系数按附录 B.0.3 条分别取 0.9、1.5，得土中结构顶板计算板块的均布动荷载最大压力

$$\overline{p_{c1}} = C_e K_r P_{ch} \tag{8}$$

式中　$\overline{p_{c1}}$——土中结构顶板计算板块的均布动荷载最大压力，N/mm²。
　　　K_r——顶板综合反射系数，当顶板覆土厚度小于等于 0.5 m 时，K_r 可取 1.0；当顶板覆土厚度大于 0.5 m 时，K_r 可取 1.5。
　　　C_e——顶板荷载均布化系数，当顶板覆土厚度小于等于 0.5 m 时，C_e 可取 1.0；当顶板覆土厚度大于 0.5 m 时，C_e 可取 0.9。

通过数据计算得 $=0.9 \times 1.5 \times 0.035\,1 = 0.047\,4$ (N/mm²) $= 47.4$ (kN/m²)。

顶板①两个方向的跨度均为 5.3 m，板厚 $d = 0.25$ m，C35 混凝土的泊松比为 $v = 0.2$，顶板的单位面积质量 $\overline{m} = \gamma d/g = 25 \times 0.25/10 = 0.625$，动荷载作用下材料的弹性模量 $E_d = 1.2E = 1.2 \times 3.15 \times 10^4 = 3.78 \times 10^7$ (kN/m²)，查《规范》表 C.0.1-2 得钢筋混凝土构件的刚度折减系数 $\phi=0.60$，故顶板①的抗弯刚度：

$$D = \phi E_d d^3/[12(1-v^2)] = 0.6 \times 3.78 \times 10^7 \times 0.25^3/[12 \times (1-0.2^2)] = 3.076\,172 \times 10^4$$

因为 $a/b = 1$，查表法求常规武器爆炸动荷载作用下顶板等效静荷载标准值时，应假定按四边固支考虑，允许延性比 $[\beta]$ 取 4.0，这里也按四边固支，即 $[\beta]=4.0$。《规范》表 C.0.2 得 $\Omega_a = 36.11$，所以顶板①的挠曲型自振圆频率：

$$\omega = \frac{\Omega_a}{a^2}\sqrt{\frac{D}{m}} = \frac{36.11}{5.3^2} \times \sqrt{\frac{30761.72}{0.625}} = 285.19 \ (\text{s}^{-1})$$

这是规范提供的求双向薄板挠曲型自振圆频率的公式，《全国民用建筑工程设计技术措施-防空地下室》还提供了另外一个求双向薄板挠曲型自振圆频率的公式[①]，如下：

即当 $a/b \leqslant 1$ 时，$\omega = \dfrac{823\Omega_a dK}{a^2}$。 (9)

当 $a/b > 1$ 时，$\omega = \dfrac{823\Omega_a dK}{b^2}$。 (10)

式中 K——混凝土强度等级影响系数[②]，当混凝土强度等级为C35时，$K = 1.06$；
　　　a，b——板的计算跨度，m；
　　　D——板的抗弯刚度；
　　　ω——双向薄板挠曲型自振圆频率，s^{-1}；
　　　d——板的厚度，m。

按式（9）计算如下：

$$\omega = \frac{823\Omega_a dK}{a^2} = \frac{823 \times 36.11 \times 0.25 \times 1.06}{5.3^2} = 280.36$$

与《规范》提供的公式计算误差很小。由顶板①的自振圆频率 ω、动荷载升压时间 t_r、动荷载等效作用时间 t_d 及允许延性比 $[\beta]$ 可得，无升压时间的三角形动荷载作用下结构构件的动力系数计算见式（11）：

$$\overline{K_d} = \left[\frac{2}{\omega t_d}\sqrt{2[\beta]-1} + \frac{2[\beta]-1}{2[\beta]\left(1+\dfrac{4}{\omega t_d}\right)}\right] - 1 \tag{11}$$

$$\overline{K_d} = \left[\frac{2}{285.19 \times 0.0119}\sqrt{2 \times 4 - 1} + \frac{2 \times 4 - 1}{2 \times 4 \times \left(1+\dfrac{4}{285.19 \times 0.0119}\right)}\right] - 1 = 0.510$$

动荷载升压时间对结构动力响应的影响系数为

$$\overline{\xi} = \frac{1}{2} + \frac{\sqrt{[\beta]}}{\omega t_r}\sin\left(\frac{\omega t_r}{2\sqrt{[\beta]}}\right) \tag{12}$$

式中 $\overline{\xi}$——动荷载升压时间对结构动力响应的影响系数；
　　　$[\beta]$——钢筋混凝土构件的允许延性比。

根据数据计算：$\overline{\xi} = \dfrac{1}{2} + \dfrac{\sqrt{4}}{285.19 \times 0.0042175}\sin\left(\dfrac{285.19 \times 0.0042175}{2\sqrt{4}}\right) = 0.509$

---

①见于《全国民用建筑工程设计技术措施——防空地下室》。

故结构构件的动力系数计算公式如式（13）所示：

$$K_{dc1} = K_d = \overline{\xi K_d} \qquad (13)$$

式中 $\overline{\xi K_d}$ ——无升压时间的三角形动荷载作用下结构构件的动力系数；
K_{dc1} ——常规武器作用下顶板的动力系数；
K_d ——结构构件的动力系数。

计算可得 $= 0.509 \times 0.510 = 0.260$。

顶板①的常规武器爆炸动荷载作用下的等效静荷载标准值见式（14），表示为

$$q_{ce1} = K_{dc1} \overline{p_{c1}} \qquad (14)$$

式中，q_{ce1} 为在常规武器爆炸动荷载作用下，顶板的均布等效静荷载标准值。

计算可得 $= 0.260 \times 47.4 = 12.3\,(kN/m^2)$。

按相同的方法，可以求得顶板②③④的常规武器爆炸动荷载作用下的等效静荷载标准值，见表4。

以上顶板①②③④的其余条件均相同、短跨方向的跨度也相同，唯一不同的是长跨的跨度。如果短跨方向的跨度不同，那结果又会如何呢？在长跨跨度为6.5 m，8 m的柱网内各设置了一道次梁、③轴—④轴的跨度调整为4.5 m，如图5所示。

这样，顶板①⑤⑦的短跨跨度均不同；顶板⑥长跨跨度和顶板①短跨跨度相同，但短跨跨度不同。用公式法计算常规武器爆炸动荷载作用下顶板⑤⑥⑦的等效静荷载标准值结果见表5。

表4 顶板①②③④常规武器爆炸动荷载作用下的等效静荷载标准值

顶板	①	②	③	④
常规武器爆炸动荷载作用下的等效静荷载标准值 /(kN·m^{-2})	12.3	10.7	12	9.1

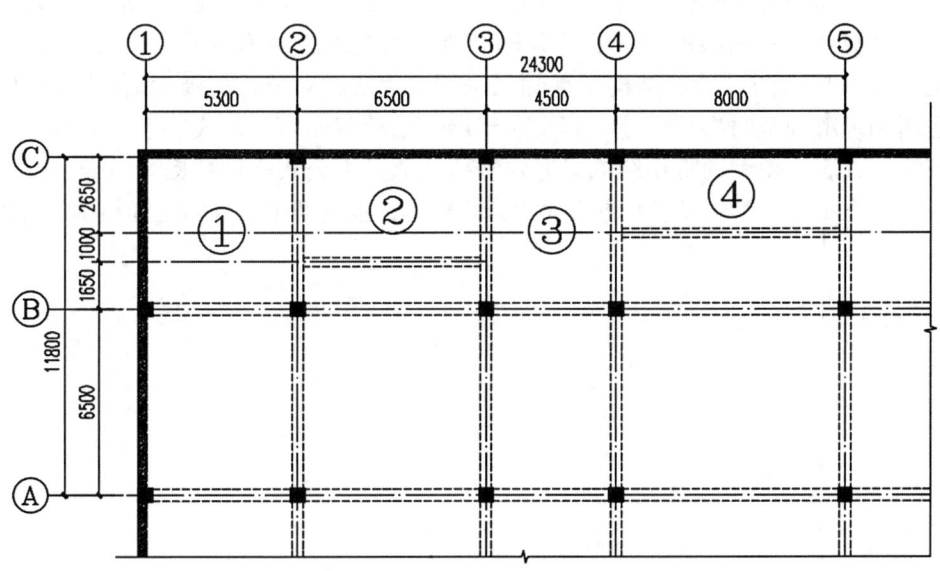

图5 计算顶板平面位置及尺寸示意图（局部设次梁）（单位：mm）

表 5　顶板①⑤⑥⑦常规武器爆炸动荷载作用下的等效静荷载标准值

顶　板	①	⑤	⑥	⑦
常规武器爆炸动荷载作用下的等效静荷载标准值 /(kN·m^{-2})	12.3	13.1	13.9	13.4

3　计算结果分析

根据前文可分析计算结果，得到如下结论：

(1) 通过比较表 4 和表 5 中的数值可以得出常规武器爆炸动荷载作用下顶板的等效静荷载标准值除了和顶板覆土厚度及防常规武器抗力等级有关外，还和顶板的尺寸效应有关。

(2) 通过比较表 4 和表 5 中的数值还可以得出在短跨跨度相同的情况下，常规武器爆炸动荷载作用下顶板的等效静荷载标准值随着长跨尺寸的增大而减小。在短跨跨度不同的情况下，短跨跨度越小，所受的常规武器爆炸动荷载作用下顶板的等效静荷载标准值越大。

(3) 在相同顶板覆土厚度和相同防常规武器抗力等级作用下，通过比较由公式法计算所得的表 4 的数值和通过查表法查表 2 得到的数值，可以得出常规武器爆炸动荷载作用下顶板的等效静荷载标准值运用查表法所得的结果偏于安全。

(4) 进一步分析计算过程及结果，可以得出在顶板顶部覆土厚度相同，防常规武器抗力等级相同时，决定顶板常规武器爆炸动荷载作用下的等效静荷载标准值的因素是爆心至顶板跨中的距离及顶板本身的挠曲型自振圆频率 ω。

4　结语

本文通过在常规武器地面爆炸作用下，对相同条件但不同尺寸顶板的一系列动力计算，比较得出的不同结果，来说明常规武器作用下顶板的等效静荷载标准值和顶板的具体尺寸密切相关，规范对同一覆土厚度不同跨度区格顶板的常规武器等效静荷载载取单一数值是为了便于设计。计算爆炸动荷载的等效静荷载标准值运用查表法简单明了，公式法较晦涩难懂，造成目前大量从事人防设计的结构工程师只采用查表法，对公式法极为陌生甚至仍未掌握，以致在运用和理解规范时出现偏差。其实对于爆炸动荷载而言，公式法才是最基础、最根本的计算方法，查表法得到的常用结构的等效静荷载值是由公式法计算提炼而来。可以毫不夸张地说掌握了公式法也就掌握了人防荷载计算的根本，也就切中了人防工程结构设计的肯綮。

兼顾人防需要的综合管廊设防与灾后修复技术研究

束 昱[1,2] 史慧飞[2] 陈 钢[2] 路 姗[2] 陈国蓓[2]

(1 同济大学,上海 200092;2 上海同技联合建设发展有限公司,上海 200092)

摘 要 为了提高综合管廊防灾抗毁能力,提升城市韧性,依托国家重点研发计划资助项目(2017YFC0805006-04),通过理论研究和工程实践探索,科学挖掘综合管廊主体的防护潜能,提出综合管廊兼顾人防的工程设防等级、设计方法以及适配防护措施,并通过分析未来战争特点与战灾受损情况,在实施安全性鉴定评估基础上分类分项地施策,集成创新工程技术途径,研制综合管廊灾后工程快速修复技术。该技术充分挖掘原设计管廊的防护潜能,科学适配防护技术措施,不仅适用于新建地下综合管廊实施兼顾人防的要求,还可适用于已建管廊实施兼顾人防的技术升级改造,具有显著的社会、经济和安防效益。

关键词 综合管廊;兼顾人防;平战结合;灾后修复

1 引言

研究依托"十三五"国家重点研发计划项目"城市地下综合管廊安全防控技术研究及示范(2017YFC0805000)"所属课题六"管廊防护修复、应急处置技术及装备(2017YFC0805006)"的子任务——"兼顾人防需要的管廊设防与灾后修复技术研究"成果集成而成。

城市地下综合管廊是集约化铺设电力、通信、给排水、热力和燃气等两种以上市政工程管线的生命线系统工程,是科学合理节约集约地利用地下空间资源、解决马路拉链、保障市政工程管网安全、维持城市正常运转的重要基础设施。基于国际形势与国家安全防卫考虑,早在1997年1月1日起实施的《中华人民共和国人民防空法》中第二章第十四条中明确规定:"城市的地下交通干线以及其他地下工程的建设,应当兼顾人民防空需要";《中共中央、国务院、中央军委关于深入推进人民防空改革发展若干问题的决定》(中发〔2014〕15号)也明确要求"地下综合管廊要落实人民防空的要求";国务院办公厅印发《关于推进城市地下综合管廊建设的指导意见》(国办发〔2015〕61号)要求,"地下综合管廊工程结构设计应考虑各类管线接入、引出支线的需求,满足抗震、人防和综合防灾等需要"。

城市地下综合管廊建设实施兼顾人民防空的需要是国家战略要求,是新时代全面提升城市基础设施韧性和综合防灾抗毁能力的实际需求,也是保障现代及未来战争中遭受空袭破坏后能快速恢复城市功能、减少国民经济损失、保存战争潜力的必然要求。城市地下综合管廊

基金项目: "十三五"国家重点研发计划(2017YFC0805000)。
作者简介: 束 昱(1951年—),男,教授级高工,主要从事地下空间方面工作或研究。E-mail: tjshuyu918@163.com。

实施兼顾人防需要不仅在和平时期能有效提高入廊管线抵御自然灾害和恐怖袭击等的综合防护能力，而且在战时能有效防御和降低入廊管线遭受空袭损害、减少城市损失，为快速恢复城市功能争取宝贵的时间[1,2]。

在城市地下综合管廊规模化建设的大背景下，贯彻落实"平战结合、军民融合"的国家战略，推进综合管廊兼顾人民防空建设研究制定相关的技术标准，一方面是国家上位法规和新时期城市建设策略的要求，另一方面是有效提升城市整体防护能力的实际要求，对有效保障综合管廊在战时可有效保护生命线系统的安全，提供临时应急人员的疏散通道，在平时也能有效提高生命线系统的防灾抗毁能力，其意义重大、价值深远。

2 兼顾人防需要的综合管廊设防技术

2.1 设防原则

综合管廊兼顾人防以"科学适度、经济适用、分类防护、平战结合、韧性绿色、数字智慧"为原则，系统综合分析研判主体结构、各类孔口、附属设施、管线防护及平战转换的技术要求，定制工程防护系统技术方案。

2.2 设防等级

在不调整或增加管廊主体结构工程设计用料及工程建设成本大幅增加的基础上，将综合管廊兼顾人防的工程防护等级设定为核6级、常6级，不考虑防化。

2.3 兼顾人防需要的管廊工程设防部位与措施

城市地下综合管廊工程的设计使用年限为100年，结构安全等级为一级，一般采用小跨度的钢筋混凝土箱体结构，且工程顶板一般埋深在1~3 m处，结构主体本身有着天然的人民防空优势。但由于综合管廊工程原有设计在消防、通风、电气和孔口等方面主要是按照平时工况进行设计的，这些部位是战时防护的薄弱环节，不能完全满足战时兼顾设防的要求。因此，兼顾人防需求的综合管廊不需要作为等级人防工程进行设计，仅需要在主体结构上满足相应的要求，并对各类孔口等局部薄弱环节进行补强设计[3,4]。

2.3.1 综合管廊兼顾人防的工程结构设计方法

综合管廊兼顾人防设计可采用正演法或反演法进行设计。正演法参照现有人民防空工程设计标准，结合综合管廊工程的特点设计；正演法设计流程见图1。反演法采用反分析法验算分析，评估管廊工程可承载兼顾人防需要的防护载荷水平，对标确定兼顾人防所需要的管廊设防等级，对比筛选兼顾人防需要的管廊工程防护薄弱环节。

反演法即采用反分析法验算分析评估管廊工程的防护潜能及可承载兼顾人防需要的防护载荷水平，按照《城市综合管廊工程技术规范》（GB 50838—2015）要求的综合管廊工程所承载兼顾人防的防护荷载水平，对标确定兼顾人防需要的管廊设防等级，对比筛选兼顾人防需要的管廊工程防护薄弱环节，对薄弱环节进行局部加固设防设计，拟订设计兼顾设防防护设计方案。通过反分析法验算分析综合管廊工程承载兼顾人防的防护荷载水平是否能够挖掘其防护潜能，优化防护设计，定制防护措施，降低建设成本。

兼顾人防需要的管廊工程防护设计应对管廊主体结构、顶板、侧壁及地面出入口等方面

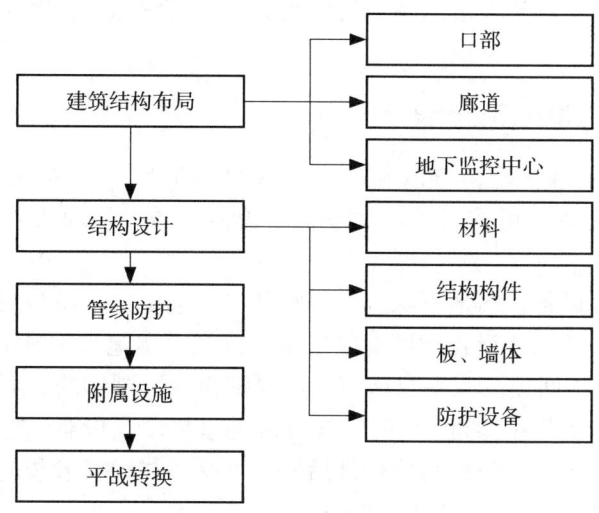

图 1　综合管廊兼顾人防正演法设计流程

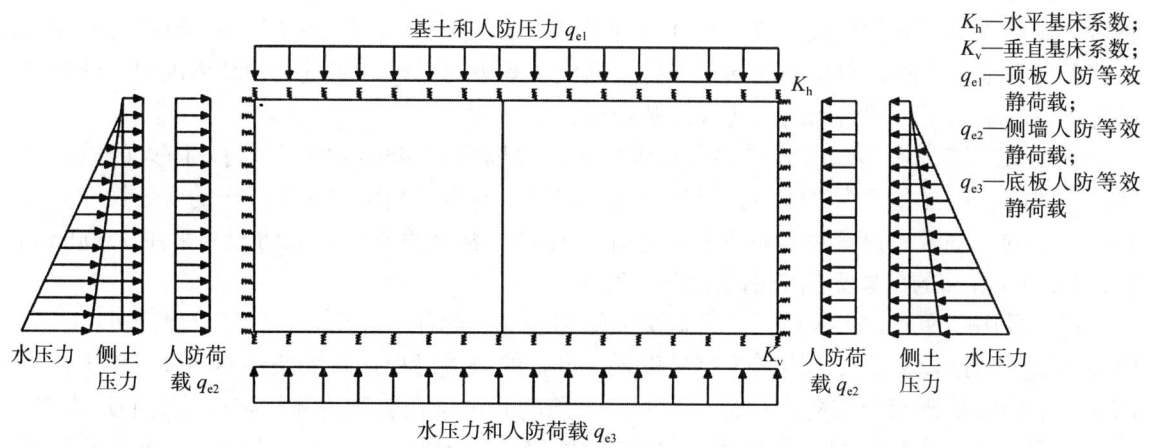

图 2　综合管廊兼顾人防结构计算模型

按照平时和战时工况进行分析验算,并针对防护薄弱环节研究制订工程补强及防护措施。

综合管廊的荷载包括永久荷载、可变荷载和偶然荷载。永久荷载包括结构自重、地层压力、静水压力、设备重量、侧向抗力和地基反力;可变荷载包括地面车辆荷载;偶然荷载包括地震荷载与人防荷载。

常规武器地面爆炸和核武器爆炸作用在综合管廊工程各部位的等效静荷载标准值,可按《人民防空地下室设计规范》(GB 50038—2005)中的公式计算。在动荷载作用或动、静荷载共同作用下,所采用的材料强度可根据静荷载作用下的强度乘以大于1的综合调整系数来确定。进行人防结构验算时,验算内容包括主体结构在动、静荷载同时作用下的承载力,可不验算其在动荷载作用下的结构变形和裂缝宽度。在不同的荷载组合作用下,综合管廊的内力以弯矩为主,得出管廊结构在荷载组合作用下的弯矩值,然后选取弯矩最大的截面进行配筋验算。

正演法和反演法两种方法具有"异曲同工"之效,而反演法则对已建或在建综合管廊实施兼顾人防的技术改造更科学经济适用，同样也适用于新建综合管廊实施兼顾人防的工程技术设计。

2.3.2 兼顾人防需要的管廊孔口防护设计

孔口防护上，通风口、投料口以及人员出入口各类口部作为综合管廊防护的薄弱环节，为保障战时功能实现，可在通风口和投料口盖板上增设预埋或采用防护密闭门等防护设备。

若未安装防护门等设备，当地下综合管廊竖井口（逃生口、吊装口、通风口等）直通室外时，应在竖井内沿竖井四边设置钢筋混凝土牛腿，战时实施水平封堵；临战时，竖井露出室外地坪部分按 1:3 覆土回填。水平封堵可采用厚钢板、预制钢筋混凝土小梁以及型钢等构件。水平封堵构件上方应堆垒厚度不小于 250 mm 的砂袋。当设有门框墙时，地下综合管廊的竖向洞口可采用型钢封堵。竖向封堵构件后侧应堆垒砂袋，且砂袋的顶部堆垒宽度不应小于 500 mm，底部堆垒宽度不应小于 1 000 mm。

1）出入口防护

（1）防护单舱人员出入口，采用踏步楼梯，出入口部的管廊内部由于出入口门所在的位置位于管廊内部，人防门设置在管廊主体结构以外，楼梯平台夹层上部，如设置防护措施，土建条件有限，人防临空墙的配筋及厚度根据设防等级的要求，通过结构计算确定。此处口部防护应尽量采用防护密闭门与防火门结合设置。

（2）采用踏步楼梯，出入口部在管廊外部，可以采用单扇防护密闭门兼防火门进行设防，人防门宜设置在管廊主体结构以外的通道内部，通道需预留出人防门框的安装尺寸。人防临空墙的配筋及厚度根据设防等级的要求，通过结构计算确定。人防门宜采用 1 000 mm 宽，2 000 mm 高的单扇无门槛钢结构防护密闭门。

（3）采用爬梯形式出入口，出入口部在管廊外部。此种情况出入口在综合管廊外部，人防设防条件相比较于在管廊内部更容易设置，设置的位置可根据现场条件不同进行确定，可以采用单扇防护密闭门兼防火门进行设防，人防门宜设置在管廊主体结构以外的通道内部，通道需预留出人防门框的安装尺寸，通道净宽宜大于 1 500 mm。人防临空墙的配筋及厚度根据设防等级的要求，通过结构计算确定。人防门宜采用 1 000 mm 宽，2 000 mm 高的单扇无门槛钢结构防护密闭门。

（4）采用爬梯形式出入口，出入口部在管廊内部

此种情况属出入口在综合管廊内部，应无条件设置垂直形式的防护密闭门，宜采用水平封堵形式，但由于廊内工作人员需能够迅速撤离，宜采用水平滑轨式防护封堵门。检修人孔设置在管廊主体结构上部，结构层需预留出门框角钢的空间，人防临空板的厚度及配筋根据设防等级的要求，通过结构计算确定。水平滑轨式防护封堵门宜采用 1 000 mm 长，1 000 mm 宽的尺寸。

（5）采用侧门形式人员出入口，出入口在综合管廊主体结构一侧，人防门宜设置在管廊主体结构上，主体结构需预留出人防门框的安装尺寸。人防临空墙的配筋及厚度根据设防等级的要求，通过结构计算确定。人防门宜采用 1 000 mm 宽，2 000 mm 高的单扇无门槛钢结构防护密闭门。

2）逃生口防护

综合管廊逃生口主要功能是当管廊内部发生事故时，廊内工作人员能够迅速撤离的生命

通道。目前逃生口主要形式为竖井爬梯式，根据逃生口建筑形式可采用水平滑轨式防护封堵门设施或电动液压井盖形式进行战时防护。人防临空板的厚度及配筋根据设防等级的要求，通过结构计算确定。水平滑轨式防护封堵门宜采用 1 000 mm 长，1 000 mm 宽的尺寸。

3）吊装口防护

吊装口的人防封堵措施可选用水平预制构件封堵，并做防水处理，在满足管廊设防抗力下的预制构件可根据需要采用钢结构或混凝土结构，也可采用便于开启的滑轨式水平防护设施。

4）通风口防护

通风口主要分为三类，A 类为机械通风口，B 类为机械通风口兼人员逃生出入口，C 类为自然通风口兼人员逃生出入口。A 类机械通风口可设置可开启的屋顶及百叶窗，屋顶洞口在设备吊装时开启；B 类机械通风口通过地面孔洞进行机械设备的吊装，人员逃生出入口与风机吊装口一般分开设置；C 类自然通风口可设置可开启的屋顶及百叶窗，屋顶洞口在设备吊装时开启通风口。

通风口孔部可采取三种防护措施，一是在造价允许的情况下采用门式防护，这种防护方式便于战时迅速封堵，防护设备一次就位；二是当土建条件不够时，可采用滑轨式防护封堵，此种方式可节省防护通道（缩小门式防护的藏门间距），战时防护迅速；三是采用预制构件封堵，这种防护方式造价低，但需留出预制构件的存储空间，且战时封堵时间较长。

2.3.3 兼顾人防需要的管廊入廊管线防护

综合管廊容纳了大量的市政管线，多种管线穿越管廊结构时，应考虑采取相应的防沉降、防水、防震、截断和密闭措施。穿过管廊主体结构的顶板、外墙、临空墙和防护隔墙的管道基于不同直径的管道有不同的控制标准。对于公称直径不大于 150 mm 的管道，在穿墙或穿板处应设置刚性防水套管；对于公称直径大于 150 mm 的管道，在穿墙或穿板处应设置外侧加防护挡板的刚性防水套管。多种管线之间的距离也应有相应的标准进行控制。对于预留的管线接入接出口，需增加相应的措施，以提高此薄弱节点的防护能力。

2.3.4 兼顾人防需要的管廊附属设施防护

1）通风系统防护

综合管廊工程廊道部分不设战时防护通风系统。廊道部分不防化，允许染毒，设置隔绝防护即可满足管廊内管道系统的正常运转。

地下监控中心防化等级为丁级，地下监控中心战时应设置清洁式通风和隔绝式防护。清洁式通风换气次数不宜小于 4 次/h，隔绝式防护时间不应小于 2 h。

因存在地下监控中心的管理人员在紧急情况下进入廊道检修的可能性，地下监控中心宜配备个人防化装具。

2）电气系统防护

电气设计除了应满足战时用电的需要外，还应满足平时用电需要。

一般情况下，管廊工程比地面建筑容易潮湿，电气设备应选用防潮性能好的定型产品。

战时电力负荷分级的意义在于准确地反映出各等级负荷对供电可靠性要求的界限，以便选择符合战时的供电方式，满足战时各种用电设备的供电需要，战时常用设备电力负荷分级见表 1。

表 1　战时常用设备电力负荷分级表

管廊主体地下监控中心	基本通信设备、应急通信设备 应急照明	一级
	重要的风机、水泵 正常照明 电动防护密闭门、电动密闭门和电动密闭阀门	二级
	不属于一级和二级负荷的其他负荷	三级

综合管廊工程利用平时正常照明和应急照明作为战时正常照明和应急照明。应急照明由工程内部蓄电池组供电，持续供电时间不少于隔绝防护时间。综合管廊工程不建议利用附近人防工程的柴油发电机组作为战时电源，一是因为供电距离较远，负荷又较分散，一旦故障，无法保障战时电源供电，发电机启动条件难以设定；二是综合管廊工程战时负荷很少，仅为了管廊的战时负荷而启动发电机不合适。

内部电源的蓄电池组不得采用非封闭的蓄电池组。封闭型的蓄电池组产品，密封性好，无有害气体泄出，对环境不会造成污染，对人员身体健康无影响。

3）给排水系统防护

综合管廊内部自动排水系统排出管应设置阀门和止回阀，管道在穿越防护结构时，应在防护结构内侧设置公称压力不小于 1.0 MPa 的防护阀门，阀门距结构最近处不宜大于 200 mm。

综合管廊内非防护区的废水不宜排入防护区。需排入防护区的廊道废水管道，应设置防护措施，如：设置防护阀门或防爆地漏等措施。防护措施应有明显的启闭标志。

2.3.5 兼顾人防需要的管廊工程平战功能转换

秉着不影响平时使用功能、适度防护、经济适用、分类防护的原则，在保障平时使用的前提下，充分利用管廊工程平时使用的设施和设备，仅对关键部位和重要设施采用一步到位或采用平战转换的技术措施，实施临战封堵或功能转换来满足战时防护的功能要求。

兼顾人防需要的管廊工程平战功能转换（表 2）设计应坚持安全可靠、就地取材、加工

表 2　兼顾人防需要的管廊工程平战功能转换表

类　别	转换内容	转换要求	转换时间 /d
土建工程	关闭人防门	完善防护功能	3
通风系统	安装监控中心战时进排风机、除尘器	实现防护通风	3
给排水系统	1. 监控中心放置饮用水、干马桶 2. 关闭管廊内全部防护阀门	1. 保证掩蔽期间饮用水 2. 保证管廊防护安全	3
电气系统	1. 疏散指示标志灯应在平战转换期间按战时疏散方向进行转换 2. 灯具应在平战转换期间进行防脱落处理 3. 一级、二级负荷供电专设的蓄电池组应设计到位，平时可不安装，但应预留接线和安装位置，且在临战转换时 3 d 内完成安装和调试	保证掩蔽期间的供电及应急照明	3

和安装快速简单的原则,并做到平战转换设计与工程设计同步,平战转换预留、预埋与工程施工同步,平战转换实施与转换时限同步。各类孔口位置为满足战时封堵需要进行相应的设计,以保障平战转换的完成。部分措施在施工、安装时完成,其他各项平战转换措施应满足转换时间(早期、临战、紧急)的规定。

3 兼顾人防需要的管廊灾后修复技术

3.1 兼顾人防需要的管廊战灾受损分析

兼顾人防需要的管廊战灾受损主要表现在常规或核武器破坏作用下的"局部破坏"或"整体破坏"。其中局部破坏作用是指"目标在着弹点附近及其反面出现被单体冲击及爆炸而产生的斗坑、震塌和贯穿等破坏现象";整体破坏作用是指"在冲击爆炸动荷载作用下对工程结构整体产生的变形和内力"。

兼顾人防需要的管廊原则上不考虑常规武器的直接命中及"局部破坏作用",按核6级和常6级设防,管廊仅考虑"整体破坏作用",即常规武器爆炸波或核武器冲击波对管廊的直接破坏作用以及可能发生的次生灾害(如城市大火、有毒气体严重泄露及地面房屋大范围倒塌等)。

3.2 兼顾人防需要的管廊战灾受损修复原则

(1) 快速应急原则。在确保安全的前提下,快速采取临时性应急措施,先保证管廊及生命线系统的部分功能恢复。

(2) 科学评估原则。灾前做好预案,备好高精尖检测仪器,灾后快速启动对受损部位的破坏程度的检测评估,并编制分类分项受损清单。

(3) 分类施策原则。依据分类分项受损清单及轻重缓急程度,编制加固修复实施计划,研究工程技术方案。

(4) 战前预案原则。战前进行预分析,并研究编制防灾及灾后修复预案。

(5) 灾前储备原则。依据战前预案,进行灾后修复必备器材和设备的存储。

(6) 临战转换原则。依据国家及所在城市的战争防御实施计划,战前完善防护功能,当进入战时可快速起到防护作用和降低灾害危险程度。

3.3 兼顾人防需要的管廊战灾受损修复技术

兼顾人防需要的管廊战灾受损的主体结构工程加固修补技术措施拟优选"外黏纤维聚合物加固修复""粘钢加固修复""增设支点加固修复""植筋加固"等修复技术方法;管廊工程结构裂缝修补拟优选"灌浆修补裂缝""切槽封闭裂缝"等修复技术方法;管廊工程变形缝裂缝修复拟优选"灌浆法+钢板加固"等技术方法;针对管廊工程管线穿越部位受损特点,实施分类分项的快速修复技术。

1) 管廊主体结构工程加固修复技术

(1) 外黏纤维聚合物加固修复技术。

该法采用树脂类黏结材料将纤维布(如碳纤维、玻璃纤维和芳纶纤维、预应力纤维布等)粘贴于混凝土构件表面,借助纤维良好的抗拉强度以增强构件承载能力及刚度,从而使结构及构件得到加固补强,具有强度高、自重轻、耐腐蚀性好、施工工艺简便快捷、对原结构几乎没有影响、加固修补效果及耐久性好,可显著提高被加固构件的抗弯、抗剪、抗扭、抗拉承载力和抗震性能，增强构件的延性和刚度，改善构件的受力性能。该方法较适用于管廊主体结构灾后多处出现明显裂缝部位。

（2）粘钢加固修复技术。

这种方法的优点是所用钢板很薄，粘钢加固构件的二次受力特征不明显，外黏钢板与原混凝土构件的共同工作性能良好，加固后几乎不改变构件的外形却能提高结构构件的承载力和使用阶段的正常性能，不仅具有良好的物理力学性能，还具有在不减少建筑空间的前提下，保持建筑物原貌的使用功能及加固取材容易，施工简单快捷；其缺点是要求基体混凝土强度等级一般不低于等级C15，环境温度不超过60℃，相对湿度不宜大于70%，后期维护费用较高，不宜用于腐蚀环境中，较适用于管廊主体结构灾后出现宽大裂缝且承载力显著下降的部位的加固。

（3）增设支点加固修复技术。

增设支点可以减少结构构件的计算跨度，可大幅度提高结构构件的承载能力，减小挠度，缩小裂缝宽度，对跨度较大、灾后明显弯曲变形部位的管廊主体结构加固比较适用。

（4）植筋加固修复技术。

在原管廊主体结构上钻孔，植入钢筋，用植筋胶使钢筋锚固在其中，钢筋与原结构将成为一体，该法可有效提高灾后局部受损区域管廊主体结构的承载力和安全度。

2）管廊工程结构裂缝修补技术

研究认为管廊工程结构裂缝拟采用以下两类修补技术：

（1）灌浆法修补裂缝：对于宽度大于 0.3 mm 的裂缝或这类非耐久性破损裂缝加贯穿性裂缝，宜采用化学灌浆法进行维修。

（2）开槽法修补裂缝施工工艺：对于宽度为 0.2~0.3 mm 的非耐久性破损裂缝，宜采用封闭方法进行维修。

3）管廊工程变形缝裂缝修复技术

管廊是埋置于地下的超长结构，在武器爆炸波及地震等外界因素作用下常会产生变形，导致开裂甚至被破坏，变形缝是针对这种情况而预留的构造缝，一般按不超过 30 m 设置一道变形缝，以防地基沉降不均匀，造成管廊主体结构开裂；战灾时这些部位最容易受到损害（甚至是破坏），经检测评估后，采用灌浆法＋钢板加固等方法进行修补，既能保证裂缝的封闭效果又能对裂缝处起到加固作用。

4）管廊工程管线穿越部位修复技术

对于穿越管廊的管线管道，灾后依据检测评估结果采取相应的加固修复措施，如：

（1）管道之间的连接处如有损坏应进行修复，并防止渗漏。

（2）管道本身依据破坏程度进行针对性修补或更换。

（3）管道与廊体连接处进行止漏，对开裂处进行注浆封堵。

（4）管道位移严重处进行复位和固定。

（5）对管线上的受损阀门进行修复或更换。

（6）修复或更换管道上必要的仪表，使其尽快恢复功能。

4 应用示范及工程验证

4.1 应用示范工程概况

为了检验研究成果的科学性和适用性，课题组选择了三种不同类型（如浙江省某新区新建管廊、江苏省某市已建管廊和重庆市某区新建管廊）进行兼顾人防需要的管廊工程防护设计，并进行设计方案的比较分析。下文以浙江省某新区综合管廊为例简述兼顾人防需要的管廊工程防护设计。

该管廊规划布局在某新区的法华街、宏业路、2 号路和双尖大街，整体呈 F 形，总长约 5.1 km；设计使用年限为 100 年，结构构件重要性系数取 1.1，结构构件裂缝控制等级为三级；场地类别为二类，抗震设防类别为乙类，抗震设防烈度为 6 度，设计基本地震加速度为 0.05 g。除法华街覆土为 2.5 m 外，其他地区覆土基本为 3 m。经反分析法评估，兼顾人防需要的管廊设防等级为常 6 级。

4.2 管廊主体结构的防护设计

经反分析法评估，管廊主体结构各控制点抗力均满足抗常规武器爆炸动荷载一次作用下兼顾人防的抗力要求；结构顶板及侧壁需设置 $\phi6$，间距不大于 500 mm 的拉结筋，按梅花形布置。与原设计要求的当壁厚 $h \leqslant 300$ 时为 $\phi8$；当壁厚 $h>300$ 时为 $\phi10$，间距 1 000 mm 按梅花形布置的做法基本相同；在通风口、吊装口盖板上增设预埋，以备临战封堵及功能转换。

4.3 管廊电气专业的防护设计

管廊内设置一层人防电力线路层，供人防区域电站电力线路使用。每个防火分区 EPS 预留一路 220 V 10 A 备用回路，每台 EPS 容量为 2 kW；每个排水泵旁设置一个工业用插座箱。各主要配电箱预留战时区域电站接口。穿过外墙、临空墙和防护隔墙的各种电缆管线和预留备用管，应进行防护处理，宜选用管壁厚度不小于 2.5 mm 的热镀锌钢管；对室外地下进、出工程的强电或弱电线路，应分别设置强电或弱电电缆井；各出入口和连通口的防护门框墙预埋 4~6 根热镀锌钢备用管，管径为 50~80 mm，管壁厚度不小于 2.5 mm。

4.4 管廊给排水专业的防护设计

入廊给水管道穿越管廊围护结构时应设置防护密闭措施。压力排水节点伸穿出管廊围护结构的排水管，在围护结构内侧增加防护阀（铜芯闸阀）；每个排水点增设手摇泵或手摇泵接口。

4.5 入廊管线穿越部位的防护设计

凡是穿越管廊主体结构的给水引入管、排水出户管、中水管及燃气管等均采取防护密闭、防不均匀沉降和防水措施。

管径不大于 150 mm 的管道穿过管廊主体结构顶板、外墙、临空墙和防护隔墙时，在其穿墙（穿板）处设置刚性防水套管；管径大于 150 mm 的管道，在其穿墙（穿板）处应设置外侧加防护挡板的刚性防水套管。对于穿越管廊临战封堵墙的管道，应设置便于管道临时截断、封堵的措施。

排管或多条管道同时穿越管廊主体结构时要保证管道的间距并满足防护阀门的安装和密闭套管的安装要求，且不降低主体结构的抗力等级，多条管径不小于 DN300 的管道同时排管，其中心间距应不小于 650 mm；管径介于 DN200~DN250 的管道同时排管，其中心间距不小于 600 mm；管径介于 DN150~DN200 的管道同时排管，其中心间距不小于 500 mm；管径不大于 DN125 的管道同时排管，其中心间距不小于 450 mm。

4.6 管廊实施兼顾人防的工程费用核算

该综合管廊实施兼顾人防需要所增加的投资，主要用于管廊主体结构的补强拉结筋和预埋件、各类通风口、吊装口、人员出入口（逃生口、连通口）等口部防护设备及管线穿越部位的防护补强措施等，经核算，5.1 km 综合管廊共增加兼顾设防工程经费约 238 万元，不足原工程造价 2.875 亿元的 1.0%。

5 结语

本项技术中的"兼顾人防需要的管廊设防技术"主要依托国家重点计划专项，获得部分省市、科研设计团队和工程建设单位的支持，应用系统工程理念，采用"反分析法 + 对标分析法 + 案例对比法 + 借鉴创新法"等方法，进行了综合管廊兼顾人防需要的理论研究、防护措施、设计方法、技术导则及工程实践探索，并在此研究基础上参与了《浙江省城市地下综合管廊工程兼顾人防需要设计导则》和《城市地下综合管廊兼顾人防设计导则》（企业标准）等编制，申请了一项发明专利。据中国科学院上海科技查新咨询中心提供的《科技查新报告》和《科技查新咨询报告》，本项科研成果具有新颖性，综合技术达到国内领先水平。为研究制订国家及行业技术标准、科学推进城市综合管廊实施兼顾人防需要的宏伟事业提供了一项新型实用技术支撑。该项新技术对计划新建、在建或已建综合管廊实施兼顾人防需要的技术改造升级具有广泛的适用价值。

参考文献

[1] 法律出版社法规中心. 中华人民共和国人民防空法 [M]. 北京：法律出版社，2014.
[2] 胡银生. 城市建设与人防建设相融合的一次成功实践——浙江金华积极探索城市综合管廊兼顾人防需要新模式 [J]. 中国人民防空，2016（12）：38-40.
[3] 钱七虎. 建设城市地下综合管廊转变城市发展方式 [J]. 深圳土木与建筑，2017，1：6-18.
[4] 赵加建. 地铁人防工程的设计与施工 [J]. 城市轨道交通研究，2011，14（5）：105-108.
[5] 吴国忠. 轨道交通兼顾人防工程建设实践 [J]. 城市轨道交通研究，2011，14（7）：47-50，55.

集中荷载作用下人防型钢混凝土梁斜截面受剪承载力计算研究

冯 星

(上海市地下空间设计研究总院有限公司,上海 200125)

摘 要 参考《组合结构设计规范》(JGJ 138—2016)给出的型钢混凝土梁在静荷载作用下的计算方法,和人防工程设计相关规范,提出集中荷载作用下人防型钢混凝土梁斜截面受剪承载力的简化计算公式。采用 ANSYS 数值分析程序,对某型钢混凝土梁构件进行非线性有限元数值分析,得出斜截面受剪承载力数值模拟结果,并与提出的简化计算公式相比较,检验是否安全可行。

关键词 型钢混凝土梁;人防荷载;集中荷载;受剪承载力;数值模拟

1 引言

本文参考《组合结构设计规范》(JGJ 138—2016)[1]给出的型钢混凝土梁在静荷载作用下的计算方法,和人防工程设计相关规范,提出集中荷载作用下人防型钢混凝土梁斜截面受剪承载力简化计算公式。采用 ANSYS 数值分析程序,对某型钢混凝土梁进行非线性有限元数值分析。将 ANSYS 分析结果与提出的简化计算公式结果相比较,证明其安全可行。

2 静载作用下型钢混凝土梁受剪承载力计算

《组合结构设计规范》(JGJ 138—2016)规定,静载作用下,型钢混凝土梁斜截面受剪承载力计算见式(1):

$$V_\mathrm{b} \leq \frac{1.75}{\lambda+1} f_\mathrm{t} b h_0 + f_\mathrm{yv} \frac{A_\mathrm{sv}}{s} h_0 + \frac{0.58}{\lambda} f_\mathrm{a} t_\mathrm{w} h_\mathrm{w} \tag{1}$$

式中 V_b——梁的剪力设计值,N;

f_t——混凝土抗拉强度设计值,N/mm²;

b——梁截面宽度,mm;

h_0——梁截面有效高度,mm;

f_yv——箍筋的抗拉强度设计值,N/mm²;

A_sv——配置在同一截面内箍筋各肢的全部截面面积,mm²;

作者简介:冯 星(1973年—),男,硕士研究生,高级工程师,主要从事结构工程、人防工程方面的工作和研究。
E-mail: fengxing@suadi.com.cn。

s——沿构件长度方向上箍筋的间距，mm；
f_a——型钢抗拉强度设计值，N/mm²；
t_w——型钢腹板厚度，mm；
h_w——型钢腹板高度，mm；
λ——计算截面的剪跨比，$\lambda = a/h$（a 为计算截面至支座截面或节点边缘的距离，mm，计算截面取集中荷载作用点的截面；h 为截面高度，mm）。

当 $\lambda<1.5$ 时，取 $\lambda = 1.5$；当 $\lambda>3$ 时，取 $\lambda = 3$。

3 集中荷载作用下人防型钢混凝土梁斜截面受剪承载力简化计算公式

3.1 简化计算公式

在《人民防空地下室设计规范》（GB 50038—2005）[2] 中，对梁在集中荷载作用下的斜截面受剪承载力计算无阐述。参考其他相关人防设计规范，在集中荷载作用下，型钢混凝土梁斜截面受剪承载力简化计算如式（2）所示：

$$V \leqslant \frac{1.4}{\lambda+1} f_{td} b h_0 + 0.75 f_{yd} \frac{A_{sv}}{s} h_0 + \frac{0.58}{\lambda} f_{ad} t_w h_w \tag{2}$$

式中　V——梁的斜截面受剪承载力设计值，N/mm²；
　　　f_{td}——混凝土轴心抗拉动力强度设计值，N/mm²；
　　　f_{yd}——箍筋抗拉动力强度设计值，N/mm²；
　　　f_{ad}——型钢抗拉动力强度设计值，N/mm²。

3.2 受剪截面要求

参考《组合结构设计规范》（JGJ 138—2016），型钢混凝土梁斜截面受剪截面要求如下，其计算见式（3）—式（6）。

1) 一般框架梁

$$V \leqslant 0.45 \beta_c f_{cd} b h_0 \tag{3}$$

$$\frac{f_{ad} t_w h_w}{\beta_c f_{cd} b h_0} \geqslant 0.10 \tag{4}$$

式中　β_c——混凝土强度影响系数；
　　　f_{cd}——混凝土轴抗压动力强度设计值，N/mm²。

2) 转换梁

$$V \leqslant 0.4 \beta_c f_{cd} b h_0 \tag{5}$$

$$\frac{f_{ad} t_w h_w}{\beta_c f_{cd} b h_0} \geqslant 0.10 \tag{6}$$

4 计算实例

某型钢混凝土梁（图 1），宽 0.30 m、高 0.60 m，混凝土等级为 C35，钢筋等级为

HRB400，型钢型号为 H400 mm × 150 mm × 6 mm × 8 mm，型钢钢材牌号为 Q345。梁的加载方式和钢筋分布如图 2 和图 3 所示。

在人防集中荷载 P 作用下，按式（2）计算，该梁的斜截面受剪承载力值为 754 kN，其中：混凝土部分为 209 kN，箍筋部分为 172 kN，型钢部分为 373 kN。当梁达到受剪承载力值时，相应的外加集中荷载值 P 为 754 kN。

该梁正截面受弯承载力值[2]为 681 kN·m，相应的外加集中荷载值为 1 362 kN。

所以，在逐渐增大梁上集中荷载 P 时，梁先发生剪切破坏。

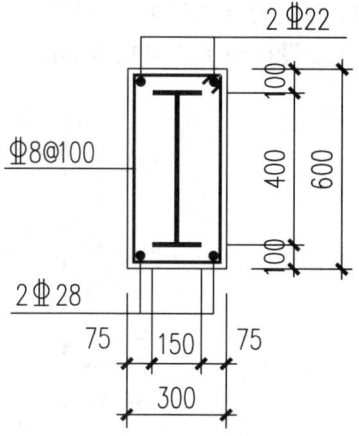

图 1　某型钢混凝土梁断面图
（单位：mm）

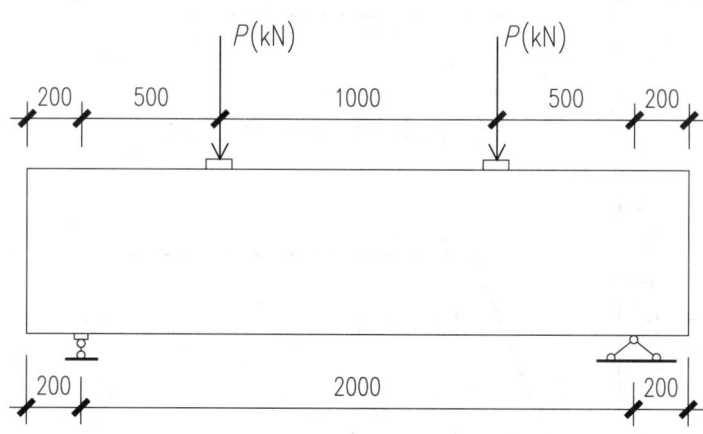

图 2　梁构件集中加载示意图（单位：mm）

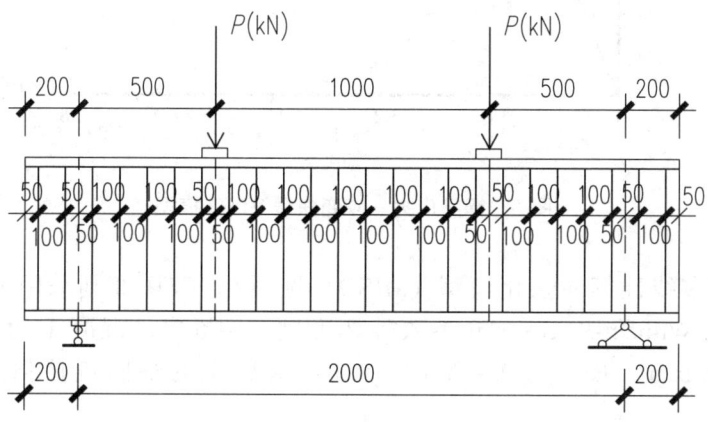

图 3　梁钢筋分布示意图（单位：mm）

4.1　ANSYS 材料模型

型钢、纵筋和箍筋采用双线性等向强化模型（BISO），单轴应力应变关系为理想弹塑性模型（图 4 和图 5），型钢屈服准则为 Mises 准则。在图 4 和图 5 中，横坐标为应变 ε，纵坐

标为应力 σ。图 4 中，型钢抗拉动力强度设计值 f_{ad} = 418.5 N/mm²。图 5 中，钢筋抗拉动力强度设计值 f_{yd} = 432 N/mm²。

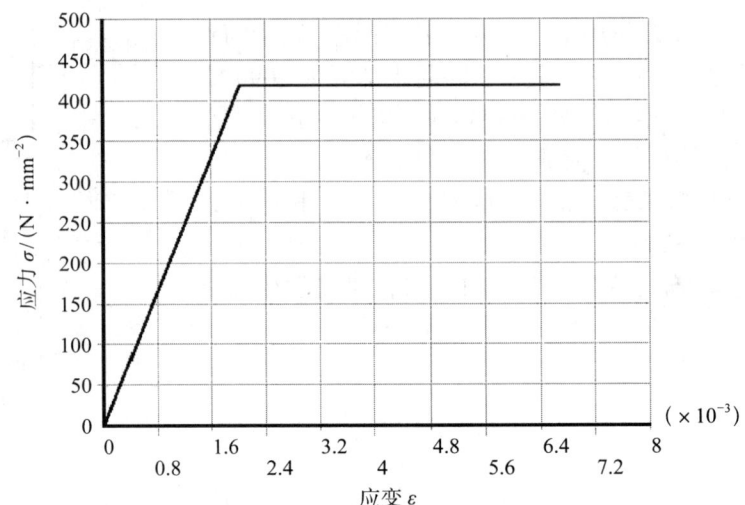

图 4　型钢应力-应变曲线 BISO 模型

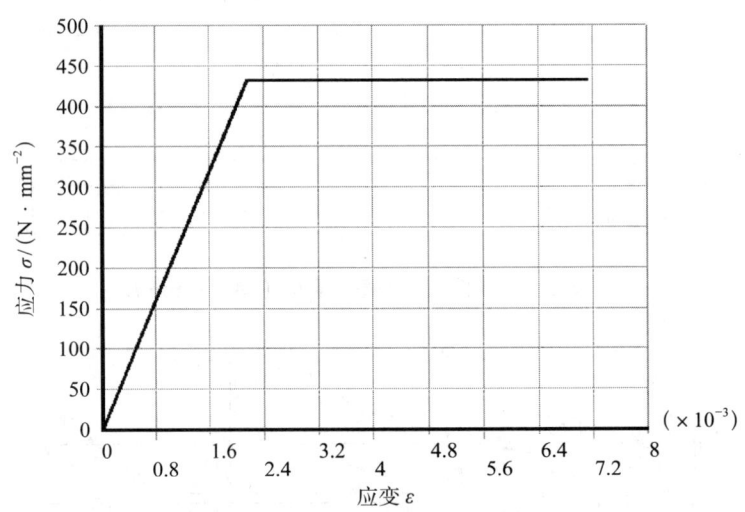

图 5　钢筋应力-应变曲线 BISO 模型

混凝土采用多线性等向强化模型（MISO）见图 6，破坏准则采用 ANSYS 程序中混凝土材料默认的 William-Warnker 五参数破坏准则。图 6 中，混凝土的轴向抗压强度设计值 f_{cd} = 25.05 N/mm²。图 7 为 ANSYS 程序中，混凝土的轴向抗拉强度设计值设置为 f_{td} = 2.355 N/mm²。

4.2　ANSYS 单元类型

混凝土采用 Solid65 单元。为了便于正常收敛，不考虑形函数附加项，考虑拉应力释放，关闭 Solid65 单元的压碎功能（将混凝土单轴受压强度设为 -1）。

纵筋和箍筋采用 Link8 单轴杆单元，该单元只能承受拉、压轴力。

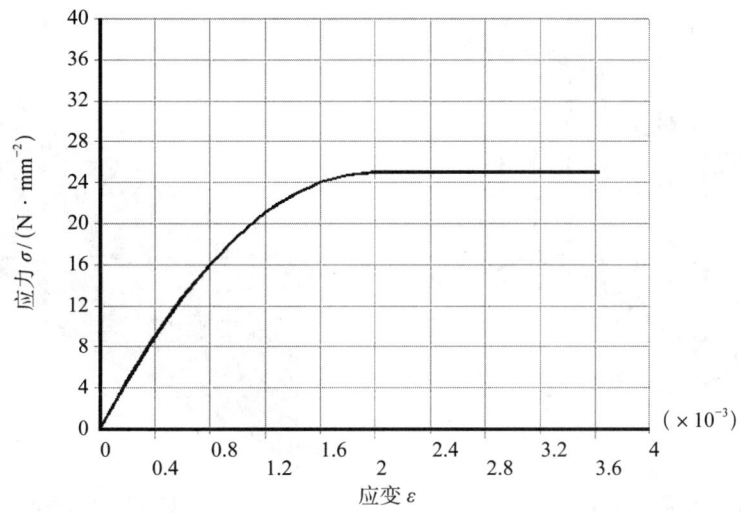

图 6　混凝土应力-应变曲线 MISO 模型

型钢采用 Solid45 单元模拟。

4.3　ANSYS 网格划分及单元生成

在确定型钢、纵筋和箍筋、混凝土在 ANSYS 程序中的材料性质、实常数和单元类型后，利用对称性建立 1/4 分析模型。

几何建模采用"由上至下"的建模方法，通过布尔运算进行块体分割（图8）。后进行网格划分、单元生成，如图9所示。图10和图11分别为钢筋模型图和型钢模型图。

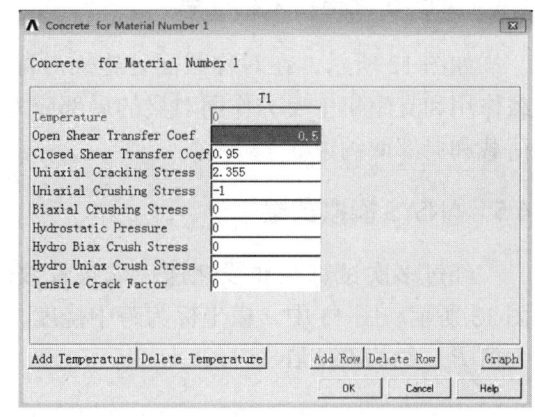

图 7　混凝土轴向抗拉强度设计值设置

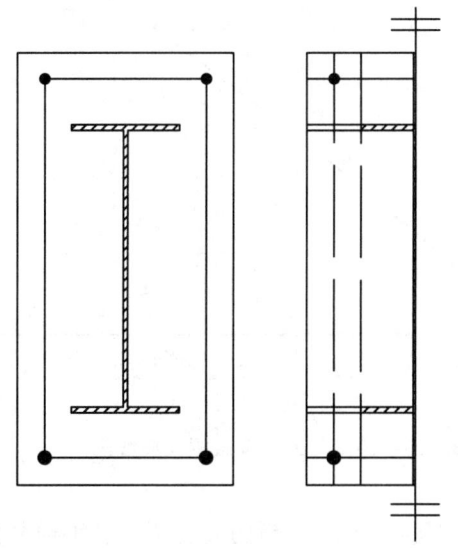

图 8　块体分割示意图

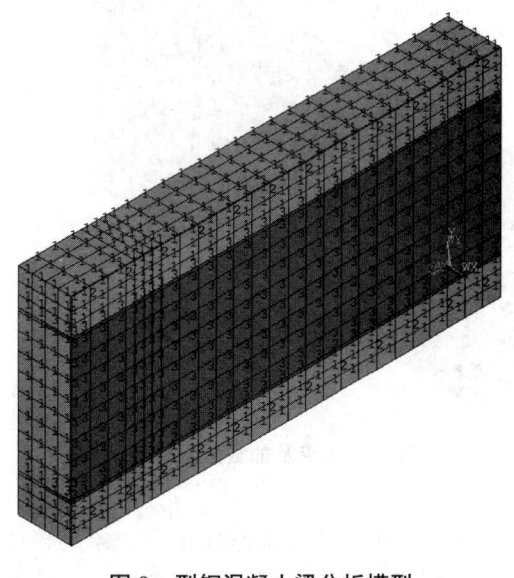

图 9　型钢混凝土梁分析模型

图 10 钢筋模型图

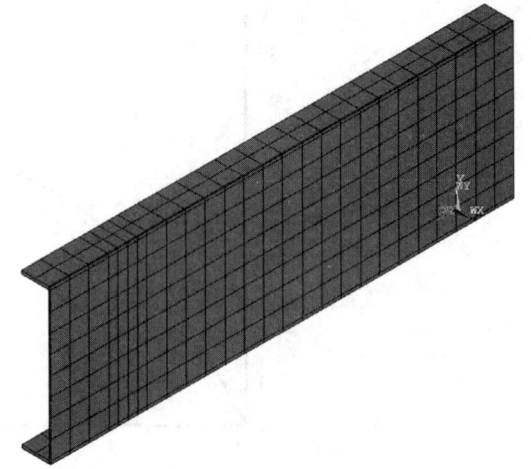

图 11 型钢模型图

4.4 ANSYS 支座约束和加载

如图 12 所示,在对称截面处施加对称约束。对于荷载作用点和支座处,为避免集中荷载作用和支座集中反力作用对梁的局部应力集中影响,得出分析结果,在模型中输入局部面荷载和局部面约束。

4.5 ANSYS 模拟结果

经过多次试算和非线性迭代求解收敛,跨中挠度 y 与外加荷载 P 的相关曲线关系,如图 13 所示。图 13 中,横坐标为跨中挠度,最大值 y_{max} 约为 3.3 mm;纵坐标为外加荷载,最大值 P_{max} 约为 880 kN。

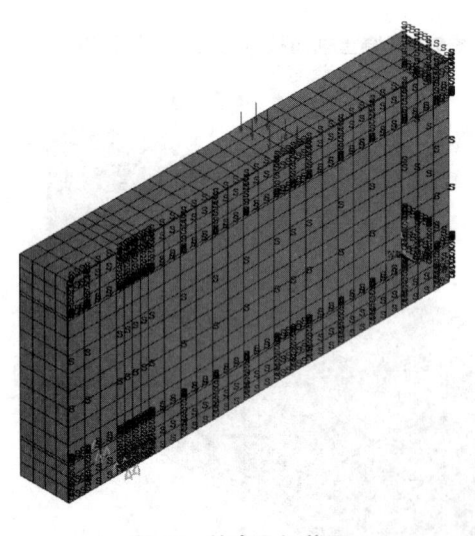

图 12 约束及加载图

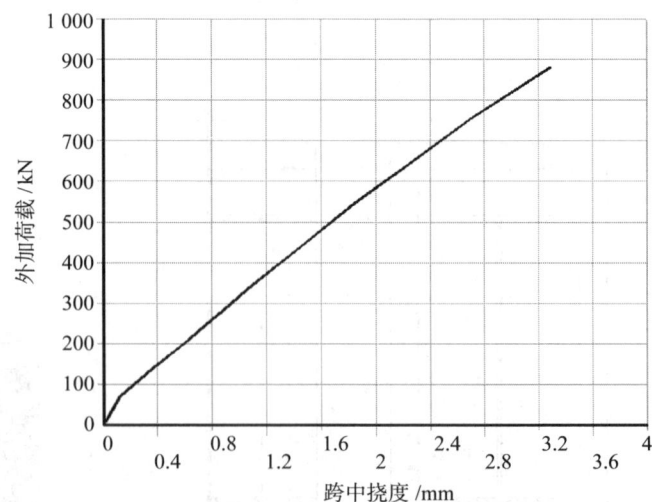

图 13 跨中挠度与外加荷载相关曲线图

为了在极限集中荷载作用下,梁的整体变形图、钢筋应力图、箍筋应力图、型钢横截面剪应力图和混凝土裂缝分布示意图,具体见图 14—图 18。

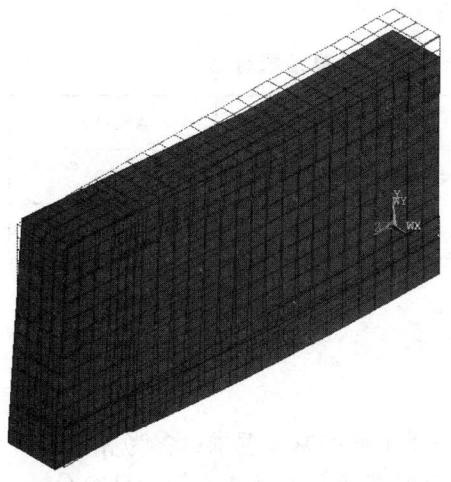

图 14 梁整体变形图（单位：mm）

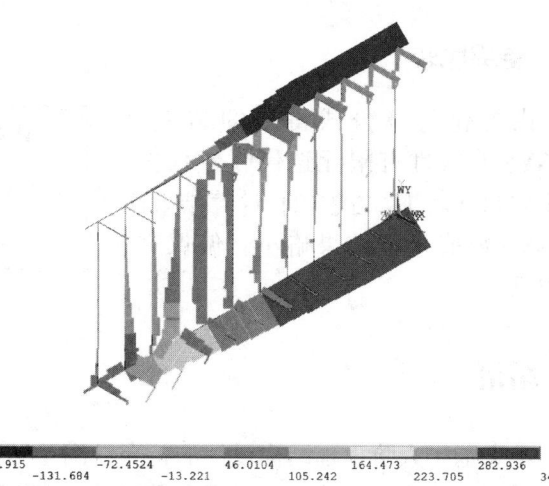

图 15 钢筋应力图 /(N·mm^{-2})

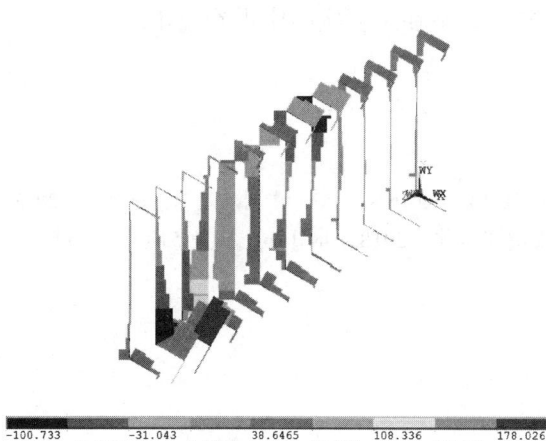

图 16 箍筋应力图 /(N·mm^{-2})

图 15，梁下皮纵筋最大拉应力为 342 N/mm^2，上皮纵筋最大压应力为 191 N/mm^2，均小于屈服极限应力 432 N/mm^2，未屈服。分析图 15 和图 16 可知，由于左侧支座对梁向上的较大局部压应力作用，靠近支座处的箍筋下皮水平部分拉应力最大，约为 213 N/mm^2，未屈服。梁箍筋竖向部分最大拉应力，约为 143 N/mm^2，未屈服。图 17，型钢横截面剪应力最大值约为 11.2 N/mm^2，小于型钢抗剪强度设计值 $f_{ad}/\sqrt{3} = 241.6$ N/mm^2。

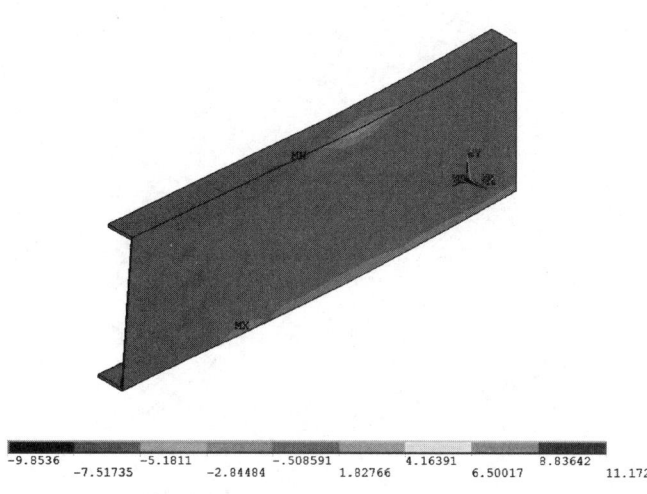

图 17 型钢横截面剪应力图 /(N·mm^{-2})

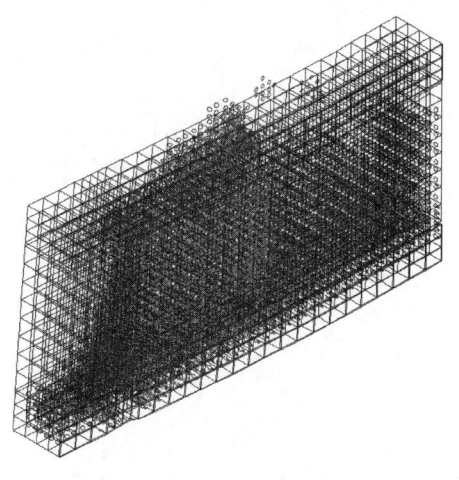

图 18 混凝土裂缝分布示意图

4.6 结果比较

由简化计算公式得出的结果和 ANSYS 非线性有限元迭代收敛数据，对比可知（表1），式（2）计算结果比 ANSYS 数值模拟结果略小，偏保守，应用可行。

表1 计算结果对比

计算方法	简化计算公式	ANSYS
受剪承载力 / kN	754	880
偏差 /%	100	116.7

5 结语

本文基于人防工程结构设计的特点，满足结构构件力学平衡的基本要求，参考相关设计规范和研究成果，提出集中荷载作用下人防型钢混凝土梁斜截面受剪承载力简化计算公式，并采用 ANSYS 通用软件对某型钢混凝土梁构件进行非线性有限元数值分析，验证了简化计算公式安全可行。相关研究成果已获得国家专利授权，并在工程实践中得到应用。

参考文献

[1] 中华人民共和国住房和城乡建设部. 组合结构设计规范：JGJ 138—2016[S]. 北京：中国建筑工业出版社，2016.
[2] 冯星. 型钢混凝土梁在人防工程设计中的应用研究 [J]. 建筑结构，2018，48（s1）：513-518.

人防工程给排水设计思路简介

原芳芳

(上海结建规划建筑设计有限公司，上海 200233)

摘 要 针对地下工程中，含人防工程设计过程中与常规地下工程不同的特点，应强调设计注重防护、防化的原则，本文介绍了人防工程在给水、排水、柴油电站给排水及供油系统、管道防护和消防给水系统等几个方面的设计要点，为人防工程的给排水设计进行了总结。人防工程的给排水系统设计在人防工程的设计中占据着重要的位置，一方面是为了保障平时消防功能的要求为消防给水系统提供用水；另一方面是为了保障掩蔽人员的生存，在战时需要为掩蔽人员提供生活饮用水、洗消用水；同时为保障内部设备系统的正常运行，给柴油发电机和空调机组等设备提供冷却用水。

关键词 人防工程；给排水设计；生活用水；饮用水；消防用水；洗消；防护

1 引言

人防工程给排水设计的特点不仅体现在专业性、复杂性，更体现在功能要求、防护要求、防化要求等方面。

随着1978年改革开放和经济的发展，在20世纪80年代末和90年代初，我国重点建设了一批结合城市建设，并且兼顾平时、战时功能的人防工程，多数位于城市的交通枢纽或商业中心，如各城市中结合地下工程的商业街、客运站的地下商场、广场内的地下停车场、地下商场以及配套工程和站前广场工程等兼顾平时使用的人防工程。在当时地面建筑标准普遍不太高、建筑单体面积普遍较小的背景下，这些人防工程以巨大的体量、平战功能的科学结合、较高的装修档次、舒适的人工环境等产生了良好的社会影响。

鉴于此，有必要对人防工程给排水的设计进行分析与总结，以提高专业的设计质量。通过本文的介绍，大家能够通过以下几个方面掌握人防工程给排水专业的设计思路。

2 给水

2.1 水源

人防工程的给水水源，平时可采用市政给水管网供给；战时当市政管网受到破坏染毒的情况下，专业队队员掩蔽部、人员掩蔽工程和人防物资库等功能需要在工程的清洁区设置战

作者简介：原芳芳（1985年—），女，本科，工程师，主要从事人防给排水方面的设计工作。E-mail: 455575968@qq.com。

时用贮水箱，以贮存人员所需的饮用水、生活用水以及洗消用水。如在战时，需长时间坚持工作的工程（如固定电站等），最好设有可靠的内水源，即内部备用井。

目前绝大多数人防工程的战时供水都依靠内部贮水箱或水池。

2.2 生活用水量

平时使用用水量定额按现行国家标准《建筑给水排水设计标准》（GB 5001—2019）的有关规定执行。

战时用水量包括人员生活、饮用、洗消用水量，墙面冲洗用水量、地面冲洗用水量和设备用水量。

战时人员生活、饮用水量标准应按表1采用。

战时人员生活用水、饮用水的贮水时间，应根据工程水源情况、工程类别按表2采用。

表1 战时人员生活、饮用水量标准

工程类别	用水量 /[L·(人·d)$^{-1}$]	
	饮用水	生活用水
专业队队员掩蔽部	5~6	9
人员掩蔽工程	3~6	4
人防物资库	3~6	4

表2 各类防空地下室的贮水时间

水源情况		工程类别		
		专业队队员掩蔽部	人员掩蔽工程	人防物资库
有可靠内水源	饮用水 /d	2~3		
	生活用水 /h	4~8	0	
无可靠内水源	饮用水 /d	15		
	生活用水 /d	有防护外水源	3~7	
		无防护外水源	7~14	

根据防空地下室的工程类别、战时掩蔽人数、战时用水量和贮水时间标准，生活用水水箱容积按式（1）计算[1]：

$$V_1 = \frac{q_1 \times n \times t_1}{1\,000} \tag{1}$$

式中 V_1——人员生活用水量，m³；

q_1——战时人员生活用水量标准，L/(人·d)；

n——防空地下室内设计掩蔽的人数，人；

t_1——生活用水贮水时间，d。

饮用水水箱容积按式（2）计算：

$$V_2 = \frac{q_2 \times n \times t_2}{1\,000} \tag{2}$$

式中　V_2——人员饮用水量，m³；
　　　q_2——战时人员饮用水量标准，L/(人·d)；
　　　n——防空地下室内设计掩蔽的人数，人；
　　　t_2——饮用水贮水时间，d。

如设置洗消间的人防工程，人员采用淋浴洗消的方式，洗消用水量按洗消人员洗消一次计算所得即可。可根据以下公式计算人员淋浴洗消用水量。

人员淋浴洗消用水量按式（3）计算公式：

$$V_r = q_r n p \tag{3}$$

式中　V_r——人员洗消用水量，L；
　　　q_r——人员洗消用水量标准，按 40 L/(次·n) 采用；
　　　n——防空地下室内掩蔽人数取 650 人；
　　　p——洗消人员百分数，取 3%。

从以上例子计算出人员淋浴洗消用水量为 780 L。

如设置简易洗消的人防工程，人员简易洗消的贮水量不再需要计算，直接按 0.6~0.8 m³ 确定即可。

口部染毒区墙面、地面冲洗用水量按需冲洗部位冲洗一次计算，可按 10 m³ 计算。

2.3　水力计算

2.3.1　确定给水管的管径

根据流体力学的流量计算公式可以推算出管道内径的计算公式，而流速是按技术经济及环境允许噪声来选用的。一般生活给水管道：

管径为 15~20 mm 的管道，其水流速度宜 ≤ 1.2 m/s；
管径为 20~40 mm 的管道，其水流速度宜 ≤ 1.5 m/s；
管径为 50~70 mm 的管道，其水流速度宜 ≤ 1.8 m/s；
管径大于 80 mm 的管道，其水流速度宜 ≤ 2.0 m/s。

2.3.2　管网阻力损失计算

管道系统的阻力损失主要包括沿程阻力损失和局部阻力损失。沿程阻力损失为管段的水力坡度与管段长度乘积。

局部阻力损失按沿程阻力损失的 25%~30% 估算。

结合上述的设计流量、给水管道所需的水压，即可选择增压水泵等设备。

2.4　水箱的位置设置要求

（1）必须设置在清洁区，且水箱能够靠近排水沟或者集水井的地方。
（2）当饮用水和生活用水共用一个水池（箱）时，应设有饮用水不被其他用水挪用的措施。

(3) 水箱内应设置自洁消毒器，保证贮水池内的水质。战前对水箱进行清洗、消毒，并充满水。

3 排水

3.1 排水分类

人防工程的排水分为平时消防排水、战时生活污水排水、设备废水排水以及洗消废水排水等。

3.2 排水方式

人防工程的排水方式与平时设计中排水方式相同，主要分为自流排水和机械排水。各种污废水依靠重力自流进入人防工程内部或口部的污废水集水坑；坑内污废水由潜污泵或立式污水泵的提升装置排至室外。如无可靠电源时，也可采用人工手摇泵。

3.3 消防废水集水池及战时生活污水集水池

消防废水集水池的设置需满足人防工程80%消防废水的排放。经过计算可知，一个防火分区内设置3~4个集水池。潜污排水泵选型需根据流量和扬程来选择。

战时生活污水集水池的有效容积需要包含调节容积和贮备容积。调节容积不宜小于最大一台污水泵5 min的出水量，且污水泵每小时启动次数不宜超过6次；贮备容积必须大于隔绝防护时间内产生的全部污水量的1.25倍。集水池还应满足水泵设置、水位控制器等安装、检查的要求；设计的最低水位，应满足水泵吸水要求。临战前需将集水井排空。

3.4 洗消排水

在防毒通道兼简易洗消间、洗消间、需冲洗的口部染毒区均应设置收集洗消废水的集水池或地漏。洗消废水集水池与清洁区的集水池必须分开设置，不得共用。

排风口：防护密闭门外设置集水坑；洗消间内设集水坑；排风竖井和扩散室内可设置防爆地漏，废水排至防护密闭门外的集水坑，减少设集水坑的造价，达到排水的作用。

进风口：防护密闭门外通道或竖井内设集水坑；防护密闭门内无需设集水坑，在滤毒室、密闭通道、除尘室及扩散室设防爆地漏，冲洗的废水排至防护密闭门外的集水坑，减少设集水坑的造价，达到排水的作用。

人防工程中设置在人防工程外部即防护密闭门外的集水坑需设置在冲击波作用下不能够被破坏的防护盖板下，保护管道不被破坏，从而达到正常排水。

3.5 排水管道布置要求

排水管道的布置需要做到以下几点：排水管道的坡度、充满度和流速按照《建筑给水排水设计标准》(GB 50015—2019)的要求进行计算；卫生器具和用水设备的排水均应设水封，起到隔臭作用；人防工程口部的排水管不应小于DN80；排水管线在布置时尽量做到最短，避免多次拐弯；尽量避免或减少排水管道与其他管道和设备的交叉敷设。

3.6 排水系统附件

清扫口：人防工程中在横管的端部或根据规范要求在适当距离设清扫口，设置方式与地面建筑的有关要求相同。

防爆地漏：在排水系统中防护区内部的地漏若通过管道与外部相通，为防止冲击波进入内部，应采用防爆地漏。在防护区内部如果排水管穿越了密闭隔墙，与该管连接的地漏也应采用防爆地漏。防爆地漏设置在人防工程的口部房间内，便于战后冲洗时排水。

3.7 排水管道的水力计算

一般人防工程的排水系统比较简单，可按照卫生器具的最小排水管管径、标准坡度直接确定。

4 柴油电站给排水及供油

人防工程设计规范规定救护站、防空专业队工程、人员掩蔽工程和配套工程等建筑面积之和大于 5 000 m² 时应在工程内部设置柴油电站。目前根据各地配建人防工程的面积规定可知，大于 5 000 m² 的人防工程比较常见，柴油电站的给排水及供油设计将展开以下介绍。

4.1 柴油电站给排水

柴油发电机组的冷却方式有两种，主要为风冷方式及水冷方式。现在设计中多采用风冷方式。采用风冷方式的电站需在机房内设置冷却水贮水箱，贮水箱有效容积可按 2 m³ 设计，并设取水龙头。

柴油发电机房内的各种用水管线，宜设在地沟内，并在地沟内设置集水坑和地漏，以便及时排出积水。

另外还需要在柴油发电机房的控制室与防毒通道内设置简易洗消的设施，如设取水龙头及洗脸盆，供检修人员进出时洗消。

4.2 柴油电站的供油

柴油电站的供油系统，一般由口部的油管接头井、输油管、贮油池、加压泵、过滤器和内部日用油箱等组成。日用油箱高架安装后直接供给柴油发电机使用。

贮油量的容积需根据柴油发电机的台数以及贮油时间计算确定。可通过式（4）进行计算。贮油箱/桶容积计算：

$$V = \frac{24NbTm}{1\,000R} \tag{4}$$

式中　V——贮油箱/桶容积，L；

　　　N——柴油发电机功率，取 120 kW；

　　　b——柴油发电机燃油耗油率，取 0.195 kg/kWh；

　　　T——贮油时间，取 10 d；

　　　m——柴油发电机台数，取 1 台；

　　　R——柴油的容重，取 0.85 kg/L。

通过计算贮油箱的有效容积至少应为 6.6 m³。

油箱宜采用钢板油箱，也可采用不锈钢油箱或搪瓷钢板油箱。

5 管道防护

不同于普通的地下工程，人防工程内的管道及设备等需满足与工程类别及抗力级别相对应的战时防护要求。

与防空地下室无关的管道不宜穿过人防围护结构；上部建筑的生活污水管、雨水管、燃气管等不得进入防空地下室；专供上部建筑使用的设备房间和油管管道宜设在防空地下室的防护密闭区之外。

进出防空地下室围护结构的给水、热水、消防、供油、排水和通气等管道，在穿过防空地下室顶板、临空墙和门框墙时，其管道的管径不宜大于 150 mm；在穿围护结构处均应设置防护密闭套管；在穿过围护结构时，应在内侧设置公称压力不小于 1.0 MPa 的防护阀门，防护阀门应采用阀芯为不锈钢或铜质的闸阀或截止阀。

柴油发电机房的输油管当从出入口引入时，应在防护密闭门内设置油用阀门；当从围护结构引入时，应在外墙内侧或顶板内侧设置油用阀门，其公称压力不小于 1.0 MPa，该阀门应设置在便于操作的地方，并配有明显的启闭标志，在室外的适当位置应设置与防空地下室抗力级别相同的油管接头井。

6 消防给水系统

人防工程的消防给水系统设计参照国家规范标准，主要分为以下几个部分：消火栓灭火系统、自动喷水灭火系统及灭火器系统。

6.1 消火栓灭火系统

(1) 根据地下工程的类型选取设计流量，并计算出消防泵的扬程，选取合适的消防泵。

(2) 室内消火栓布置应保证相邻的两支消火栓的充实水柱可达到室内任何部位。设环状管网供水，并用阀门分为若干独立管段，以保证检修时停止使用的消火栓不超过 5 个。

(3) 消火栓水枪的充实水柱不应小于 10 m，消火栓口径为 DN65，水枪口径为 ϕ19，采用 ϕ65 的化纤衬胶水带，长度 25 m。消火栓箱内设置消防软卷盘，栓口直径 25 mm，喷嘴口径 6 mm，配备胶带内径 19 mm。

(4) 消火栓的设置要求需满足消火栓栓口不应安装在门轴侧，箱门的开启不应小于 120°。消火栓栓口的安装高度宜距地面 1.1 m，其出水方向应便于消防水带的敷设。位于车位间的消火栓栓口出水方向宜向下[3]。

(5) 系统控制：消火栓给水加压泵由屋顶水箱间内消火栓系统流量开关、地下室水泵房内的压力开关和消防控制中心直接开启消防给水加压泵。消火栓水泵开启后，水泵运转信号反馈至消防控制中心和消火栓处，该消火栓和该层或防火分区内的消火栓指示灯会亮。消火栓给水加压泵在泵房内和消防控制中心均设手动开启和停泵控制装置。消火栓给水备用泵在工作泵发生故障时自动投入工作[2]。

6.2 自动喷水灭火系统

(1) 根据地下工程的类型选取设计流量，并计算出自动喷水系统的扬程选取合适的自动喷水给水泵。

（2）系统最不利点处的洒水喷头工作压力不应低于 0.05 MPa。

（3）防空地下室自喷湿式系统常用标准覆盖面积、标准响应喷头，流量系数 $K \geqslant 80$。

（4）每个报警阀组控制的最不利点洒水喷头处设末端试水装置，其他防火分区末端设试水阀。末端试水装置和试水阀的出水采取孔口出流的方式排放。

（5）自喷管道上连接报警阀进出口的控制阀门和水流指示器前的阀门采用信号阀，通过电信号把各阀的启闭状况显示在消防控制中心的控制屏上[4]。

（6）系统控制：①火灾发生后喷头玻璃球爆碎，向外喷水，水流指示器动作，向消防控制中心报警，显示火灾发生位置并发出声光等信号。②系统配水管道压力下降，自喷给水泵由出水管上设置的压力开关、高位消防水箱出水管上的流量开关和报警阀组压力开关直接自动启动。在泵房的控制盘上和消防控制中心的屏幕上均设有运行状况的显示装置，同时向消防控制中心报警，敲响水力警铃向人们报警。

6.3 灭火器系统

灭火器设置根据平时使用功能、水灭火系统的设置条件等因素，依据《建筑灭火器配置设计规范》（GB 50140—2005）进行灭火器配置的设计。

7 结语

人防工程给排水设计，需结合平时和战时双重功能，有针对性地进行"私人订制"的设计。设计有必要采取不同的应对技术措施，确保遵循人防工程设计的原则，提升给水排水设计的专业化，使得人防工程的建设能够与城市建设相结合，发挥战备效益、社会效益与经济效益的最大化。

参考文献

[1] 丁志斌. 防空地下室给水排水设计施工与维护管理[M]. 北京：中国建筑工业出版社，2019.

[2] 姜湘山. 建筑给水排水设计要点[M]. 北京：机械工业出版社，2012.

[3] 中华人民共和国公安部. 消防给水及消火栓系统技术规范：GB 50974—2014[S]. 北京：中国计划出版社，2014.

[4] 中华人民共和国住房和城乡建设部. 自动喷水灭火系统设计规范：GB 50084—2017[S]. 北京：中国计划出版社，2018.

[5] 任冬，张春光. 人民防空地下室给排水设计的几点看法[J]. 低温建筑技术，2011，33（3）：120-121.

[6] 周佳庆. 浅谈人民防空地下室给排水设计要点[J]. 建筑知识（学术刊），2012（7）：135-137.

[7] 何建. 浅谈人防地下室的给排水设计[J]. 建材发展导向，2013（1）：34-35.

[8] 蔡瑞环. 防空地下室给排水设计体会[J]. 给水排水，2010，36（z1）：304-306.

轨道交通工程人防及防淹门系统与其他机电系统接口做法浅析

石 磊

(上海市地下空间设计研究总院有限公司,上海市 200125)

摘 要 轨道交通工程是一项涉及多专业、关系复杂的系统工程。轨道交通工程的设计依赖于各专业、各系统的相互配合。为了使轨道交通工程各系统能紧密结合,有效联系,达到整个轨道交通安全、可靠、经济、合理的目标,有效地发挥各个部分的功能,在设计过程中,由总体设计单位牵头,编制完整的技术接口文件,处理好各系统的接口关系则十分重要[1]。

关键词 轨道交通工程;人防及防淹门系统;接口做法;区间人防设备

1 引言

根据《中华人民共和国人民防空法》的相关要求,城市地下交通干线以及其他地下工程的建设应兼顾人民防空的需要。通过采取一系列措施,提高城市轨道交通自身的防护能力,可在未来战争中保护人民生命财产,造福人民[2]。

为提高城市整体防灾抗毁能力,轨道交通工程人防设计应在不影响平时使用的条件下,充分利用轨道交通工程已有的有利条件,对关键部位、重要设施,参照人民防空战术技术要求的规定,采用防护功能平战转换技术措施,在规定转换时限内达到防护标准及要求①。

在工程实践过程中,人防系统设计与轨道交通工程车站、区间的众多机电系统关系紧密,如何处理好各专业的接口分界就尤为重要。笔者根据多年设计实践,尝试对上述做法进行分析,供设计参考。

2 接口做法要点分析

2.1 接口的一般性要求

隧道正线区间防护密闭门、密闭门、区间隔断门和人防防淹门的状态必须全天候纳入综合监控系统(Integrated Supervisory Control System,ISCS)的监测。

闸门控制系统至少应有4个数字通信口和1个编程调试口,其中2个数字通信口应与综

作者简介:石 磊(1972年—),男,高级工程师,国家一级注册建筑师,国家一级注册防护工程师,主要从事人防工程、轨道交通工程、人防系统设计、轨道交通设计监理、防护设备设计施工总承包管理等领域的设计与科研工作。
E-mail:shilei@suadi.com.cn。

①见于《轨道交通工程人民防空设计规范》(RFJ 02—2009)。

合监控系统保持正常通信状态。设计应满足综合监控系统的接口要求，负责与综合监控系统承包商协商，落实信息交换的具体内容和格式，并应经业主方审查。

除数字通信外，对于安全运行的重要信息，闸门控制系统可通过 I/O（输入/输出）点直接接入 ISCS 系统的 IBP 盘和信号系统等，实现双路通道通信，以保证安全。闸门控制系统 I/O 接点应采用独立的无源接点，并应有 20% 以上的余量。

应提供编程平台软件、调试软件、控制程序和便携式电脑和资料等，包括全套软件的光盘。

控制系统应设有完善的自检功能和容错功能。

设计应遵照车站监控系统、信号系统设备厂家的数据通信要求和资料，实现车站计算机监控系统、信号系统对闸门的数据通信和规约转换。

由于车站监控系统、信号系统设备由其他制造厂生产、集成，为了保证系统接口正确合理，设计应负责与其他制造厂联系和协调，包括负责厂与厂之间的有关设计联络和制造图纸的互相交换。各厂之间的调整和修改，不得因此增加额外费用。

接口设备及连接线缆发送的电磁辐射应符合相关标准的规定；并在现场电磁环境中可以正常工作；接口所用的室外电缆处于复杂的电磁环境中，要求由于环境电磁场在该接口用连接电缆上产生的感应纵电势，不会导致接口继电器的错误动作后危及系统维修人员人身安全的问题。

2.2 人防与其他系统接口做法

接口功能并不限于以下内容，最终功能待人防及防淹门系统与各系统签订"接口协议"时确定。

2.2.1 人防系统与建筑自动化系统的接口

人防系统与建筑自动化系统（Building Automation System，BAS）接口见图 1。

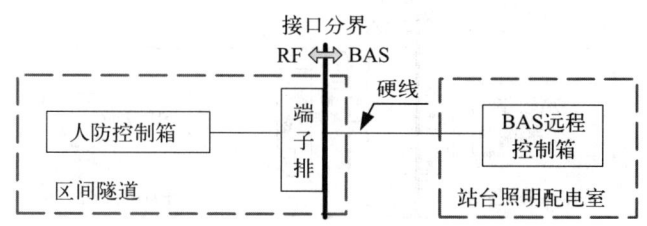

图 1　人防与 BAS 系统接口

接口内容具体包括以下几个方面。
(1) 接口名称：人防系统与 BAS 系统的接口。
(2) 接口位置：在区间人防控制箱内的接线端口处。
(3) 接口类型：硬线接口。
(4) 接口用途：实现 BAS 系统对人防隔断门状态的监视。
(5) 相关方责任：BAS 负责提供和敷设硬线。

2.2.2 防淹门与 ISCS 专业的接口（图 2，图 3）

1) 接口一
接口内容具体如下。

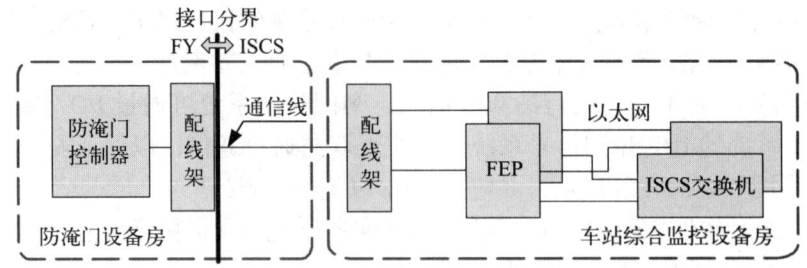

图 2　防淹门与 ISCS 系统接口一

(1) 接口名称：防淹门与综合监控系统的接口。
(2) 接口位置：车站防淹门控制室配线架处。
(3) 接口类型：以太网 RJ45。
(4) 接口用途：综合监控系统实现对车站防淹门状态及报警的显示功能。
(5) 相关方责任，具体包括：

①防淹门：提供接口接线端子，明确端子编号，配合 ISCS 专业进行调试；按约定好的数据格式准备，包括设备状态信息、设备报警信息和通道状态信息；回应 MCS 对防淹门与 MCS 之间的通道检测；接收 MCS 提供的网络时间的同步信息。

②ISCS：负责提供并配置通信电缆，从综合监控设备房配线架至防淹门控制器接线端子，并负责调试；每隔一定时间采集下列数据，包括设备状态信息，设备报警信息和通道状态信息；每隔一定时间，检测 MCS 对防淹门与 MCS 之间的通道；向防淹门系统提供实时信息。

2) 接口二

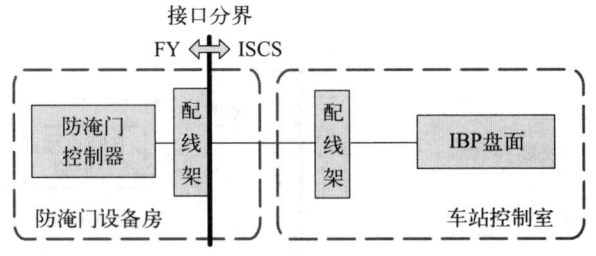

图 3　防淹门与 ISCS 系统接口二

接口内容具体如下。
(1) 接口名称：防淹门与综合监控系统的接口。
(2) 接口位置：车站防淹门控制室配线架处。
(3) 接口类型：硬线接口。
(4) 接口用途：实现 IBP 盘对防淹门的远程开 / 关门控制及防淹门状态反馈。
(5) 相关方责任，具体包括：

①防淹门：提供接口接线端子，明确端子编号，配合 ISCS 专业进行调试；接收来自 MCS 的 IBP 的控制，并驱动 IBP 上开 / 关门操作的相关指示。

②ISCS：负责提供并配置硬线电缆从车控室 IBP 盘配线架至防淹门设备房电控柜配线架处，并负责调试；统一设计 IBP 盘，提供 IBP 的按钮盒指示灯。

2.2.3 信号系统与防淹门的接口

信号系统与防淹门的接口内容，如图 4 所示。

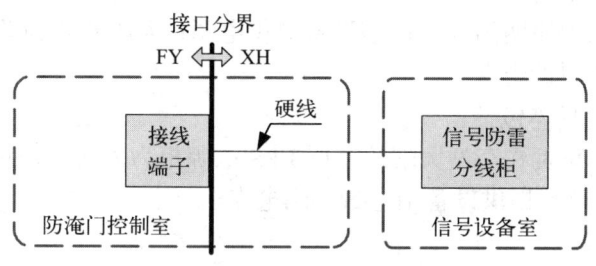

图 4　信号系统与防淹门接口

接口内容具体包括如下方面。
（1）接口名称：信号与防淹门的接口。
（2）接口位置：车站防淹门控制室与防淹门控制柜的外侧接线端。
（3）接口类型：采用硬线接口，接口类型为国产安全型继电器接口。
（4）接口用途：防淹门向信号系统提供防淹门的门状态信息和请求关闭信息，信号系统接收防淹门状态和请求关闭信息，向防淹门系统提供允许关闭防淹门信息。
（5）相关方责任，具体包括：
①信号系统：提供从信号系统至防淹门设备的带标识的硬线电缆，进行系统调试。
②防淹门：提供相应的接线端子排，配合信号系统进行调试。
（6）接口特性要求；接口电路用继电器，继电器采用中国产安全型继电器，继电器的特性及其应用应符合中国有关规定；接口电路应能明显准确地体现不同系统间的联锁关系；接口电路用于系统间传递信息的电环路应采用双断设计；信号系统与防淹门系统的接口电路应与所选用的继电器特性相匹配；接口电路须采用安全电路，电路的设计须符合故障—安全原则；接口一与接口二系统间应采取一定的隔离措施，不允许由于接口而损坏信号系统和防淹门系统的内部设备。

2.2.4 人防及防淹门系统与低压配电系统接口

人防及防淹门与低压配电系统接口内容见图 5—图 7。

1）接口一

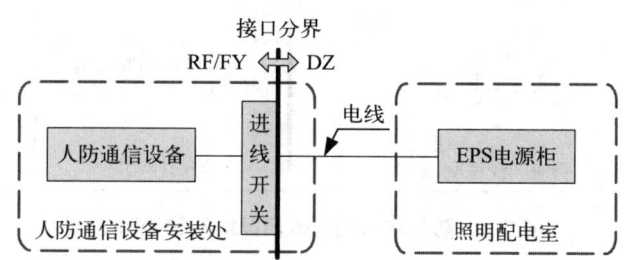

图 5　人防及防淹门与低压配电系统接口一

接口内容具体如下。
（1）接口名称：动力照明专业与人防通信电源之间的接口。
（2）接口位置：各车站人防通信设备电源进线开关接线端子。
（3）接口类型：采用电缆接口。
（4）接口用途：动力照明为人防通信设备提供电源；人防专业为动力照明专业提供用电需求并接受动力照明提供的电源。
（5）相关方责任，具体包括：
①低压配电系统：负责在车站大端站厅层 EPS 电源柜为人防通信预留电源。
②人防/防淹门：负责提供设备用电量、用电点。

2）接口二

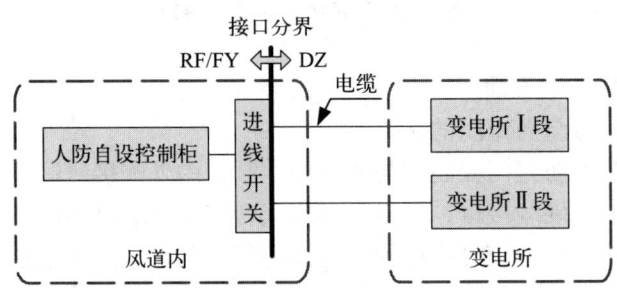

图 6　人防及防淹门与低压配电系统接口二

接口内容如下。
（1）接口名称：动力照明专业与人防自设配电箱间的接口。
（2）接口位置：各车站人防自设配电箱进线开关接线端子。
（3）接口类型：采用电缆接口。
（4）接口用途：动力照明为人防专业自设配电箱提供电源；人防专业为动力照明专业提供用电需求并接受动力照明提供的电源。
（5）相关方责任，具体包括：
①低压配电系统：负责提供人防自设配电箱电源，电源电缆应一次敷设到位。
②人防/防淹门：负责提供设备用电量、用电点及人防自设配电箱。

3）接口三

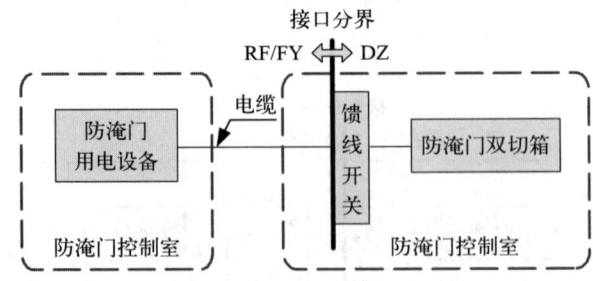

图 7　人防及防淹门与低压配电系统接口三

接口内容具体如下。
（1）接口名称：动力照明专业与防淹门用电设备之间的接口。

（2）接口位置：车站防淹门控制室双切箱馈线开关接线端子。
（3）接口类型：采用电缆接口。
（4）接口用途：动力照明专业为防淹门专业提供两路互为备用的电源和双电源切换箱；防淹门专业为动力照明专业提供用电需求，并接受动力照明提供的电源。
（5）相关方责任，具体包括：
①低压配电系统：负责提供防淹门用电设备电源。
②人防/防淹门：负责提供设备用电量、用电点。

2.2.5 人防系统与土建接口分界及要求

（1）接口分界：在车站土建结构防护段处。
（2）接口要求：车站土建按人防系统要求浇筑相关防护墙体；人防设备厂家提供门框预埋件，并现场定位、调试。预埋密闭套管，提供防爆地漏。

3 结语

人防系统作为轨道交通工程设计众多系统的一个子系统，与其他机电系统的接口分界是否清晰明确，功能是否完整，对于轨道交通设计的影响非常重要，特别是区间人防设备与通信、信号及 BAS 系统的接口，关系到轨道交通整体的运营安全，一定要加以重视。在轨道交通建设周期内，也发生过由于接口设计不合理导致的安全事故。完整正确的接口是指导、检查和验证各子系统设计的完整性、安全性、可靠性、合理性和经济性的重要内容。必要时，还须根据实际设计情况做出调整和优化。

参考文献

[1] 黄君枫.城市轨道交通机电设备系统接口管理[J].冶金丛刊，2016（6）：123.
[2] 法律出版社法规中心.中华人民共和国人民防空法[M].北京：法律出版社，2014.

人防工程洗消间布置的探讨

朱明亮

(上海结建规划建筑设计有限公司,上海 200333)

摘 要 本文分别介绍了国内人防工程和国外防护工程常用的洗消间布置形式及其防护通风设计原理,并进行了对比分析。结合国外防护工程洗消间布置特点以及国内人防工程常用的洗消间布置方案的基础上,笔者提出了改进方案,以期达到更好的防护、防毒性能,为此类工程优化口部设计方案、合理设计防护通风系统提供参考。

关键词 防护工程;洗消间;布置形式;防护通风;改进优化

1 引言

第一次世界大战后期出现空袭后,防护工程在内的防空系统的建立、发展和完善一直被各国重视。世界各国均修建了一定数量的防护工程,洗消间作为防护工程重要的口部房间,在工程外部染毒的情况下,起到供受染人员通过和消除全身染毒物的重要作用,洗消间布置形式是否合理将直接影响工程的防护性能。本文将对比分析国内外人防工程常用的洗消间布置形式特点,并在国内人防工程常用的洗消间布置方案基础上提出改进方案,为此类工程优化口部设计方案、合理设计防护通风系统提供参考。

2 国内人防工程洗消间布置

洗消是指对受染对象进行消毒和消除放射性沾染,是消除敌人核武器、化学武器、生物武器袭击后处理的重要措施之一。《人民防空地下室设计规范》(GB 50038—2005)第 3.3.20 条规定[①]:医疗救护工程、专业队队员掩蔽部、一等人员掩蔽所、生产车间和食品站等人防工程,均应在战时人员主要出入口的防毒通道一侧设置洗消间。二等人员掩蔽所、人防柴油电站等低级别的工程只在战时主要人员出入口设置简易洗消间。本文只介绍洗消间的相关内容,简易洗消间不作介绍。

2.1 洗消间的组成及作用

洗消间是对受染人员进行淋浴洗消,并进行染毒程度检查的房间,它一般由脱衣室、淋浴室及检查穿衣室组成[1]。

作者简介:朱明亮(1980年—),男,硕士研究生,注册设备工程师(暖通),主要从事人防工程设计工作。E-mail:405198690@qq.com。

① 见于《人民防空地下室设计规范》(GB50038—2005)。

2.1.1 脱衣室

脱衣室是需要洗消的人员进入淋浴室进行洗消之前，脱去个人防护器材（不包括防毒面具）和各种染毒、沾染衣物的房间。为了防止毒剂和放射性沾染继续扩散，应将脱下的衣物等置于密封的塑料袋内。该房间比淋浴室和检查穿衣室遭受污染的程度都严重，因此在战时每次使用过后都要进行认真的洗消工作。该房间的墙壁和地面应做防水处理，并设排水地漏。

2.1.2 淋浴室

淋浴室是人员进行淋浴洗消的房间，房间上部设有用于洗消的水箱、热水器和淋浴喷头。淋浴室的进口应设密闭门，且淋浴喷头的布置应避免人员足迹交叉。

2.1.3 检查穿衣室

洗消人员经过淋浴洗消后，进入检查穿衣室进行检查，合格后方可穿上清洁的衣服进入工程清洁区内，否则要重新回到淋浴室再次洗消。

图 1 是目前国内人防工程洗消间的常用布置形式。脱衣室进口开在第一防毒通道内，脱衣室与淋浴室之间的密闭墙上设密闭门，检查穿衣室的出口开在第二防毒通道内。染毒人员进入工程的流程为：①人员在内部条件允许的情况下，在防化保障人员指导下分组进入工程。②人员在第一道防护密闭门 M1 外通过洗消槽将鞋及鞋底携带的污染物进行初步洗消，拍打防护服上沾染的浮尘，尽可能降低污染物带入量。③人员在第一防毒通道内停留 3~5 min，保持超压排风换气，以消除由于防护密闭门开关而带入的染毒空气，同时将个人防护装具沾染的污染物进行简易洗消处理。④人员在明确的指令下，成组进入脱衣间，按照

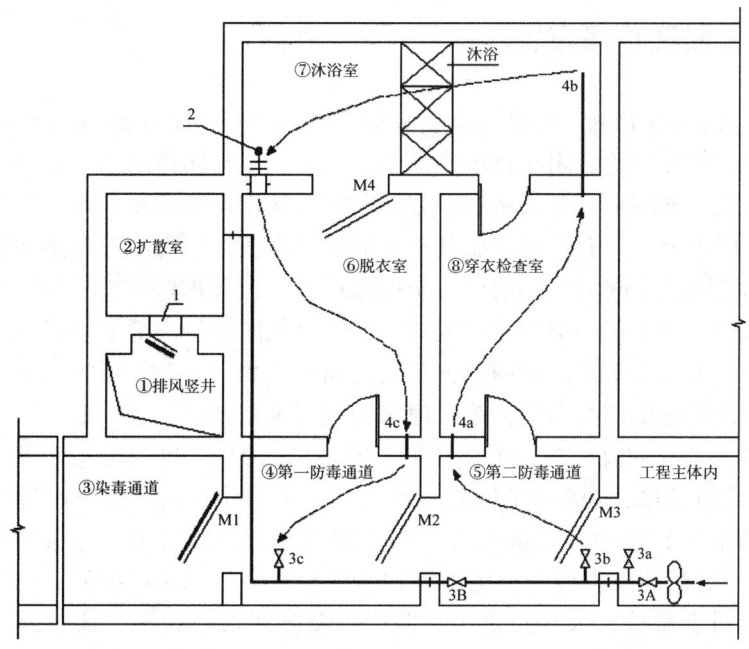

1—防爆波活门；2—超压排气活门；3—密闭阀门；4—通风短管

图 1 国内人防工程洗消间布置图

程序解除皮肤防护装具，将其放入密封袋内密封，此时人员仍然需要佩戴防毒面具。⑤人员进入淋浴间，解除呼吸道防毒面具，将其放入密封袋，在洗涤盆清洗口鼻等重点部位，淋浴冲洗进行全身洗消，淋浴时人员彼此分开，以保证人员间不相互污染，淋浴前、后的行动足迹不交叉，防止人员重复沾染。⑥人员进入检查穿衣间进行洗消效果检查，若检查不合格，则退回淋浴间再次进行淋浴洗消，直至洗消效果检查合格后，穿好干净衣物进入第二防毒通道，再进入工程清洁区。⑦有疑似洗消不能解除危险的人员留在工程内隔离室，集中停留观察一段时间，确认没有危险后再解除留置观察。上述步骤都需要专业人员指导与专业设备检测。

2.2 洗消间的通风设计

战时排风系统防护设计是否合理是影响工程战时防护功能的因素之一。洗消间的通风设计又是战时排风系统设计的重要内容。工程在转入滤毒式通风后，其滤毒进风系统不断地由外界向工程内进风，依靠调节超压排风系统的排风量来控制工程内的超压值，以防止人员进出工程时，将染毒空气带入工程内，同时有利于阻止毒剂在自然压差的作用下，沿着各种缝隙进入工程。滤毒式通风有两种超压方式：全工程超压排风方式和局部超压排风方式[3]。本文结合图1只介绍全工程超压排风方式。

以图1为例，在滤毒式通风时，排风系统转入全工程超压排风的形式。即关闭密闭阀门3A、3B，打开密闭阀门3a、3b、3c，当工程内压力升到一定值时，超压排气活门2自动开启，进行超压排风，其气流方向：3a→3b→4a→4b→2→4c→3c→②→1→①。全工程超压排风系统的设计核心是超压排气活门、密闭阀门以及通风短管的正确选择和布置。相邻的密闭阀门或通风短管应错开布置，避免排风气流出现短路或死角。阀门及通风短管口径的选择以超压排风气流速度小于等于 5 m/s 为宜。

3 国外防护工程洗消间布置

笔者查阅了美国 *Heating, ventilation, and air conditioning of hardened installations* 中关于洗消间的资料，其提供的常用布置形式如图2所示，设有防爆通道、第一防毒通道、第二防毒通道、脱衣室、淋浴室、穿衣室和服装储藏室，还设有染毒服装间，染毒服装间和脱衣间、淋浴间的隔墙上分别设有供染毒服装投入的服装滑槽。口部设有两道防护门，两道密闭门。两道防护门之间的空间为防爆通道，防爆通道上方设置扩散室。扩散室朝向工程外部墙上设置防爆波活门，位于第一道防护门上方；扩散室朝向工程内部墙上设置止回阀，位于第二道防护门上方。第二道防护门和两道密闭门之间分别为第一防毒通道和第二防毒通道，第二道密闭门上方设有超压排气活门，第二道密闭门后为清洁区。

染毒人员进入工程的流程为：①打开第一道防护门M1，进入防爆通道，然后关闭第一道防护门M1，再打开第二道防护门M2。这样做是为了防止同时打开两道门，工程内压力陡然降低从而影响工程超压。②进入第一防毒通道后，再通过第一道透气膜门M6进入脱衣室。M6是由透气塑料薄膜做的，可以均匀通过空气，且薄膜可拉伸，门中间部分薄膜重叠，通过时拨开重叠部分，人通过之后，薄膜自动弹回重叠状态。这个透气膜门国内未见相关文献提及。③在脱衣室内脱去除防毒面具外的染毒衣服，放入服装滑槽掉，入染毒服装间，然后进入淋浴室。④在淋浴室内脱去防毒面具，放入服装滑槽掉入染毒服装间，然后进

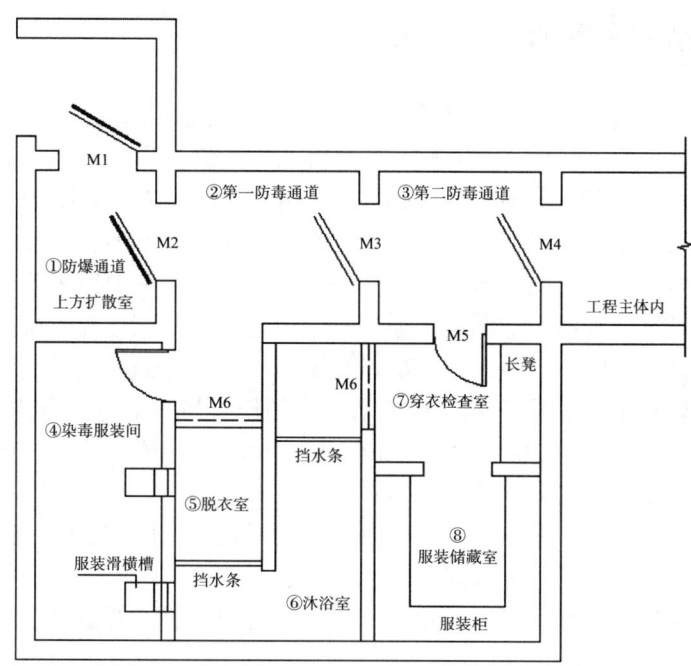

M1—上方设防爆波活门的防护门（活门安装在顶板扩散室）；M2—上方设止回阀的防护门（止回阀安装在顶板扩散室）；M3—第一道密闭门；M4—第二道密闭门（上方安装超压排气活门）；M5—下方设有通风百叶的普通木门；M6—透气膜门（均匀透气且有弹性，拨开中间重叠处通过）

图2 国外防护工程洗消间布置图

行全身淋浴洗消。⑤淋浴后通过另一道透气膜门到达穿衣检查室，进行洗消效果检查，若检查不合格，则退回淋浴间再次进行淋浴洗消，直至洗消效果检查合格后，穿好干净衣物进入第二防毒通道，再进入工程清洁区。

在滤毒式通风时，排风系统转入全工程超压排风的形式。清洁气体从第二道密闭门M4上方的超压排气活门排出，依次经过第二防毒通道、穿衣检查室、第二道透气膜门、淋浴室、脱衣室、第一道透气膜门、第一防毒通道、止回阀、扩散室和防爆波活门后排出工程。

4 对比分析

与国内相比，上面介绍的美国防护工程洗消间的布置形式主要有以下几点不同：

(1) 第一防毒通道之前设置了防爆通道，更有利于工程防护、防毒。

(2) 设置了专门放置染毒衣物的服装间，并且在脱衣室和淋浴室各设了一个服装滑槽，不仅便于使用，而且保证染毒衣物和人员分开，更加安全。

(3) 脱衣室和淋浴室各设了一道透气膜门，国内均不是这种类型的门，透气膜门可以均匀透气，能够保证全断面通风，不留死角。

(4) 要求脱衣室、淋浴室的垂直截面（垂直排风方向）尺寸确定，而且强调如果要调整尺寸必须报请研制这个洗消布置方案的技术部门批准，而国内设计规范通常只要求保证各房间面积大小。

(5) 通风管路及阀门相对简单，阀门切换工作量较少。

5 人防工程洗消间布置的改进方案

结合国外防护工程洗消间的布置特点，在国内人防工程常用的洗消间布置方案基础上，笔者提出了一种改进方案，见图3。染毒人员进入工程的流程为：①打开第一道防护门M0，进入防爆通道，然后关闭第一道防护门M0，再打开第二道防护密闭门M1。②进入第一防毒通道后，再通过第一道透气膜门M7进入脱衣室。③在脱衣室内脱去除防毒面具外的染毒衣服，放入密闭箱内，打开密闭门M4进入淋浴室。④在淋浴室内脱去防毒面具，放入密闭箱内，然后进行全身淋浴洗消。⑤淋浴后通过另一道透气膜门到达穿衣检查室，进行洗消效果检查，若检查不合格，则退回淋浴间再次进行淋浴洗消，直至洗消效果检查合格后，穿好干净衣物进入第二防毒通道，再进入工程清洁区。超压排风气流方向和人员进入方向相反，见图3中的对应点可知：3a → 3b → M5 → M6 → 2 → M7 → 3c →②→ 1 →①。

改进方案和之前相比，有如下几个特点：

（1）增加了一道防护门，形成了一个防爆通道，多了一道"气闸"，这样不仅有利于工程防护，也给染毒空气多设了一道屏障。

（2）脱衣室和淋浴室各增加了密闭箱用于存放染毒衣物，这样避免了毒剂和放射性沾染继续扩散对人体造成伤害。

（3）将通风短管改成透气膜门，保证全断面通风，不留死角，有效地将有毒空气排到室外。

（4）检查穿衣室增加服装柜和长凳，更便于人员使用和洗消效果检查。

（5）利用防爆通道上方的空间设置扩散室，节省空间，简化通风管路。

（6）从经济性角度考虑，改进方案将原来两面密闭墙及普通门改为两道透气膜门，并增

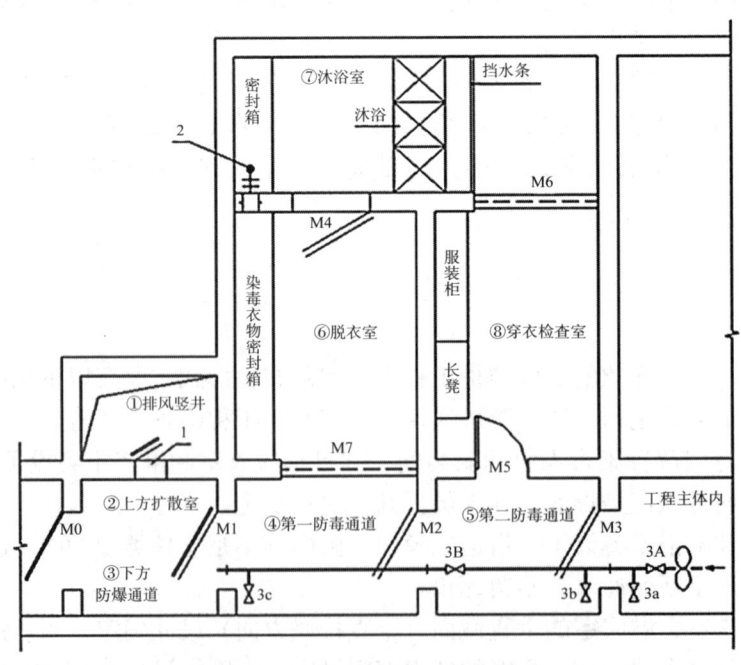

1—防爆波活门；2—超压排气活门；3—密闭阀门；M0—防护门；M1—防护密闭门；M2~M4—密闭门；M5—设有通风百叶的普通木门；M6—透气膜门；M7—透气膜门

图3 国内人防工程洗消间布置改进方案

加了必要的衣物存储设施，造价上并不会有很大变化。

改进方案还有几个问题需要进一步研究：

（1）工程是否设置防爆通道需要根据工程等级、经济性与现场情况等综合研究确定。

（2）透气膜门是否可以设计成类似止回阀，使其只能沿着超压排风方向排风，反向无法进风。

（3）在排风量一定的情况下，房间垂直截面（垂直排风方向）尺寸大小对排除毒剂效果的影响，可以采用数值模拟和实验相结合的研究方法。

（4）染毒衣物密闭箱、服装柜等采用何种材料制作，既能保证密封性，又能利于战后房间洗消。

6 结语

本文结合国外防护工程洗消间布置特点，在国内人防工程常用的洗消间布置方案基础上，提出了一种改进方案，并分析了改进方案的特点以及需要进一步研究的问题。国内人防工程相关设计规范、图集已十多年未更新，此改进方案可以为相关规范图集将来的修订工作提供一定的参考，也可以为此类工程优化口部设计方案、合理设计防护通风系统提供参考。

参考文献

[1] 耿世彬，郭春信，马吉民，等.防护工程通风 [M]. 北京：解放军出版社，2000.

[2] 马吉民，朱培根，耿世彬，等.人民防空工程通风空调设计 [M]. 北京：中国计划出版社，2006.

上海地铁江浦路站逆作顶板纵向施工缝防水设计

陈 琦

(上海市地下空间设计研究总院有限公司，上海 200125)

摘 要 地铁车站建设受施工场地、城市交通等多方面因素的限制，"盖挖施工法"的应用越来越多。文章依托于上海市地铁江浦路站采用半幅盖挖逆作法把车站顶板沿车站纵向分成了两个半幅施工为例，提出了一种结构简单，防水效果好的地铁车站逆作顶板纵向施工缝防水构造，避免了车站防水结构裂缝的现象，保障了地铁的正常运行。

关键词 地铁车站；逆作顶板；纵向施工缝；防水

1 引言

地铁车站经常设置在人口密集的交叉路口，车站采用明挖施工时，占用城市主干道较多，对道路交通影响较大，为减少交通拥堵情况，缩短道路占用时间，减少对周边环境的污染，盖挖逆作法在地铁工程中的应用越来越普遍。因此，保证盖挖逆作车站的防水效果越来越重要，其中施工缝、变形缝等接缝处的防水在整个车站防水系统中起着至关重要的作用，特别是在顶板施工缝处，由于施工缝是在混凝土浇筑过程中，因分段先、后浇筑的混凝土之间所形成的接缝，更容易发生渗水现象。而由于施工缝为条状，出现渗漏的情况大都一条，堵漏较麻烦。目前针对地铁车站主体结构的渗漏水处理方法有封堵法和引流法，其处理都比较烦琐，施工过程久，给行人带来诸多不便，影响车站的正常运行。

2 工程概况

上海轨道交通18号线江浦路站位于江浦路、控江路交叉口，沿江浦路南北向设置站位。本站为地下二层岛式站台车站，主体规模净长348.90 m × 20.60 m（内径），站台中心处顶板覆土约2.3 m，底板埋深约15.0 m。车站共设置6个出入口及一个疏散出入口，共设置6组风亭。车站采用双柱三跨现浇钢筋混凝土箱型结构，公共区标准段为单柱双跨。采用地下连续墙作为围护结构，地下连续墙与内衬在使用阶段形成叠合墙共同受力。车站主体基坑基本采用半逆作半盖挖法施工，车站西侧顶板7~9 m宽度为逆作顶板，逆作顶板纵向施工缝长度约300 m，本工程车站总平面布置图见图1。

作者简介：陈 琦（1984年—），男，本科，工程师，主要从事人防、地铁及地下工程的结构设计。E-mail: chenqi@suadi.com.cn。

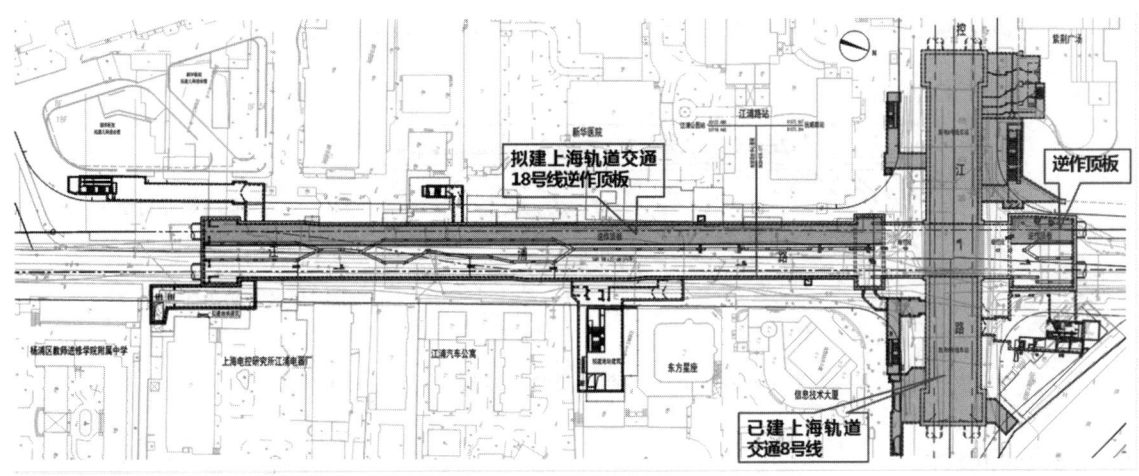

图 1 车站总平面布置图

3 顶板防水设计

上海轨道交通 18 号线江浦路站根据其结构形式、水文地质条件、施工方法、施工环境和气候条件等采取相适应的防水措施，整体防水方案体系以混凝土结构自防水为根本，加强钢筋混凝土结构的抗裂防渗能力，并提高其耐久性，以诱导缝、施工缝、变形缝等接缝防水为重点，辅之以附加防水层加强防水。

车站逆作顶板防水设计采用防水混凝土结构自防水与 2.5 mm 厚的单组份聚氨酯防水涂层相结合的方式，顶面基层处理平整后，先涂刷阴阳角、变形缝等特殊部位，然后自上而下进行大面积满涂，顶板防水层在基面成膜后及时用低发泡聚乙烯泡沫塑料保护板进行保护，而后先铺设一层 200 g/m² 无纺布隔离层，再进行 70 mm 厚的混凝土强度等级为 C20 细石混凝土保护层施工。顶板覆土层表面有绿化要求时，在涂料防水层上表面设置 1.5 mm 厚的 PVC 防水卷材耐根穿刺层。

由于施工缝两边的顶板混凝土浇筑时间间隔较长，车站后浇筑顶板及纵向施工缝处防水设计应采用防水混凝土结构自防水 + 非固化沥青防水涂料 +SBS 改性沥青自粘防水卷材层相结合的方式，顶面基层抛丸打磨后，大面积涂刮非固化沥青防水涂料至顶板变形缝搭接 250 mm 处，再铺贴 SBS 改性沥青自粘防水卷材，然后铺设一层 200 g/m² 无纺布隔离层，最后再进行 70 mm 厚的混凝土强度等级为 C20 细石混凝土保护层施工。车站顶板涂料卷材复合防水层如图 2 所示。

4 逆作顶板纵向施工缝防水设计

为防止混凝土出现收缩开裂的情况，地下车站结构需设置横向垂直施工缝和纵向水平施工缝。由于地下车站结构中的施工缝设置较多，垂直施工缝和水平施工缝会出现相交情况，这些部位都是主要的渗漏点。

上海轨道交通 18 号线江浦路站逆作顶板纵向施工缝设置四重防水措施，采用两道遇水膨胀止水胶，一道遇水膨胀止水条和一道预埋式注浆管，组合形成封闭的防水系统。

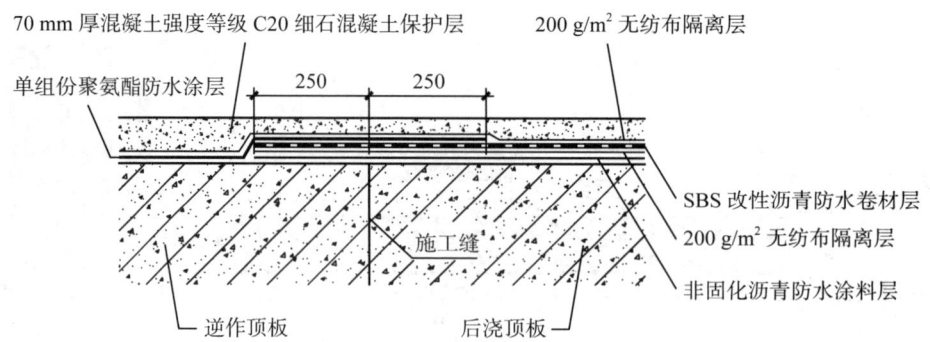

图 2　车站顶板涂料卷材复合防水层（单位：mm）

4.1　断面的设计

先浇筑逆作顶板朝向后浇筑顶板一侧的断面为非平面呈台阶状结构，可以更好地抵抗剪力，并沿台阶断面方向形成一个阻水面，通过阻水面对渗水进行阻挡，阻水面为施工缝断面中间的水平台阶面。台阶级数为两级，相邻两级台阶之间的连接面为竖直面，每级台阶的高度均为先浇筑逆作顶板厚度的 1/2。

4.2　止水胶的设计

逆作施工缝设置中埋式止水带会使混凝土难以浇捣，且在浇捣时空气无法排出，导致混凝土密实性及耐久性不佳。由于施工工序、施工缝两边的混凝土浇筑时间间隔较长，难以设置良好的保护措施，容易使外露的止水带破损。因此，在先浇筑逆作顶板的每级台阶高度中心处均设置一道遇水膨胀止水胶，每个阻水面的内转角处再设置一道 30 mm × 12 mm 的遇水膨胀止水条，该止水条承担缓解膨胀的功能。

4.3　界面处理

水泥基渗透结晶型防水涂料可通过调节配合比、掺入外加剂等方法，作为施工缝截面处理剂、结构微裂缝修补剂，防水层来使用。

逆作施工缝浇筑混凝土前，施工缝企口表面应凿毛清洗处理，清除施工缝表面的杂物和软弱层，保证剪力的正常传递，并在缝面干燥后均匀涂刷一层 1.5 kg/m² 水泥基渗透结晶型防水涂料，而后及时浇筑混凝土。

4.4　注浆管的设置

逆作施工缝处是由注浆管、注浆导管和注浆液 3 个部分组成的施工缝预埋防水系统，留作施工缝严重漏水时的补救措施。后浇顶板内侧下部沿施工缝通长方向预埋全断面注浆管，留出注浆导管于顶板结构外，注浆管的顶部距离施工缝内中间水平台阶面的距离不小于 50 mm。注浆管呈 "L" 形，由不锈钢弹簧骨架外包裹一层特质无纺布滤布，外部再覆以尼龙织网组成。注浆过程中，滤布起到逆向止阀作用，可以使注浆液在一定注浆压力下渗漏到接缝混凝土中，起到堵漏、密封的作用，同时又阻止注浆管外部沙土等颗粒进入注浆管，造成注浆管阻塞的情况。

注浆液根据现场情况进行选择：若现场仅为湿渍，可以采用环氧树脂灌浆材料；若现场存在流动的渗漏水，可以采用油溶性聚氨酯灌浆材料。注浆时应采用低压、低速施工，注浆压力缓慢上升，注浆顺序宜单管依次进行，保证注浆质量。注浆液自预埋注浆管的注浆导管灌入，从出浆管流出，待浆液贯通后封管加压至 0.8 MPa，当压力保持 5 min，无明显降低时即可结束注浆。

4.5 接水盒的设置

施工缝处顶板的底部设置不锈钢板接水盒对顶板渗漏水进行接取和引导排放处理，接水盒为 U 形或凹形条状槽体，可以根据需要无线延长搭接，将渗漏水导引至排水离壁沟内，避免了渗漏水滴到行人身上，也避免了封闭车站进行维修时影响车站的运营，保障了地铁的正常运行。

接水盒为不锈钢钢板，厚度为 1~6 mm，宽度为 25~40 cm，两翼宽度为 20~30 mm，接水盒的两翼沿车站长度方向用螺钉分别固定在施工缝两侧顶板的底部，固定后用密封胶密封。接水盒的搭接长度不小于 100 mm，下侧的接水盒包住上侧的接水盒，每节接水盒间应焊接密实。施工缝两侧顶板的底部均设置滴水线，滴水线均位于接水盒的开口内。接水盒安装前需经施工、监理等相关单位确认无渗漏水，如有渗漏水需修补完好后，方可安装排水槽。车站顶板纵向施工缝防水构造见图 3。

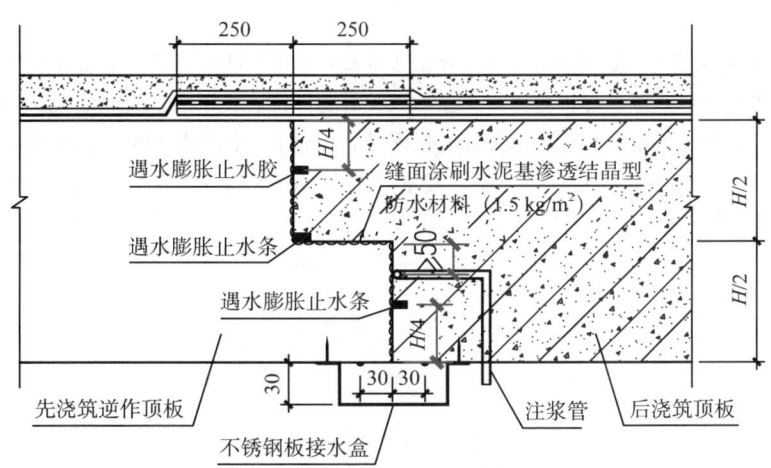

图 3 车站顶板纵向施工缝防水构造图（单位：mm）

5 结语

地下轨道交通与车站工程结构复杂，结构缝、预留孔较多，地下结构防水设计要始终遵循"以防为主、刚柔结合、多道防线、因地制宜、综合治理"的原则，在实际施工时，施工缝防水的质量主要受施工人员素质、防水材料、自然条件、质量控制等因素的影响。施工过程中需要重视防水系统的建立，认真对待细部防水的处理。

由于逆作板下盖挖施工，栈桥板与后浇顶板竖向间距小，导致混凝土难以振捣浇筑，为保证浇筑质量，提高混凝土的抗拉、抗裂性能，后浇顶板采用自密实混凝土，并添加聚丙烯纤维混凝土。通过对上海轨道交通 18 号线江浦路站顶板纵向施工缝防水设计与施工进行总结，有以下几点总结和建议。

（1）非固化沥青防水涂料和 SBS 改性沥青防水卷材同属沥青基类材料，二者复合形成的防水系统相对完善，能充分发挥卷材尺寸稳定、厚度均一、防水高效的性能，及涂料不受基层形状限制的特点，能够很好地满足顶板的防水要求。

（2）注意施工缝端头接口处的遇水膨胀止水胶、止水条，及注浆管加强收口密封处理，防止渗漏水。

（3）施工单位在实际施工时，需要对防水构件严格保护，发挥防水构件的最大作用。

（4）顶板混凝土浇捣完成达到强度后，应及时进行防水层、保护层的施工和覆土，避免顶板未采取任何养护措施长期暴露于日光照射下而产生多处裂缝，影响防水效果。

参考文献

[1] 中华人民共和国住房和城乡建设部.地下工程防水技术规范：GB 50108—2008[S].北京：中国计划出版社，2008.

[2] 中华人民共和国住房和城乡建设部.地下防水工程质量验收规范：GB 50208—2011[S].北京：中国建筑工业出版社，2011.

[3] 中华人民共和国住房和城乡建设部.遇水膨胀止水胶：JG/T 312—2011[S].北京：中国标准出版社，2011.

[4] 中华人民共和国建设部.膨润土橡胶遇水膨胀止水条：JG/T 141—2001[S].北京：中国标准出版社，2001.

[5] 建筑节点构造图集编委会.地下防水工程（建筑节点构造图集）[M].北京：中国建筑工业出版社，2008.

[6] 任冬生.地下工程明挖现浇混凝土结构施工缝防水设计[J].中国建筑防水，2020（9）：26-30.

[7] 陆明.上海地铁二号线车站结构自防水与接缝防水设计探讨[J].中国建筑防水，2000（4）：12-18.

[8] 王军琪，邓国华.西安地铁 3 号线地下车站防水效果分析及其改进技术研究[J].水利与建筑工程学报，2015（5）：173-178.

人防工程口部标准化设计研究

王 睿

(上海结建规划建筑设计有限公司,上海 200333)

摘 要 人防工程是战时有效保护城市居民的重要设施,同时对开发利用城市地下空间,促进城市建设和经济发展,增强城市的综合防护能力都具有重要作用。在当今大数据时代,人防工程的口部设计也不能仅停留在传统的设计模式上,口部的标准化设计研究是时代的产物,这项研究会给人防工程的建设带来一定的贡献。

关键词 人防工程口部;标准化设计;扩散室;防爆波活门;除尘室

1 引言

人防工程是指为保障人民防空指挥、通信、掩蔽等而建造的防护建筑。人防工程的设计主要包含以下几个方面:主体设计、口部设计、防火设计及平战转换设计[①]。其中口部设计是最重要也是对专业技术要求最高的一部分,它包含战时进风口(次要出入口)、排风口(主要出入口)、备用出入口及连通口等设计。而这些口部类型中战时进风口又是属于最不好处理的部分,具体难点有以下几个方面。

(1) 战时进风口部包含的房间类型较多,包括扩散室、除尘前室、除尘室、滤毒室、战时进风机房、密闭通道和防化通信值班室。房间之间的关联是根据战时人员通行和战时通风的流程来组合,房间的前后顺序不能颠倒,稍有错误,口部便需重新设计。

(2) 口部的人防门和通道宽度需要综合考虑战时人员疏散通行和平时消防疏散的指标要求。

(3) 口部平面的形状及大小受到平时功能的约束,譬如地库的轴网和上部的剪力墙结构。

(4) 口部的墙体厚度特别是临空墙、防护密闭墙等,受战时荷载控制。

(5) 扩散室、滤毒室及战时进风机房等口部房间的形状和大小受到暖通专业的制约,暖通专业需要根据工事掩蔽的人数计算通风量后,选择战时设备并布置。

由于以上诸多难点,传统设计方法是在人防工程的方案设计阶段,各专业间反复互相提资,直至把这些问题都解决后,才能进入后续的初步设计和施工图设计阶段。

在科技发展的今天,标准化设计在各行各业发挥着重要的作用。采用标准化设计,不仅可以减少重复劳动,加快设计速度,提高劳动生产率,而且可以提高设计质量,因此对人防口部设计进行标准化研究是非常有必要的。本文以战时进风口部中的扩散室为例,对口部的标准化设计进行分析阐述。

作者简介:王 睿(1977年—),女,本科,工程师,主要从事人防建筑方面工作或研究。E-mail: wangrui@jiejianpad.com。

① 见于《人民防空地下室设计规范》(GB 50038—2005)。

2 设计技术要求

2.1 扩散室

扩散室是人防工程通风口消波系统的重要组成部分，和防爆波活门一起以相对固定的组合方式来满足工程既能不间断通风，又能防冲击波的要求。它是通过扩散作用削弱冲击波压力，使不超过对应设备的允许余压来实现防护，其效果主要跟防爆波活门类型、通风量、扩散室形状尺寸与所接风管位置等有极大的关联。

2.2 防爆波活门

防爆波活门分为悬板式防爆波活门（简称悬板活门）、胶管式防爆波活门和防爆超压排气活门。鉴于目前人防工程中主要选用悬板式防爆波活门，极少采用胶管式防爆波活门，本文仅研究悬板活门。悬板活门参考的标准图集有 2 本，《防空地下室建筑设计》(FJ01~03) 和《人民防空工程防护设备选用图集》(RFJ01—2008)，其中《人民防空工程防护设备选用图集》主要适用于单建式人防工程，不在本文研究范围。《防空地下室建筑设计》(FJ01—03) 图集中悬板活门的类型见表 1。

表 1 悬板活门选用表

悬板活门型号		战时最大通风量/ ($m^3 \cdot h^{-1}$)	门洞宽×高 $B \times H$/ (mm×mm)	门前水平尺寸/mm		门前竖向尺寸/mm		嵌入墙内尺寸/mm	
设计压力值 0.30 MPa	设计压力值 0.15 MPa			b_1	b_2	h_1	h_2	C	D
BMH2000-30	BMH2000-15	2 000	500×800	150	350	150	150	200	300
BMH3600-30	BMH3600-15	3 600	500×800						
BMH5700-30	BMH5700-15	5 700	500×800						
BMH8000-30	BMH8000-15	8 000	500×1 250						
BMH11000-30	BMH11000-15	11 000	500×1 250						
BMH14500-30	BMH14500-15	14 500	500×1 700						

2.3 扩散室的内部空间尺寸的规范规定

（1）扩散室内横截面净面积不宜小于 9 倍悬板活门的通风面积；当有困难时，横截面净面积不得小于 7 倍悬板活门的通风面积。

（2）扩散室室内净宽与净高比（b_s/h_s）不宜小于 0.4，且不宜大于 2.5。

（3）扩散室室内净长 l_s 宜满足式（1）要求：

$$0.5 \leqslant \frac{l_s}{\sqrt{b_s \times h_s}} \leqslant 4.0 \tag{1}$$

式中 l_s——扩散室室内净长，m；
b_s——扩散室室内净宽，m；

h_s——扩散室室内净高；m。

（4）当扩散室的通风管由扩散室侧墙穿入时，通风管的中心线应位于距后墙面的1/3扩散室净长处。如果风管由后墙穿入，则通风管端部应设置向下的弯头，并使通风管端部的中心线位于距后墙面的1/3扩散室净长处。

（5）扩散室内应设地漏或集水坑。

2.4 扩散室的主要布置形式

根据《人防防空地下室》（GB 50038—2005）第1，第2，第3条的规定，扩散室4种布置形式如图1—图4所示。

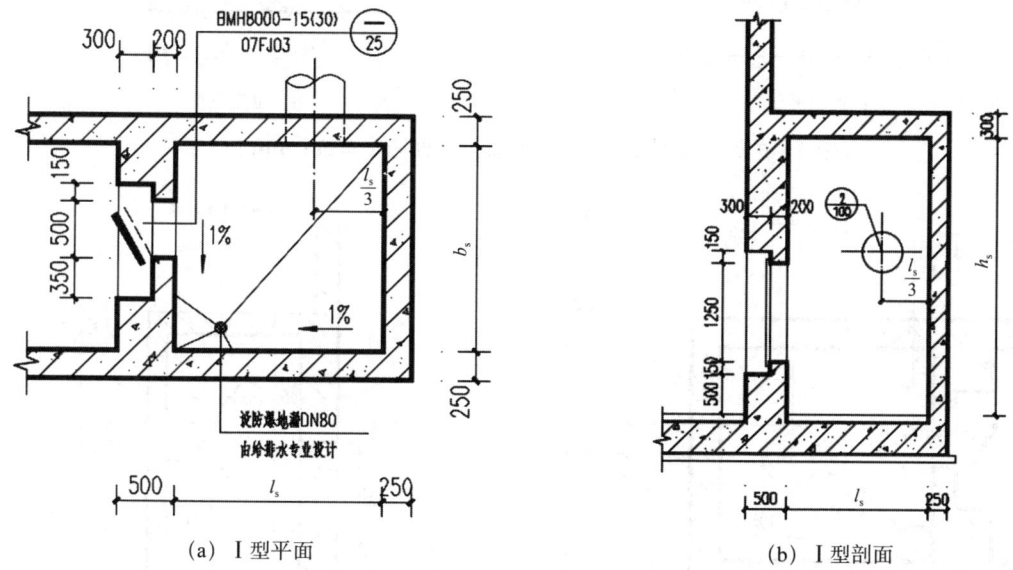

(a) Ⅰ型平面　　　　　　　　　(b) Ⅰ型剖面

图1　扩散室Ⅰ型设计平面图与Ⅰ型剖面图（单位：mm）

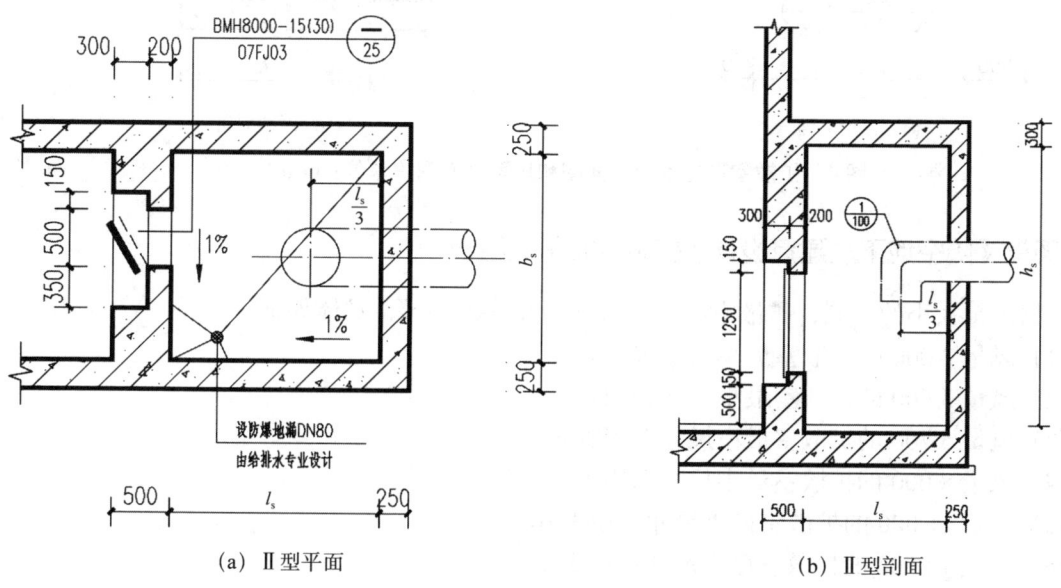

(a) Ⅱ型平面　　　　　　　　　(b) Ⅱ型剖面

图2　扩散室Ⅱ型设计平面图和Ⅱ型剖面图（单位：mm）

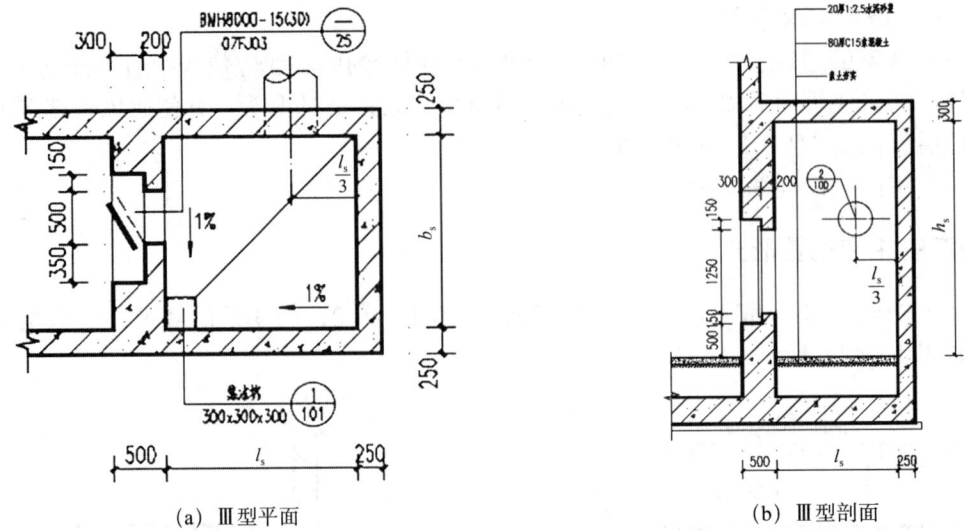

图 3 扩散室Ⅲ型设计平面图和Ⅲ型剖面图（单位：mm）

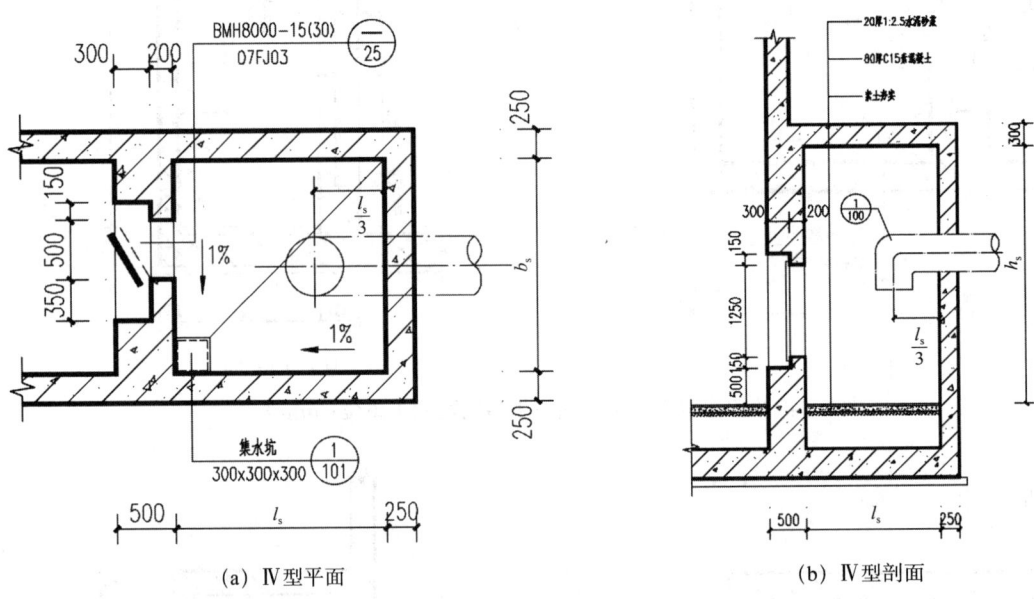

图 4 扩散室Ⅳ型设计平面图和Ⅳ型剖面图（单位：mm）

2.5 图集《防空地下室建筑设计》(FJ01~03)选用表

根据风量大小的不同，扩散室的设计尺寸存在一定差异，具体如下：
(1) 风量 2 000 的扩散室最小尺寸选用表 2。
(2) 风量 3 600 的扩散室最小尺寸选用表 3。
(3) 风量 5 700 的扩散室最小尺寸选用表 4。
(4) 风量 8 000 的扩散室最小尺寸选用表 5。
(5) 风量 11 000 的扩散室最小尺寸选用表 6。
(6) 风量 14 500 的扩散室最小尺寸选用表 7。
(7) 风量 22 000 的扩散室最小尺寸选用表 8。

表 2　风量 2 000 的扩散室最小尺寸选用

扩散室型号	扩散室所接风管直径 /mm	侧墙接风管时最小尺寸 $b_s \times l_s \times h_s$/m×m×m	后墙接风管时最小尺寸 $b_s \times l_s \times h_s$/m×m×m
Ⅰ～Ⅳ型	300	1.0×1.0×1.6	1.0×1.0×1.6
	400	1.0×1.0×1.6	1.0×1.2×1.6
	500	1.0×1.0×1.6	1.0×1.5×1.6
	600	1.0×1.0×1.6	1.0×1.8×1.6
	700	1.0×1.0×1.6	1.0×2.1×1.6
	800	1.0×1.2×1.6	1.0×2.4×1.6

表 3　风量 3 600 的扩散室最小尺寸选用

扩散室型号	扩散室所接风管直径 /mm	侧墙接风管时最小尺寸 $b_s \times l_s \times h_s$/m×m×m	后墙接风管时最小尺寸 $b_s \times l_s \times h_s$/m×m×m
Ⅰ～Ⅳ型	400	1.5×1.5×2.0	1.5×1.5×2.0
	500	1.5×1.5×2.0	1.5×1.5×2.0
	600	1.5×1.5×2.0	1.5×1.8×2.0
	700	1.5×1.5×2.0	1.5×2.1×2.0
	800	1.5×1.5×2.0	1.5×2.4×2.0

表 4　风量 5 700 的扩散室最小尺寸选用

扩散室型号	扩散室所接风管直径 /mm	侧墙接风管时最小尺寸 $b_s \times l_s \times h_s$/m×m×m	后墙接风管时最小尺寸 $b_s \times l_s \times h_s$/m×m×m
Ⅰ～Ⅳ型	500	1.8×1.8×2.2	1.8×1.8×2.2
	600	1.8×1.8×2.2	1.8×1.8×2.2
	700	1.8×1.8×2.2	1.8×2.1×2.2
	800	1.8×1.8×2.2	1.8×2.4×2.2

表 5　风量 8 000 的扩散室最小尺寸选用

扩散室型号	扩散室所接风管直径 /mm	侧墙接风管时最小尺寸 $b_s \times l_s \times h_s$/m×m×m	后墙接风管时最小尺寸 $b_s \times l_s \times h_s$/m×m×m
Ⅰ～Ⅳ型	500	1.8×1.8×2.2	1.8×1.8×2.2
	600	1.8×1.8×2.2	1.8×1.8×2.2
	700	1.8×1.8×2.2	1.8×2.1×2.2
	800	1.8×1.8×2.2	1.8×2.4×2.2

表6 风量11 000的扩散室最小尺寸选用

扩散室型号	扩散室所接风管直径 /mm	侧墙接风管时最小尺寸 $b_s \times l_s \times h_s$/m×m×m	后墙接风管时最小尺寸 $b_s \times l_s \times h_s$/m×m×m
Ⅰ~Ⅳ型	700	1.8×1.8×2.4	1.8×2.1×2.4
	800	1.8×1.8×2.4	1.8×2.4×2.4
	900	1.8×1.8×2.4	1.8×2.7×2.4
	1 000	1.8×1.8×2.4	1.8×3.0×2.4

表7 风量14 500的扩散室最小尺寸选用

扩散室型号	扩散室所接风管直径 /mm	侧墙接风管时最小尺寸 $b_s \times l_s \times h_s$/m×m×m	后墙接风管时最小尺寸 $b_s \times l_s \times h_s$/m×m×m
Ⅰ~Ⅳ型	800	2.0×2.0×2.4	2.0×2.4×2.4
	900	2.0×2.0×2.4	2.0×2.7×2.4
	1 000	2.0×2.0×2.4	2.0×3.0×2.4

表8 风量22 000的扩散室最小尺寸选用

扩散室型号	扩散室所接风管直径 /mm	侧墙接风管时最小尺寸 $b_s \times l_s \times h_s$/m×m×m	后墙接风管时最小尺寸 $b_s \times l_s \times h_s$/m×m×m
Ⅰ~Ⅳ型	1 000	2.6×1.8×2.4	2.6×3.0×2.4

3 扩散室标准化设计研究

3.1 扩散室内部尺寸标准化

依据《人民防空地下室设计规范》(GB 50038—2005)（以下简称《规范》）中第3.4.7条的要求，扩散室的长、宽、高的比值要在一个区间范围内，如1.2 m×1.2 m×2.0 m，1.5 m×1.5 m×2.2 m，1.8 m×1.8 m×2.2 m，1.5 m×1.8 m×2.4 m等，这个数量无法估算，用什么样的标准来限定这个不可估算的变化呢？举例来说，假定悬板活门的型号为MH8000，其扩散室的最小尺寸是1.5 m×1.5 m×2.0 m，按照这样的内部空间尺寸验证，MH8000的通风面积为0.625 m²，扩散室的横截面净面积为3 m²，3<9×0.625 = 5.625，另外b_s/h_s = 1.5/2.0 = 0.75，因0.4<0.75<2.5，满足规范中第3.4.7条的要求，通过上面的举例验证可以得出结论，MH8000型号的扩散室取其内部的最小尺寸作为标准设计的基础对象是没有问题的，同理，其他型号的扩散室的内部尺寸也可以取其内部最小尺寸作为标准设计对象。参照国家建筑标准设计图集《防空地下室建筑设计》(FJ01~03)为例，分析悬板活门型号的筛选，其中悬板活门包含的型号有BMH2000-15，BMH3600-15，BMH5700-15，BMH8000-15，BMH11000-15，BMH14500-15六种型号。类型相对较多，从普遍性应用的角度考虑，最小的型号BMH2000-15其对应的扩散室的最小尺寸仅1.0 m×1.0 m×1.6 m。一方面，这个型号在实际工程中应用的频率较少，另一方面，这个最小尺寸不利于施工和拆

模。BMH14500-15 型号的情况与 BMH2000-15 情况类似，使用频率很少，所以 BMH2000-15，BMH14500-15 型号不作为标准化设计研究的对象。至此，扩散室的空间尺寸以及悬板活门的型号均已在标准化设计的概念基础上形成了标准化设计体系的内容之一[1]。

3.2 扩散室通风管接管位置标准化

依据《人民防空地下室设计规范》（GB 50038—2005）中第 5.3.5 条文说明中的表 5-1，不同的悬板活门的型号对应的风管管径已经确定。但是房间的大小可允许其往大调整。当侧接风管时，如果扩散室的接风管内侧墙穿入内径长 l_s 发生变化，其对应 1/3 接管位置也会相应变化。以 BMH8000-15 型号的扩散室为例，其对应的扩散室的最小尺寸是 1.5 m×1.5 m×2.0 m，按照 1/3 接管的要求，最小尺寸对应接管位置是距后墙 500 mm 处。但是这个房间大小是允许发生变化的，既然是标准化，这里就需要限定范围，按照常规车库轴网的大小及柱子的大小，扩散室侧接风管的接管位置距后墙 750 mm 是最理想的定位，这种情况下风管可以避让柱子穿越口部房间。按照上面的推论，BMH8000-15 型号的扩散室侧接风管距后墙的距离范围可以确定为 500~750 mm，变化幅度为 250 mm。后接风管的情况以及其他型号的扩散室也按照同样的方法可以确定其接管位置范围及变化幅度[2]。

3.3 扩散室与除尘室连接标准化

扩散室与除尘室对接后，其内部要设置防密门，其平面图形如图 5 所示。将图 5 的图形简化后可形成，见图 6。

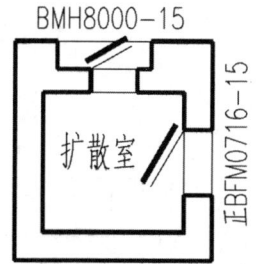

图 5　扩散室与除尘室时接防密门布置示意

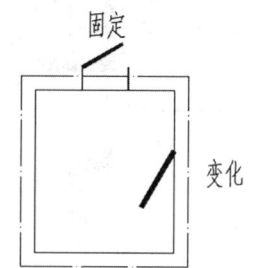

图 6　前室扩散室概念简图

这种情况下对于扩散室的变量因素就要换个角度以图形的变化规律为突破口。从图 6 中可见，房间前室扩散室简化后是个四边形。在这个四边形中同一型号的图形设备，无需固定考虑，那么另外一个变量是防密门，门侧的型号不变不作考虑，唯一变化的是它的位置，即除了固定的设备端不变之外，其余三边都可以布置防密门，将在不同位置的防密门与固定设备形成的图形整理出来即可形成这类图形的标准化图块。把复杂的事情简单化，可以无疏漏地将一种房间的类型全部囊括。标准化设计的理念不仅仅是从数值方面去体现，图形的规律性整理也是需要用标准化的思维去贯穿。接除尘前室类似于接除尘室的做法，此处就不再赘述。

3.4 扩散室标准化简图

在前面标准化设计的数据分析基础上，运用这样的概念手法，形成了一个数据信息库。这集成了不同类型的标准化设计图块，如何将标准化设计的概念在设计中应用，仍然会面临各种问题，如果排方案的时候使用类似于图 7 的方案，此类方案极其方便，主要的有以下几点原因：

（1）方案的修改率较高，有时方案可能全盘推翻重做。

（2）此房间与后面的口部房间无任何关联性。

（3）遇到需在剪力墙内布置的方案，根据既定的剪力墙的布局来布置方案，方案房间的大小是否合适难以快速判断出结果，而且房间大小是否合适还需与设备专业提资与反提资。一旦剪力墙的位置发生变化，又要重新复核，这样的工作量十分烦琐。不规则平面布局如图 8 所示。

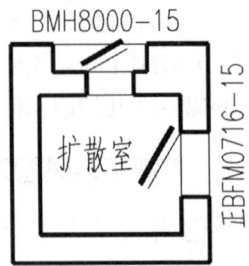

图 7　前室扩散室方案图

在图 8 的黑色粗框线内需要布置一个战时主要口部，但是此处有不规则的剪力墙，是否可以放置扩散室，如果不完整绘制很难做出判断。

基于上面的诸多因素，标准简图是一个很好的解决思路。标准简图是在标准化设计概念的基础上，将标准化图块的墙体图素简化成单线条，用通俗易懂的图形语言表达每个口部房间的重要信息要素，这样将复杂的图形简单化，更利于方便快捷地布置方案。前室扩散室的方案简图如图 9 所示。

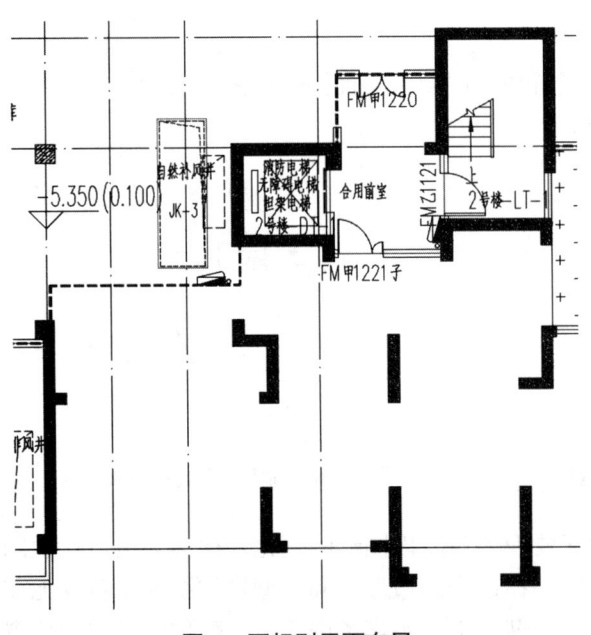

图 8　不规则平面布局

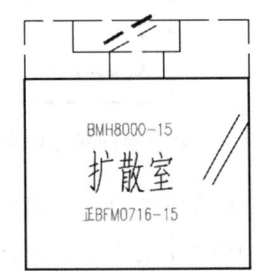

图 9　前室扩散室的方案简图

图 9 表示了众多信息要素，譬如房间类型信息、建筑信息和设备型号信息等，简图提取的就是这种类型的扩散室的最小内部尺寸。图 9 只是扩散室的一种类型，根据不同的功能要求分别列出不同的类型，这样标准化设计简图根据标准化设计的思路形成体系。简图虽简，但通过简图可以生成对应的建筑方案图与暖通方案图，进入施工图阶段还可生成对应的口部详图，小小的方案简图蕴含大智慧。

运用同样的思路和方法，我们依次编制了密闭通道、滤毒室、进风机房、防化值班室、**防毒通道**以及简易洗消间等人防工程口部设计所涉及的房间的方案简图，以标准化设计的思**路**来解决人防工程口部设计的难题。

4 应用案例

运用标准化的口部房间简图，我们可以准确高效地完成人防工程口部从概念性方案→方案（建筑＋暖通）→口部详图（建筑＋暖通）的设计全过程。以战时进风口部为例，见图10—图15。

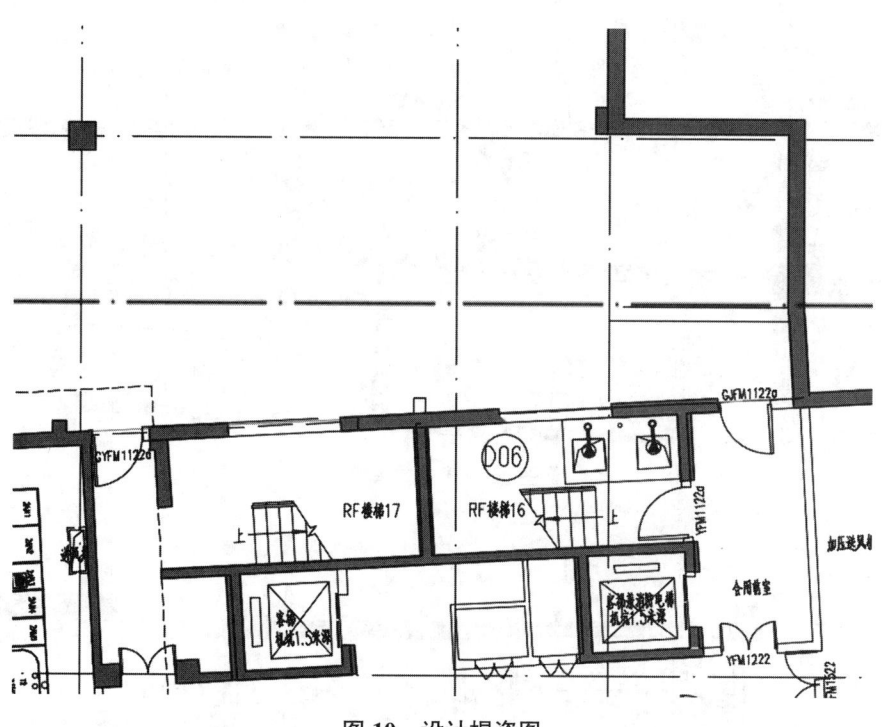

图 10　设计提资图

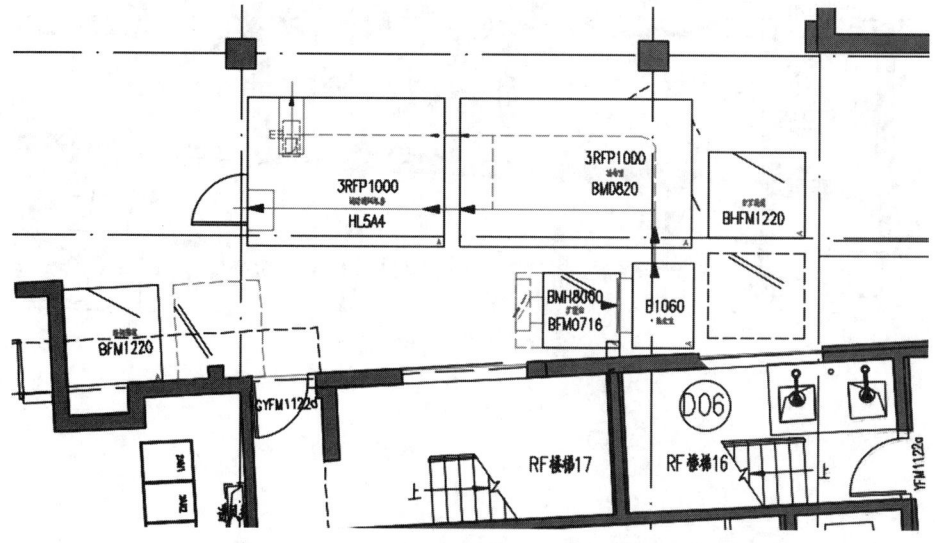

图 11　概念性方案（方案简图）

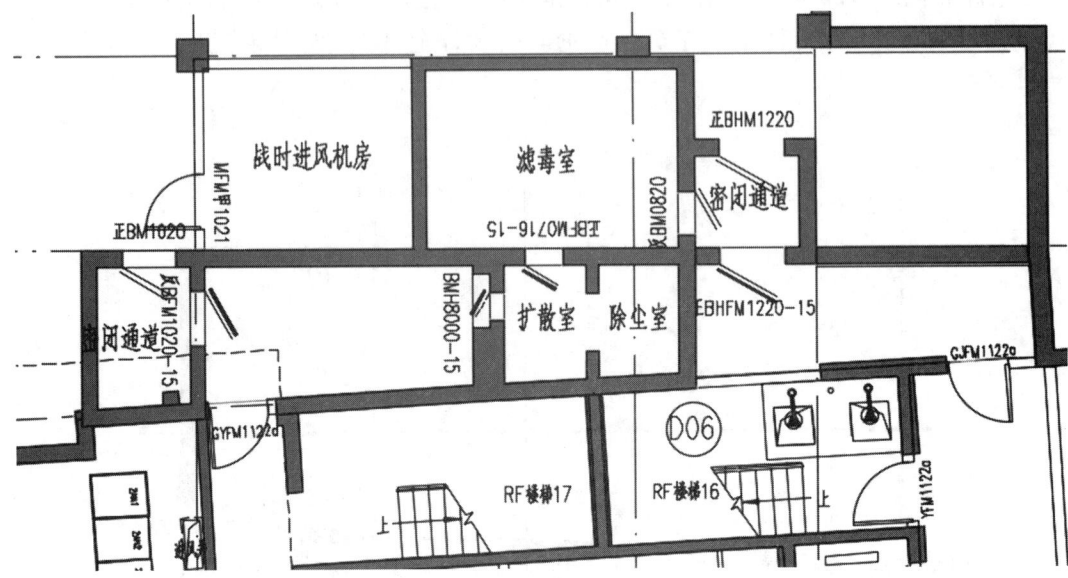

图 12　建筑方案图

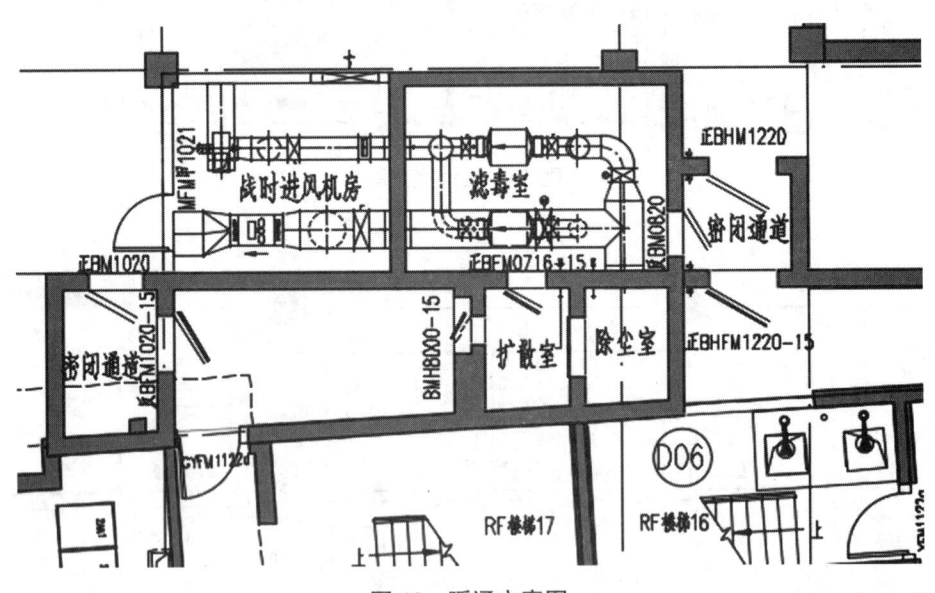

图 13　暖通方案图

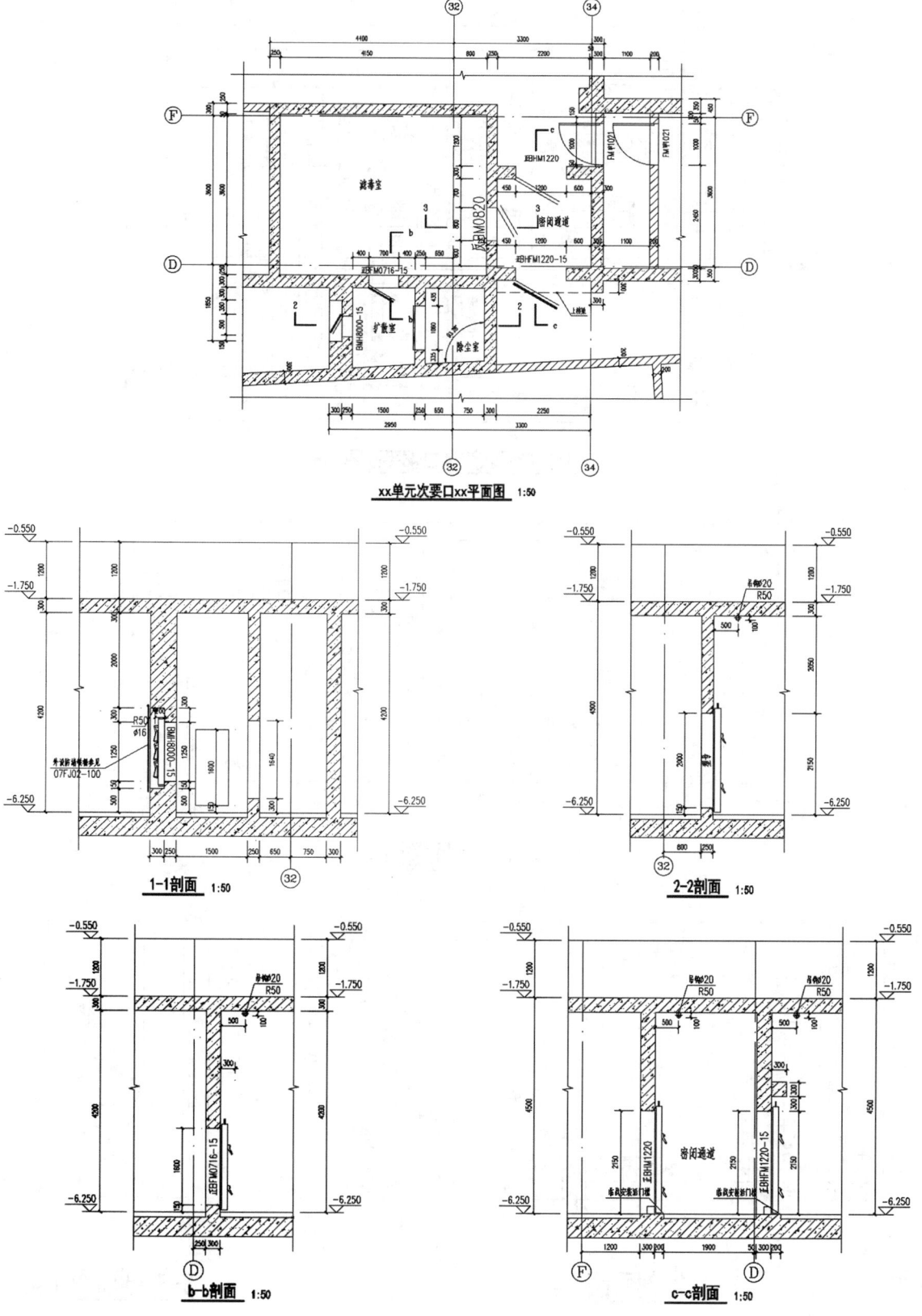

图 14 建筑施工图详图

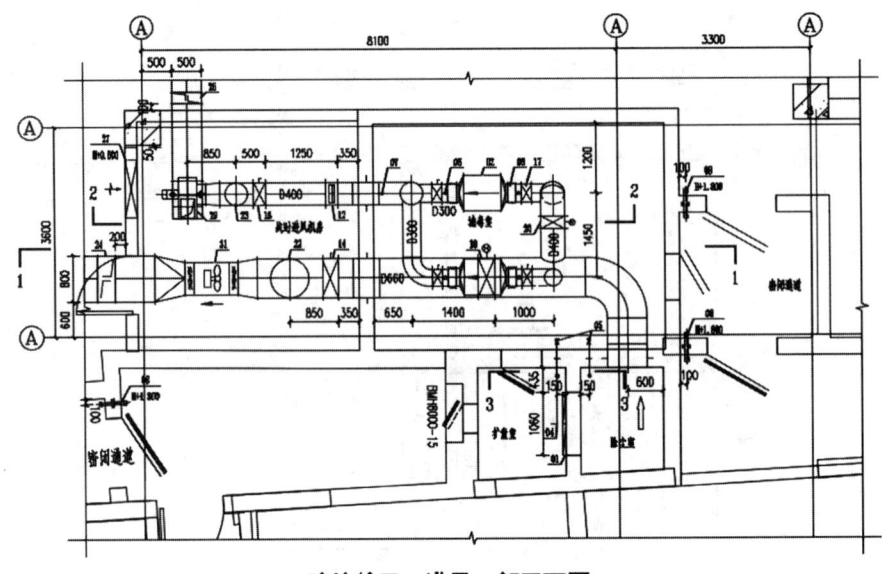

防护单元xx进风口部平面图 1:50

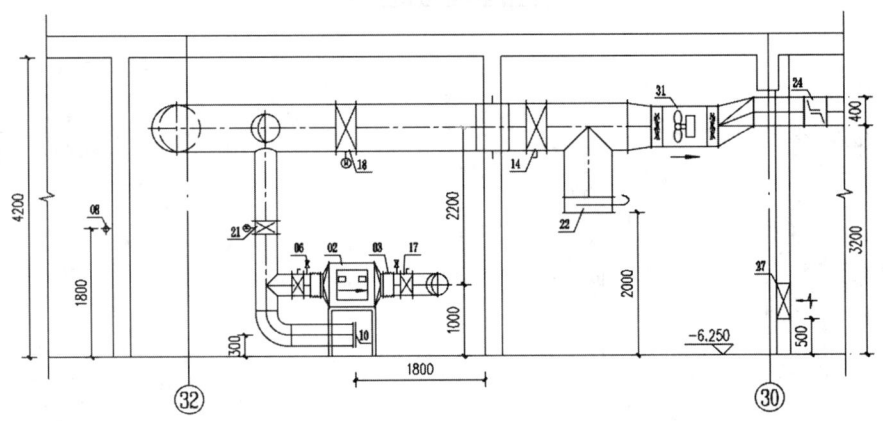

1-1 剖面图 1:50

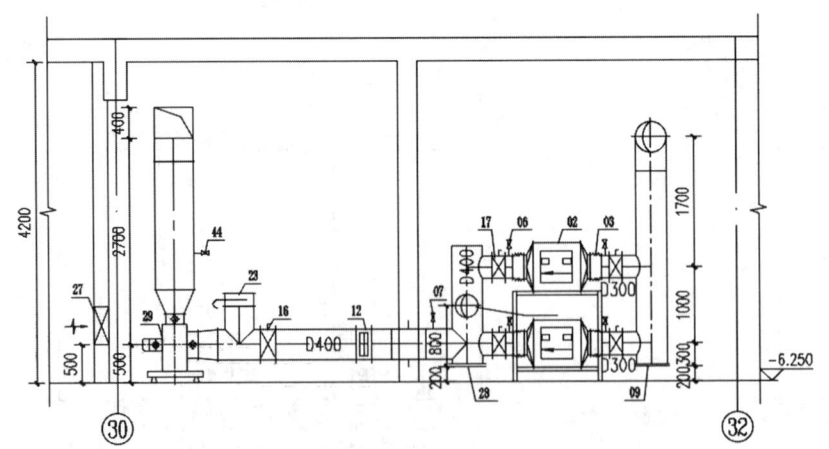

2-2 剖面图 1:50   **3-3 剖面图** 1:50

图15 暖通施工图详图

在上图这些方案中，每个口部房间都由初始的方案简图来进行概念性设计。虽然是概念性设计，但这个简图里面包含了众多信息要素，如通过这个拼组可以快速判断出口部占用的面积、占用车位数和竖井出地面的位置等；借助计算机辅助调出对应的暖通方案图后，暖通设计师可以快速、直观地判断方案是否成立；进入施工图设计阶段后还可以快速生成施工详图。

5 结论

标准化设计是将设计中不可估量的设计元素进行提炼，剔除个性化、应用率极少的内容，浓缩成使用率高、极具代表性的方案简图，使其适用于不同外部环境的变化。当今是信息化发展迅速的大数据时代，标准化设计是顺应时代发展的产物，它不仅可以大幅度地提升设计师的工作效率，同时还可以提高设计的准确率和质量，减少差错率，必定会成为人防工程建设中不可或缺的力量。

参考文献

[1] 吴涛，谢金容，杨延军.人民防空地下室建筑设计[M].北京：中国计划出版社，2006.
[2] 马吉民，朱培根，耿世彬，等.人民防空工程通风空调设计[M].北京：中国计划出版社，2006.

城市轨道交通系统兼顾设防浅谈

颜 文

(上海市地下空间设计研究总院有限公司,上海 200125)

摘 要 轨道交通战时是城市人民防空工程体系的重要连接线。随着城市轨道交通的发展,越来越多的地铁开始向郊区深入铺开,整个城市轨道交通系统形成地铁、市域铁路轨道交通网络。根据发改国防规〔2017〕2250号《经济建设与国防密切相关的建设项目贯彻国防要求管理办法(试行)》,对此两类功能定位不同的城市轨道交通在城市人防总体规划中进行定位,目前对作为设防试验线的上海市域铁路机场联络线工程进行分析和探讨,为后续城市轨道交通系统兼顾设防,以及大型轨道交通综合枢纽设防提供一些参考。

关键词 城市轨道交通;市域铁路;战时功能分析

1 引言

随着城市的快速发展,大中型城市交通日渐拥堵,大力发展公共交通成为解决交通拥挤、实现节能减排的重要举措。城市轨道交通系统作为公共交通的重要组成部分,成为大型城市公共交通首选的发展方向。近几年我国城市轨道交通快速发展,由之前的单一城市轨道交通发展成为地铁与市域铁路组成的综合城市轨道交通网络。

《中华人民共和国人民防空法》第十四条规定:"城市的地下交通干线以及其他地下工程的建设,应当兼顾人民防空的需求。"[1],且国家相关文件也要求"重大经济建设项目落实国防需求。"

如何落实城市轨道交通工程项目的国防需求,有效提高城市的综合防灾和防空袭能力是值得探讨的问题。轨道交通工程项目需确保城市轨道交通网络形成后能够在战前提供快速的人员疏散和后勤保障功能;在战时可降低交通干道的受空袭损害;战后迅速恢复轨道交通网络的运输功能,提高城市的综合防灾和防空袭能力。

本文以问题为导向,深入分析存在的问题,结合试点工程设防情况,研究城市轨道交通网络在城市人防总体规划中的定位,为今后城市轨道交通工程的建设创造更大的社会效益、经济效益和战备效益。

2 设防难点

随着城市轨道交通的不断发展,市域铁路的建设开始纳入各大城市的发展计划内。地

作者简介:颜 文(1979年—),女,硕士,高级工程师,主要从事轨道交通人防系统和防护设备设计方面工作。
E-mail: 1293540963@qq.com。

铁主要服务于高密度的主城区，而市域铁路主要是承担城市与市郊、中心城区与卫星城以及城镇间的快速交通任务，是城市轨道交通工具的补充，也是城市轨道交通网络的重要组成部分。

考虑地铁与市域铁路的服务区域和轨道交通网络中的功能定位不同，且市域线与国铁互联互通，对此平时功能定位不同的城市轨道交通在城市人防总体规划中的定位也应该有所区别，《上海市城市总体规划（2017—2035年）》对于三者进行了区分，具体见表1。

表1 轨道通网络功能层次一览表

系统模式		功能定位	设计速度 /(km·h^{-1})	平均站距 /km	设计运能 /(万人·h^{-1})	规划里程 /km
城际线	城际铁路/市域铁路/轨道快线	服务于主城区与新城及近沪城镇、新城之间的快速、中长距离的联系，并兼顾主要新市镇	100~250	3.0~20.0	≥1.0	≥1 000
市区线	地铁	服务于高度密集发展的主城区，满足大运量、高频率和高可靠性的公交需求	80	1.0~2.0	2.5~7.0	≥1 000
	轻轨	服务于较高程度密集发展的主城区次级客运走廊，与地铁共同构成城市轨道网络	60~80	0.6~1.2	1.0~3.0	
局域线	现代有轨电车、胶轮系统等	作为大容量快速轨道交通的补充和接驳，或服务局部地区普通客流、中客流走廊，提升地区公交服务水平	—	0.5~0.8	0.5~1.5	≥1 000

目前国内仅有的轨道交通设防规范为《轨道交通工程人民防空设计规范》（RFJ 02—2009）（以下简称《规范》），对于近两年出现的新型城市轨道交通工程（市域铁路）设防标准并无针对性的规范。由于市域铁路有其特殊性，车站多位于近远郊，按照高铁车站模式建设，车站体量规模大，为一般地铁车站面积的3~5倍，层高均高于地铁，与地铁相比市域铁路车速快、面积大、风量大，活塞风和进排风过风面积要求高，因而对车站通风系统的要求也高。比照《规范》设防，则车站风管穿越处的尺寸一般均超出《规范》第4.4.4条规定"对于临战时采用预制构件垂直封堵的平时通风口，其洞口净宽不宜大于7.00 m，净高不宜大于3.5 m；对临战时采用预制构件水平封堵的平时通风口，其洞口净宽不宜大于5.00 m"，若参照此规定执行则对车站平时建筑设计和通风设计的改动巨大，与以地铁建设为导向的"以平时交通运营为主，兼顾人防"思想有所差异，需要针对该问题出台更为细致的政策指导性文件。

3 工程试点

上海市于2018年12月开始启动建设国内首条真正意义上与高铁互联互通的市域铁路，是一项上海市市域线机场联络线工程。

市域线机场联络线是上海市东西主轴内的市域快速通道，是上海市城市轨道交通线网的重要组成部分，主要承担市域内虹桥、浦东两大机场之间以及市中心与机场间的城市客流，并兼顾浦东新区与长三角近沪地区的城际客流；是浦东衔接上海市对外主要铁路客运通道的重要联络线；是沪宁铁路通道和沪杭铁路通道向浦东地区的延伸；是浦东二次开发的重要交通基础设施。

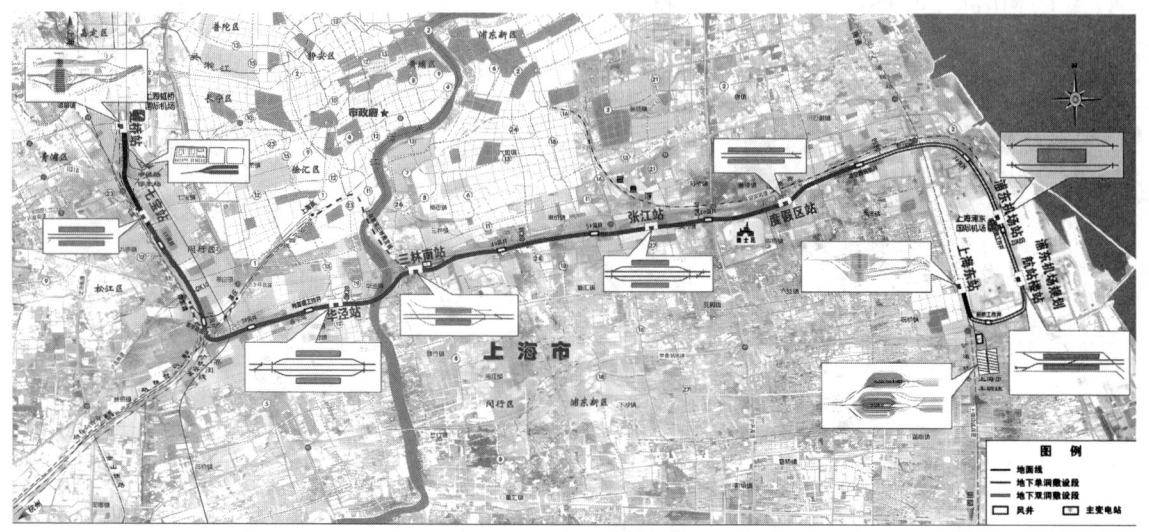

图 1　机场联络线线路图

上海市人民防空办公室对市域线机场联络线工程进行了设防试点，将工程地下线路部分按照规定建设兼顾人民防空需要的交通工程，战时功能定为非空袭时人员交通和物资运输，抗力级别遵照核 6 级、常 6 级，防化等级按无防化要求设计，战时为一个防护单元。

上海市在后续市域铁路批复中延续了该设防方案，对地铁和市域铁路这两种重要经济建设项目的战时功能进行了一定的区分：

（1）地铁仍然遵照《规范》要求，地下车站、地下线路平时以交通运营为主，战时是城市人民防空体系的重要连接线，作为人防疏散干道应能保障城市战时人员疏散、物资转移的交通安全。车站战时作为紧急人员掩蔽部和物资储备库使用。

（2）以机场联络线为代表的市域铁路的战时功能调整为地下车站、地下线路，平时以交通运营为主，战时承担人员交通和物资运输功能。将除了换乘节点外线路上的其余相邻车站组合为较大的防护单元，不再强调一站一区间的设防形式。

根据两种不同的战时功能，其设防标准也有所不同：

（1）按照《规范》设防，地铁项目的抗力级别为核 6 级、常 6 级、防化级别丁级的甲类人防工程。地铁车站的所有出入口都应按平战结合原则设计，每个地下车站的战时人员出入口不应少于 2 个（不含连通口和垂直式出入口），地下车站战时人员出入口应设防护密闭门和密闭门各一道，通道外设洗消污水集水井（宜与平时排水集水井相结合）；非战时人员出入口采用一道防护密闭门，兼顾人员出入口的平时使用要求。平时进、排风竖井宜兼做战时进、排风竖井，风井应设置在地面建筑倒塌范围之外或设置防倒塌棚架。当结合平时进、排风系统设置消波系统风道时，应设清洁式通风防护密闭门、风机密闭门各一道。

（2）市域铁路按照抗力等级为常 6 级、核 6 级，无防化要求的甲类人防工程设计。人员出入口设置防护密闭门一道，兼顾人员出入口的平时使用要求。非战时人员出入口采用垂直或水平封堵防护设备进行封堵时，洞口周边应预埋封堵转换所需的预埋件并同步施工到位。风口宜设防护密闭门一道。当采用垂直或水平封堵防护设备进行封堵时，洞口周边应预埋封堵转换所需的预埋件，并同步施工到位。在满足战技要求的情况下不限封堵数量和孔口尺寸，防护设备选用国家人民防空办公室批准的产品，设备选用时充分考虑易于平战转换和战平转换的情况，在保障平时使用的前提下，战时期间应及时发挥防护功能。

4 工程分析

从设防标准分析《规范》，第 3.0.1 条提出"城市轨道交通地下工程大都设在市区的繁华中心区，城市片区的人防工程，需要疏散干道连片成网，利用轨道交通工程的运输功能作为人防疏散干道，正是平战工程的高度结合"从该条基本规定可以看出《规范》主要针对的还是地铁，从地铁的功能定位出发结合《规范》出台时间段内的实际情况颁布的轨道交通设防规范。

《规范》中较多条款均是根据 2009 年左右的防护设备情况，综合考虑防护功能平战转换工作量来设定的。而近十年内，涌现了较多的大尺寸电控防护设备，使用电控防护设备后，能够较好地解决孔口尺寸太大造成的平战转换工作量巨大的问题。对于市域铁路这类孔口要求较大的工程项目，可考虑使用电控设备后，放宽孔口尺寸的限定。

随着城市轨道交通建设脚步的进一步加快，许多车站开始与周边环境相融合，引入自然光，与下沉式广场结合等，这些（顶板开天窗等设计）都会带来大尺寸的孔口封堵，由于《规范》限定了孔口最大尺寸，往往此类设计只有两种选择，放弃开天窗设计或者放弃车站设防。电控推拉式封堵板的出现很好地解决了该问题，孔口封堵所需的工作量大大减少，且设备使用时设计考虑有藏门空间，解决了传统封堵板预制构件存放困难的问题。选用大尺寸电控推拉式封堵板既能满足战技要求又能达到车站美观的要求。

由于多数地铁站点集中于市区，对于地铁线路的战时功能定为紧急人员掩蔽部和物资储备库，线路采用一站一区间一个防护单元的设防形式。而市域铁路服务于郊区和卫星城镇，强调其运输功能，战时功能为人员交通和物资运输，整条线路地下部分根据是否为换乘车站进行单元划分，将邻近的多个非换乘的车站设为一个防护单元。对城市轨道交通系统中的换乘车站进行重点防护，单个换乘车站作为一个防护单元，对影响车站运营的变电所等重要附属工程和具有枢纽作用的换乘车站作为重点防护对象，允许在小幅度增加工程造价的基础上适当提高防护等级。

当进行城市总体线路规划时，应综合考虑城市人防总体规划需求，将各条线路设计为相互连通，互为补充；结合人防疏散基地的整体规划使其具有更好的战备效益。综合考虑城市防灾和防空袭能力，结合城市的自身防空袭目标，重点保护线路换乘、交叉渡线段、变电所和供电站，确保当单条线路局部出现破坏时，可以通过换乘点和交叉渡线以及其他线路绕行将人员和物资输送到城市的各个角落。充分发挥市域铁路与高铁互联互通的特性，将市域铁路作为高铁的备用线路，一旦高铁出现局部破坏时能够通过市域铁路进行绕行，保证战时的各类运输需求。

对于以枢纽功能为导向，打造集航站楼、交通中心为一体的建筑，应考虑重要经济建设项目落实国防要求，可在有条件的局部轨道交通线路设定为人防疏散干道，保障城市战时人员疏散、物资转移的交通安全，车站战时作为紧急人员掩蔽部和物资储备库使用；对于枢纽工程中的其他公共交通区域考虑按照兼顾设防要求，不考虑防化等级，保障战前运输人员与物资，战时避免工程项目被破坏，战后迅速恢复其交通运输功能并遵循相关原则进行设防。

5 结论和展望

本文通过分析地铁和市域铁路在城市轨道交通系统中的定位，区分其在城市人防总体规划中的作用，对两类城市轨道交通采用不同的设防标准，为后续轨道交通网络人防系统的有层次感的建立提供思路。通过上海市对不同形式的城市轨道交通战时功能的试点，对城市轨道交通系统进行综合设计，将有效地发挥两种轨道交通各自的优势，形成合理、有效的战前、战中、战后防灾和防空袭的城市轨道交通网络。结合市域线机场联络线的试点经验，为切实解决城市轨道交通网络在城市人防总体规划中的作用和功能定位提供了思路和方向，并提升了战时轨道交通网络的整体价值。

随着城市的纵深发展，以上海市为例：上海市城市轨道交通 2030 年线网总长度约 1 642 km，其中地铁线 1 055 km，市域铁路 587 km。2035 年线网总长度约 2 200 km，其中地铁线 1 043 km，市域铁路 1 157 km。近期上海市公共交通占客运机动化出行量比例达 50% 以上，轨道交通占公共交通出行量比例为 60%。城市轨道交通出行在公共交通出行的占比逐年提升，尽快出台相关设防文件，避免工后加固、改造建设的困难，指导城市轨道交通系统兼顾设防体系合理、有效地进行设计和统筹安排，这保证了社会效益、经济效益和战备效益的相统一。

参考文献

[1] 法律出版和法规中心. 中华人民共和国人民防空法 [M]. 北京：法律出版社，2014.

基于 BIM 人防工程运维管理系统设计研究

荣鑫明　陈力新　刘宝权

(上海结建规划建筑设计有限公司，上海 200333)

摘　要　BIM 技术正在潜移默化地逐步改变人防工程的建筑设计与施工。目前在人防工程中的设计阶段和施工阶段，BIM 技术已经推动了相应的实施成果，并且产生了巨大的经济效益。但是 BIM 技术的价值并不仅仅局限于设计阶段与施工阶段。在人防工程的运维管理阶段，BIM 技术同样能够产生极其巨大的应用价值。对基于 BIM 技术的人防工程运维管理系统的研究，力求探索出一条 BIM 技术在人防工程运维管理阶段应用的解决思路，并使其成果落地。为提高人防工程的建设质量与管理水平，提升人防工程精确化保障能力以及实现高效、安全、舒适和经济的人防工程运维管理目标寻找突破点。

关键词　BIM 技术；人防工程；运维管理；设备设施；模型数据；信息化集成；IoT

1　引言

人防工程的运维管理系统是基于建筑信息模型（Building Information Modelling，BIM）技术与物联网（Internet of Things，IoT）、大数据、人工智能和移动互联等信息技术的全生命周期管理系统。

建立 BIM 数据模型组件与设备设施联动并展现空间模型，使人防设备设施得以被精确定位。借助前端感知系统联动人防工程中的设施设备运行状况进行完全掌控。部署视频监控、液位、火灾、烟感以及温湿度等传感设备与控制终端实现自动化探测和数据互传。整合人防工程中非涉密的数据资源与资产，消除"信息孤岛"，以提升人防工程体系能力建设的深度。

基于 BIM 技术的应急管理能力，在事前进行模拟预测，事中实时精准掌控，事后及时响应的特点，可降低事故发生后造成的损失。建立平战转换需求的 BIM 信息模型，提供可视化的平战转换过程，对平战转换物资、措施等进行综合管理。

战时阶段以 BIM 信息模型的工程数据为基础，辅助工程管理人员进行决策。

2　人防工程 BIM 运维管理系统介绍

2.1　总体框架设计

利用 BIM 信息模型作为人防工程运维管理系统的信息化集成载体。通过 BIM+IoT 技术获取并集成到人防工程的基础数据信息中。对接人防工程内三防自控系统、设备自控系统、

作者简介：荣鑫明（1990 年—），男，本科，主要从事 BIM 及工程运维管理等研究。E-mail: rongxinming@jiejianpad.com。

消防系统、安防系统及其他智能化系统等信息数据,形成数据信息资产。通过场景化的应用模块将收集的数据信息应用到人防工程中的不同应用场景下。

人防工程运维管理系统的总体框架设计应分为智能感知层、基础设施层、数据层、平台层、应用层和前端展示(图1)。

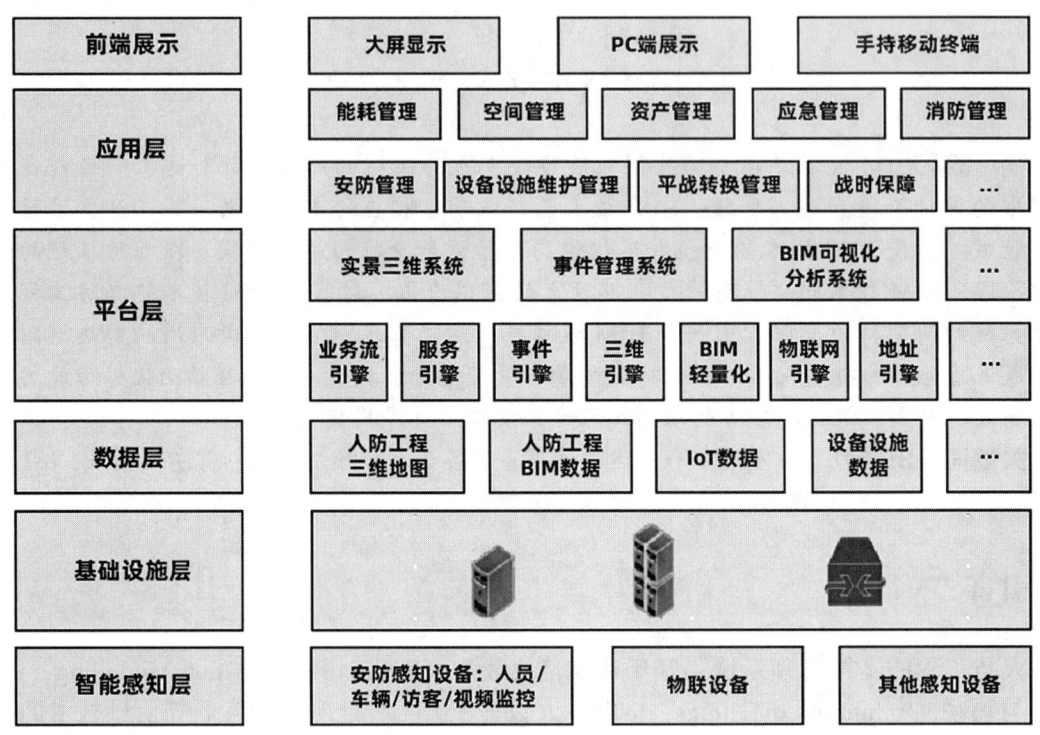

图 1　总体框架设计[2]

2.1.1　智能感知层

收集人防工程内部各种感知设备的数据转换接口,提供给运维管理系统可识别的数据源。主要感知设备有安防感知设备、物联设备及人防工程中其他可用的感知设备等。

2.1.2　基础设施层

搭建运维管理系统运行所需要的软硬件环境与设备。包含中心服务器、存储设备、交换机、网络视频录像机与自控主机等。

2.1.3　数据层

人防工程的运维管理系统通过建库、公开的数据共享以及接口转换数据等形式汇聚了各种数据源,为系统应用提供数据基础,其包含了高精度的人防工程 BIM 竣工模型、人防工程设施设备的数据组件、非涉密的人防工程基础地理信息及高分辨率遥感影像等。同时对各类基础数据进行统一管理与维护,实时保持基础数据的现势性。

2.1.4　平台层

平台层是人防工程运维管理系统的核心。基于 BIM 信息模型的可视化能力封装成单项的节点模块应用，包含三维引擎展示、BIM 信息模型轻量化、文档库、管理流程与其他关键技术的集成。

2.1.5 应用层

基于数据层的数据基础与平台层的技术支撑。应用层是人防工程运维管理系统中的具体落地需求的展现，形成各项运维管理的应用，如能耗管理、空间管理以及资产管理等。

2.2 运维管理系统的硬件部署

2.2.1 主机与存储系统

人防工程运维管理系统需要配置至少一台综合主机，用于可视化展示应用层的各项应用。同时配置一台存储服务器，用于物联网应用系统平台的具体落实服务的数据传输。

2.2.2 通信网络系统

部署一套核心交换机。人防工程内可通过专用网络方式接入人防物联网传输系统，并可将监控感知的信息数据上传到人防工程运维管理系统中。未来可向上实现与上级人防部门的直接数据对接，横向实现与其他区或市级人防部门的数据共享。

2.2.3 通信网络接口

人防工程中的各项设施设备的预留通信接口可选择 RS-485 通信接口、NB 网络通信和 4G 网络传输，且必须要具有数据补传功能，即在设施设备离线的状况下，可正常监测信息数据，待网络恢复后可手动或自动补传入数据库中。

2.2.4 环境感知系统

人防工程运维管理系统中环境监测感知设备在施工阶段在预埋到位，其有如下设备：温湿度传感器、气压计、氧气浓度传感器、一氧化碳传感器、二氧化碳传感器、甲烷浓度传感器以及毒剂报警探测器等。

2.2.5 安防监控系统

在人防工程中的出入口部及关键区域位置设置双鉴传感器，用于非法入侵的实时监测。口部安装渗水传感器可用于测试工程的进水状况。

2.2.6 网络传输

在人防工程中，部署模拟量采集模块用于进行模拟量信号采集。部署开关量采集模块用于进行开关量数据的采集。部署物联网综合接入网关用于接收人防工程中各类前端感知信息数据。

3 系统应用

3.1 BIM 运维管理系统总体布局

BIM 运维管理系统总体布局采用"外场景 + 内场景"的展现方式，其他相应的功能模块分列两侧及底部,中间区域用于展示外场景或内场景。

外场景是基于 GIS 大数据地理信息作为数据基础,用于展示人防工程在外部的全局性。其中重点展示人防工程的主入口及其他次要出入口以及人防工程相应配套设施(图 2)。

内场景是基于人防工程的 BIM 信息模型作为展示基础,其中人防工程的 BIM 信息模型可多专业整体显示或单专业显示(图 3)。

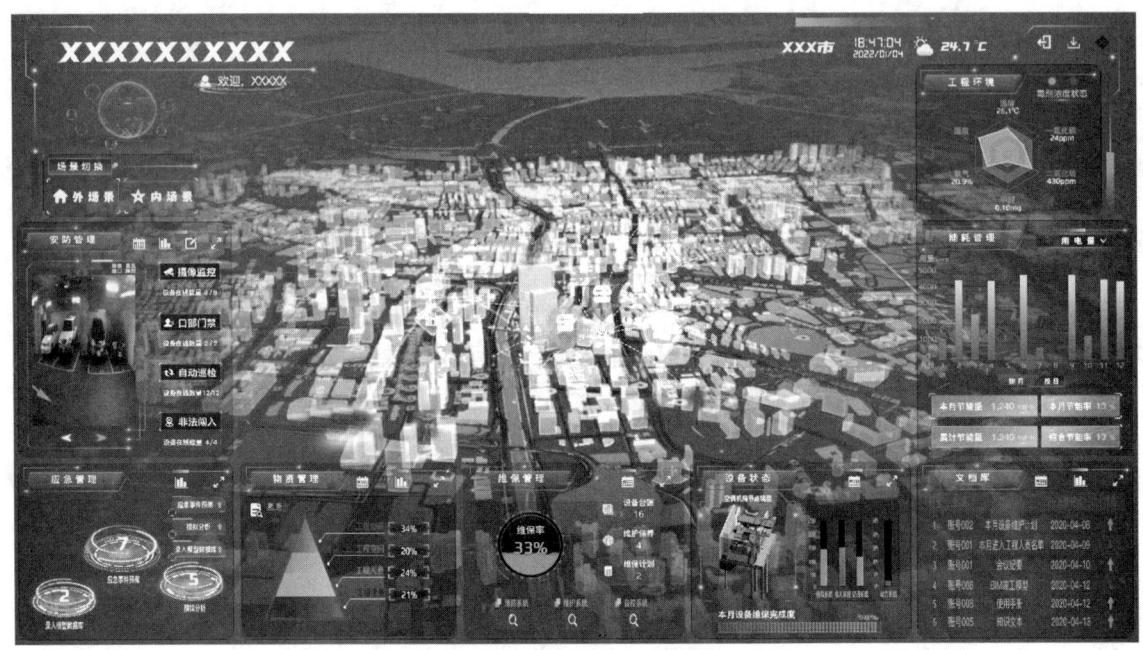

图 2　主界面 – 外场景

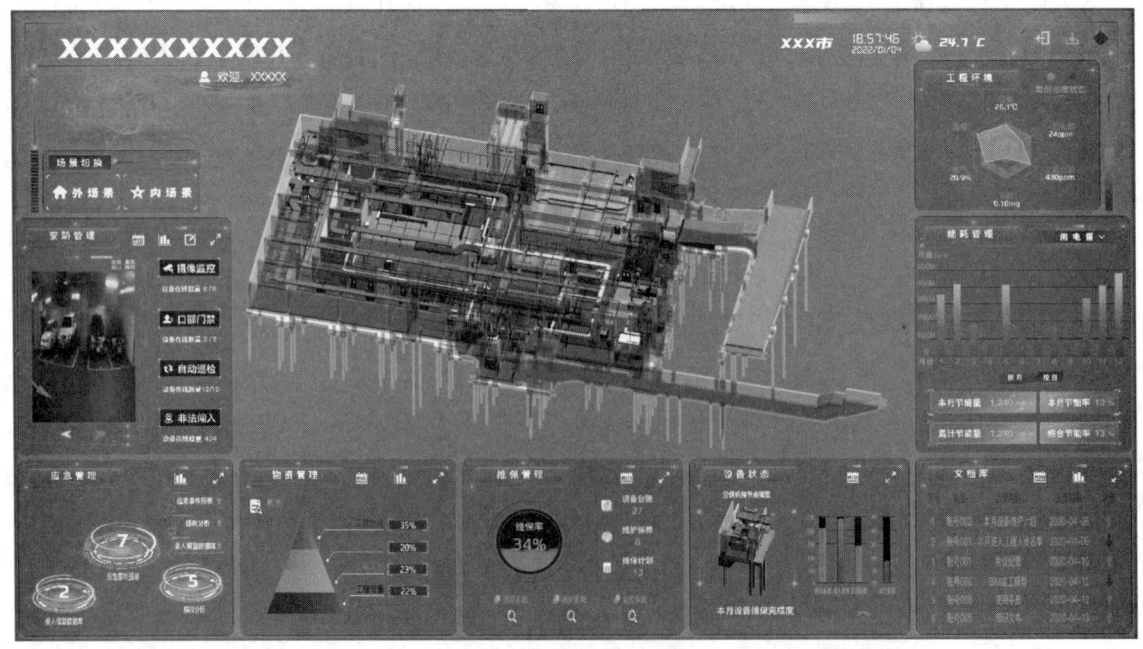

图 3　主界面 – 内场景

3.2 设备设施运行维护管理

通过集成 BIM 信息模型数据和设备设施控制系统数据的交互，将人防工程的消防系统、安防系统和自控系统等智能化系统和人防工程 BIM 运维模型有机结合。建立基于 BIM 技术的人防工程运行管理系统和管理方案，有利于促进实施人防工程的消防、安全、平稳及控制等信息化管理（图 4）。

3.3 空间管理

空间管理能更加有效地管理人防工程内部空间，保证各空间的利用率，包括空间规划、空间分配及人流管理等。基于 BIM 信息模型的空间可视化技术对人防工程内部空间区域的合理分配具有重要意义。该技术方便查看和统一空间信息，并动态记录分配的空间信息，提高空间的合理使用率。对人防工程中人流密集的区域实现人流实时监测和疏散可视化管理，可保证人防工程中的区域安全（图 5）。

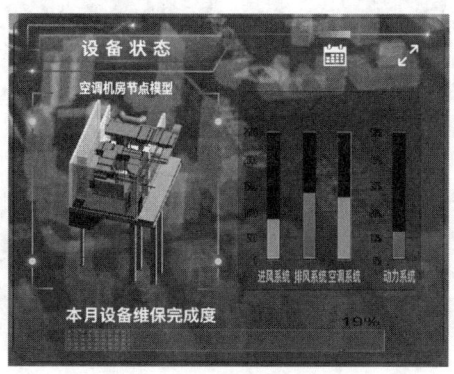

图 4　功能 – 设备状态

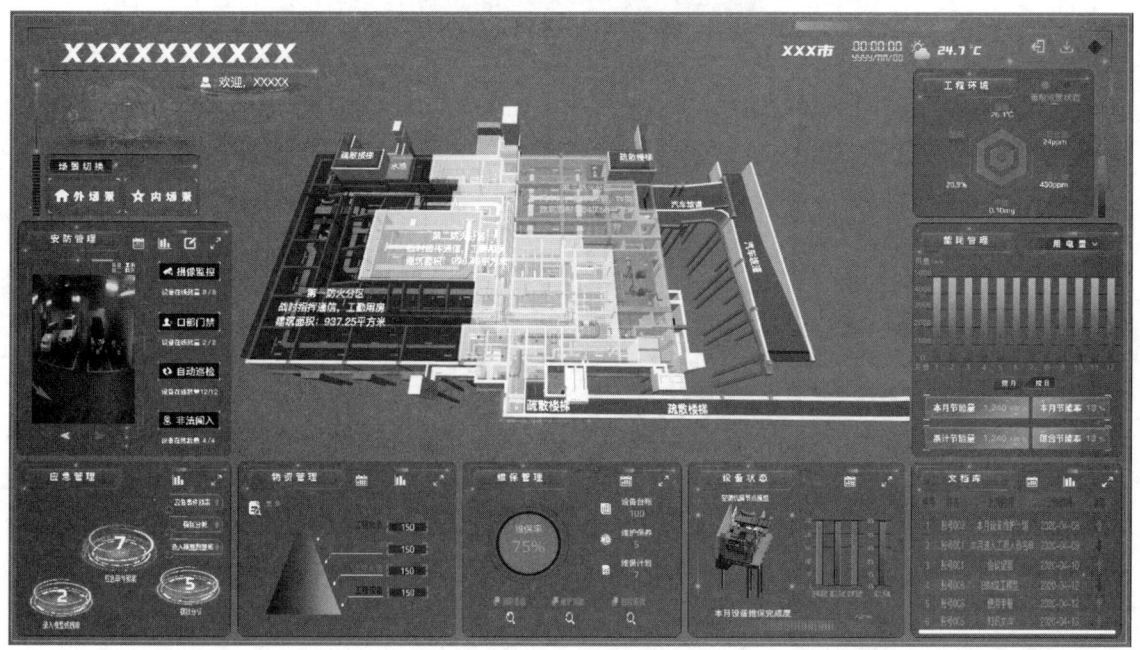

图 5　功能 – 空间管理

3.4 物资管理

物资管理是基于 BIM 技术的实时性辅助人防管理部门所进行的投资决策和制订短期、长期的管理计划。利用人防工程 BIM 信息模型的数据构件,可评估人防工程改造、更新及平战转换资产的费用(图 6)。

3.5 应急管理

基于 BIM 技术的可视化应急管理,在事前进行模拟预测、事中进行实时监控、事后及时响应。这可以防止事故的发生或减少事故发生后造成的损失。结合 BIM 信息模型进行应急模拟,制订应急预案(图 7)。

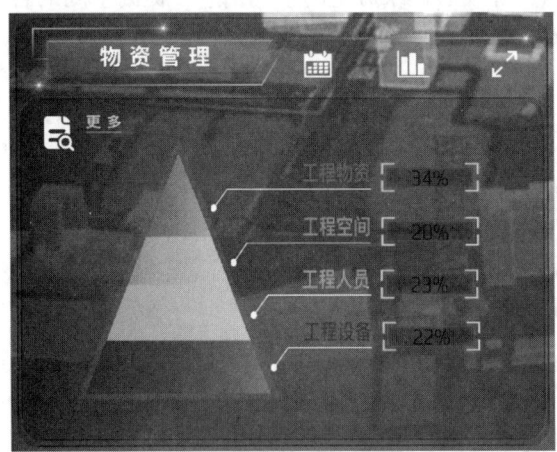

图 6　功能－物资管理

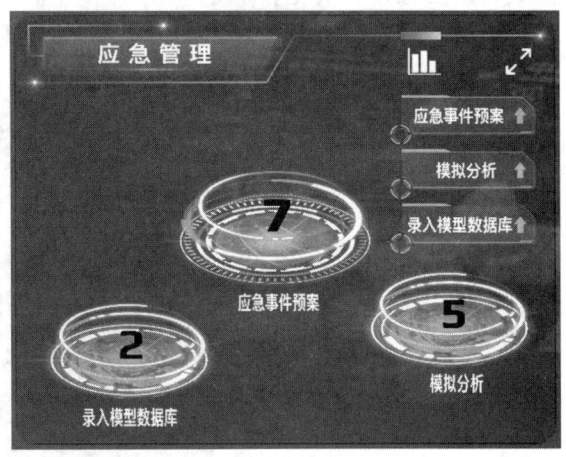

图 7　功能－应急管理

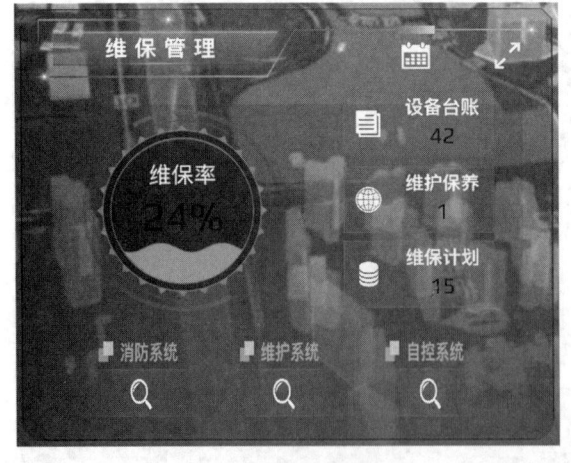

图 8　功能－维保管理

3.6 维保管理

人防工程中的设施设备在维护保养阶段,以 BIM 信息模型所拥有的工程数据为基础。结合工程内设施设备实时状态信息,实现对人防工程的设施设备的统一管理。为人防工程内的管理人员提供工程的维护保养实时状态信息(图 8)。

3.7 安防管理

利用视频监控分析技术与 BIM 信息模型的三维场景拼接,形成视频图像镶嵌动态模型的展现。可实时选择任意一组视频监控摄像头,指定巡逻线路。一旦视频巡逻发现异常,可及时发出信息通知工程内的管理人员(图 9)。

3.8 能耗管理

通过基于人防工程内部各区域部署的水、电和冷热量采集设备,可实时分段掌握各阶段的使用能耗量。动态分析能耗状况，通过能耗趋势图快速定位到能耗负荷高峰，并可逐级定位高峰能耗的组成，为移峰填谷找到依据。对人防工程内部的设施设备进行状态、启停控制、温度设定以及参数设置等进行实时监控。当设施设备发现故障时，在人防工程 BIM 信息模型中快速定位到该设备的空间位置，并放出预警便于问题反馈，提醒人防工程管理者排除故障（图10）。

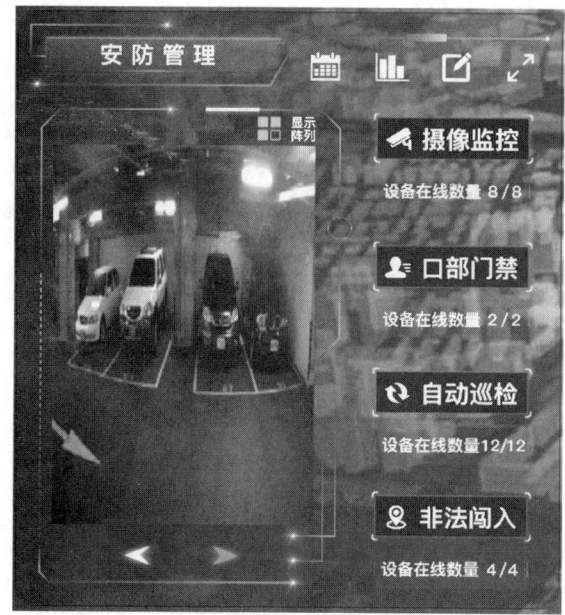

图 9　功能－安防管理

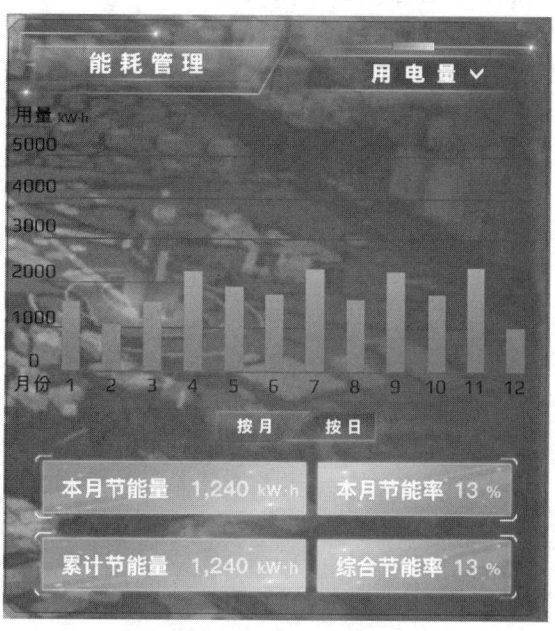

图 10　功能－能耗管理

3.9　环境监测

收集人防工程内安装的温湿度传感器、气压计、氧气浓度传感器、一氧化碳浓度传感器、二氧化碳浓度传感器、甲烷传感器与毒剂报警器等，传感设备通过接口转换数据实时录入到人防工程运维管理系统模块中，结合可视化展示当前传感器的空间位置与实时数据（图11）。

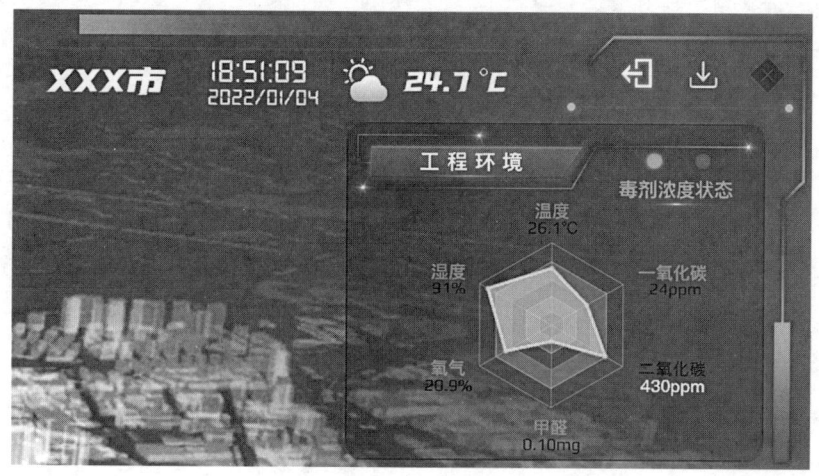

图 11　功能－环境监测

4 结语

基于 BIM 的人防工程运维管理系统可实时了解到工程整体运行状态以及存在的各种风险隐患，从而实现对人防工程的统一监管，为人防工程统筹管理提供信息技术支持；实现人防工程的智能化、精细化管理，全面提升人防工程的管理水平；为人防工程"战时防空、平时服务、应急支援"提供坚实的数据保障。

参考文献

[1] 过俊，张颖. 基于 BIM 的建筑空间与设备运维管理系统研究 [J]. 土木建筑工程信息技术，2013，5（3）：41-49，62.

[2] 林海英，刘惠. 基于 CIM 平台的智慧园区应用探索 [J]. 智慧中国，2020（10）：87-88.

基于数值模拟的型钢混凝土梁在人防荷载作用下正截面受弯承载力计算研究

冯 星

(上海市地下空间设计研究总院有限公司,上海 200125)

摘 要 对型钢混凝土梁在人防荷载作用下的正截面受弯承载力如何计算,现行的人防工程设计规范无条文阐述。按照等效静荷载法的设计原理,参考《组合结构设计规范》(JGJ 138—2016)给出的静荷载作用下的计算方法,提出在人防荷载作用下型钢混凝土梁正截面受弯承载力计算公式。分别采用 SAP2000 和 ANSYS 程序,对某一型钢混凝土梁构件进行非线性有限元数值分析,得出的正截面受弯承载力数值模拟结果与提出的计算公式所算的计算结果吻合度较好,表示计算公式合理、可行。

关键词 型钢混凝土梁;人防荷载;数值模拟

1 引言

型钢混凝土梁因承载力大、刚度大和延性好的优点,在建筑工程中的应用越来越多。在平战结合的人防工程中,同样也有不少应用实例。

现行的人防工程设计规范,对型钢混凝土梁在人防荷载作用下的正截面受弯承载力如何计算,无相应的条文阐述。

本文按照《人民防空地下设计设计规范》(GB 50038—2005)中等效静荷载法的设计原理,参考《组合结构设计规范》(JGJ 138—2016)给出的静荷载作用下的计算方法,对型钢混凝土梁在人防荷载作用下的正截面受弯承载力计算进行研究。

2 人防工程设计要点介绍

人防工程结构设计的目的就是抵御核武器或常规武器爆炸的快速动载作用,从结构分析角度看,本质上属于动力分析。

等效静荷载法就是将结构动力分析简化为结构静力分析。考虑动载对结构的动力效应,将动载峰值乘以动力系数,从而将作用在结构上的动载等效成一个静载效应,并使该静载(即等效静荷载)作用下的位移和内力与动载作用下的最大动位移与最大动内力相等,而且按等效静荷载确定的体系内力能满足动载作用下结构最大抗力的要求[1]。

作者简介:冯 星(1973 年—),男,硕士研究生,高级工程师,主要从事结构工程、人防工程方面的工作和研究。
E-mail: fengxing@suadi.com.cn。

防护结构的材料，无论是混凝土或钢材，都具有应变速率特性，即在快速动力加载下，其变形和破坏特征与静力加载下有很大的不同，特别是其破坏强度有很大的提高[2]。

在实际工程设计中，对混凝土的动力性能取值进行了简化，混凝土在静载和动载作用下受压的应力应变关系如图 1 所示。ε_c 为应变，ε_0 为静载作用下压应力达到 f_c 时的压应变，ε_{cu} 为静载作用下极限压应变，ε_{0d} 为动载作用下压应力达到 f_{cd} 时的压应变，ε_{cud} 为动载作用下极限压应变，σ_c 为应力，f_c 为静载作用下抗压强度，f_{cd} 为动载作用下抗压强度。

钢材在静载和动载作用下的应力与应变关系如图 2 所示。ε 为应变，ε_y 为静载作用下压应力达到 f_y 时的压应变，ε_u 为静载作用下极限压应变，ε_{yd} 为动载作用下压应力达到 f_{yd} 时的压应变，ε_{cud} 为动载作用下极限压应变，σ 为应力，f_y 为静载作用下抗压强度，f_{yd} 为动载作用下抗压强度。

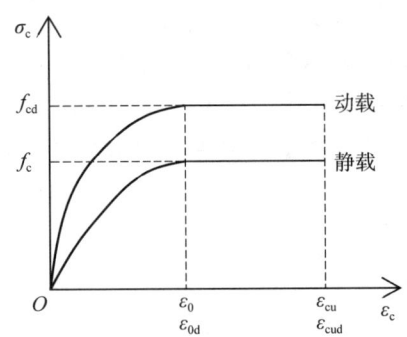

图 1　混凝土受压应力应变关系示意图

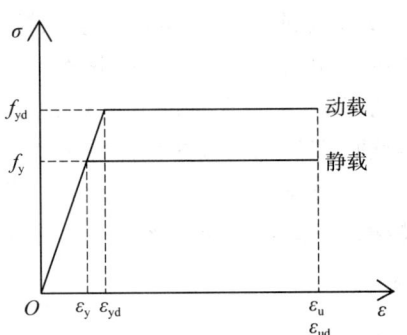

图 2　钢材应力与应变关系示意图

3　正截面受弯承载力计算

型钢混凝土梁静荷载作用下的正截面受弯承载力计算方法，是通过试验研究和理论分析得出的。计算时，将型钢翼缘作为纵向受力钢筋的一部分，并考虑了型钢腹板受弯承载力和轴向承载力对构件承载力的贡献[3]。

人防爆炸等效静荷载作用下，型钢混凝土梁正截面受弯承载力，可参考静荷载作用下的计算公式，假定情况如图 3 所示。

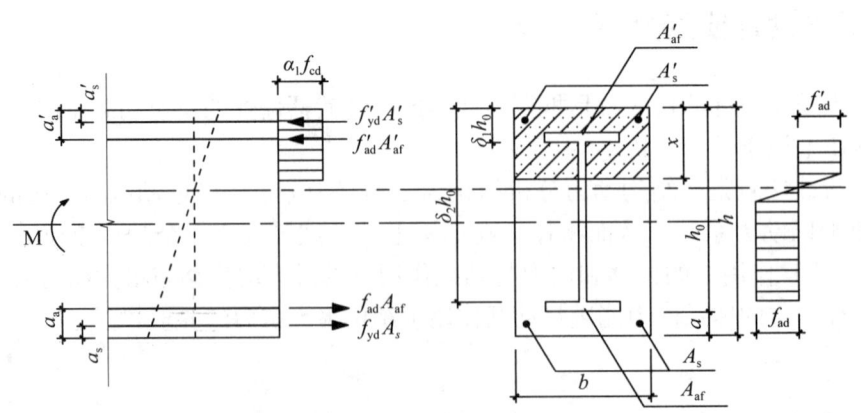

图 3　正截面受弯承载力计算示意图

$$M \leqslant \alpha_1 f_{cd} bx \left(h_0 - \frac{x}{2}\right) + f'_{yd} A'_s (h_0 - a'_s) + f'_{ad} A'_{af} (h_0 - a'_a) + M_{aw} \tag{1}$$

$$\alpha_1 f_{cd} bx + f'_{yd} A'_s + f'_{ad} A'_{af} - f_{yd} A_s - f_{ad} A_{af} + N_{aw} = 0 \tag{2}$$

当 $\delta_1 h_0 < 1.25x$，$\delta_2 h_0 > 1.25x$ 时，

$$M_{aw} = \left(0.5(\delta_1^2 + \delta_2^2) - (\delta_1 + \delta_2) + 2.5\frac{x}{h_0} - \left(1.25\frac{x}{h_0}\right)^2\right) t_w h_0^2 f_{ad} \tag{3}$$

$$N_{aw} = \left(2.5\frac{x}{h_0} - (\delta_1 + \delta_2)\right) t_w h_0 f_{ad} \tag{4}$$

并且，混凝土受压区高度 x 尚应符合下列公式要求：

$$x \leqslant \xi_b h_0 \tag{5}$$

$$x \geqslant a'_a + t'_f \tag{6}$$

$$\xi_b = \frac{\beta_1}{1 + \dfrac{f_{yd} + f_{ad}}{2 \times 0.003 E_{sd}}} \tag{7}$$

式（1）—式（7）中

α_1——受压区混凝土压应力影响系数；

β_1——受压区混凝土应力图形影响系数；

A_s、A'_s——受拉、受压钢筋的截面面积，mm^2；

A_{af}、A'_{af}——型钢受拉、受压翼缘的截面面积，mm^2；

b——截面宽度，mm；

h——截面高度，mm；

h_0——截面有效高度，mm；

t_w——型钢腹板厚度，mm；

t_f、t'_f——型钢受拉、受压翼缘厚度，mm；

ξ_b——相对界限受压区高度系数；

x——混凝土等效受压区高度，mm；

a_s、a_a——受拉区钢筋、型钢翼缘合力点至截面受拉边缘的距离，mm；

a'_s、a'_a——受压区钢筋、型钢翼缘合力点至截面受压边缘的距离，mm；

a——型钢受拉翼缘与受拉钢筋合力点至截面受拉边缘的距离，mm；

δ_1——型钢腹板上端至截面上边的距离与 h_0 的比值；

δ_2——型钢腹板下端至截面上边的距离与 h_0 的比值；

M——人防荷载作用下的弯矩设计值；

M_{aw}——人防荷载作用下型钢腹板承受的轴向合力对型钢受拉翼缘和纵向受拉钢筋合力点的力矩；

N_{aw}——人防荷载作用下型钢腹板承受的轴向合力；

f_{cd}——动荷载作用下混凝土轴心抗压强度设计值；

f_{ad}——动荷载作用下型钢抗拉强度设计值；

f'_{ad}——动荷载作用下型钢抗压强度设计值;

f_{yd}——动荷载作用下钢筋抗拉强度设计值;

f'_{yd}——动荷载作用下钢筋抗压强度设计值;

E_{sd}——动荷载作用下钢筋弹性模量。

式(1)—式(7)中符号定义和取值在《人防防空地下设计设计规范》(GB 50038—2005)和《组合结构设计规范》(JGJ 138—2016)有详细描述,具体可对应两本规范进行查找。

4 计算实例

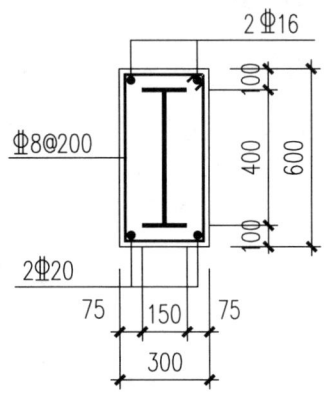

图4 某型钢混凝土梁断面图（单位: mm）

设定一型钢混凝土梁（图4），宽0.3 m，高0.60 m，混凝土等级为C35，钢筋等级为HRB400，型钢H400 mm×150 mm×6 mm×8 mm，型钢型号Q345。

根据式(1)—式(7)，以及各材料相关参数: $f_{cd} = 25.05 \text{ N/mm}^2$，$f_{ad} = f'_{ad} = 418.5 \text{ N/mm}^2$，$f_{yd} = f'_{yd} = 432 \text{ N/mm}^2$，$E_{sd} = 2 \times 10^5 \text{ N/mm}^2$。可计算出该型钢混凝土梁在人防荷载作用下: 混凝土受压区高度 $x = 116.3$ mm，正截面受弯承载力设计值 $M = 558$ kN·m。

5 SAP2000程序分析

5.1 材料模型

将爆炸动荷载作用下混凝土受压的应力与应变关系（图1）和钢材的应力与应变关系（图2）输入到SAP2000通用结构分析软件中，分析结果呈现如图5—图7所示。

5.2 梁截面建模

在SAP2000截面设计器中，建立混凝土梁、纵筋和型钢模型，如图8所示。

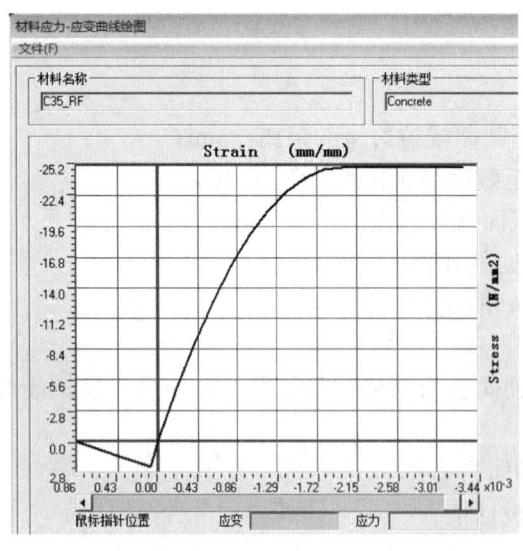

图5 动载下混凝土的应力-应变曲线

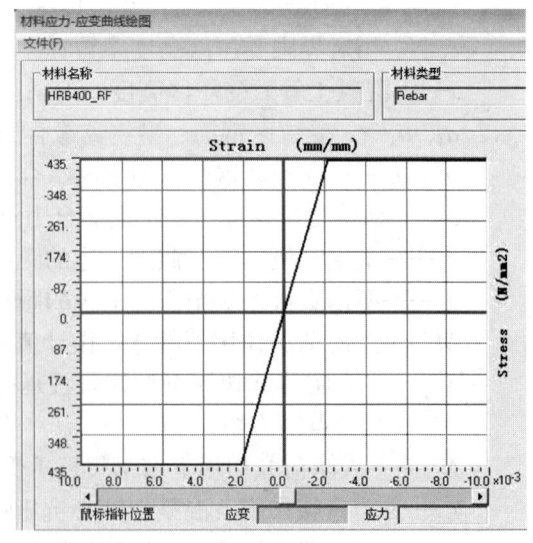

图6 动载下钢筋的应力-应变曲线

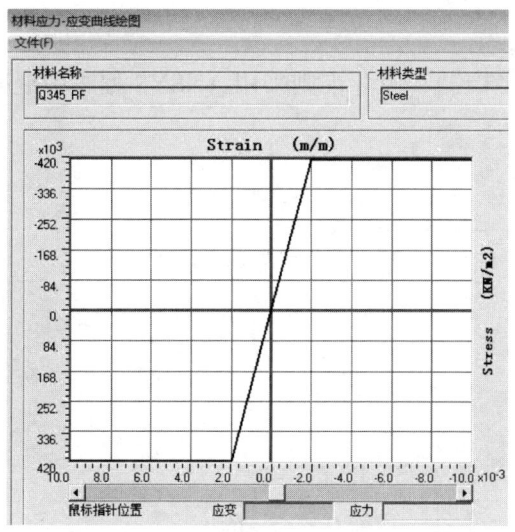

图 7　动载下型钢的应力-应变曲线

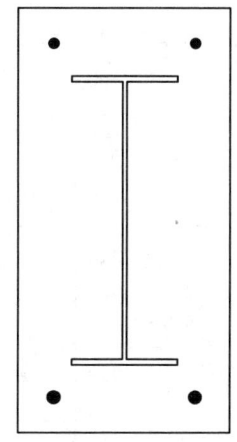

图 8　型钢混凝土梁截面模型

5.3　计算结果

SAP2000 可以给出型钢混凝土梁在等效静荷载作用下的弯曲变形曲线（M-ϕ 曲线），如图 9 所示。图 9 水平轴表示曲率，纵轴表示弯矩，由图可估算出该梁在人防荷载作用下正截面受弯承载力值约为 540 kN·m。

6　ANSYS 程序分析

对图 4 所示的型钢混凝土梁断面，按图 10 的方式在 ANSYS 程序中进行数值模拟加载，对其正截面抗弯承载力进行分析研究。

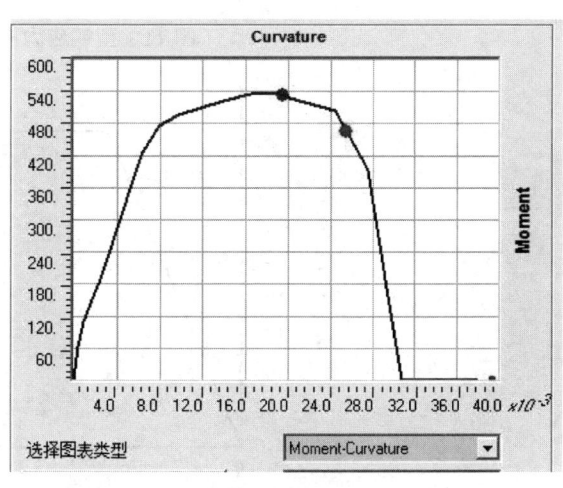

图 9　动载下型钢混凝土梁的 M-ϕ 曲线

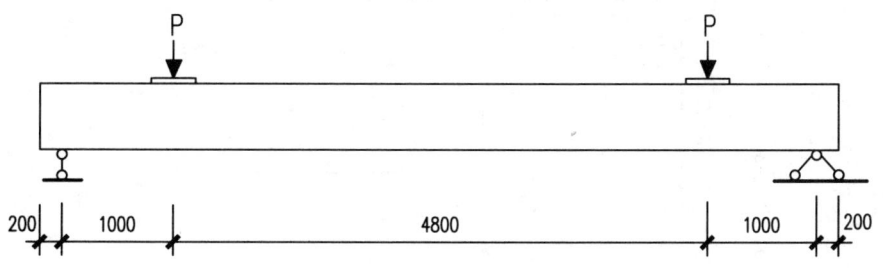

图 10　梁构件加载示意图（单位：mm）

6.1　材料模型

6.1.1　钢材材料模型

型钢混凝土结构数值模拟中，型钢、纵筋和箍筋采用双线性等向强化模型（BISO）[4]，单轴应力应变关系为理想弹塑性模型（图 11 和图 12）。型钢屈服准则为 Mises 准则。

6.1.2 混凝土材料模型

混凝土采用多线性等向强化模型（MISO）（图 13），破坏准则采用 ANSYS 程序中混凝土材料默认的 William-Warnke 五参数破坏准则。

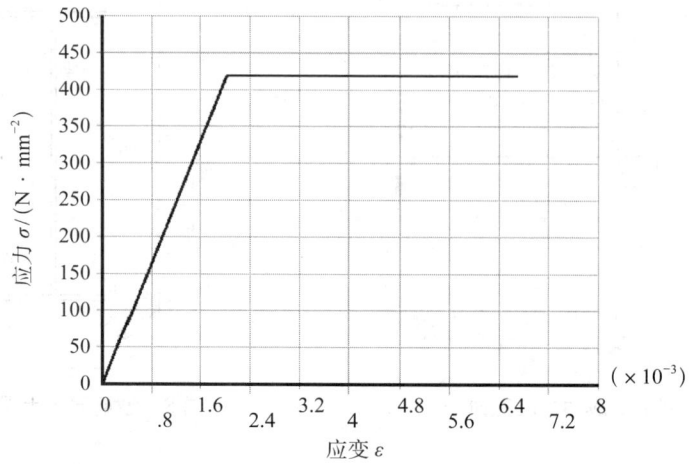

图 11　型钢应力应变曲线 BISO 模型

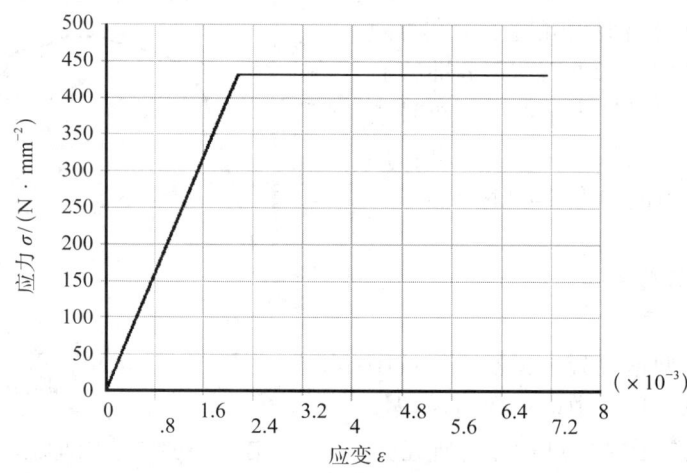

图 12　钢筋应力应变曲线 BISO 模型

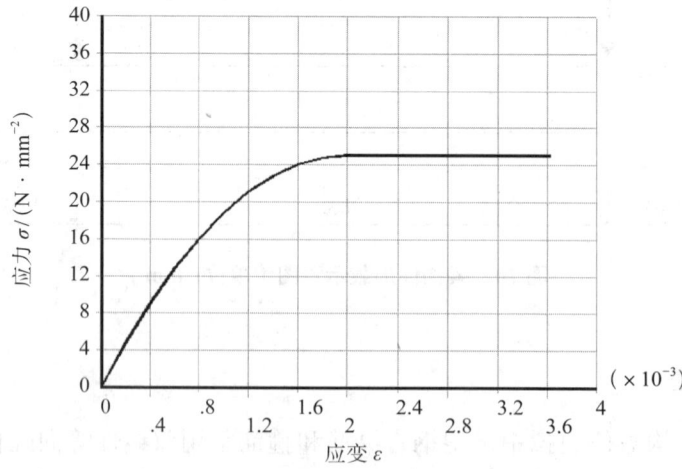

图 13　混凝土应力应变曲线 MISO 模型

6.2 单元类型

混凝土采用 Solid65 单元。为了便于正常收敛，不考虑形函数附加项，考虑拉应力释放，关闭 Solid65 单元的压碎功能（将混凝土单轴受压强度设为 −1）。

纵筋和箍筋采用 Link8 单轴杆单元，该单元只能承受拉、压轴力。

型钢采用 Solid45 单元模拟。

6.3 网格划分及单元生成

在确定混凝土、型钢、纵筋和箍筋在 ANSYS 程序中的材料性质、实常数和单元类型后，利用对称性建立 1/4 分析模型。

几何建模采用"由上至下"的建模方法，通过布尔运算进行块体分割（图 14）。后进行网格划分、单元生成，如图 15 所示。图 16 和图 17 分别为钢筋模型图和型钢模型图。

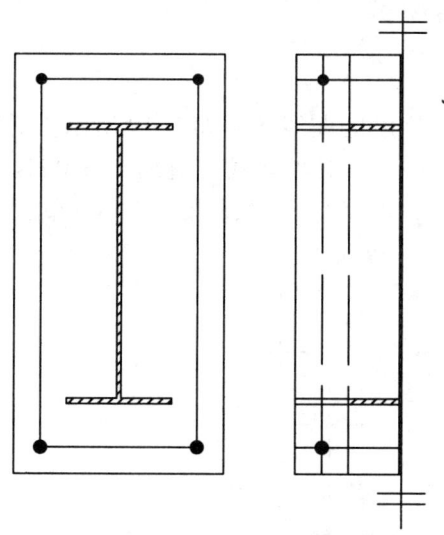

图 14　块体分割示意图

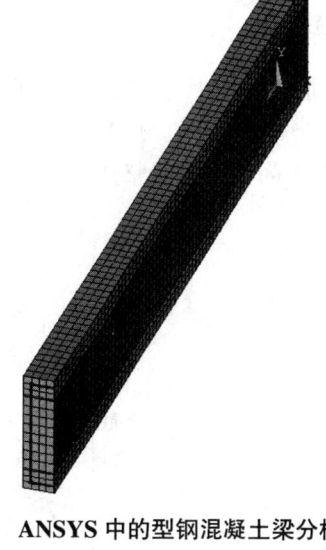

图 15　ANSYS 中的型钢混凝土梁分析模型

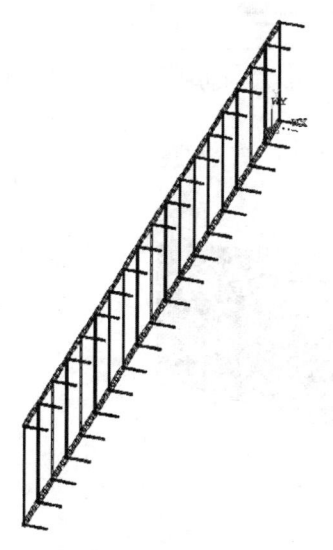

图 16　钢筋模型图

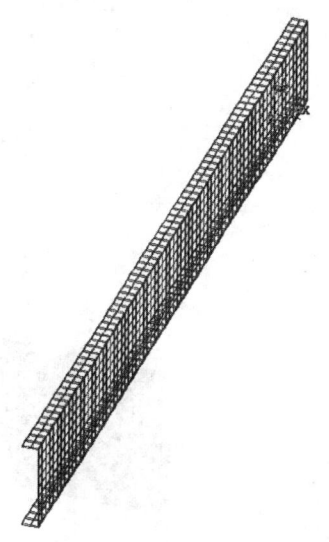

图 17　型钢模型图

6.4 支座约束和加载求解

如图 18 所示，在对称截面处施加对称约束，在支座处施加竖向线约束。为避免局部应力集中，可在集中荷载作用点以局部均布荷载来替代模拟。

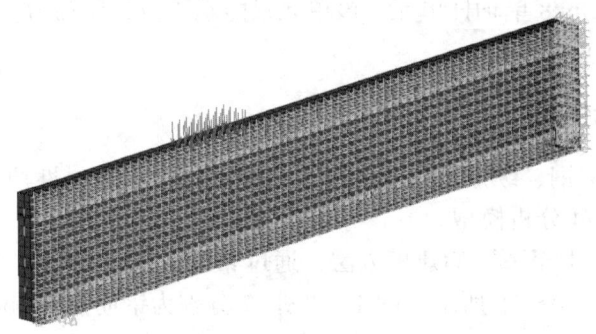

图 18 支座约束及加载模型

6.5 计算结果

经过非线性迭代求解，收敛后的加载 P 与跨中挠度的曲线图，如图 19 所示。对应的 $P_{max} = 600\ kN$，跨中弯矩 $M_{max} = 600\ kN \cdot m$，梁的正截面受弯承载力值约为 $600\ kN \cdot m$。图 20—图 23 为相应的梁整体变形图、钢筋应力图、型钢正应力图和梁混凝土裂缝分布示意图。

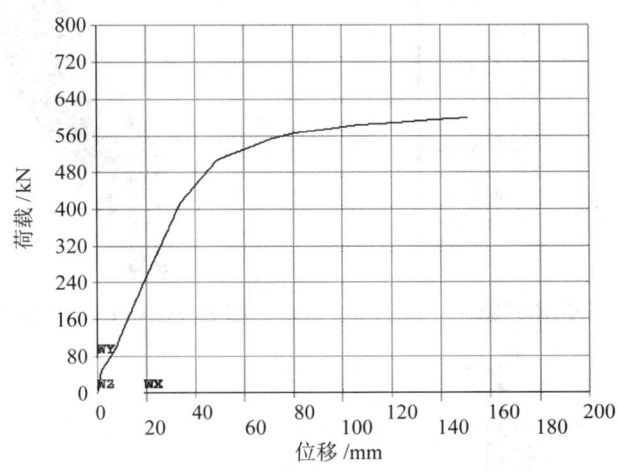

图 19 荷载与跨中挠度曲线图

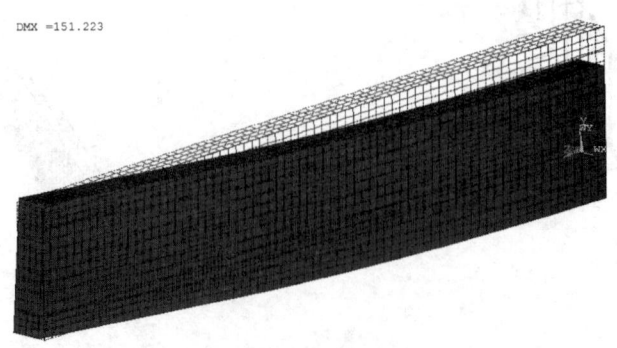

图 20 梁整体变形图

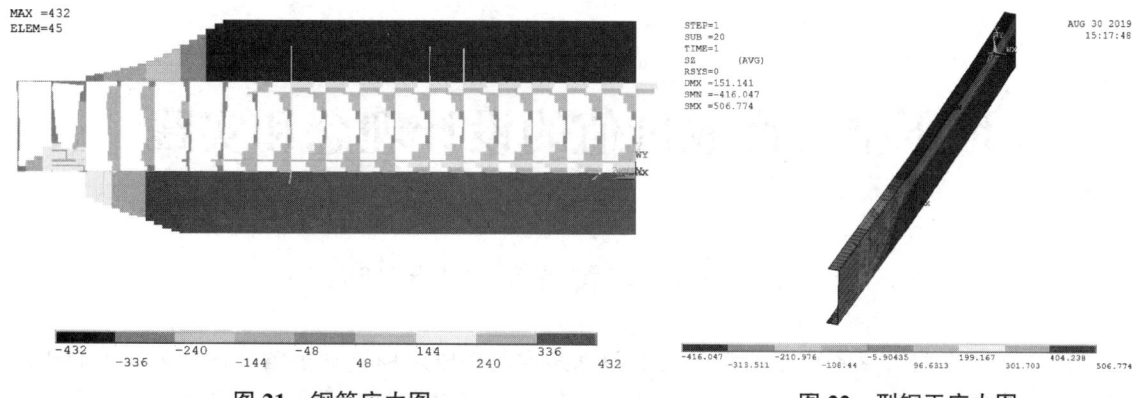

图 21 钢筋应力图　　　　　　图 22 型钢正应力图

图 23 梁混凝土裂缝分布示意图

7 数据汇总分析

对比按假定公式（1）—公式（7）计算、SAP2000 估算和 ANSYS 非线性有限元迭代收敛结果（表 1）可知，式（1）—式（7）计算结果与 SAP2000 及 ANSYS 数值模拟结果均吻合度较好。

表 1　计算结果对比

计算方法	假定公式	SAP2000	ANSYS
正截面受弯承载力值 /(kN·m)	558	540	600
偏差 /%	100	96.8	107.5

8 结语

本文根据人防工程设计的独特性，按照等效静荷载法设计原理，参考静载作用下计算方法，提出人防荷载作用下型钢混凝土梁正截面受弯承载力计算公式。并通过数值模拟有限元分析方法，论证了公式的可行性。相关研究成果已获得国家专利授权，并在工程实践中得到应用。

参考文献

[1] 方秦，柳锦春. 地下防护结构 [M]. 北京：中国水电水利出版社，2010.
[2] 钱七虎，王明洋. 高等防护结构计算理论 [M]. 南京：江苏科学技术出版社，2009.
[3] 中华人民共和国住房和城乡建设部. 组合结构设计规范：JGJ 138—2016[S]. 北京：中国建筑工业出版社，2016.
[4] 冯星. 型钢混凝土梁在人防工程设计中的应用研究 [J]. 建筑结构，2018（s1）：513-518.

地下空间商业价值的设计理念和实践

赵丽萍

(上海结建规划建筑设计有限公司,上海 200333)

摘 要 人们对城市地下空间的固有印象是空间昏暗沉闷,环境脏、乱、差,不利于城市管理。为了解决这一痼疾,进一步提高国土资源的利用率和促进城市的有序发展,在前期规划和概念设计阶段,应根据该地下空间所处的城市区位,充分调研和论证。从长远发展考虑,需进行前瞻性定位,其定位主要涉及城市交通枢纽、地下商业街或者地下展览馆以及文化馆等大型公共空间。为了使地下空间更为开敞明亮,具体的设计手法可以通过将下沉式广场与地铁、车站等城市交通枢纽无缝衔接,将人流带到地下空间,激活地下空间的流动性、赋予城市更多的活力。

关键词 地下空间;地铁站;城市综合体;地下商业价值

1 引言

传统的地下空间大多作为停车库和储藏室等,随着人们生活节奏的加快以及城市人口的激增,现今地下空间在商业用途和公共交通空间中的应用也越来越广泛。但是,目前的地下空间设计仍处于比较滞后的状态,空间较为狭小,利用率不高,地下商业价值低。根据《建筑设计防火规范》(GB 50016—2014)中对于两个或两个以上大于 20 000 m^2 的大型地下商业的联系有明确的消防要求和条文说明,但落实到具体设计时,如何把控?本文将通过大量的项目设计实践,阐述在严格执行消防规范的前提下,大胆创新以实现地下商业价值的最大化。

2 地下空间的定义

根据《建筑设计防火规范》(GB 50016—2014),地下室的定义是:房间地面低于室外设计地面的平均高度,且大于该房间平均净高的 1/2。

3 地下空间的形成和使用功能

3.1 地下空间的形成原因

(1)城市地下空间,最初是作为战时人员掩蔽体和物资库等人防工程,而平时多作为储

作者简介:赵丽萍(1978 年—),毕业于同济大学,现就职上海结建规划建筑设计有限公司,主要从事建筑设计。
E-mail: lunar_z@163.com。

藏室、机动车车库及非机动车车库等。

（2）由于城市化进程的不断推进，土地短缺的矛盾日益突出，地下空间拓展已成为城市化进程进一步推进的标志。

（3）高层建筑和超高层建筑的箱型基础已经为地下空间搭建了骨架。

3.2 地下空间的使用功能

传统的地下空间作为停车库和储藏室等，随着人们生活节奏的加快以及城市人口的激增，地下空间在商业用途和公共交通空间中的应用也越来越广泛。

4 商业地下空间开发面临的挑战

4.1 商业属性的挑战

地下空间给人的固有印象多半是潮湿、黑暗、空间狭小和沉闷，而商业空间则是充满活力、宽敞明亮、体量巨大、功能丰富、有识别度和有吸引力的动感空间。如何在地下室的设计中，突破原有思维模式，巧妙融入商业空间的各种设计要素，使地下空间成为城市地下会客室，使其成为充满趣味性的活力空间，以吸引各种人流，延长消费者的逗留时间，从而提升地下商业地产的价值，这向建筑师们提出了极大的挑战。

4.2 《建筑设计防火规范》（GB 50016—2014）的限制和挑战

地下商业空间是人员密集场所，其安全性是第一位的。在《建筑设计防火规范》（GB 50016—2014）中，对地下商业设计提出了很多要求。例如：对于超过 20 000 m² 的大型地下商业空间，需要设置避难走道、防火隔间和不小于 13 m × 13 m 的下沉广场等，以及疏散人数和疏散楼梯宽度的计算也应被从严把控等。

5 提升地下商业空间价值的方法

1）引入城市客流量，以提升附近地下商业地产的租金和价值

（1）上海南京路名人商厦、新世界大丸百货上海轨道交通 2 号线和上海轨道交通 10 号线交汇处的换乘通道。

这两个项目位于上海南京东路河南中路路口，沿南京东路，在河南中路的东侧是上海新世界大丸百货，西侧是上海名人大厦，其下是上海轨道交通 10 号线和上海轨道交通 2 号线的换乘通道。在方案设计阶段，名人大厦业主本着服务于社会的精神，将基地内商业功能的地下室分隔出 7 m，作为地铁换乘通道，无偿提供给公众使用。在专家咨询和方案评审过程中，

图 1　名人大厦实景

开发商在充分听取各方面专家意见后,决定将位于该基地内的这 7 m 地铁换乘通道,改为 15 m。若干年后,上海轨道交通 10 号线投入运营,该车站是通外滩的最近的地铁车站,这位于开发商基地内的上海轨道交通 10 号线和上海轨道交通 2 号线交汇换乘的 15 m 宽通道,人头攒动,潜在的商业价值巨大。如果是 7 m 宽的通道,则一定无法满足使用要求。

开发商虽然无偿提供了更多的商业地下室面积,但这给城市公共交通提供了极大便利,在产生社会公益价值的同时,也为其周边的地下商业带来滚滚客流。开发商较原方案损失 500 m^2 的地下室面积,但地下商铺的每平方米价值翻倍增加。

几年后,位于其东侧的新世界大丸百货落成,其地下商业与名人大厦、上海轨道交通 2 号线、上海轨道交通 10 号线的换乘通道等连成一片,极大方便了乘客的换乘与购物等,其商铺的商业价值也大幅提高。

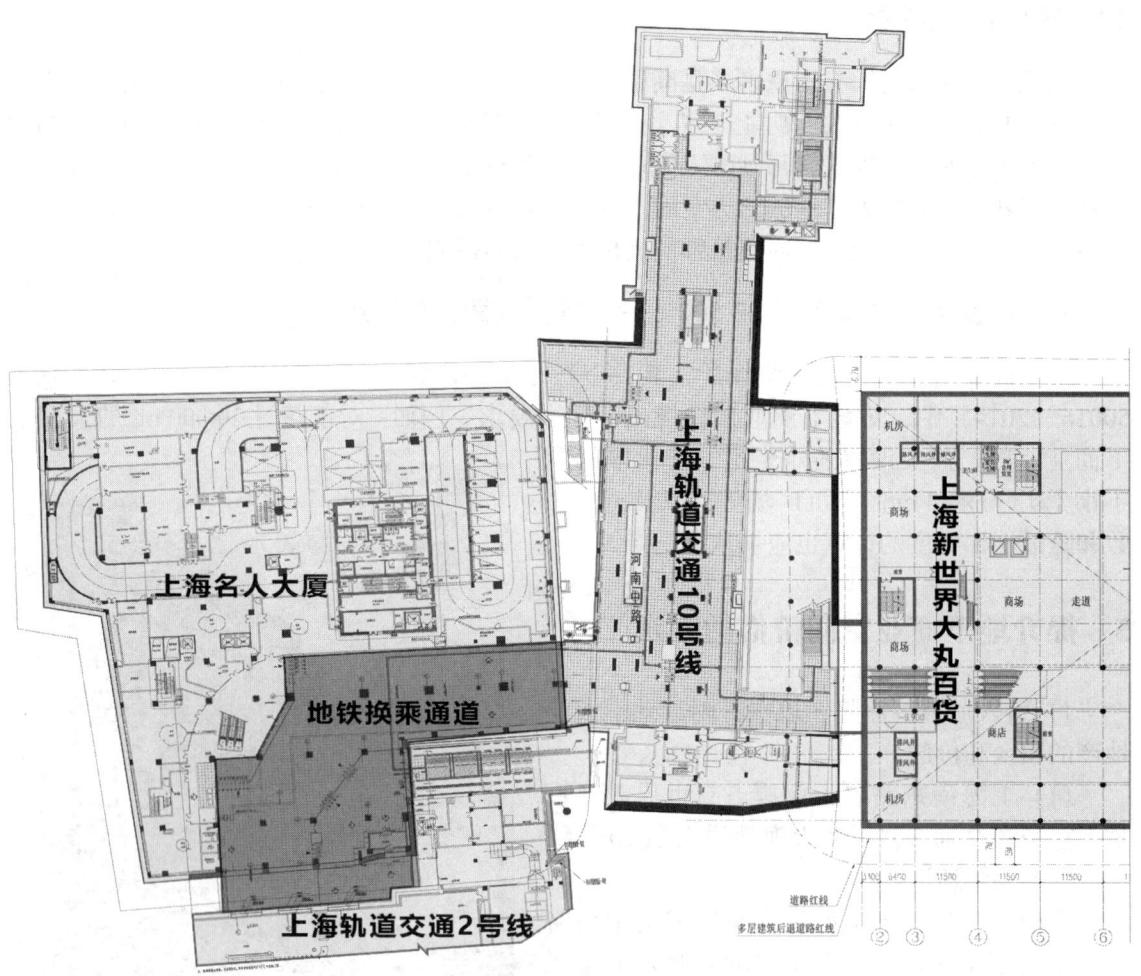

图 2　地铁换乘通道示意图

(2) 上海农工商 118 广场。

该项目位于上海市金沙江路真北路,其北侧为上海轨道交通 13 号线。在当初规划设计时,上海结建规划建筑设计有限公司提出在地下室设置上海轨道交通 13 号线的车站,当时,申通公司在规划上海轨道交通 13 号线时,同样希望车站出入口与商业建筑可融合统一设计。

该方案设计将引入无限的人流，提高整个 3 万多平方米地下商业价值，是经济效益和社会效益互补共赢的举措。但是，业主考虑到这将损失 1 000 m² 的地下商业面积，最终未采纳建筑师的建议。如今，面积不到农工商 118 广场的 1/4，与上海轨道交通 13 号线真北路站直接连通的近地铁出入口广场的下沉式广场，商业繁荣，一铺难求。相比之下，近在咫尺的农工商 118 广场相对冷清寂寥，很多地下商铺被空置废弃。

图 3　农工商 118 广场实景

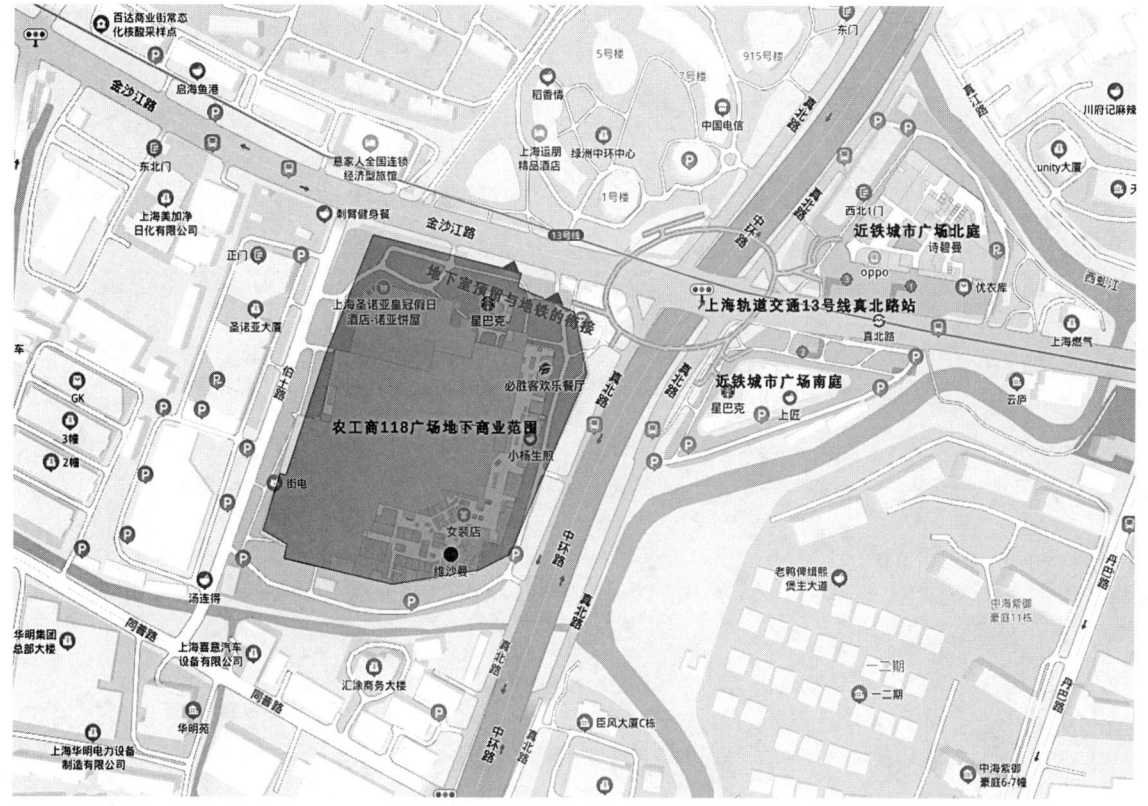

图 4　农工商 118 广场交通示意

2）通过地下连通通道，引入周边商业客流

上海名人大厦早于其东侧的新世界大丸百货建成，在规划设计阶段，名人大厦已经预留通往大丸百货的地下连通口，在大丸百货建成后，两个基地的地下商业、地铁换乘通道和地铁商业街等融为一体，给市民的出行、购物带来了极大便利，为商业地产赋予了源源不断的价值。

3）加强地面与地下人流的对视和互动

设计下沉式广场、采光天井等，并利用自动扶梯、观光电梯和大台阶等，加强地面与地下人流的对视和互动，同时成为了城市广场的标志性构筑物。

6 结论

城市地下空间的开发利用，是城市化进程的必由之路。地下空间的价值最大化就是在前期规划阶段，合理整合并贯通其周边的地下空间，使其融为一体，在建筑设计阶段，充分利用各种建筑的设计手法，增加其商业价值。

"前车之鉴、后事之师"，笔者希望本文从商业设计实践和时间验证的角度，给商业建筑设计者们提供更多的启发和思路。

某人防指挥工程空调系统改造设计

朱明亮

(上海结建规划建筑设计有限公司,上海 200333)

摘 要 该文结合某人防指挥工程空调系统改造设计,介绍了该工程的概况及空调系统存在的问题,探讨了人防指挥工程的空调负荷计算方法,进行空调系统改造方案比选,并介绍冷却水源的选择,为此类工程的空调系统改造设计提供参考。

关键词 人防指挥工程;空调系统;负荷计算;改造设计;冷却水源

1 引言

随着我国经济的发展,人防工程已经成为我国国土防空体系的重要组成部分。人防指挥工程作为人防防护体系的骨干工程项目,是保障人防指挥机关战时工作的人防工程。改革开放以来特别是近十多年来,各大城市先后修建了一大批大中型人防指挥工程。随着时间的推移,人防指挥通信系统不断升级,计算机、服务器、大屏幕等通信设备大量投入使用,导致工程内发热量大幅增加,原空调系统逐渐无法满足工程使用需求,指挥大厅、通信机房和控制室等房间普遍过热,严重影响了工程指挥通信系统的正常运行,急需对空调系统进行改造。本文将结合某具体工程,探讨人防指挥工程空调系统的改造设计。

2 工程概况

该人防指挥工程位于海南省某市,建筑面积 3 500 m^2,保障人数 274 人,于 2009 年竣工投入使用。本工程原空调系统分为指挥和通信两个单元,各设置一台水冷调温除湿机,采用集中全空气一次回风式空调系统。利用工程内部水库作为冷却水源,当空调系统运行使水库水温达到一定的温度以后,采用内部深水井补水,并排出热水。

经现场踏勘,发现该工程空调系统主要存在以下问题:①通信主管部门在数据机房内加装了两台风冷精密空调机,风冷室外机安装在狭窄的通道内,热量无法排出,机器一直无法使用,导致数据机房瘫痪;②工程内发热设备大幅增加,导致冷负荷增大,原空调系统已不满足需求,各房间温度均偏高,在人员未进驻、设备未全部开启的情况下,各房间实测温度均达到 27℃以上;③原设计采用工程内部水库作为冷却水源,水库补水利用内部深水井,但是深水井出水量一直不稳定,并且出水温度偏高,当达到 35℃时,冷却效果较差。

作者简介:朱明亮(1980 年—),男,硕士研究生,注册设备工程师(暖通),主要从事人防工程设计工作。E-mail: 405198690@qq.com。

3 空调系统负荷计算

人防指挥工程内空调冷负荷主要包括新风、围护结构、设备、人员和照明等的冷负荷，考虑到新风、照明的冷负荷和地面建筑的冷负荷计算基本相同，下面主要介绍人防指挥工程围护结构、设备及人员散热的计算方法。

3.1 围护结构的传热计算

本工程顶板底面至室外地面的垂直距离大于 6 m，按深埋恒温人防工程计算围护结构传热[①]。传热量按式（1）计算：

$$Q_1 = \alpha F(t_{nc} - t_0)[1 - f(F_0, B_i)]m \tag{1}$$

式中 Q_1——深埋指挥工程围护结构的恒温传热量，W；
α——换热系数，可取 5.8~8.7，W/(m² · ℃)；
t_{nc}——室内空气年平均温度，℃；
t_0——围护结构周围土壤或岩石年平均温度，℃；
$f(F_0, B_i)$——壁面恒温传热计算参数；
F——围护结构内表面面积，m²；
m——壁面传热修正系数，衬砌结构时为 1；衬套结构周围为岩石时为 0.72；为土壤时为 0.86。

3.2 设备散热计算

本工程中散热设备主要为电子通信设备，可按式（2）计算：

$$Q_s = n_1 n_2 n_3 N \tag{2}$$

式中 Q_s——设备散热量，kW；
n_1——同时使用系数，一般取 $n_1 = 1$；
n_2——安装系数，最大实耗功率与安装功率之比，一般取 $n_2 = 0.7$；
n_3——负荷系数，每小时的实耗功率与最大实耗功率之比，一般取 $n_3 = 0.7$；
N——设备的安装功率，kW。

3.3 人员散热计算

人员散热可分为显热散热和潜热散热，可按式（3）计算：

$$Q_R = 0.001 n\psi (q_x + q_q) \tag{3}$$

式中 Q_R——人员散热量，kW；
q_x——每个成年男子的显热散热量，W；
q_q——每个成年男子的潜热散热量，W；
n——工程内人员总数，人；
ψ——人员群集系数，本工程取 $\psi=1$。

经计算，本工程空调冷负荷约为 396.3 kW。

[①] 见于《人民防空地下室设计规范》（GB 50038—2005）。

4 空调系统改造方案

根据空调负荷计算结果及现场实测情况，原有调温除湿机已远远不能满足工程使用需求，需对原空调系统进行改造或另外增加空调系统。根据现场踏勘情况及负荷计算结果，给出了两套改造设计方案，方案内容如下。

4.1 方案一

将原有两台调温除湿机更换为功率更大的多功能除湿空调机组，该机组具有两个压缩机回路，其中主回路用于工程主体集中式全空气空调送风的处理，其功能包括制冷和调温除湿等，另一个回路提供 7~10℃ 的冷冻水。在通信机房、控制室等大余热房间可增加末端空气处理设备，如风机盘管等，利用多功能除湿空调机组提供的冷冻水带走这些房间的热量。此方案需将原有的除湿机组及管道全部拆除，重新安装设备、风管及水管等，工程量较大，并且现场作业空间较小，施工难度较大。

4.2 方案二

保留原有通风空调除湿系统，另外增加一套水源热泵 VRV 系统。该系统由水侧和冷媒侧两部分构成，冷却水经由水配管从冷/热源输送到水源热泵 VRV 主机，和冷媒进行热交换，再由冷媒将冷/热量送至室内，实现空调的制冷/制热。该方案需要利用一间大小合适，并且闲置的房间作为 VRV 主机机房，在各空调房间安装室内机，主机和室内机通过冷媒管连接。水源热泵 VRV 系统结构简单，应用灵活，安装方便，适合在改造工程中使用。此方案不用改造原有设备及管道等，工程量较小。

根据工程现场情况及甲方意见，最终选择方案二作为本工程空调改造实施方案。新增空调系统分为四个子系统：指挥区、通信区、办公区、休息区，主要设备选型见表 1。

考虑到通信机房内原来安装的两台风冷精密空调造价昂贵，如果废弃不用，则会造成很大的浪费，经和甲方、设备厂商沟通，确定将两台风冷精密空调的室外机更换为水冷室外机，由设备厂商负责实施。

表 1 新增空调系统主要设备

序号	设备名称	型号及规格	单位	数量
01	水源 VRV 主机	RWXY30AY1，制冷量 =84 kW，功率 =18.3 kW	台	4
02	水源 VRV 室内机	FXDP63QPVC，制冷量 =6.3 kW，功率 =196 W	台	5
03	水源 VRV 室内机	FXSP150CA，制冷量 =15 kW，功率 =330 W	台	4
04	水源 VRV 室内机	FXFP112LVC，制冷量 =11.2 kW，功率 =156 W	台	4
05	水源 VRV 室内机	FXFP100LVC，制冷量 =10 kW，功率 =156 W	台	8
06	水源 VRV 室内机	FXFP80LVC，制冷量 =8.0 kW，功率 =111 W	台	5
07	水源 VRV 室内机	FXFP56LVC，制冷量 =5.6 kW，功率 =74 W	台	3
08	水源 VRV 室内机	FXFP36LVC，制冷量 =3.6 kW，功率 =53 W	台	18

5 空调系统冷却水源

针对该工程内部水源补水不稳定，水温较高，冷却效果较差的情况，本次改造增加一套空调冷却水系统。在工程外设置一台冷却塔作为冷却水源，为避免外来杂质堵塞、腐蚀空调管道和设备，采用闭式冷却塔，冷却水供回水温度为32℃/37℃，供回水管管径为DN150，水平干管采用同程式。水系统采用定压膨胀补水机组定压，补水泵的启停与气压罐水位连锁，高水位停泵，低水位启动水泵，定压机组自带控制箱[1]。冷却水循环泵、定压膨胀补水机组等设备设在工程内部。供回水管路上预留了两个接口，接至工程内原有的冷却水循环泵及水库，当战时工程外部冷却塔遭到破坏或工程进入隔绝通风状态时，可利用工程内部水库进行冷却，以保障重要的通信机房能正常工作。冷却水系统主要设备选型见表2。

冷却水管需穿越工程防护外墙接至室外冷却塔，如果在墙体上新开洞，就破坏了工程整体的防护及密闭性能。经现场踏勘发现，工程内有两根DN100消防水管接至室外水泵接合器，笔者在设计方案时将冷却水管接至这两个消防水管，以进出工程，并在各管路上加装电动阀门，火灾时可自动切换。空调冷却水系统原理示意图见图1。

表2 冷却水系统主要设备

序号	设备名称	型号及规格	单位	数量
01	横流闭式冷却塔	水量：200 t/h；功率：7.5×2 kW；泵功率=4.0 kW	台	1
02	冷却水循环泵	立式离心泵：$Q=160\ m^3/h$，$H=35\ m$，$N=22\ kW$	台	2
03	旁通水处理器	PTBW07A-GSN1：旁通水量 $Q=7\ m^3/h$，$N=200\ W$	台	1
04	定压膨胀补水机组	补水泵：$Q=2\ m^3/h$，$H=35\ m$，$N=2.2\ kW$	台	1
05	补水箱	不锈钢水箱：1 500 mm × 1 000 mm × 1 500 mm	台	4

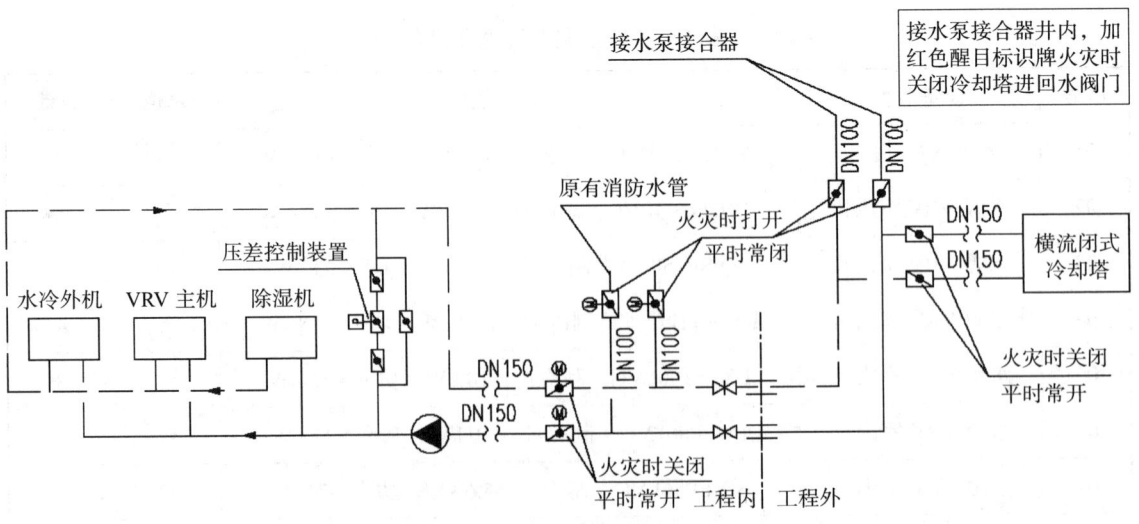

图1 空调冷却水系统原理示意图（单位：mm）

6 结语

该工程空调系统实施改造并投入运行后，各房间的温湿度均能达到设计要求，工作人员体感舒适，通信设备运行良好。

本文结合具体工程，探讨了人防指挥工程的空调负荷计算方法，对空调系统改造方案进行了比选，并介绍了冷却水源的选择和水管进出工程的方案，为此类工程的空调系统改造设计提供了参考。

参考文献

[1] 人民防空指挥工程设计标准：RFJ1—2006[S]. 北京：中国计划出版社，2006.

装配式混凝土结构在加固改造工程中的应用

徐 方

(上海结建规划建筑设计有限公司,上海 200333)

摘 要 为了解决修复加固工程中,现浇混凝土结构支模空间狭小,后续无法拆模的难题,采用装配式混凝土结构来避免支模和拆模等施工问题,以此来印证装配式混凝土结构不仅能在新建工程中有广阔的天地,在加固改造结构类项目中也能得到广泛的应用。

关键词 装配式混凝土结构;结构加固改造;无梁空心楼盖;抗浮;传统现浇钢筋混凝土;拆分;叠合

1 引言

近年来,装配式在我国的工程领域是一个炙手可热的名词,各种装配式建筑如雨后春笋般拔地而起,出现了很多装配式的结构,按材料类型可分为装配式混凝土结构、装配式钢结构和装配式木结构等;按结构形式可分为装配式框架结构与装配式剪力墙结构等[1]。这些结构形式目前通常都应用在新建的项目中,在加固改造类的项目中应用较少。本文通过一个工程实例,来探讨装配式混凝土结构形式在加固和改造项目中的可行性和应用前景。

2 工程概况

本工程位于江西省赣州市,是一个公交车站的地下停车库(图1—图3),地下一层的结构,地下室建筑面积约 23 000 m²,大部分柱网为 12 m × 12 m,地面为停车场及公交车行驶道路,结构体系采用钢筋混凝土无梁空心楼盖,空心楼盖上方覆土 1.2 m,基础形式为柱墩加防水板形式,持力层为圆砾层。抗震设防基本烈度为 6 度,基本地震加速度是 0.05 g,地震设计分组为第一组,场地类别为Ⅱ类,建筑结构安全等级为二级,建筑抗震设防类别为标准设防类。

项目于 2017 年开始施工建设,2020 年年初整体地下室顶板完工,覆土完成后,发生局部地块的地下室顶板坍塌。经第三方检测单位检测,得出引起地下室顶板局部坍塌的主要原因为原结构设计中柱顶托板与空心楼盖相连处的抗冲切与抗剪承载力不足。后经过对原设计的全面复核后发现,不仅是坍塌部位,其他未坍塌的部位均存在相同的问题,本次设计即为坍塌部位的修复设计以及未坍塌部分的加固设计,本文研究重点侧重于未坍塌部位的加固设计。对未坍塌部位的加固设计方案,结构设计师进行了多种方案的比选,前后经过三次专家

作者简介:徐 方(1976 年—),男,硕士,高级工程师,主要从事结构设计方面的工作或研究。E-mail: sullivan_xf@126.com。

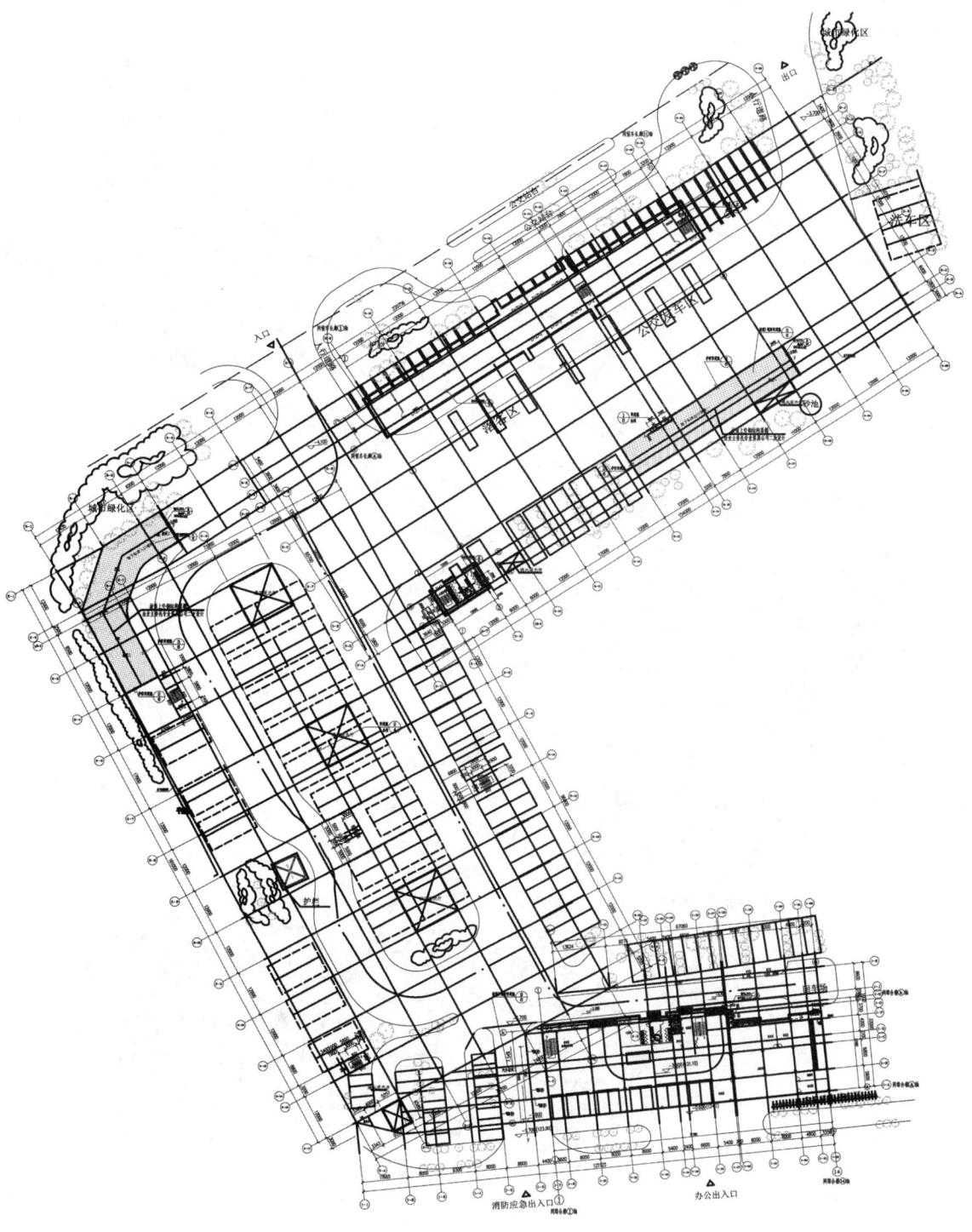

图 1　地下车库总图

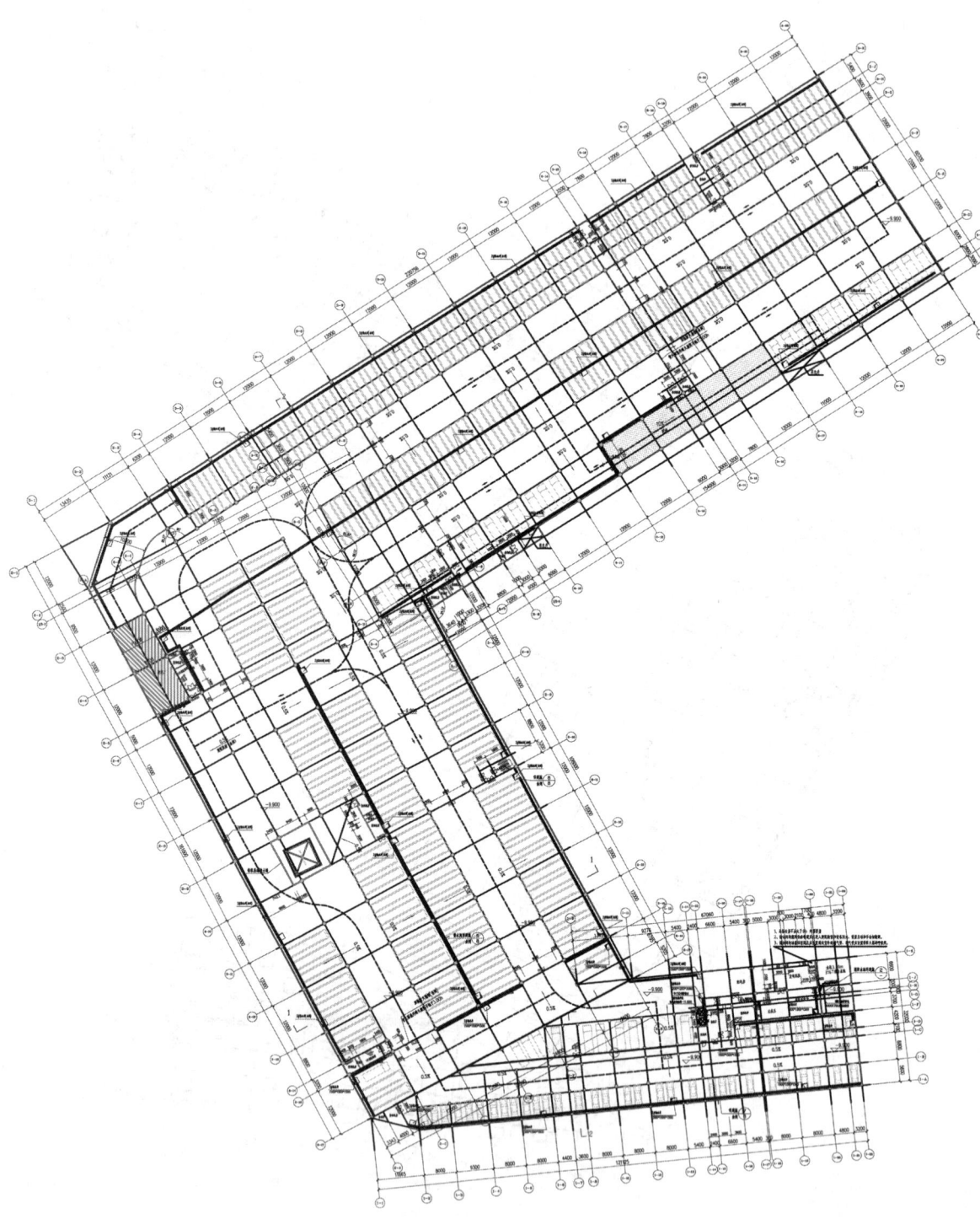

图 2　地下车库平面图

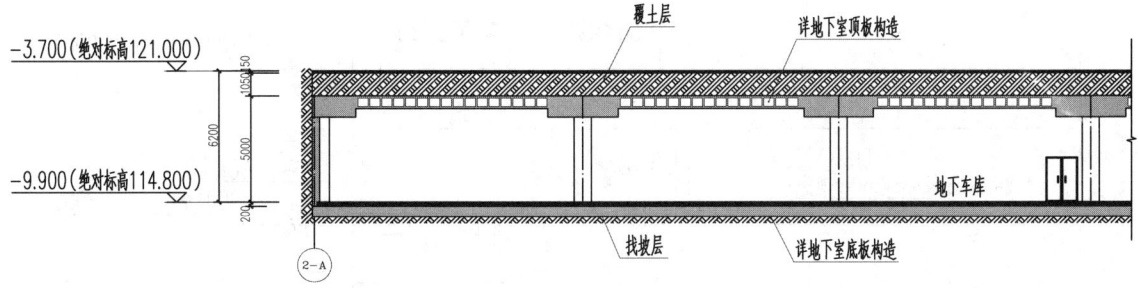

说明：标高以 m 为单位。

图 3　原地下车库剖面示意图（单位：mm）

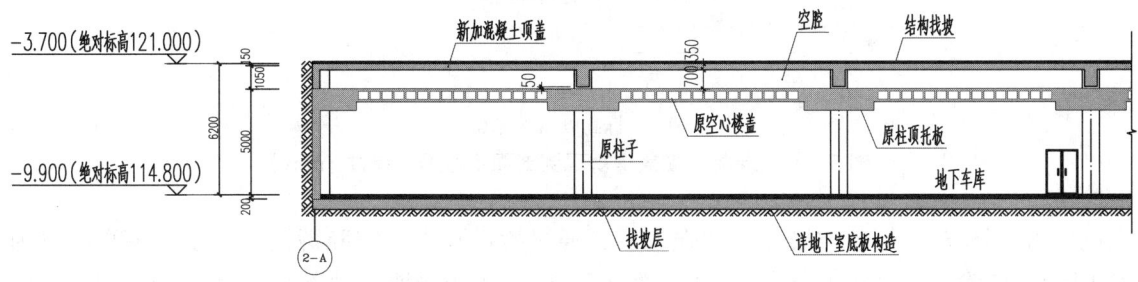

说明：标高以 m 为单位。

图 4　地下车库加固空腔方案剖面示意图（单位：mm）

评审，在综合考虑了各种因素后，最后决定采用对原顶板卸载，增设新加楼盖形成空腔的方案（图 4）。

本方案的具体构思为：未坍塌部分的空心楼盖不足以承受上面覆土和停车的荷载，无法实现其使用功能，为了满足使用功能，去除原设计 1.2 m 的覆土，在原空心楼盖上新加结构顶盖以形成空腔，新加顶盖的重量不得超过原设计 1.2 m 覆土的重量，且同时满足地下室整体抗浮和局部抗浮的要求。通过这种方式，使空心楼盖的重量/荷载卸载至仅承受自重和下方悬挂的管道重量（经复核，原空心楼盖的承载力能满足此种工况），上部其他荷载由新加顶盖承受，不对原空心楼盖受力产生影响。

3　结构设计中（加固部位）的主要难点和问题

原设计地下车库空心顶板面相对标高为 −4.900 m，绝对标高为 119.800 m，空心楼盖上方有 1.2 m 的覆土，即场地相对标高为 −3.700 m，绝对标高为 121.000 m。去掉加固后表面面层厚度 150 mm，剩下可用的高度仅为 1.05 m，现要在这 1.05 m 的高度内新加一个钢筋混凝土楼盖来承受上部停车等其他荷载，以达到对原空心楼盖的重量卸载的作用。传统的现浇钢筋混凝土楼盖可以采用如下方法实现：新加楼盖采用钢筋混凝土框架结构，原地下室 700 mm × 700 mm 的柱子通过植筋方式接长至新加楼盖板顶，由于新加楼盖不能对原空心楼盖有影响，故现浇楼盖的模板必须拆除干净，主梁底部也必须同原空心楼盖脱开，不接触原空心楼盖。主梁跨度为 12 m，考虑主梁在楼盖自重和其他荷载下的挠度，主梁底部离原空心楼盖的间距为 50 mm，故主梁的尺寸可取为 600 mm × 1 000 mm；为了达到拆模的目的，每个柱网设置一个 1 000 mm × 1 000 mm 的拆模孔，柱网内不设次梁；经抗浮计算，需要的混凝土板厚为 350 mm；这样，原空心楼盖和新加传统楼盖之间形成一个 700 mm 净

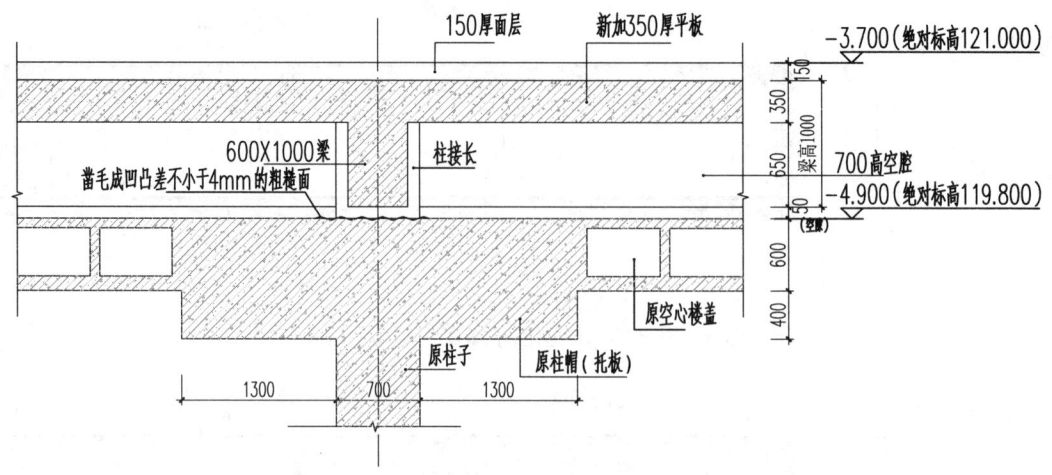

图 5 新增混凝土楼盖常规现浇剖面示意图（单位：mm）

高的空腔（图5）。等新加楼盖达到强度后，通过拆模孔进入空腔拆模，由于拆模高度仅为700 mm，会给拆模工作带来很大的困难，施工单位无法保证主梁下50 mm高的空间内的模板可完全拆除干净，监理的监督工作也不能确保实施到位。由此可见，常规的现浇钢筋混凝土施工困难重重且工程质量得不到有效保证。在这种情况下，预制装配式结构就显示出它的优越性。因为当新加楼盖采用预制装配式以后，就无需在空腔内设置模板，更没有必要进入空腔内拆模，现浇遇到的最大拆模问题就迎刃而解了。

4 装配式混凝土结构在本修复加固工程的具体运用

经过方案比选与计算论证，最后决定本修复加固工程采用预制装配混凝土结构，实现的具体方法如下：

(1) 把原有地下室700 mm×700 mm的钢筋混凝土柱利用植筋接长1.05 m，本工程柱网跨度较大，12 m长的预制梁不便运输，加上地下室平面形状不规则及已建超出地面的楼梯间、候车室等对已有建筑的影响，全部采用预制构件在现场进行装配，然后采用现浇叠合的方式会增大很多施工的难度，故接长的柱和新加楼盖的梁采用现场现浇的方法，板部分采用装配叠合整体式。这样梁、柱和板可以分批施工，由于梁拆模时没有板，不会造成拆模空间不足的问题，主梁底部50 mm空间内的模板拆除也相对容易。为了减小预制板的跨度，12 m×12 m的柱网内设置井字次梁。

(2) 对300 mm厚新加楼盖的楼板部分进行拆分，单块板按二阶段成形的水平叠合受弯构件设计。根据《混凝土结构设计规范（2015年版）》（GB 50010—2010）中关于二阶段成形的水平叠合受弯构件第9.5.1条要求，当预制构件高度不足全截面高度的40%时，施工阶段应有可靠的支撑[2]，考虑到本项目施工阶段预制构件下不设支撑，结合二阶段的受力计算，确定为200 mm厚预制板，其上叠加100 mm厚混凝土后浇叠合层的拆分方式。同一柱网的各板块之间采用整体式拼缝按双向板设计的方法。根据《装配式混凝土结构技术规程》（JGJ 1—2014）第6.6.2条要求，当板厚大于180 mm的叠合板，宜采用混凝土空心板[3]，本工程考虑抗浮配重，200 mm厚预制板采用实心板形式，详见图6。

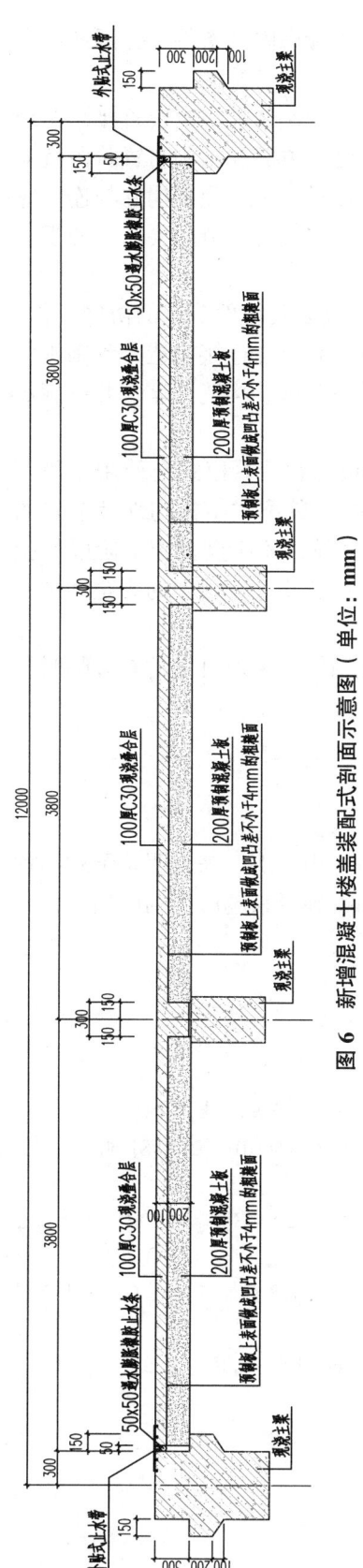

图 6 新增混凝土楼盖装配式剖面示意图（单位：mm）

(3) 本工程整个加固部分的建筑面积为 17 000 m²，需考虑超大、超长混凝土结构收缩产生的抗裂问题，采用常规现浇混凝土结构是无法避免的此类情况，工程设计中通常会采用诸如每隔 30~40 m 设置后浇带，合理选择混凝土配合比，选用水化热低的水泥并掺加粉煤灰、矿粉和高效减水剂，控制水泥用量，加强养护工作等，对裂缝要求严格的结构往往还会在混凝土中掺入一定比例的阻裂纤维。但采取这些措施后，由于施工管理水平的差异以及抗裂纤维在掺入混凝土时搅拌不充分等问题，混凝土裂缝的控制一直得不到有效解决，混凝土裂缝现象在很多工程依然是质量通病。装配式由于可以分批、分阶段地实施，还可以通过在叠合层里设置合理的缝隙来有效解决混凝土结构不规则裂缝问题。本工程设计时，在现浇的梁、柱中采用设置温度后浇带等常规方式来防止产生不规则裂缝的产生，在叠合板和框架主梁交接处通过花篮梁形式设置收缩缝，详见图 6。

(4) 考虑到 200 mm 厚的 4 m×4 m 预制板重量较重，为了增加脱模、吊装、运输、施工时的刚度和预制叠合水平界面的抗剪性能，以及提供吊装时的吊点，在预制板内设置桁架钢筋[4, 5]，钢筋桁架的下弦钢筋兼作为楼板下部受力钢筋的一部分考虑。

5 加固工程采用装配式混凝土结构设计的一些建议

(1) 建设、设计和施工制作各单位在方案阶段就需要协同工作，共同对建筑平面和立面标准化的设计原则进行讨论和优化，对应用预制构件的技术可行性和经济性进行分析，共同进行整体策划以求获得最佳方案。与此同时，设计各工种、各专业也应密切配合对预制构件的尺寸、形状及节点构造等提出具体的技术要求，并对制作、运输、安装和施工全过程的可行性及造价做出预测，这项工作对建筑功能和结构布局的合理性以及工程造价都会产生比较大的影响，且是十分重要的。

(2) 对不同装配式混凝土结构的体系进行选择时，要分析不同装配式结构体系对不同装配式建筑功能的适用性；考虑综合因素，譬如地震烈度、气候条件、使用功能、生产能力、运输条件和施工水平等合理确定技术方案；考虑不同建筑部位的施工难度和经济性，一般水平预制构件预制难度较低，成本增量较少，竖向预制构件预制难度大，成本增量较高。对各种结构体系和连接做法，要考虑限制条件，并因地制宜地选用。

（3）在装配式建筑的结构设计中，构件的划分是重中之重，预制装配方案会直接影响到生产、运输、吊装和连接等环节，是装配式建筑成功实施的关键。方案和结构布置阶段就需充分考虑装配式建筑的实际要求，摒弃先现浇设计、后拆分的设计方式；预制构件与连接应综合考虑标准化、模数化以及系统协调，同时满足制作、运输、安装各环节的要求，便于工厂化生产和现场连接。

（4）预制装配式混凝土结构须保证结构受力、传力途径有效以及构件节点的协同工作，并在此基础上进行整体结构分析和构件连接设计，重视概念设计和节点连接构造，预制构件的连接位置应选在受力较小处且应便于施工。节点和接缝应受力明确、构造可靠，并应满足承载力、延性和耐久性等要求。

（5）由于预制构件在制作、施工安装阶段的荷载、受力状态和计算模式与使用阶段不同，叠合混凝土强度在制作、施工阶段尚未达到设计强度。故在装配式结构构件及节点的设计过程中，应按二阶段进行设计，除根据使用阶段进行验算外，还应重视施工阶段的验算，对预制构件在脱模、翻转、起吊、运输、堆放和安装等生产和施工过程中的安全性进行分析。

（6）装配式结构在后浇混凝土未达到设计强度前，需对预制构件采取可靠的有效临时支撑，确保构件最后能整体协同工作。

6 结语

本文通过装配式混凝土结构在实际修复加固工程中的某一应用实例，来说明装配式结构不仅能应用在新建工程中，而且将在既有结构的加固、改建中得到越来越广泛的应用。作为一名合格的结构设计师，应要掌握这种结构形式并加以灵活运用。

参考文献

[1] 江韩，陈丽华，吕佐超，等.装配式建筑结构体系与案例[M].南京：东南大学出版社，2018.
[2] 中华人民共和国住房和城乡建设部.混凝土结构设计规范（2015年版）：GB 50010—2010[S].北京：中国建筑工业出版社，2010.
[3] 中华人民共和国住房和城乡建设部.装配式混凝土结构技术规程：JGJ 1—2014[S].北京：中国建筑工业出版社，2014.
[4] 中华人民共和国住房和城乡建设部.装配式混凝土结构连接节点构造（2015年合订本）：G310-1~2[S].北京：中国计划出版社，2015.
[5] 中华人民共和国住房和城乡建设部.桁架钢筋混凝土叠合板：15G366-1[S].北京：中国计划出版社，2015.

第 3 篇

民防工程防护（化）设备

人防工程项目招投标与合同管理相关问题的探讨

韩 冰 王 锐

(上海地空防护设备有限公司，上海 201600)

摘 要 目前，随着我国人防工程行业的日益发展，人防工程项目招投标也愈发重要，本文主要介绍了人防工程项目招投标活动与合同管理工作之间的关系，对于人防工程中招标投标活动存在的问题以及出现问题的原因进行了探讨，并且指出合同管理在人防工程招标投标中的重要作用，针对存在的问题提出了一些应对的措施。

关键词 人防工程；招标投标；合同管理

1 引言

自改革开放以来，随着我国的开放程度越来越高，市场经济不断发展，我国的人防工程建设项目不断增加，人防工程建设项目的市场竞争也愈发激烈。面对这些激烈的市场竞争，实行建设工程招标投标，是适应经济发展需求、实现建设工程项目规范化发展问题的解决办法[1]。在中国加入世界贸易组织后，建设工程合同管理成为全世界认可的建立和维持建筑市场经济秩序的重要手段，合理的合同管理可以健全公开、公平、公正的市场竞争机制，以提高工程质量、降低工程造价和缩短工程工期[2]。

自 2000 年《中华人民共和国招投标法》实行以来，我国相继颁布并实施了一系列法规，以规范建设项目的招投标活动与合同管理。但是，目前建筑市场相关法规仍不够完善，一些刻板的思想观念及陈旧的管理体制依然是亟待解决的问题。这些问题影响了工程招投标活动，不正当竞争和违法违规现象依然存在，严重时还会给人防工程留下巨大隐患，造成无法弥补的损失，因此必须采取有效的合同管理工作，切实保障人防工程项目招投标活动正常有序的进行[3]。

2 工程招投标和合同管理的关系

目前，人防工程项目的招标投标活动以及施工合同的签订和履行，均由招投标管理机构进行监督，这是因为建设工程招标投标活动与施工合同管理之间有着密切的联系[4]。首先，人防工程项目的招标投标是施工合同的谈判和签订的过程，即招标和投标双方对于施工合同各项条款的协商过程。其次，工程项目招标投标本质上是一种市场交易的过程，在这个过程中，招投标双方未建立起依托法律的交易关系，那么，招投标过程中只会受到有关招标投标

作者简介：韩 冰（1983 年—），男，本科，工程师，主要从事人防工程管理相关工作。E-mail: hanb@stec.net。

方面法规的约束，等决标后，承发包双方签订施工合同，这种交易行为才通过合同这种法律形式被正式确定，双方的权利义务关系方可受到法律的保护。最后，对于招标投标的跟踪管理和评价招标投标是否成功，就是通过监督检查双方对施工合同各项条款的履行情况。由此可知，项目招投标和合同管理二者相互关联，密不可分。

3 存在的问题及原因

3.1 存在的问题

目前，我国的相关工作单位对人防建设施工单位的管理力度不够，对施工单位的施工资格审查把控不到位，依然存在很多不具备投标资格的施工单位中标，或者中标单位不具备独立施工的能力。这种违反工程招投标规定的情况时有发生，其中主要存在的问题有以下几种。

1) 暗箱操作，虚假招标

人防建设施工项目应当按照规定公开招标，但是目前依然存在一些资质较差甚至资质不符合招标条件的投标人，通过"私下活动"致使招标工作人员只能进行"暗箱操作"，最终导致这些没有承包能力的单位中标。除此以外，还存在招标人事先内定好中标人的虚假招标现象，为提前选好的中标人"量身定做"一份招标文件，象征性地公开招标，然后再专门雇人陪标。除了这种指定中标人的虚假招标方式之外，还有一些招标项目刻意将招标项目化整为零，分解后的若干个小项目因为达不到招标工程规模标准，让原本应该公开招标的工程项目只能直接发包。

2) 招标文件不明确

除了招标过程中存在的问题，招标文件也存在很多问题。招标文件是招标投标活动中最重要的书面文件，是招标、投标、评标以及定标的根本依据，如果没有规范具体的招标文件，招投标工作就不可能顺利进行。但是就目前的情况来看，很多招标文件都或多或少存在一些问题。首先，是招标文件的拟订缺乏深入的调查研究，会有脱离实际的情况。招标文件大多是从以前项目的招标文件或者其他企业类似的招标文件中照搬照抄，并没有结合自身的实际情况，最终导致招标活动无法顺利进行；其次，是很多招标文件没有明确给定评标标准，在招标文件内给出的评标标准模棱两可，对于施工方案的技术要求、质量要求和施工安全保障等细节规范都没有考虑到位，制订的标准太过宽泛，导致不同的投标人给出的方案存在较大差异，评标工作难以进行，很多潜在的问题也无法界定；最后，导致很多招标单位没有完全客观公正地制订招标文件，对自己希望中标的投标单位制订了倾向性条款，或者对自己不希望中标的投标单位制订歧视性条款，利用招标文件进行不公平竞争。

3) 陪标、围标现象严重

近年来，陪标、围标等现象在我国时常发生，陪标、围标是招标投标活动中最常见的不正当竞争行为，这是一种由不同投标人之间相互串通，有意抬高或压低报价，使某个特定的投标人中标的现象，这种情况下的投标书一般出自同一家公司，或者几家公司之间串通协商完成，刻意控制中标价，来牟取利益。另外，还有刻意隐瞒事实，降低自身资质，反向衬托某个特定的投标人，保护其中标的情况。这种陪标、围标现象发生时，所收到的投标文件中，一般只有一份特定投标人的招标文件是真实的，其余的陪标均是虚假投标，严重影响了招标投标工作的合理合法性。

4) 评标、定标过程不规范

人防工程项目除了在招标投标阶段中存在一定的问题之外，评标定标阶段也存在不严谨、不规范、自由度太大等问题，评标定标过程应该按照招标文件的要求严格执行，如果没有严肃认真的评标定标环节，那么招标投标就毫无意义，目前，很多评标定标过程随意，评定标准，开标时间任意修改，对投标文件的保护也不够重视，这些情况的发生降低了招标过程的公信力。除此之外，评标是整个招标投标过程最重要的环节，但是目前，评标委员会专家的随意选拔，甚至出现某些投标单位和评标专家之间相互勾结串通的现象，严重影响招标工作的质量，使评标定标工作流于形式，毫无意义。

5) 项目分包不受重视

人防工程涉及很多行业，通常一个项目需要多家单位多个行业的从业者共同配合才能完成工作，因此对一个人防工程施工项目进行分包是客观实际的需求。但目前对人防项目的分包过程并没有受到足够的重视，分包内容不明确，对相应的技术水平要求也不明确，甚至有时，招标人会私下要求投标人将分包过程划分给指定的施工企业，否则就不予中标，这种背后私自交易的结果，严重影响了人防工程项目的质量。除此之外，还有一些招标单位，在招标文件中没有明确指出分包内容，但在投标单位中标后，提出或更改分包要求，不仅会造成不必要的损失，还会给后续的施工管理带来不必要的麻烦。

3.2 问题出现的原因

对于目前人防工程项目出现上述问题的原因主要有以下几点。

1) 缺乏合同意识，法律观念淡薄

目前很多企业的合同管理意识不足，缺少依法管理合同的观念，从而导致合同管理不到位，让原本应该符合法律和规定的招投标工作流于形式。

2) 监管意识淡薄，管理措施不足

政府的监督管理部门对于有关法律法规的宣传力度远远不够，导致承包发包的监管和管理意识也不足，不仅如此，政府监管部门所实施的具体的监督、管理、制约的措施也较为落后。因此，对于在合同管理中出现的一些问题，不能及时有效地进行公平公开公正的处理。同时，有些政府相关部门对于招标文件的管理把关不严格，导致其中的一些条款并不完善，这样会为之后合同的签订与管理带来很多不必要的麻烦。

3) 不法中介掺杂其中，牟取利益

这种情况通常是指某些投标单位必须通过工程的中介才能与业主联络，一旦失去了中介的联系，也就失去了获取信息的渠道。所以，即使投标单位资质符合，技术过硬，也无法编制出令招标单位满意的标书，结果也就无法中标。一般这些中介机构基本上是和招标单位或和其部门，有亲友关系或利益关系对于这种情况，应该加以严格合法的管理，让这些不法中介退出参与投招标的工作。

4 对于存在问题的解决对策

违规的投标审批和规避招标的行为包括：施工单位的选择不按招投标规定，总承包施工单位界限不清，对分包管理不严，在工程承发包中任意分解工程及转包工程，层层转包现象时常发生等，这些问题都会严重危害到人防工程施工项目的质量，严重影响了人防工程项目招投标活动的公正性，甚至影响到后续施工过程中合同管理工作的顺利进行。面对这些已经出现且影响市场发展的问题，我们必须采取适当的措施来予以规范。

1）严格落实法律

首先，必须严格落实《中华人民共和国招标投标法》，对于目前人防工程项目招投标活动中的违法违规行为要严令禁止。人防工程是关系到国家安全的重要工程，必须保证每一个工程项目的招投标活动都能做到完全的公平、公正、公开。无论是招标方还是投标方，都应该恪守诚实守信的原则，确保招投标活动和合同管理工作顺利有序的进行。

2）健全管理机制

之所以实行人防项目招标投标和合同管理制度，都是为了保护竞争，鼓励竞争。因此，为了防止不正当竞争的出现，首先要培养思想意识，健全管理机制，实现管理一体化，运用科学的管理手段，将合理的管理贯穿于整个人防工程建设项目之中。

3）提高人员素质

建立并且完善市场中合同管理的组织，加强对招投标工作人员的教育，提高相关工作人员的素质。应该定期对相关工作人员进行相应的业务培训工作，形成培训学习制度，提高相关工作人员的法律意识，道德意识和工作能力。坚决落实持证上岗的制度，避免出现工作人员对业务不熟练、对法规不熟悉的情况，以免造成工作上的疏漏与错误。

4）全程监督管理

依法加强对于人防建设工程的招标投标的监督与管理，形成全程监管机制，做到能够在人防建设工程的每一个阶段的跟踪监督工作，切实保证整个项目规范有序的进行，确保签订合同的真实性、合法性和有效性。同时，也要完善监督制度来约束和规范执法人员的监督行为。强化合同的签订和履行的监督管理工作，都是维护市场和谐有序发展的重要手段，必须正视二者相辅相成的关系，进一步完善和规范监管行为。

5 结语

综上所述，合同管理与招标投标活动有着密切的关系，二者互为依托，相互作用，相互配合，面对当下我国人防工程项目招投标活动中存在的不规范问题，我们必须积极采取合同管理的方法来应对，只有解决了这些已经存在的问题和潜在的问题，才能保证我国人防工程合理有序，健康顺利地发展壮大。

参考文献

[1] 刘燕. 浅谈建筑工程招投标存在的问题与对策 [J]. 城市建设理论研究（电子版），2013，31 (17)：87-88.
[2] 陈振强. 浅谈我国招投标工作中存在的若干问题及控制措施 [J]. 四川建材，2007，33 (6)：251-254.
[3] 叶丹峰，郜诗戎. 建设工程招标与合同管理的几点思考 [J]. 建筑，2004 (6)：25-27.
[4] 程国政. 建筑工程招投标与合同管理 [M]. 武汉：武汉理工大学出版社，2005.

民防设备生产企业转型升级为高端装备制造业是战略站位的责任需要

葛俊红

(上海徽锋人防工程设备有限公司,上海 201600)

摘 要 从国家人民防空的战略要求和民防设备生产企业的站位高度出发,本文诠释了民防设备生产企业转型升级为高端装备制造业的重要意义,阐述了民防设备生产企业转型升级为高端装备制造业的路径和方法,具体包括:开展"四个创新",实施"六个升级",提升"四基"应用能力,构建精益研发平台;提出了民防设备生产企业的高端装备制造业转型升级之路要实现的三大目标:既要建立一套科学可靠、与时俱进的民防设备生产管理体系,又要建立一支召之即来、来之能战的民防设备安装维管队伍,同时还要培养一批专业突出、技能娴熟的民防设备生产、安装、维管方面的技术人才。让民防设备生产企业争取成为国家"建设强大巩固的现代人民防空体系"中的一支生力军。

关键词 民防设备;转型升级;高端装备;制造业;创新;精益研发

1 引言

早在 2016 年 5 月 13 日,习近平在会见第七次全国人民防空会议与会代表时就已提出了一系列重大命题:"人民防空是国之大事,是国家战略,是长期战略""履行战时防空、平时服务、应急支援职能使命""铸就坚不可摧的护民之盾""新形势下,希望人防战线的同志们强化政治意识、大局意识、国防意识、责任意识,贯彻总体国家安全观,为建设强大巩固的现代人民防空体系作出新贡献"。

国家人民防空办公室颁发的《人防工程防护设备定点生产企业管理规定》明确规定:人防工程防护设备定点生产企业是人防工程防护设备生产和安装的主体。2021 年 3 月 18 日,上海市民防办党组书记、主任钟杰在徐汇区调研时指出:民防设备生产企业必须牢牢把握民防"政治站位、职责定位、历史方位",站位国之大事、国家战略、长期战略的高度,扎实履行战时防空、平时服务、应急支援的职责使命,坚持战备为先、防空为要、质量为天的建设理念,既要为民防工程的建设提供最好的民防设备产品,又要为民防工程的使用提供最好的维护保养服务。这种神圣的责任感和使命感,迫使民防设备生产企业既要建立一套科学可靠、与时俱进的民防设备生产管理体系,又要建立一支召之即来、来之能战的民防设备安装维管队伍,同时还要培养一批专业突出、技能娴熟的民防设备生产、安装、维管方面的技术

作者简介:葛俊红(1962 年—),高级工程师,主要从事建筑设计、民防设备生产技术管理等方面的研究。E-mail: 362509296@qq.com。

人才。这是普通传统金属加工业所无法胜任的，将民防设备生产企业转型升级为"高端装备制造业"是战略站位的责任需要。因此，研究探讨民防设备生产企业怎样走"高端装备制造业"的转型升级之路，是非常有必要的。

2　民防设备产品生产当与时俱进

民防防护设备产品，主要是用于战时防空、掩蔽人员和物资的人民防空防护工程出入口和地铁隧道内的人防门。此类产品制造管理难度较大，主要表现在：型号种类繁多，单一型号需求数量较少；单个项目周期长，多个项目施工场地分散，需求不确定因素较多；产品发货时间和安装时间不确定，发货及安装任务急、时间短。

民防防护设备生产行业多属于传统制造行业，行业内以手工生产方式为主，自动化程度低，仅有少量的数控设备，管理水平提升较慢，与中国制造2025目标差距较大。但是，当前对人力成本、场地使用成本、环保要求和安全要求等又在不断地提高，产品成本逐年上升，企业的运营压力也越来越大。随着经济社会的全面发展，传统产业正在经历快速迭代更新，并且当前人工智能、大数据、"互联网+"等信息化技术，进一步加速了产业调整与行业的变革，人防工程建设行业随之不断迎来了新的发展与变化。一方面国家倡导存量发展理念，传统的人防工程建设随着地面建筑的功能布局正在经历更新；另一方面高科技时代催生新兴产业孕育而生，人防工程建设模式呈现新的变化。国家"十四五"总体战略规划的发布，使人防工程行业将迎来新的机遇，同时也将面临内部和外部产业环境的全新挑战，这将逐步形成新的创新、协同产业体系，人防工程建设与之相辅也将不断迎接新的征程。因此，民防设备生产企业将要无止境地追求一个课题——民防设备产品生产当与时俱进。

3　民防设备生产企业当走"高端装备制造业"的转型升级之路

民防设备企业应当以习近平新时代中国特色社会主义思想为指导，不忘初心，牢记使命，牢固树立习主席指出的"政治意识、大局意识、国防意识、责任意识"，深入贯彻执行党和国家的各项路线方针政策及相关法律法规，严格遵守行业标准规范和规章规程，积极响应"中国制造2025""人民防空""军民深度融合"三大国家战略和工业绿色发展规划，坚持走中国特色新型工业化道路，以创新发展为主题，以提质增效为中心，以精益研发为抓手，以推进智能制造为主攻方向，以打造民防设备产品品牌为主线，以满足经济社会发展和国防建设对重大技术装备的需求为目标，开展"四个创新"，实施"六个升级"，提升"四基"应用能力，构建精益研发平台，科学建立面向中国制造2025的现代工业研发生产体系，全面提高企业发展质量和核心竞争力，民防设备生产企业走上一条转型升级的"高端装备制造业"之路。

3.1　开展"四个创新"

本着"创新驱动、质量为先、绿色发展、结构优化、人才为本"的方针，用创新的思维解决实际问题，用创新的理念设计工业制造，用创新的精神来打造新型企业。

通过对新技术、新功能、新材料和新外观的掌握、应用和开发，以实现产品创新。

通过对生产工艺、生产设备、生产布局、生产方式的设计、改进和优化实现制造创新。

通过对人才团队、组织架构、发展策略、企业文化的谋划、建设和打造实现管理创新。

通过对资源环境、市场形态、产业链业态、供应链模式、商业运营模式的研究、配置和提升，以实现服务创新。

3.2 实施"六个升级"

结合自身特点，积极实施"六个升级"：客户升级、产品升级、制造升级、管理升级、人员升级、服务升级[1]。

3.2.1 客户升级

一方面，不断提升自身能力，努力挖掘出高水平客户，与之形成战略合作伙伴，用高水平客户所期望的标准要求自己，并按照这些标准来对企业进行改造；另一方面，与高水平客户进行合作，必须展现出高水平的标准，反过来倒逼企业升级，提升市场地位，树立品牌效应。

3.2.2 产品升级

在民防设备产品及其基础零部件全产业链的生产上狠下功夫，把民防设备及其基础零部件的全产业链产品打造成"民防精品"的品牌。

3.2.3 制造升级

"优质、高效、低成本和绿色"是制造技术和制造业发展的永恒目标，要使制造业达到高端制造水平，必须进行制造升级，制造升级也必须在提升产品的质量水平、提高生产效率、减少资源消耗以及降低生产成本上下功夫。主要从以下四个途径着手改进。

1）改进生产工艺

推进制造升级，先进制造工艺是基础，制造工艺过程是实现制造升级的最重要对象，工艺优化是制造升级的主要内容之一，只有实现工艺流程的再造、工艺过程的数字化、制造工艺的优化和工艺装备的现代化，才能为现代高端制造提供有力的基础支撑。

2）改进生产装备

为了满足民防设备产品制造过程中的质量、成本、效率和环保的新要求，积极引入现代制造工艺和制造装备技术的发展所呈现出的高速化、复合化、精密化、微细化、自动化、数字化、智能化、绿色化、安全化[2]等概念。

(1) 高速化加工已成为机加工工艺中的重要手段。

(2) 复合化工艺正在成为制造技术发展的热点，它是将不同的加工工艺方法集成在同一台（套）装备上，实现工艺集中，可减少加工工序，缩短辅助时间，提高加工效率和质量。

(3) 精密化加工是实现复杂产品精确化、轻量化和智能化要求的必要基础。成型加工技术越来越多地采用精密铸造、精密锻压冲压技术，高精度电加工机床、高精度双主轴车削中心、高精度齿轮磨床、超精密光学零件机床等精密/超精密加工设备不断涌现。

(4) 微细化制造加工技术也已得到越来越多的应用。

(5) 自动化的先进集成制造技术正在成为制造业不断推出新产品、快速响应市场并赢得竞争的主要手段。

(6) 数字化技术、先进工艺与装备技术在制造业中的广泛应用，大大提高了现代产品生产研制的效率。例如，在制造加工中，采用工艺、程序、刀具及切削参数优化和车间数字化管理等技术，显著提高了数控机床利用率和切削效率。

(7) 智能化技术已经成为现代高端制造技术的主攻方向，智能化的加工装备使得制造工艺更精良，制造流程更加高效可控。优化的加工工艺、智能化的加工装备、赛博物理融合的生产系统和生产过程将极大地改变传统的制造模式和制造形态。

(8) 绿色化是现代制造发展的新趋势，包括环境友好的设计与制造、生态工厂、清洁化生产等方面，在产品全生命周期中采用各种绿色化技术，是可持续发展战略在制造业中的体现。

(9) 安全化生产同样被现代高端制造业必须高度重视，在广泛利用先进制造工艺和自动化装备技术的同时，也要推动安全生产技术的发展；在实现生产的自动化、柔性化和高效化的同时，也要提高生产过程的安全水平。

3）改进生产布局

精心改进生产线，并相应改进生产布局，使现场布局与新的作业流程、工艺流程配合得更合理、更具科学性、更具适宜性，让作业人员心情舒畅，有利于提高作业效率；使现场的布局更加具备制造升级的硬环境；更加合理美观，满足企业形象的需要；更加符合投入产出比的要求，满足新产品和新工艺开发的条件要求；更能避免安全隐患的产生；更符合环保条例的要求；更能为企业保守商业机密。

4）改进生产方式

制造业的生产活动就是投入人、物和设备，并在此基础上创造出包含附加值在内的产品的过程，其生产方式直接决定着制造水平与市场地位。要升级制造水平，就要改进生产方式，应用先进的生产方式，使生产过程高效、快捷地运转，以最少的投入创造出最大的产出，同时达到提高客户满意度、做到资金有效使用和提高制造整体实力的目的。

先进生产方式追求的理想形态是同期生产，即：从上游工序到下游工序同时掌握客户信息（订单信息），构建连续、无生产线外修理等的生产方式，同时也不破坏其自然的生产顺序这一生产状态。客户订单信息同时被所有工序共享，在此基础上，通过确定生产的数量、品种以及生产顺序来安排生产。每一个部件都保证高品质，且不破坏生产顺序，是其精髓所在。

先进生产方式无止境地追求与客户同期，通过提供高品质的商品与服务，构筑与客户之间的信赖关系，缩短与客户之间的距离，以求其成为公司长期的、忠实的客户，并能做到品质的同期、成本的同期以及间的同期。

先进生产方式无止境地追求课题的显现化与改革，将至今为止难以反映出的隐藏"问题"，暴露出来，寻求改善、改革的机会，朝着目标方向努力前进。具体地说，在了解现状形态的基础上，自行设定同期生产的"理想形态"，并与相关人员共享。而且，作为实现理想状态的阶段步骤，要确定基于现状的"阶段目标形态"，并为其实现而做出努力。向着目标形态挑战前进时，要使各种各样的课题逐一显现。此现状与目标形态的差距即是"课题的显现化"，解决攻克这些差距即是"改革"。通过无止境的问题显现化与反复不断地改革，来使生产制造的构成体系时常保持持续跃进的态势。

为了实现同期生产，必须集结横跨部门（生产、开发）与职能（生产、物流管理、工程管理、制造）之间的力量，在高层领导有力的统率指导下进行。

3.2.4 管理升级

运用精益管理的方法和工具对各管理体系进行价值分析，制订出更为高效的业务流程，全面升级企业管理体系，包括：经营管理体系、财务管理体系、人事管理体系、生产管理体系、质量管理体系、安全生产管理体系、工程安装管理体系和供应链管理体系。同时，尝试着把以往执行的国标 ISO 9000 质量管理体系升级为国军标 GJB 9001C 质量管理体系。

3.2.5 人员升级

与相关职业技术学院形成战略合作，采用"定向培训、现场教学、择优录用"的方法引进高素质的制造人才，有针对性地对制造加工能力、职业化能力、管理领导能力和企业主人翁意识等进行一系列的培养训练。同时，建立健全各项管理制度和生产、安装操作规程，培养员工自觉领会：以支持防空工程体系建设，保护人民生命财产安全为企业使命，以推进军民融合深度发展，履行人民防空使命任务为企业宗旨，以弘扬工匠精神，成就民防制造为企业精神的战略意义，着力培养一批民防设备产品生产的精造工匠，构建一支支持国防建设的工匠团队。

3.2.6 服务升级

考虑制造与服务协同发展，通过商业模式创新和业态创新，增加服务环节投入，延伸服务链条，发展个性化定制服务、全生命周期管理、网络精准营销和在线支持服务等。从主要提供产品制造向提供产品和服务转变，由提供设备向提供系统集成总承包服务转变，由提供产品向提供整体解决方案转变。通过业务流程的再造，面向行业提供社会化、专业化服务。

增强市场意识，建立"以客户为中心"的商业准则，把服务融入到产品中，走"产品＋服务"的创新路径，从消费者购买和使用产品的全周期来考虑，将产品制造和消费者行为结合起来进行跨界创新。通过对资源环境、市场形态、产业链业态、供应链模式和商业运营模式的研究、配置和优化实现服务创新。从未做的、不可见的市场出发，挖掘那些不可见的、未被满足的需求；再从这些"价值情景"出发，沿着市场路线，深度挖掘市场需求的缺口；沿着产品路线，深度挖掘掩藏的未被满足的需求。同时还要考虑企业自身的产品和服务融入更大的平台上，与外界的其他产品和服务相联结，共同构建一个完整的生态链。再以生产制造为基准点进行产业链垂直整合模式创新，向上打通核心零部件及原材料的供给，向下打通销售渠道及售后服务。

企业向客户交付的是产品和服务，产品依赖的是技术创新，而服务则主要来自于商业模式创新。当商业模式创新足够成熟后，必定会有新技术和新产品来颠覆现有市场，然后进入新一轮的产品创新，然后开拓一个新的市场。这是整个社会创新呈现出来的大规律，企业可以根据所在市场不同的成熟阶段选择不同的创新策略，进而在激烈的市场竞争中胜出。

3.3 提升"四基"应用能力

严格遵守国家相关制造业的质量、安全、卫生、环保及节能标准，积极开展产、学、研、用联合攻关，突破关键基础材料、核心基础零部件的工程化、产业化瓶颈，不断提高核心基础零部件（元器件）、先进基础工艺、关键基础材料和产业技术基础等"四基"的研发、推广和应用能力，不断提高精准制造、敏捷制造的能力，不断提高绿色精益制造的能力，不断提高综合集成的能力，稳步推进客户升级、产品升级、制造升级、管理升级、人员升级、服务升级，从而实现企业的全面转型升级。

3.4 构建精益研发平台

研发和制造是产品全生命周期链条中的两个最重要的环节，二者密切相关，互相依靠，缺一不可。研发为制造提供了良好的设计基础，从而保证制造出的产品具备所需的功能。

精益研发是基于系统工程理论，针对高端装备制造企业的需求而提出的一套复杂系统设计业务管理体系，精益研发是实现智能制造的基础和保障。

精益研发理论也是我国目前最新的一套适合高端装备制造业信息化的理论方法体系，是将知识、工具和质量方法与研发流程深度融合，是达到提升研发价值和产品品质的目的。

精益研发是一种研发模式，综合研发体系是一个研发体系，更是一个研发平台，它能帮助企业实现研发模式转型，建立正向设计能力，同时规划未来的智慧发展路线。以精益研发为抓手，可以建立面向中国制造 2025 的现代工业研发体系。

精益研发平台以精益研发理论为指导依据，以系统工程为框架，以知识工程为基础，以质量工程为牵引，借助信息化技术，集成了仿真优化、创新设计、质量设计和数字试验等综合设计工具，帮助企业突破现有框架，实现产品研发以全程化、并行化和综合化为特征的精益管理，达成以差异化、高性能、高品质和高效率为特征的产品精益研发。

为了切实实现把民防设备产品全产业链生产转型升级为"高端装备制造"的目标，构建"精益研发平台"是非常必要的。为使"精益研发平台"在转型升级成为"高端装备制造"的过程中发挥更好的作用，可以考虑从相关院校和科研机构邀请一些专业的教授、学者和专家形成战略合作伙伴，以充实"精益研发平台"的研发能力，充分发挥产、学、研、用的协同联动作用。

4 结语

民防设备生产企业通过开展"四个创新"、实施"六个升级"、提升"四基"应用能力、构建"精益研发平台"等途径，探索走向高端装备制造业的转型升级之路，要努力实现三大目标：

（1）建立一套科学可靠、与时俱进的民防设备产品生产管理体系。
（2）建立一支召之即来、来之能战的民防设备安装维管队伍。
（3）培养一批专业突出、技能娴熟的民防设备生产、安装、维管方面的技术人才。

让民防设备生产企业争取成为国家"建设强大巩固的现代人民防空体系"中的一支生力军。

参考文献

[1] 欧阳生. 精益智能制造 [M]. 北京：机械工业出版社，2018.
[2] 刘强，丁德宇，符刚，等. 智能制造之路 专家智慧 实践路线 [M]. 北京：机械工业出版社，2017.

在用民防工程防护设备的维护与管理探讨

陈勇 谢燕

(上海浦公检测技术股份有限公司，上海 201202)

摘 要 民防工程是保证战时人民生命安全的重要保障设施，民防工程是否能保持正常的使用状态，在战时发挥出作用，取决于日常的维护保养。应建立相应的机制，对在用的民防工程的完好性进行监控，并采用互联网技术加强管理。本文主要从第三方机构的角度展开，对民防工程防护设备的维护与管理方式进行探讨。

关键词 民防工程；信息化

1 引言

据国家人民防空办公室统计，全国既有民防工程面积已超过 4 亿 m^2，上海市已建民防工程总量超过 1 000 万 m^2，同时每年新建民防工程的面积也在不断增加，这对民防部门的行业管理提出了更高的要求。

根据上海市民防办公室公布的数据，上海市目前建成等级应急避难场所 117 个，市级民防疏散基地 1 个、区级民防疏散基地 8 个；民防工程建设由单体式向网络化发展；同时落实 6 条轨道交通、66 个车站、3 条地下交通干线兼顾设防技术要求；完成全市 48 万 m^2 退出序列民防工程治理工作。到 2025 年，全市计划将建有等级应急避难场所面积增加到 1 240 万 m^2，社区应急避难场所面积达 2 880 万 m^2，新增民防工程建筑面积达 900 万平方米；人均应急避难场所面积为 1.5 m^2 以上，民防工程完好率不低于 90%。

庞大的在用及新建民防工程规模，对保障上海城市安全有重要作用，民防工程从规划、设计、审批、建设均已建立了一套行之有效的管理体系和技术标准。民防工程中除各类防护门外，还拥有众多的防护设备和防化设备，包括通风设备、控制设备、排水设备、防化监测报警与控制设备、滤毒与净化设备等。民防工程在其运营过程中，其设施设备本身具备的防护能力将直接影响到整体工程的防护效果和密闭作用，甚至直接影响到民防工程的最终作用。因此，对在用民防工程防护设备的维护与管理的研究具有极为重要的积极意义。

2 上海市民防建设发展现状

2.1 上海市民防建设的成绩

在"十三五"期间（2011—2016 年），上海市民防建设取得了令人瞩目的成绩：

作者简介：陈 勇（1981 年—），男，高级工程师，主要从事建筑节能、建筑材料、人防工程、通风空调、绿色建筑等方面的检测和研究工作。E-mail: msncy@163.com。

1）组织指挥体系不断健全

完善民防指挥信息系统和警报系统。建立多网融合的通信保障系统。建成国家光缆骨干网上海市指挥所延伸网，建设完成市防空警报统控系统，防空警报完好率95%、音响有效覆盖率97%。

2）民防改革创新成效显著

推进长三角区域民防一体化发展，对接长三角一体化国家战略，沪苏浙皖民防部门签订《关于共同推进长三角区域民防一体化发展协议》。深化"放管服"改革，推进国家级民防改革试验区改革创新，出台民防领域优化营商环境15条改革措施。强化民防科技创新，对接城市治理"一网统管"，将在用民防工程安全使用管理、民防特种救援应急处置两个场景纳入城市精细化管理范围。完成民防行业专项整治，推进民防行业健康有序的发展。

2.2 上海市民防建设的不足

在取得成绩的同时，也应看到民防工程防护设备维护工作还存在着缺陷与不足：

1）民防工程维护主体不清

对我国来说，虽然民防工程产权为国家所有，但民防工程往往是谁投资、谁受益，在现实生活中开发商大多通过签订租赁合同的方式将民防工程出售之后交给物业公司管理。物业公司接手之后，大多仅仅是负责工程范围内的安保和卫生，对民防工程内的设备维护管理则无法落实，因为物业公司的频繁更换，更会造成民防工程维护管理的缺失局面；其次，因为民防工程设备如防护门、滤毒罐以及风机的维护均需要一定的专业知识，很多物业公司在技术力量上无法达到要求，一旦民防工程设备出现故障或老化，根本得不到及时维修和更换。因此，从现实情况来看，很多民防工程维护管理主体责任尚不明确。

2）维护标准不明确

在我国虽然对于民防工程的维护制订了一些国家标准和管理办法，但是具体的内容相对比较宽泛笼统，没有明确的判断标准，也没有详细的维护指导方法，这导致了在具体实施环节很容易出现问题，如未能根据维护周期按时进行维护保养，或维护时达不到标准要求等。

2.3 措施和要求

针对"十三五"取得的成绩以及暴露出的薄弱环节，上海市民防办对上海民防建设发展"十四五"规划的编制，提出了站位高、视野宽、指标实三个要求：

（1）站位高：对标国际最高标准、最佳水平，继续当好全国民防系统排头兵、先行者，深入推进长三角区域民防一体化发展战略。

（2）视野宽：坚持开门编规划，借鉴最新理论、最新科技成果、最新改革举措。学习借鉴国际国内民防建设发展的先进做法和成功经验。

（3）指标实：科学合理测算指标，设定一些能体现上海城市特点、民防特色的创新性指标。

3 思考和探索

民防工程的特点是"战时防空、平时服务、应急支援"，待民防工程发挥作用的时候往往都是突发的、应急的。基于这样的一个特点，对"十四五"期间上海市民防工程防护设备维护与管理工作提出一些思考和探索。

3.1 建立健全政策制度，完善技术标准

建立健全民防工程防护设备维护与管理的相关法规规定，不能重建设、轻管理，应建设管理并重，加大维护管理保障不力的处罚力度。完善防护设备的运维方式、方法的技术标准，明确维护数量、资金保障、人员配置和技术要求等，引入第三方检测机构对维护和管理成效进行检验和评估。

3.2 创新维护管理方式，提高管理水平

改变人工、纸质化的传统管理模式，对维护管理工作进行创新，利用互联网技术、物联网技术、大数据技术等现代化科技，实现设备动态监管与可靠运行，提高管理水平，延长设备的使用寿命，保障设备的可用性。将从下面四个方面展开。

1）室内环境智慧管理

对民防工程室内的温湿度、气压、CO_2浓度、烟感浓度和光照强度等室内环境进行监测，平时可用于常态下的环境监测、辅助设备运行故障的预警判断，战时可时刻掌握室内环境变化趋势，一旦出现转折变化为及时采取应急预案提供数据支撑。

2）防护设备智慧化管理

对民防工程内的主要防护设备的系统整体运行状态和关键部件的运行参数进行实时监测。记录系统、部件的运行参数变化趋势，掌握设备运行现状，预判故障趋势，加强设备预养护工作，提高设备运行的正常率。

3）能源使用智慧管理

基于设备智慧管理中积累的数据进行分析，合理调整设备的运行参数和运行策略，使得设备运行更安全、更节能和更高效。为战时出现能源供给有限时，多提供一份生命保障。

4）巡检工作智慧管理

对民防设备的日常巡检、日常保养、故障维修等工作进行信息化管理，当设备智慧管理系统出现预警和故障报警时，会自动形成工单，按照预设管理人员层层上报，并对维护解除故障情况进行记录。同时对第三方检验评估结果进行管理、跟踪，结合两部分数据进行分析指导日常的防护设备维护和管理工作。

3.3 完善质量安全监管体系

通过"民防＋技防"的日常安全管理模式推进智慧民防建设、提高管理水平，保障设备的稳定运行。建立对民防工程建筑物、设施设备全生命周期的质量安全监管体系。

（1）对防护设备，应采取进厂原材料的检测和出厂成品的检测，控制防护设备的出厂合格率。

（2）民防工程建设完成后，要进行专业性验收，通过检验检测手段，确保移交期间的设施设备达到规范标准的要求。

（3）在民防工程日常运行过程中要进行长效监管，定期进行必要的检验检测，保障设施设备的完好率，确保所有的民防工程建筑物、设施设备的有效可控，以备不时之需。建议明确不同阶段对民防工程进行定期检验检测的频率、内容和达标要求，从制度上保障执行力。

3.4 建立民防设备信息化管理系统

通过信息化、智能化的手段，建立民防设备信息化管理系统，提高日常管理水平，实时掌握现状，为突发应急处置提供"定心丸"，实现基础保障。

（1）摸清家底：可开展老旧民防工程的"人口普查"，进行摸排检查，对其使用状态进行统计，对损坏设施设备进行修复，确保所有存量设施设备的完好性。

（2）明确身份：采用信息化芯片、RFID 等技术为每个设施设备建立"身份证"，方便利用手机 App 或者其他终端实现扫码或非接触式查询和管控。

（3）建立全生命周期在线档案：对上文所述民防工程的室内环境、机电设备等运行状态进行实时监测，对物资有效期进行信息化管理，对设备故障、到期物资进行预警和告警，及时提醒相关部门和单位进行维修和更换，确保设施设备和物资的有效性和持续性，降低管理风险。

（4）构建智慧民防，通过信息化的手段将相关部门、相关领域的设施、设备及物资等信息进行共享，打通信息壁垒，打造民防应急指挥管理中心，协同办公，实现一网统管、一网通办。

（5）通过民防应急指挥管理中心的指挥系统，同时掌握多维度数据，给出预案提醒，辅助应急指挥。如可实现民防工程周围的基础数据的共享，通过三大运营商的移动数据知晓周围的人员分布密度，联动公安摄像头，当发生突发事件时，可根据人流分布现状进行有效分散、就近安置、就近调动有效物资和车辆进行救援等。

3.5 加强民防工程标准化建设

加快具有上海特色、高标准、高要求的民防工程的标准化建设。目前，涉及民防工程的技术规范、标准均以国家标准为主，且施行日期较长，现已逐步进入改版更新的周期。上海市作为现代化大都市，具有高楼密集、人员集中、防护重点单位多和地下空间复杂等特点，相应上海市民防工作也有着和外省市不一样的特殊需求，所以上海市应加快形成具有上海特色、高要求、高标准、高技术含量的地方标准体系，为上海市民防建设发展提供有力的技术保障。

4 结语

综上所述，由于民防工程重建设轻管理的实际情况，行业内可通过提高技术标准、引入第三方质检机构、加强信息化技术手段等措施加以改善，使建成的民防工程在平战兼用的情况下能长久保持防护功能的战备状态，保证民防工程的社会地位，使民防工程能发挥战时防护的应有作用。

参考文献

[1] 张家才. 如何做好新时期人防工程维护管理工作 [J]. 中国人民防空，2015（1）：40-41.

[2] 何思渊. 湖南省人防工程维护管理方法及其应用研究 [D]. 长沙：湖南大学，2018.

[3] 姜红. 浅析梅山人防工程管理 [J]. 梅山科技，2013（6）：62-64.

第4篇

民防工程检验检测

民防工程防护设备原材料检测项目的检测方法和评定依据梳理

朱 攀

(上海市中民防建设工程质量监督检测中心有限公司,上海 200444)

摘 要 目前民防建设的发展已经与经济建设、城市建设和应急建设融为一体,密不可分。作为平时造福人民,战时保护人民的民防工程,其工程质量始终是被放在首位的。本文结合当前相关国家行政机关,监管部门的管理要求和生产企业的质量控制需求,着重梳理了民防工程防护设备主要原材料的关键检测项目,以及与之相对应的检测方法和评定依据。希望能够为民防建设相关部门和企业提供借鉴和参考,使民防工程的质量能够通过对防护设备原材料的筛选得到更为严格科学的把握。

关键词 检测项目;检测方法;评定依据;质量控制

1 引言

民防工程又称人防工程,它是为保障战时人民防空单独修建的地下防护建筑及其地面附属建(构)筑物,以及结合地面建筑修建的战时可用于防空的地下室①。防护设备设于民防工程人员、设备出入口,进(排)风、排烟道口部,防护单元分隔处,用以阻挡或削弱冲击波,阻挡放射性粒子、化学毒剂和生物战剂气溶胶进入的设备[1]。民防工程防护设备一般包括:钢筋混凝土门、钢结构门、密闭阀门、悬摆式防爆波活门、排气活门、防爆地漏、风机、油网滤尘器、过滤吸收器和防护密闭段通风管道等,其原材料种类繁多,每种原材料都有各自的检测项目、检测方法和评定依据。

2 民防工程防护设备主要原材料

2.1 钢筋混凝土门

钢筋混凝土门的主要原材料有钢筋和混凝土,其中混凝土的主要原材料包含水泥、骨料、外掺料和外加剂。目前上海地区混凝土都是采用混凝土搅拌站生产的商品混凝土。

2.2 钢结构门

钢结构门的主要原材料包含钢材、紧固件和焊材等。

作者简介:朱 攀(1979年—),本科,工程师,主要从事建筑工程检测新技术研究。E-mail: cyclone_zhu@126.com

① 见于《人民防空工程质量验收与评价标准》(RFJ 01—2015)。

2.3 其他防护设备

其他防护设备的主要原材料包含橡胶密封条、油漆和风机等。

3 主要原材料的关键检测项目及相关检测标准

3.1 钢材

钢材主要包括钢筋和型材。钢筋主要用于钢筋混凝土门和钢结构门框的锚固钩。在钢筋混凝土门中，钢筋和混凝土是承担抗力荷载的主要结构材料。锚固钩则是钢结构门框连接人防主体结构的主要材料。钢筋检测项目中的重量偏差是为了保证钢筋的直径，应避免使用"瘦身钢筋"。下屈服强度、抗拉强度、断后伸长率和弯曲性能等是钢筋主要的物理力学性能检测项目；而强屈比、超屈比、最大力总伸长率和反向弯曲等则代表了钢筋的抗震性能。

型材主要用于钢结构门和门框，包括各种型号的钢板、工字钢、槽钢和角钢。断后伸长率、抗拉强度、上屈服强度和弯曲性能等是型材主要的物理力学性能检测项目。

钢材的物理力学性能需符合相关标准规范要求，用它生产的防护设备才能满足防护抗力要求。表1是钢材物理力学性能的相关检测标准。图1为某防护设备公司送检的钢材检测报告。

表 1　钢材检测标准

检测对象	检测项目	检测方法	评定依据
钢筋	重量偏差	1.《金属材料 拉伸试验 第1部分：室温试验方法》(GB/T 228.1—2021) 2.《钢筋混凝土用钢材试验方法》(GB/T 28900—2012) 3.《金属材料 弯曲试验方法》(GB/T 232—2010)	1.《钢筋混凝土用钢 第1部分：热轧光圆钢筋》(GB/T 1499.1—2017) 2.《钢筋混凝土用钢 第2部分：热轧带肋钢筋》(GB/T 1499.2—2018) 3.《混凝土结构工程施工质量验收规范》(GB/T 50204—2015) 4.《钢结构工程施工质量验收标准》(GB 50205—2020)
钢筋	下屈服强度		
钢筋	抗拉强度		
钢筋	强屈比		
钢筋	超屈比		
钢筋	断后伸长率		
钢筋	最大力总伸长率		
钢筋	弯曲性能		
钢筋	反向弯曲		
型材	上屈服强度	1.《金属材料 拉伸试验 第1部分：室温试验方法》(GB/T 228.1—2021) 2.《钢筋混凝土用钢材试验方法》(GB/T 28900—2012) 3.《金属材料 弯曲试验方法》(GB/T 232—2010)	1.《碳素结构钢》(GB/T 700—2006) 2.《热轧型钢》(GB/T 706—2016)
型材	抗拉强度		
型材	断后伸长率		
型材	弯曲性能		

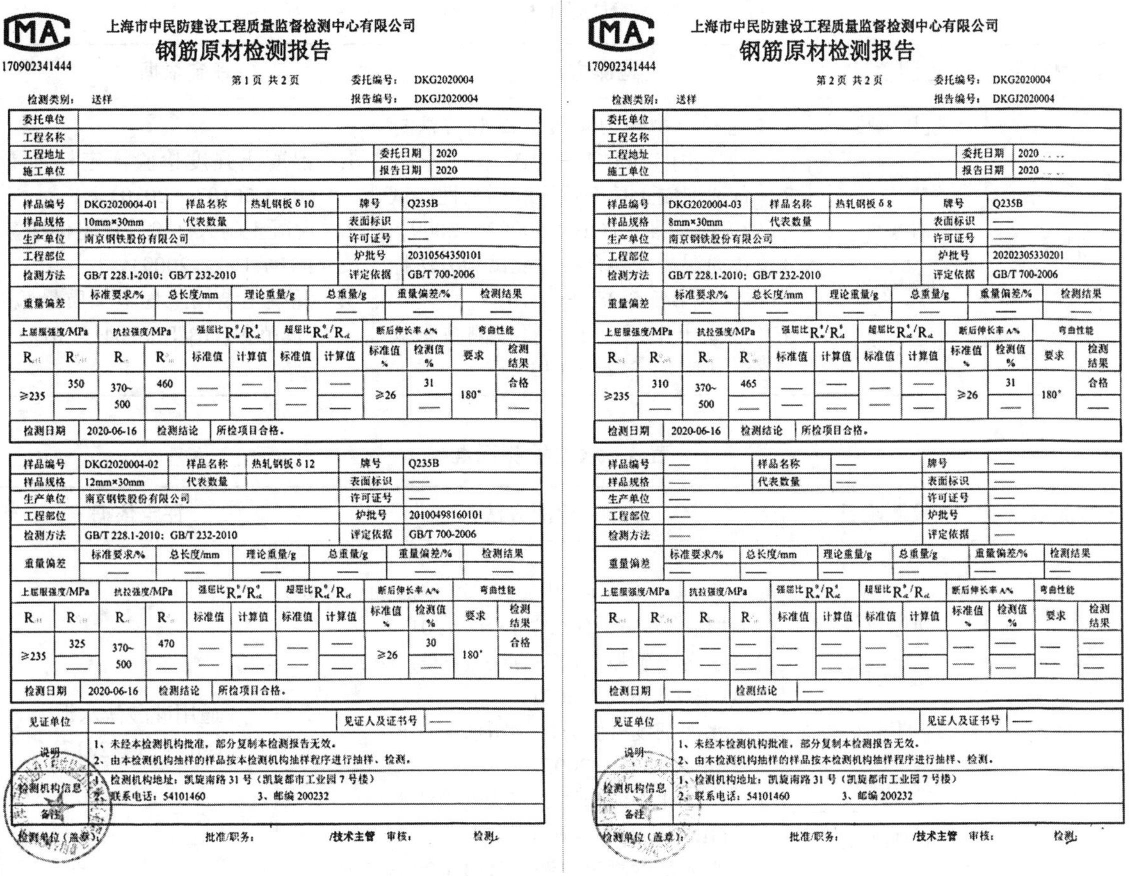

上海市中民防建设工程质量监督检测中心有限公司

钢筋原材检测报告

170902341444

第1页 共2页　委托编号：DKG2020004

检测类别：送样　报告编号：DKGJ2020004

委托单位			
工程名称			
工程地址		委托日期	2020
施工单位		报告日期	2020

样品编号	DKG2020004-01	样品名称	热轧钢板 δ 10	牌号	Q235B
样品规格	10mm×30mm	代表数量		表面标识	——
生产单位	南京钢铁股份有限公司			许可证号	——
工程部位				炉批号	20310564350101
检测方法	GB/T 228.1-2010；GB/T 232-2010			评定依据	GB/T 700-2006

重量偏差	标准要求/%	总长度/mm	理论重量/g	总重量/g	重量偏差/%	检测结果
	——	——	——	——	——	——

上屈服强度/MPa		抗拉强度/MPa		强屈比 R_m^o/R_{el}^o		超屈比 R_{el}^o/R_{el}		断后伸长率 A/%		弯曲性能	
R_{eH}	R_{eH}^o	R_m	R_m^o	标准值	计算值	标准值	计算值	标准值 %	检测值 %	要求	检测结果
≥235	350	370~500	460	——	——	——	——	≥26	31	180°	合格
	——		——	——	——	——	——		——		——

检测日期	2020-06-16	检测结论	所检项目合格。

样品编号	DKG2020004-02	样品名称	热轧钢板 δ 12	牌号	Q235B
样品规格	12mm×30mm	代表数量		表面标识	——
生产单位	南京钢铁股份有限公司			许可证号	——
工程部位				炉批号	20100498160101
检测方法	GB/T 228.1-2010；GB/T 232-2010			评定依据	GB/T 700-2006

重量偏差	标准要求/%	总长度/mm	理论重量/g	总重量/g	重量偏差/%	检测结果
	——	——	——	——	——	——

上屈服强度/MPa		抗拉强度/MPa		强屈比 R_m^o/R_{el}^o		超屈比 R_{el}^o/R_{el}		断后伸长率 A/%		弯曲性能	
R_{eH}	R_{eH}^o	R_m	R_m^o	标准值	计算值	标准值	计算值	标准值 %	检测值 %	要求	检测结果
≥235	325	370~500	470	——	——	——	——	≥26	30	180°	合格
	——		——	——	——	——	——		——		——

检测日期	2020-06-16	检测结论	所检项目合格。

见证单位	——	见证人及证书号	——
说明	1、未经本检测机构批准，部分复制本检测报告无效。 2、由本检测机构抽样的样品按本检测机构抽样程序进行抽样、检测。		
检测机构信息	1、检测机构地址：凯旋南路31号（凯旋都市工业园7号楼） 2、联系电话：54101460　3、邮编 200232		
备注			

检测单位（盖章）：　批准/职务：　/技术主管　审核：　检测：

上海市中民防建设工程质量监督检测中心有限公司

钢筋原材检测报告

170902341444

第2页 共2页　委托编号：DKG2020004

检测类别：送样　报告编号：DKGJ2020004

委托单位			
工程名称			
工程地址		委托日期	2020
施工单位		报告日期	2020

样品编号	DKG2020004-03	样品名称	热轧钢板 δ 8	牌号	Q235B
样品规格	8mm×30mm	代表数量		表面标识	——
生产单位	南京钢铁股份有限公司			许可证号	——
工程部位				炉批号	20202305330201
检测方法	GB/T 228.1-2010；GB/T 232-2010			评定依据	GB/T 700-2006

重量偏差	标准要求/%	总长度/mm	理论重量/g	总重量/g	重量偏差/%	检测结果
	——	——	——	——	——	——

上屈服强度/MPa		抗拉强度/MPa		强屈比 R_m^o/R_{el}^o		超屈比 R_{el}^o/R_{el}		断后伸长率 A/%		弯曲性能	
R_{eH}	R_{eH}^o	R_m	R_m^o	标准值	计算值	标准值	计算值	标准值 %	检测值 %	要求	检测结果
≥235	310	370~500	465	——	——	——	——	≥26	31	180°	合格
	——		——	——	——	——	——		——		——

检测日期	2020-06-16	检测结论	所检项目合格。

样品编号	——	样品名称	——	牌号	——
样品规格	——	代表数量	——	表面标识	——
生产单位	——			许可证号	——
工程部位	——			炉批号	——
检测方法	——			评定依据	——

重量偏差	标准要求/%	总长度/mm	理论重量/g	总重量/g	重量偏差/%	检测结果
	——	——	——	——	——	——

上屈服强度/MPa		抗拉强度/MPa		强屈比 R_m^o/R_{el}^o		超屈比 R_{el}^o/R_{el}		断后伸长率 A/%		弯曲性能	
R_{eH}	R_{eH}^o	R_m	R_m^o	标准值	计算值	标准值	计算值	标准值 %	检测值 %	要求	检测结果
——	——	——	——	——	——	——	——	——	——	——	——
——	——	——	——	——	——	——	——	——	——	——	——

检测日期	——	检测结论	——

见证单位	——	见证人及证书号	——
说明	1、未经本检测机构批准，部分复制本检测报告无效。 2、由本检测机构抽样的样品按本检测机构抽样程序进行抽样、检测。		
检测机构信息	1、检测机构地址：凯旋南路31号（凯旋都市工业园7号楼） 2、联系电话：54101460　3、邮编 200232		
备注			

检测单位（盖章）：　批准/职务：　/技术主管　审核：　检测：

图1　钢材检测报告

3.2　混凝土

混凝土是钢筋混凝土门中的主要原材料，它是承担抗力荷载的主要结构材料。抗压强度是混凝土原材料的重要力学性能指标，抗压强度的高低直接决定了其抗力性能的强弱。抗渗性能体现了混凝土的耐久性。坍落度代表了混凝土拌合物的和易性和匀质性。表观密度表现了混凝土拌合物的密实性。只有混凝土中的氯离子对钢筋混凝土中的钢筋有腐蚀作用，氯离子含量应满足相关标准规范要求，反映了混凝土的长期性能。只有混凝土的力学性能、密实性、和易性、匀质性、密实性、耐久性和长期性能等符合标准规范，混凝土主体结构才能够满足民防工程防护抗力要求。表2是混凝土的相关检测标准。

3.3　水泥

水泥是混凝土的主要原材料之一。水泥的质量直接决定了混凝土的质量。水泥的主要物理力学性能包括：安定性、抗折强度、抗压强度、标准稠度用水量、凝结时间和细度 / 比表面积等。其中安定性必须合格，否则该水泥直接将被判定为不合格。抗折、抗压强度有 3 d，7 d，28 d 等龄期，在标准养护条件下的强度试验，它可以非常直观地体现各个龄期阶段的水泥强度。标准稠度用水量、凝结时间、细度和比表面积等检测项目则反映了水泥的施工使用性能。表3是水泥的物理力学性能检测标准。

表 2　混凝土检测标准

检测对象	检测项目	检测方法	评定依据
混凝土	抗压强度 抗渗性能 坍落度 表观密度 氯离子含量	1.《混凝土物理力学性能试验方法标准》(GB/T 50081—2019) 2.《普通混凝土长期性能和耐久性能试验方法标准》(GB/T 50082—2009) 3.《普通混凝土拌合物性能试验方法标准》(GB/T 50080—2016) 4.《混凝土中氯离子含量检测技术规程》(JGJ/T 322—2013)	1.《混凝土强度检验评定标准》(GB/T 50107—2010) 2.《混凝土耐久性检验评定标准》(JGJ/T 193—2009) 3.《混凝土结构工程施工质量验收规范》(GB/T 50204—2015)

表 3　水泥检测标准

检测对象	检测项目	检测方法	评定依据
水泥	安定性 抗折强度 抗压强度 标准稠度用水量 凝结时间 细度 比表面积	1.《水泥标准稠度用水量、凝结时间、安定性检验方法》(GB/T 1346—2011) 2.《水泥胶砂强度检验方法（ISO）法》(GB/T 17671—2021) 3.《水泥细度检验方法筛析法》(GB/T 1345—2005) 4.《水泥比表面积测定方法勃氏法》(GB/T 8074—2008) 5.《水泥密度测定方法》(GB/T 208—2014)	《通用硅酸盐水泥》(GB 175—2017)

3.4　骨料

骨料也是混凝土的主要原材料之一。骨料分为细骨料和粗骨料，细骨料有人工砂、河砂和混合砂，粗骨料有碎石和卵石。骨料的颗粒级配、细度模数不符合规范要求会导致配制混凝土时加大水泥用量，从而对混凝土的收缩等性能造成不利影响。压碎值指标反映了骨料的坚固性。针片状颗粒含量会影响混凝土的抗压强度。含泥量、泥块含量对混凝土耐久性有较大影响。表观密度和含水率等是配制混凝土时所需的参数指标。表 4 是骨料的相关检测标准。

3.5　外掺料和外加剂

外掺料和外加剂是在配制混凝土过程中加入的用来改善混凝土各项性能的粉料或液体。外掺料指矿物掺合料，如粉煤灰、矿粉等粉料，它可以在一定程度上代替水泥的用量，改善混凝土拌合物的和易性。外掺料的主要检测项目有：含水量、烧失量、细度、活性指数和需水量比等。外加剂指减水剂、早强剂、膨胀剂和引气剂等掺量一般不超过水泥质量的 5% 的掺合料，且大多是液体。外掺剂可以提高混凝土的强度、早期强度、改善混凝土的施工性、长期性和耐久性等。外加剂的主要检测项目有：pH 值、含固量、减水率和密度等。表 5 是外掺料和外加剂的相关检测标准。

表 4 骨料检测标准

检测对象	检测项目	检测方法	评定依据
骨料	颗粒级配	1.《普通混凝土用砂、石质量及检验方法标准（附条文说明）》（JGJ 52—2016） 2.《建筑用卵石、碎石》（GB/T 14685—2011）	1.《普通混凝土用砂、石质量及检验方法标准（附条文说明）》（JGJ 52—2016） 2.《建筑用卵石、碎石》（GB/T 14685—2011）
	细度模数		
	表观密度		
	亚甲蓝试验		
	石粉含量		
	含泥量		
	泥块含量		
	压碎值指标		
	含水率		
	堆积密度		
	紧密密度		
	针片状颗粒含量		

表 5 外掺料、外加剂检测标准

检测对象	检测项目	检测方法	评定依据
外掺料	含水量	《混凝土外加剂匀质性试验方法》（GB/T 8077—2012）	1.《用于水泥和混凝土中的粉煤灰》（GB/T 1596—2017） 2.《用于水泥、砂浆和混凝土中的粒化高炉矿渣粉》（GB/T 18046—2017） 3.《粉煤灰混凝土应用技术规程》（DG/TJ 08—230—2006）
	烧失量		
	细度		
	强度活性指数		
	需水量比		
外加剂	pH 值	《混凝土外加剂匀质性试验方法》（GB/T 8077—2012）	《混凝土外加剂》（GB 8076—2008）
	含固量		
	减水率		
	密度		

3.6 紧固件

紧固件有螺栓、螺钉、螺柱和螺母，它是钢材之间连接的重要材料，起到力的传递作用，其检测项目有：拉伸性能、冲击性能、硬度、脱碳层、抗滑移系数、扭矩系数、楔负载和紧固轴力等。拉伸性能、冲击性能、抗滑移系数、扭矩系数、楔负载和紧固轴力等是紧固件的机械性能，它反映了紧固件传递力的性能。硬度和脱碳层则是紧固件的物理性能。对不能实施拉力试验的紧固件，测定紧固件的硬度；对能实施拉力试验的紧固件，则测定紧固件的最高硬度。硬度与抗拉强度可能没有直接的换算关系，但最大硬度值的相关规定指出，除考虑理论的抗拉强度外，还有其他因素（如，避免脆断）。脱碳试验可测定淬火并回火紧固件的表面脱碳和脱碳层深度。由热处理工艺造成的超过规定的脱碳层，会降低螺纹强度并可能造成其失效。表6是紧固件机械性能的相关检测标准。

表6 紧固件检测标准

检测对象	检测项目	检测方法	评定依据
紧固件	拉伸性能 冲击性能 硬度 脱碳层 抗滑移系数 扭矩系数 楔负载 紧固轴力	1.《金属材料 拉伸试验 第1部分：室温试验方法》（GB/T 228.1—2021） 2.《金属材料 夏比摆锤冲击试验方法》（GB/T 229—2020） 3.《金属材料 洛氏硬度试验 第1部分：试验方法》（GB/T 230.1—2018） 4.《金属材料 维氏硬度试验 第1部分：试验方法》（GB/T 4340.1—2009）	1.《钢结构用高强度大六角头螺栓、大六角螺母、垫圈技术条件》（GB/T 1231—2016） 2.《紧固件机械性能 螺栓、螺钉和螺柱》（GB/T 3098.1—2010） 3.《钢结构用扭剪型高强度螺栓连接副》（GB/T 3632—2018） 4.《钢结构工程施工质量验收标准》（GB 50205—2020）

3.7 橡胶密封条

橡胶密封条的物理力学性能检测项目有：硬度、扯断强度、扯断伸长率、压缩永久变形、压缩反力、密度和热空气老化等。橡胶密封条在门与门框之间起密封作用。密封件是受压的，其厚度、密度、硬度及单位长度上的压缩反力均对压缩量产生影响，在设计压力的作用下，其压缩量也需达到设计要求。压缩量小，密闭性能降低，压缩量大，则压缩反力大，门扇在刚度不变的情况下就会产生较大的变形。扯断力等则与密封件的寿命有关，也是需要加以关注的[2]。表7是橡胶密封条物理力学性能的相关检测标准。

表7 橡胶密封条检测标准

检测对象	检测项目	检测方法	评定依据
橡胶密封条	硬度 扯断强度 扯断伸长率 压缩永久变形 热空气老化 压缩反力 密度	1.《硫化橡胶或热塑性橡胶 拉伸应力应变性能的测定》（GB/T 528—2009） 2.《硫化橡胶或热塑性橡胶 压入硬度试验方法 第1部分：邵氏硬度计法（邵尔硬度）》（GB/T 531.1—2018） 3.《硫化橡胶或热塑性橡胶 压缩永久变形的测定 第1部分：在常温及高温条件下》（GB/T 7759.1—2015） 4.《防护设备用海绵橡胶密封条》（GCB 6—89）	1.《高分子防水材料 第2部分：止水带》（GB/T 18173.2—2014） 2.《人民防空工程防护设备产品质量检验与施工验收标准》（RFJ 01—2002） 3.《防护设备用海绵橡胶密封条》（GCB 6—89）

3.8 油漆

油漆是保护防护设备外露的金属表面免于生锈的物质，油漆质量达到设计要求，钢结构防护设备、其他结构防护设备的金属件的寿命才能得到保证。油漆包括油漆底漆、油漆面漆和油漆稀释剂。油漆底漆的检测项目有：不挥发物含量、不挥发物中金属锌含量、密度、附着力、干燥时间和耐冲击性等。油漆面漆的检测项目有：不挥发物含量、耐冲击性、干燥时间、耐弯曲性和光泽。油漆稀释剂的检测项目主要是密度。表 8 是油漆的相关检测标准。

表 8　油漆检测标准

检测对象	检测项目	检测方法	评定依据
油漆	不挥发物含量	1.《色漆、清漆和塑料 不挥发物含量的测定》（GB/T 1725—2007） 2.《漆膜、腻子膜干燥时间测定法》（GB/T 1728—2020） 3.《漆膜耐冲击测定法》（GB/T 1732—2020） 4.《色漆和清漆拉开法附着力试验》（GB/T 5210—2006） 5.《色漆和清漆 不含金属颜料的色漆漆膜的 20°、60° 和 85° 镜面光泽的测定》（GB/T 9754—2007） 6.《色漆和清漆 弯曲试验（圆柱轴）》（GB/T 6742—2007） 7.《色漆和清漆 密度的测定 比重瓶法》（GB/T 6750—2007）	1.《富锌底漆》（HG/T 3668—2020） 2.《溶剂型丙烯酸树脂涂料》（GB/T 25264—2010）
油漆	不挥发物中金属锌含量		
油漆	密度		
油漆	附着力		
油漆	干燥时间		
油漆	耐冲击性		
油漆	耐弯曲性		
油漆	光泽		

3.9 风机

风机是民防工程通风系统的重要组成部分。它的作用是向民防工程防护单元内输送清洁、新鲜的空气。风机的通风性能检测项目主要包括：风压和空气流量等。在相关设计和标准规范要求的风压下测定该风机的空气流量，用来检测该风机的通风性能是否合格。表 9 是风机使用性能的相关检测标准。

表 9　风机检测标准

检测对象	检测项目	检测方法	评定依据
风机	风压	《工业通风机现场性能试验》（GB/T 10178—2006）	《工业通风机现场性能试验》（GB/T 10178—2006）
风机	空气流量		

4　结论

防护设备是民防工程口部和防护单元分隔处的重要设备。防护设备的质量决定了该民防工程的整体质量。防护设备制备材料质量检测包含的项目一般与材料及其组件有关，且对防护设备的抗力性能与密闭性能等专项性能具有很大的影响。只有用于生产防护设备的原材料符合相关标准规范的要求，才能保证防护设备的质量符合设计、规范等相关要求。本文一共列举了 9 种防护设备的主要原材料，68 个检测项目，50 本检测方法和评定依据的标准。通过梳理民防工程防护设备的主要原材料的关键检测项目和与之相关的检测方法以及评定依据，希望能够使民防工程防护设备原材料的质量得到有效把控，从源头上进行质量控制。

参考文献

[1] 上海市住房和城乡建设管理委员会. 民防工程防护设备设施质量检测与评定标准：DG/TJ 08-2330—2020[S]. 上海：同济大学出版社，2020.

[2] 国家人民防空办公室. 人民防空工程防护设备试验测试与质量检测标准：RFJ 04—2009[S]. 北京：中国计划出版社，2009.

防护设备用海绵橡胶密封条试验过程中试样静置时间对压缩反力结果影响的分析

王宇轩

(上海建科检验有限公司,上海 201108)

摘 要 防护设备用海绵橡胶密封条是用于保证门类防护设备密闭性能的重要零部件,而其压缩反力是反映防护设备用海绵橡胶密封条的压缩能力,是确保密闭性能的重要指标。根据《防护设备用海绵橡胶密封条》(GCB 6—89) 进行密封条压缩反力的试验时,为了减小误差,需对每件试样做两次试验,并取压缩反力的平均值,但是在试验过程中发现两次压缩反力试验的结果存在一定的离散程度,同时密封条具有一定程度的变形。本文通过对密封条试验过程中同一试样不同静置时间检测结果的分析比对,研究试验过程中试样静置时间对压缩反力结果的影响。

关键词 防护设备用海绵橡胶密封条;压缩反力

1 概述

防护设备用海绵橡胶密封条(以下简称"密封条")是经过硫化过的橡胶,具有不变黏,不易折断等特质,橡胶制品大都用这种橡胶制成,见图1。硫化后的生胶内可形成空间立体结构,具有较高的弹性、耐热性、拉伸强度和在有机溶剂中的不溶解性等。密封条在人防工程中起到了重要的作用,它的质量好坏直接影响到门类防护设备的密闭性能,主要通过对密

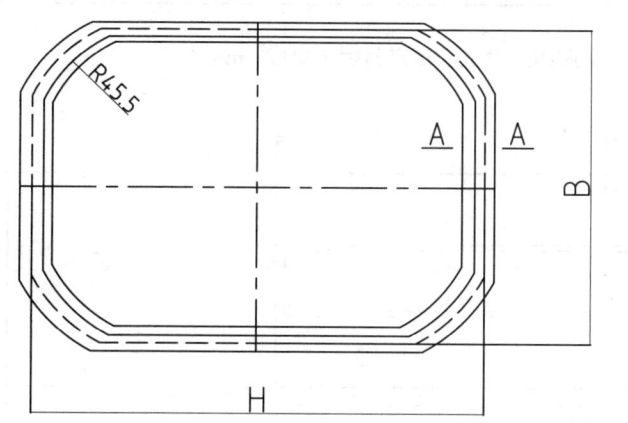 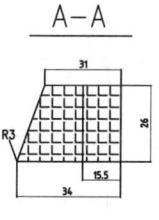

图 1 防护设备用海绵橡胶密封条(单位:mm)

作者简介:王宇轩(1996年—),本科,主要从事防护设备用海绵橡胶密封条压缩反力的研究。E-mail: 18930755303@163.com。

封条进行压缩反力的试验来反映密封条的压缩能力，以此来确保防护设备的密闭性能。

密封条压缩反力是将密封条放在压力试验机（图 2）上，以一定的速率进行压缩，以此得出密封条在压缩变形时反力的大小[①]。

2 压缩反力试验方法及计算

（1）将密封条裁成长度为 300 mm 的试样，保证试样表面无杂物、无破损。

（2）试验应在常温条件下（23℃ ±5℃）进行，满足环境温度要求。

（3）把试样的大端装入底座槽内，使试样均匀地与底座槽接触，再将它对称且垂直地夹在下夹持器上，密封板对称并垂直夹在上夹持器上，使其中心线对准密封条的中心线，具体见图 3、图 4。

图 2　压缩反力试验用电子万能试验机

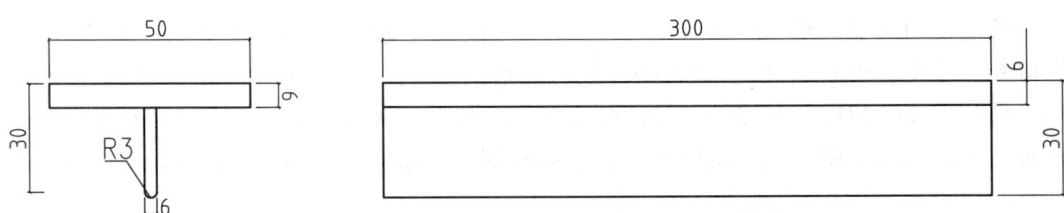

图 3　密封条压缩反力试验用密封板（单位：mm）

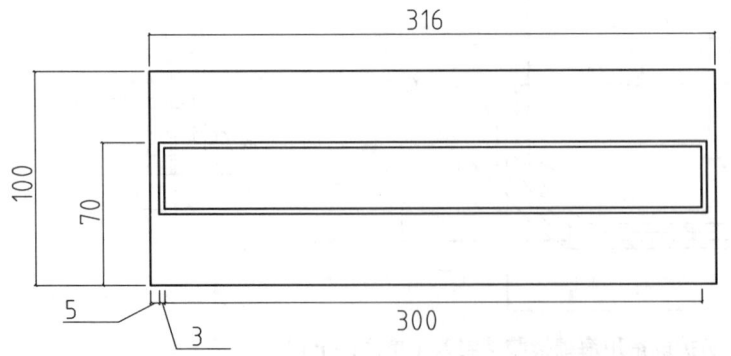
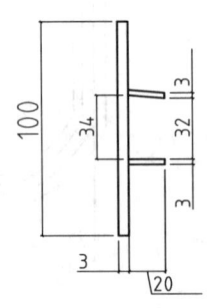

图 4　密封条压缩反力试验用试样固定底座（单位：mm）

---

① 见于《防护设备用海绵橡胶密封条》（GCB 6—89）。

(4) 调整试验机使夹持器以 (100±10) mm/min 的速度加压，分别记录当压缩量为 0 mm，6 mm，8 mm，10 mm，12 mm 时，试验机测力指示盘上的数据，每件试样应做两次试验。

通过上述试验所得相关数据，结合式（1）可算得压缩反力 Q：

$$Q = \frac{F}{L} \tag{1}$$

式中　Q——压缩反力，N；

　　　F——试样所受负荷，N；

　　　L——密封板条的长度，cm。

3　压缩反力试验离散程度分析

《防护设备用海绵橡胶密封条》（GCB 6—89）中每件试样做两次试验，在求取平均值的过程中发现，先后两次试验中压缩反力存在一定偏差，以及密封条有一定程度的变形，并且在经过一段时间后密封条才能恢复原样。

下文将通过相同静置时间进行同一试样的对比试验。

3.1　同一试样两次试验（试样无静置时间）

同一试样无静置时间压缩反力两次试验结果见表 1，两次试验结果曲线见图 5。

表 1　压缩反力两次试验结果

压缩量 /mm		6	8	10	12
压缩反力第 1 次试验	压缩负荷 /N	143.252	187.551	229.994	276.726
	压缩反力 /(N·cm^{-1})	4.775	6.252	7.667	9.224
压缩反力第 2 次试验	压缩负荷 /N	131.815	174.195	216.258	263.481
	压缩反力 /(N·cm^{-1})	4.394	5.807	7.209	8.783

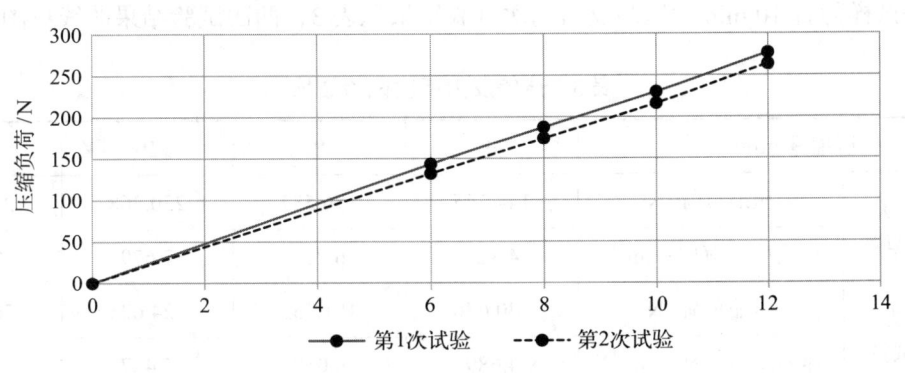

图 5　两次试验结果曲线

通过试验数据分析比对发现：第 1 次试验与第 2 次试验之间压缩负荷存在一定偏差，导致两次试验存在一定的离散程度，这说明密封条存在弹性形变（指固体受外力作用而使各点间相对位置的改变,当外力去除后,固体又恢复原状谓之"弹性形变"),这时需要有相应的试样静置时间使密封条恢复原状,接下去针对同一试样不同试样静置时间做出相应试验[1]。

3.2 同一试样两次试验(试样静置 5 min)

同一试样静置 5 min 后压缩反力两次试验结果见表 2,两次试验结果曲线见图 6。

表 2　压缩反力两次试验结果

	压缩量 /mm	6	8	10	12
压缩反力 第 1 次试验	压缩负荷 /N	145.593	188.542	232.785	279.595
	压缩反力 /(N·cm^{-1})	4.853	6.285	7.760	9.320
压缩反力 第 2 次试验	压缩负荷 /N	135.705	178.809	223.614	269.847
	压缩反力 /(N·cm^{-1})	4.523	5.960	7.453	8.994

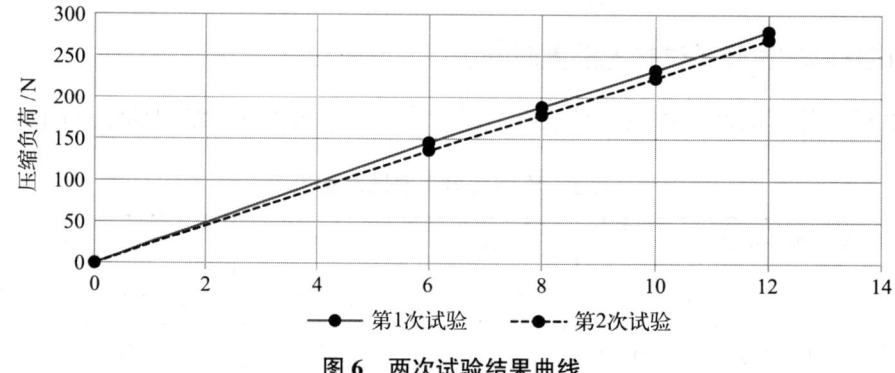

图 6　两次试验结果曲线

3.3 同一试样两次试验(试样静置 10 min)

同一试样静置 10 min 后压缩反力两次试验结果见表 3,两次试验结果曲线见图 7。

表 3　压缩反力两次试验结果

	压缩量 /mm	6	8	10	12
压缩反力 第 1 次试验	压缩负荷 /N	144.745	186.587	230.368	276.512
	压缩反力 /(N·cm^{-1})	4.825	6.220	7.679	9.217
压缩反力 第 2 次试验	压缩负荷 /N	140.676	181.752	224.625	269.214
	压缩反力 /(N·cm^{-1})	4.689	6.058	7.487	8.973

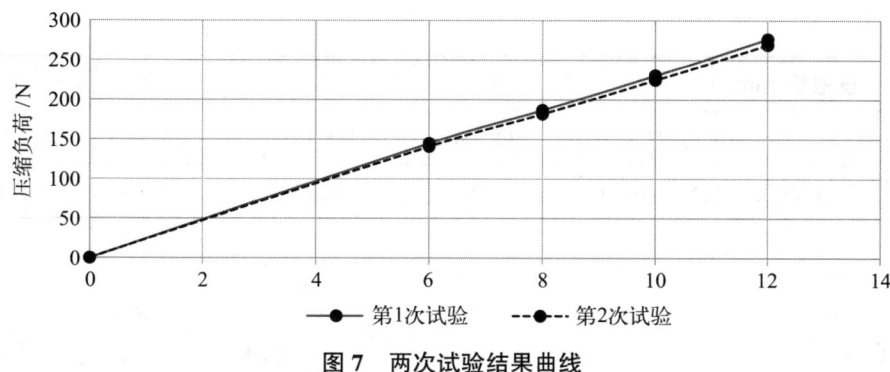

图 7 两次试验结果曲线

3.4 同一试样两次试验（试样静置 15 min）

同一试样静置 15 min 后压缩反力两次试验结果见表 4，两次试验结果曲线见图 8。

表 4 压缩反力两次试验结果

压缩量 /mm		6	8	10	12
压缩反力 第 1 次试验	压缩负荷 /N	162.676	217.025	286.988	345.297
	压缩反力 /(N·cm^{-1})	5.423	7.234	9.566	11.510
压缩反力 第 2 次试验	压缩负荷 /N	160.380	215.671	284.918	343.140
	压缩反力 /(N·cm^{-1})	5.346	7.189	9.497	11.438

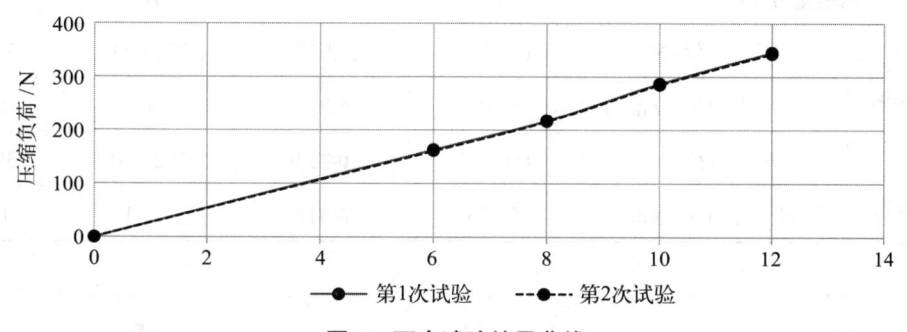

图 8 两次试验结果曲线

3.5 同一试样两次试验（试样静置 20 min）

同一试样静置 20 min 后压缩反力两次试验结果见表 5，两次试验结果曲线见图 9。

表 5 压缩反力两次试验结果

压缩量 /mm		6	8	10	12
压缩反力 第 1 次试验	压缩负荷 /N	143.100	189.310	237.905	295.977
	压缩反力 /(N·cm^{-1})	4.770	6.310	7.930	9.866

(续表)

	压缩量 /mm	6	8	10	12
压缩反力 第 2 次试验	压缩负荷 /N	142.504	188.191	236.063	294.552
	压缩反力 /(N·cm^{-1})	4.750	6.273	7.869	9.818

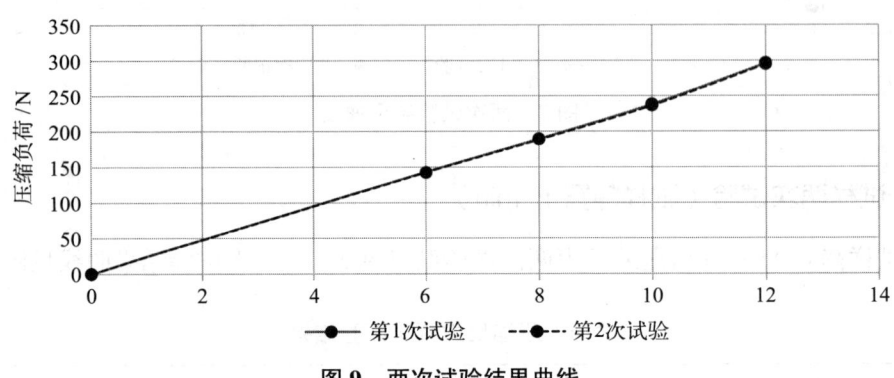

图 9　两次试验结果曲线

3.6　同一试样两次试验（试样静置 25 min）

同一试样静置 25 min 后压缩反力两次试验结果见表 6，两次试验结果曲线见图 10。

表 6　压缩反力两次试验结果

	压缩量 /mm	6	8	10	12
压缩反力 第 1 次试验	压缩负荷 /N	155.786	203.336	251.093	304.678
	压缩反力 /(N·cm^{-1})	5.193	6.778	8.370	10.156
压缩反力 第 2 次试验	压缩负荷 /N	156.772	204.340	252.340	303.865
	压缩反力 /(N·cm^{-1})	5.226	6.811	8.411	10.129

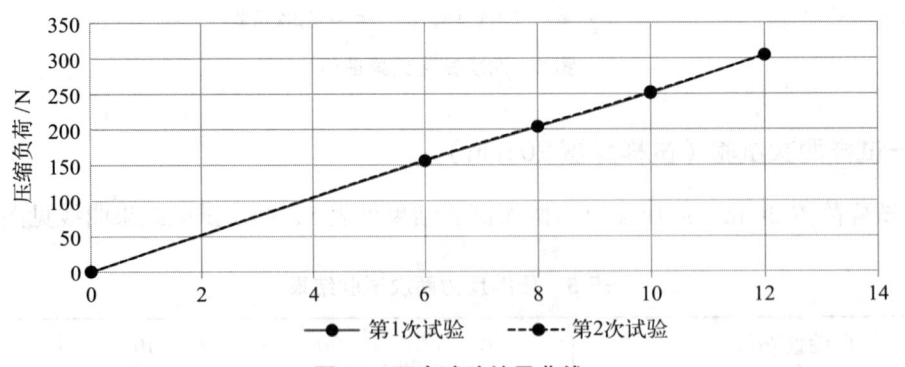

图 10　两次试验结果曲线

3.7 同一试样两次试验（试样静置 30 min）

同一试样静置 30 min 后压缩反力两次试验结果见表 7，两次试验结果曲线见图 11。

表 7　压缩反力两次试验结果

压缩量 /mm		6	8	10	12
压缩反力第 1 次试验	压缩负荷 /N	148.550	194.973	242.772	298.298
	压缩反力 /(N·cm^{-1})	4.952	6.500	8.092	9.943
压缩反力第 2 次试验	压缩负荷 /N	149.653	193.598	241.497	297.401
	压缩反力 /(N·cm^{-1})	4.988	6.453	8.050	9.913

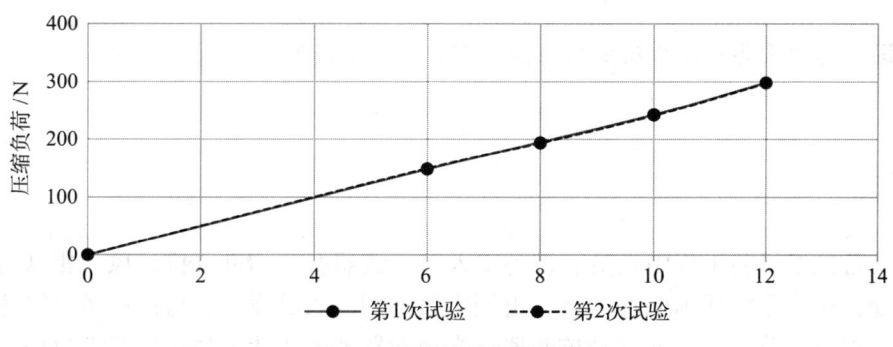

图 11　两次试验结果曲线

4　结语

通过对密封条进行几组不同试样静置时间的压缩反力试验，可以发现，静置时间越长，先后两次试验所得到的压缩负荷则越接近，那么就能够尽可能减小压缩产生的弹性形变对压缩反力的影响，降低压缩反力的离散程度。

综上所述，压缩反力两次试验静置时间受到密封条弹性形变的影响，而弹性形变受到密封条的硬度、密度、老化系数和压缩永久变形率等物理性能和力学性能的影响，为了进一步降低压缩反力的离散程度，需要对这些方面进一步研究，寻找更加科学合理的方法，来保证人防工程中门类防护设备的气密性。

参考文献

[1] 中华人民共和国国家质量监督检验检疫总局，中国国家标准化管理委员会. 硫化橡胶或热塑性橡胶压缩永久变形的测定　第 1 部分：在常温及高温条件下：GB/T 7759.1—2015[S]. 北京：中国标准出版社，2015.

民防工程防护设备质量部分检测方法的探讨

谢冬进 刘海斌

(上海中测行工程检测咨询有限公司，上海 200438)

摘 要 根据《关于规范人防工程防护设备检测机构资质认定工作的通知》（国人防〔2017〕271号）的要求，民防工程防护设备质量检测共有37个检测参数，本文根据检测参数涉及的专业领域，将其分为尺寸及安装性能检测、混凝土结构检测、钢结构检测、通风性能检测、密闭性能检测和原材料性能检测六大领域，对一些检测领域的部分检测方法进行了讨论分析。

关键词 防护设备；尺寸及安装性能检测；混凝土强度

1 引言

防护设备是指民防工程中人员、设备出入口，武器射孔和进（排）风、排烟道口，防护单元分区处，用于阻挡或削弱冲击波、阻挡生化毒剂进入的设备；防护设备是民防工程防护体系的重要组成部分，阻挡或削减核武器、常规武器及生化武器作用的重要屏障；防护设备质量检测工作对民防工程的质量管控起到了重要作用。

2 民防工程防护设备检测领域及检测参数的划分

按照《关于规范人防工程防护设备检测机构资质认定工作的通知》（国人防〔2017〕271号），人防工程防护设备检测项目目录显示，民防工程防护设备质量检测共有37个检测参数，本文根据检测参数涉及的专业领域，将其分为尺寸及安装性能检测、混凝土结构检测、钢结构检测、通风性能检测、密闭性能检测和原材料性能检测六大领域，各领域包含的检测参数如下[1-3]。

（1）尺寸及安装性能检测：外形尺寸，配合尺寸，门扇厚度偏差，面板厚度偏差，水平度，垂直度，通风面积，管壁、阀板厚度，悬摆板厚度偏差，阀盖或活门盘厚度，平衡锤连杆垂直度，地漏体壁厚度和密封体厚度，平衡锤杆铅垂度，管道厚度，门扇启闭力，关锁操纵力，开锁关锁时间，闭锁锁紧力，悬摆板启闭力，阀盖或活门盘锁紧力，阀板启闭力。

（2）混凝土结构检测：钢筋保护层，钢筋规格与分布，混凝土强度。

作者简介：谢冬进（1982年—），男，汉族，现任职于上海中测行工程检测咨询有限公司担任结构室主任，高级工程师，主要从事混凝土结构和钢结构项目的检测工作。荣获"上海市建设工程检测先进工作者"称号。E-mail：18616593836@163.com。

(3) 钢结构检测：焊缝质量，焊缝尺寸，漆膜厚度，漆膜附着力。

(4) 通风性能检测：动力性能曲线、通风量（风压、风量），振动速度，滤毒风量，清洁风量，阀盖或活门盘启动压力。

(5) 密闭性能检测：密闭性能，防护段通风管道气密性。

(6) 原材料性能检测：密封胶条压缩反力，胶板剥离强度。

3　部分检测方法讨论

《人民防空工程防护设备产品质量检验与施工验收标准》（RFJ 01—2002）、《人民防空工程防护设备试验测试与质量检测标准》（RFJ 04—2009）和《人民防空工程质量验收与评价标准》（RFJ 01—2015）是民防工程防护设备质量检测的常用标准，它们规定了不同检测参数的检测要求。本文结合实际检测工作中遇到的一些情况，针对标准中部分检测方法进行探讨交流。

3.1　闭锁头进入锁孔的最大深度检测

根据闭锁头进入锁孔的结构形式不同，结合实际扩展了以下两种检测方法。

（1）结构形式 1（图 1）：将闭锁头锁进闭锁孔内，且垂直于门框，并在闭锁头与门框的接触面划线，用钢尺测量闭锁头顶端至划线位置的距离，取最小值作为结果值。

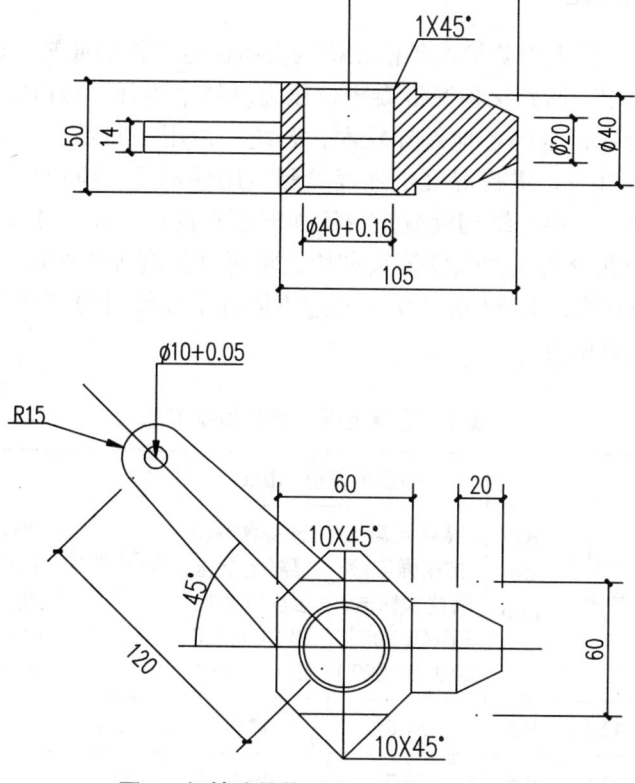

图 1　闭锁头结构形式 1（单位：mm）

(2) 结构形式 2（图 2）：门扇未关之前用钢尺测量 L_1 和 L_3，再将门扇关闭后，测量 L_2 和 L_4，闭锁头进入锁孔的最大深度即为 $L = L_1 - L_2 - L_3 - L_4$，取最小值作为结果值，如图 2 所示。

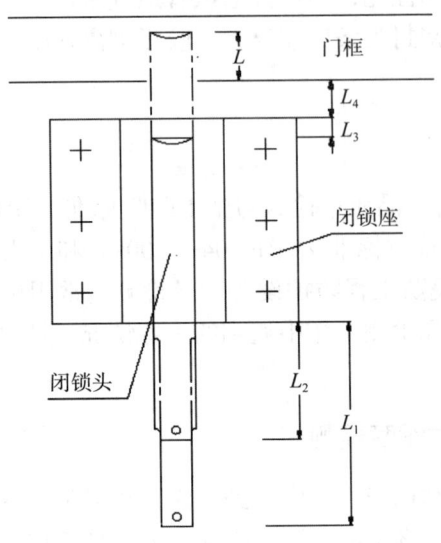

图 2　闭锁头结构形式 2 进入锁孔的最大深度测量方法示意图

3.2　混凝土强度

3.2.1　按国家相关文件规定

依据《关于规范人防工程防护设备检测机构资质认定工作的通知》（国人防〔2017〕271号）的规定，结合采用《回弹法检测混凝土抗压强度技术规程》（JTJ/T 23—2011）。由于混凝土用原材料及配合比，全国各地差异较大，若统一采用《回弹法检测混凝土抗压强度技术规程》（JTJ/T 23—2011）进行混凝土强度检测适用性不强，应根据不同地区，优先采用地方标准，如上海市应采用《结构混凝土抗压强度检测技术标准》（DG/TJ 08-2020—2020）来规定测强曲线。为此分为 3 种强度等级试块，将每种强度等级试块分 90 d、180 d、360 d 3 种，每种龄期试块 6 块，共 54 块试块，通过不同标准曲线计算所得强度换算与试块抗压强度做比较，数据汇总见表 1。

表 1　混凝土强度检测数据汇总

强度等级	龄期 /d	试块编号	平均回弹值	碳化深度 /mm	强度换算值 /MPa		试块强度 /MPa	回弹－试块强度比	
					《结构混凝土抗压强度检测技术标准》（DG/TJ 08-2020—2020）	《回弹法检测混凝土抗压强度技术规程》（JTJ/T 23—2011）		《结构混凝土抗压强度检测技术标准》（DG/TJ 08-2020—2020）	《回弹法检测混凝土抗压强度技术规程》（JTJ/T 23—2011）
C50	90	1-1	42.1	0.5	51.6	47.9	52.7	-2.1	-9.1
		1-2	42.8	0.5	53.7	49.4	52.5	2.3	-5.9

(续表)

强度等级	龄期/d	试块编号	平均回弹值	碳化深度/mm	强度换算值/MPa		试块强度/MPa	回弹-试块强度比	
					《结构混凝土抗压强度检测技术标准》(DG/TJ 08-2020—2020)	《回弹法检测混凝土抗压强度技术规程》(JTJ/T 23—2011)		《结构混凝土抗压强度检测技术标准》(DG/TJ 08-2020—2020)	《回弹法检测混凝土抗压强度技术规程》(JTJ/T 23—2011)
C50	90	1-3	41.9	0.5	51.0	47.4	51.7	-1.4	-8.3
		1-4	42.2	0.5	51.9	48.1	52.6	-1.4	-8.6
		1-5	41.8	0.5	50.7	47.2	52.0	-2.5	-9.2
		1-6	42.2	0.5	51.9	48.1	51.6	0.5	-6.8
	180	1-7	43.8	1.0	56.3	50.7	58.7	-4.1	-13.6
		1-8	42.5	1.0	52.3	47.8	52.2	0.2	-8.4
		1-9	45.4	1.5	60.9	53.3	60.9	-0.1	-12.5
		1-10	44.6	1.0	58.8	52.5	60.1	-2.1	-12.6
		1-11	45.3	1.5	60.5	53.0	61.5	-1.6	-13.8
		1-12	44.0	1.5	56.4	50.1	59.2	-4.8	-15.4
	360	1-13	45.8	2.0	61.6	53.1	61.2	0.6	-13.2
		1-14	46.0	2.5	61.7	52.5	67.2	-8.3	-21.9
		1-15	46.2	2.5	62.3	52.9	67.7	-8.0	-21.9
		1-16	46.9	2.5	64.7	54.5	66.5	-2.8	-18.0
		1-17	45.9	2.0	61.9	53.4	63.9	-3.1	-16.4
		1-18	47.5	2.5	66.7	55.8	68.1	-2.1	-18.1
C40	90	2-1	38.9	0.5	42.5	41.1	44.1	-3.6	-6.8
		2-2	38.6	1.0	41.3	39.7	43.2	-4.4	-8.1
		2-3	39.1	0.5	43.0	41.5	44.3	-2.9	-6.3
		2-4	38.1	0.5	40.4	39.4	40.0	1.0	-1.5
		2-5	40.2	0.5	46.1	43.8	47.9	-3.8	-8.6
		2-6	39.6	0.5	44.4	42.5	44.6	-0.5	-4.7
	180	2-7	40.8	1.5	46.9	43.3	46.7	0.3	-7.3
		2-8	42.1	1.0	51.1	46.9	52.6	-2.9	-10.8
		2-9	41.3	1.0	48.7	45.2	50.5	-3.5	-10.5
		2-10	41.9	1.5	50.0	45.6	52.1	-4.0	-12.5

(续表)

强度等级	龄期/d	试块编号	平均回弹值	碳化深度/mm	强度换算值/MPa		试块强度/MPa	回弹-试块强度比	
					《结构混凝土抗压强度检测技术标准》（DG/TJ 08-2020—2020）	《回弹法检测混凝土抗压强度技术规程》（JTJ/T 23—2011）		《结构混凝土抗压强度检测技术标准》（DG/TJ 08-2020—2020）	《回弹法检测混凝土抗压强度技术规程》（JTJ/T 23—2011）
C40	180	2-11	42.2	1.0	51.4	47.1	52.6	-2.3	-10.5
		2-12	40.9	1.5	47.1	43.5	51.2	-7.9	-15.0
	360	2-13	43.8	3.0	54.2	46.8	54.0	0.3	-13.3
		2-14	44.1	2.5	55.6	48.4	57.2	-2.8	-15.4
		2-15	42.6	2.5	51.1	45.2	53.0	-3.6	-14.7
		2-16	43.5	2.5	53.8	47.1	53.1	1.3	-11.3
		2-17	44.2	3.0	55.4	47.6	57.2	-3.2	-16.8
		2-18	43.6	2.5	54.1	47.3	55.6	-2.7	-14.9
C30	90	3-1	36.8	0.5	37.1	36.9	38.5	-3.6	-4.2
		3-2	35.9	1.0	34.6	34.4	35.0	-1.2	-1.7
		3-3	37.1	1.0	37.5	36.7	37.8	-0.8	-2.9
		3-4	37.2	1.0	37.7	36.9	36.8	2.5	0.3
		3-5	37.0	1.0	37.2	36.5	32.4	14.9	12.7
		3-6	36.2	0.5	35.6	35.7	40.6	-12.2	-12.1
	180	3-7	38.2	2.0	39.5	37.3	44.2	-10.6	-15.6
		3-8	39.0	2.0	41.6	38.9	43.2	-3.8	-10.0
		3-9	37.3	2.0	37.3	35.6	41.4	-10.0	-14.0
		3-10	38.6	2.0	40.5	38.1	42.9	-5.6	-11.2
		3-11	40.2	2.5	44.3	40.4	46.0	-3.6	-12.2
		3-12	39.0	2.0	41.6	38.9	43.2	-3.8	-10.0
	360	3-13	40.9	3.5	45.4	40.2	46.5	-2.5	-13.5
		3-14	40.2	3.5	43.5	38.8	46.3	-6.1	-16.2
		3-15	41.3	3.5	46.4	40.9	45.8	1.4	-10.7
		3-16	38.8	3.5	39.9	42.5	44.3	-10.0	-4.1
		3-17	41.5	4.0	46.6	40.5	45.9	1.4	-11.8
		3-18	39.8	4.0	42.0	39.2	45.0	-6.6	-12.9

3.2.2 试验检测结果分析

通过分析表 1 的数据，可见采用《结构混凝土抗压强度检测技术标准》（DG/TJ 08-2020—2020）来测强曲线与试块抗压强度比较，平均偏差分别为：C50 平均偏差为 -2.3%，C40 平均偏差为 -2.5%，C30 平均偏差为 -3.4%；采用《回弹法检测混凝土抗压强度技术规程》（JTJ/T 23—2011）标准测强曲线与试块抗压强度比较，平均偏差分别为：C50 平均偏差为 -13.0%，C40 平均偏差为 -10.5%，C30 平均偏差为 -8.3%。由此可见，《结构混凝土抗压强度检测技术标准》（DG/TJ 08-2020—2020）标准测强曲线计算所得的抗压强度值更接近于试块抗压强度，故上海市混凝土强度检测采用《结构混凝土抗压强度检测技术标准》（DG/TJ 08-2020—2020）标准测强曲线更适用。

3.2.3 回弹法检测龄期

《回弹法检测混凝土抗压强度技术规程》（JTJ/T 23—2011）适用于龄期为 14~1 000 d[4]、而《结构混凝土抗压强度检测技术标准》（DG/TJ 08-2020—2020）更适用于龄期为 14~1 500 d，目前存在部分混凝土门的检测龄期已超过回弹法适用龄期，因此需进行钻芯法对回弹法进行修正。钻芯对原结构存在破坏，从而影响或降低了混凝土门原有的防护功能，费时费力，为此可依据《民用建筑可靠性鉴定标准》（GB 50292—2015）附录 K，混凝土强度在 C20~C50，且碳化深度已大于 6 mm 时，可采用龄期修正系数对回弹法检测得到的测区混凝土抗压强度换算值进行修正，修正值为混凝土抗压强度换算值乘以修正系数，见表 2。

表 2 混凝土抗压强度换算值龄期修正系数 [6]

龄期 /d	1 000	2 000	4 000	6 000	8 000	10 000	15 000	20 000	30 000
修正系数	1.00	0.98	0.96	0.94	0.93	0.92	0.89	0.86	0.82

4 结语

防护设备质量检测涉及的检测参数较多，相关标准规定了相应的检测方法，本文仅对标准描述的部分检测方法进行了展开探讨及比较分析。

通过以上试验检测数据的统计、计算和分析，采用《结构混凝土抗压强度检测技术标准》（DG/TJ 08-2020—2020）来测强曲线，可得试块抗压强度偏差在 -3.4%~-2.3%，而《回弹法检测混凝土抗压强度技术规程》（JTJ/T 23—2011）测强曲线，可知试块抗压强度偏差为 -13.0%~-8.3%。综上所述，可见上海市防护设备钢筋混凝土门及门框墙的强度采用《结构混凝土抗压强度检测技术标准》（DG/TJ 08-2020—2020）测强曲线更为合理，准确度更高。

参考文献

[1] 国家人民防空办公室. 人民防空工程防护设备产品质量检验与施工验收标准 [EB/OL]. [2022-03-20].

https://max.book118.com/html/2019/0123/5130310220002003.shtm.

[2] 国家人民防空办公室. 人民防空工程防护设备试验测试与质量检测标准：RFJ 04—2009[S]. 北京：中国计划出版社，2009.

[3] 国家人民防空办公室. 人民防空工程质量验收与评价标准[EB/OL]. [2021-05-20]. https://www.renrendoc.com/paper/129004709.html.

[4] 中华人民共和国住房与城乡建设部. 回弹法检测混凝土抗压强度技术规程：JTJ/T 23—2011[S]. 北京：中国建筑工业出版社，2011.

[5] 上海市住房和城乡建设管理委员会. 结构混凝土抗压强度检测技术标准：DG/TJ 08-2020—2020[S]. 上海：同济大学出版社，2021.

[6] 中华人民共和国住房与城乡建设部. 民用建筑可靠性鉴定标准：GB 50292—2015[S]. 北京：中国建筑工业出版社，2016.

人防工程钢结构门焊接质量无损检测

刘 欢

(上海同济检测技术有限公司,上海 200092)

摘 要 人防工程防护设备是在战时实现防护功能的重要设备,对保证人民生命安全起着至关重要的作用,防护设备的质量直接影响整个人防工程结构的安全性。本文以钢结构门为例,介绍人防工程防护设备时焊接质量检测的目视检测、超声检测、磁粉检测和射线检测项目。

关键词 钢结构门;焊接质量;无损检测

1 引言

随着社会的发展,人防工程已不再单纯地追求防护设备的数量,现在更关注高质量的人防工程建设,同时对其质量验收的标准也更加严格。人防工程防护设备主要包括:手动钢结构门、钢筋混凝土门、电控门、防电磁脉冲门、防护密闭封堵板和阀门等[1]。

2 无损检测技术

无损检测技术,就是以不损伤被检测构件为前提,采用各种检测技术方法,利用材料自身的结构特点,及其内部缺陷所引起的声、磁等化学或物理变化,来探测构件的结构及缺陷情况。无损检测技术越趋成熟,检测方法则多种多样,适用于不同的情况。防护设备焊接质量主要用到的无损检测,包括目视检测 (Visual Testing,VT)、超声检测 (Ultrasonic Testing,UT)、磁粉检测 (Magnetic Particle Testing,MT) 和射线检测 (Radiographic Testing,RT)。目视检测主要用于焊缝及其热影响区的外表面缺陷的检测;超声检测主要用于焊缝内部质量缺陷的检测;磁粉检测主要用于铁磁性构件的表面及近表面缺陷的检测;射线检测在人防设备的检测中使用很少,主要用于当超声检测无法对焊缝缺陷进行准确判断时[2]。

3 钢结构门焊接质量的无损检测

检测是保障人防工程防护设备施工质量的重要举措[3],钢结构门是由钢板、型钢等焊接而成,其焊接质量一旦出现问题,就难以保证施工的质量。无损检测钢结构门焊缝的质量,对确保钢结构门加工制造的施工质量达到国家人民防空办公室批准的定型图纸的要求有

作者简介:刘 欢 (1988年—),男,学士,工程师,主要从事人防工程检测、钢结构无损检测、混凝土非破损等方面工作。E-mail: 906203598@qq.com。

重要意义。

3.1 目视检测

目视检测是指用人眼或借助光学仪器对工件表面进行观察或测量的一种检测方法[4]。其优点是方法简单，操作方便，检测结果直观可靠；缺点是易受光照条件的影响，会造成漏检现象，不能发现细小的缺陷。

目视检测前需要确保检测人员视力（裸眼视力或矫正视力）正常，被检构件表面有足够的亮度。被检表面的污物、油漆和飞溅物等妨碍检测的异物应被清除干净。检测用的焊接检验尺、直尺以及卷尺等测量工具需经过校准并确认合格。

《人民防空工程防护设备产品质量检验与施工验收标准》(RFJ 01—2002) 要求采用 10 倍放大镜观察焊缝表面的缺陷情况；采用测量工件检验焊缝长度和焊缝高度等，图 1 表示对对接焊缝余高测量。

图 1　对接焊缝余高测量

3.2 超声检测

钢结构门的门框、门扇拼接焊缝需要进行超声检测，门扇面板钢板宽度或长度不够时，则采用多块钢板进行拼接，一般要求拼接缝设置在型钢上。

超声检测的原理是探头中发出超声波，超声波在构件中传播，如果遇到缺欠的传播特性发生改变，那么变化后的超声波被探头接收，通过仪器的处理分析，以评价构件内部缺欠的特征。

3.2.1 检测方法的选用

气孔、夹渣、裂纹、未熔合与未焊透等缺陷均为焊缝中常见的缺陷，钢结构门门扇一般采用 5 mm，6 mm，8 mm，10 mm 厚的钢板制作，钢板厚度较薄，没有 Z 向性能的要求，一般无需采用纵波直探头检测法，而选择横波斜探头检测。

3.2.2 检测等级

《焊缝无损检测超声技术、检测等级和评定》(GB/T 11345—2013) 中规定了四个等级 (A，B，C，D)，《民防工程防护设备设施质量检测与评定标准》(DG/TJ 08-2330—2020) 规定了焊缝质量按照 B 级检测等级。故使用一种角度的探头在焊缝两侧检测门扇对接焊缝即可。

3.2.3 检测准备

(1) 检测区域：由于钢结构门门扇面板厚度较薄，可以选择焊缝和焊缝两侧 10 mm 宽度的母材作为检测区域，如图 2 所示。

(2) 工件表面处理：焊接完成后，需要清除焊缝两侧探头移动区的杂质，并经目视检测合格后，方可进行超声检测，焊缝两侧斜探头移动区 [不应小于 1.25P，$P = 2\delta \times \tan\beta$（$P$ 为跨距 mm，δ 为门扇面板厚度 mm）] 须进行打磨，例如：门扇面板厚度 δ = 8 mm，选用探头

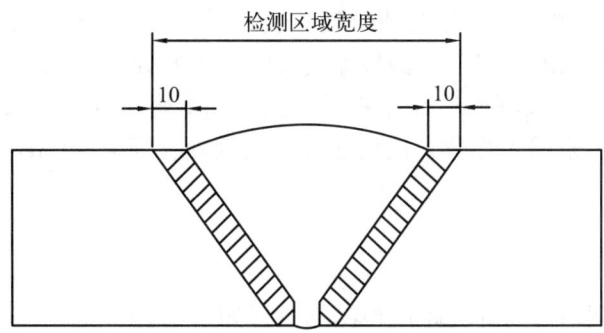

图 2 检测区域宽度（单位：mm）

角度 $\beta = 70°$，$P = 2 \times 8 \times \tan 70° = 43.952$ mm，则探头移动区为 54.94 mm。

（3）耦合剂：横波斜探头检测需要接触构件表面来进行检测，探头和构件之间存在空气，超声波几乎全反射，无法进入构件，因此需要使用耦合剂排除空气，使超声波顺利进入构件中。机油，化学浆糊，水和甘油等均是常用的耦合剂[5]。由于化学浆糊有一定的黏性，无论门扇处于平面、斜面或立面，均可以有良好的黏着性，且化学浆糊具有良好的水洗性，后续便于清除干净。故建议采用化学浆糊作为耦合剂。

（4）选择试块：选用 CSK-IA 作为标准试块；当门扇面板厚度小于 8 mm 时，选择 CSK-IDj 试块作为参考试块；当门扇面板厚度大于等于 8 mm 时，选择 RB-1 或 RB-2 试块作为参考试块。

（5）扫查方式：扫查时速度不应大于 150 mm/s[6]，采用锯齿形扫查检测纵向缺陷，用平行或斜平行扫查检测横向缺陷。扫查到缺欠后，则可以采用前后、左右、转角及环绕的方法确定缺欠的具体位置和形状等特征。

（6）选择探头：一般门扇面板厚度较薄时选用较高频率的探头，有利于提高灵敏度，便于发现小的缺欠。探头晶片尺寸越小，近场长度越小，对发现近距离的缺欠就越有利；但晶片尺寸越大，能量也就越大，对发现远距离的缺欠有利，并且检测效率较高，故一般门扇面板厚度较薄时应选择小尺寸晶片的探头，较厚时，选择大尺寸晶片的探头。当门扇面板厚度一般为 5~10 mm，选择大角度的探头即可。综合以上因素，以门扇对接焊缝为例列出钢结构门对接焊缝超声检测时推荐使用的检测工艺，具体见表 1。

表 1 超声波检测工艺（B 级检测技术）

焊缝类型	门扇面板厚度 /mm	探头要求				合计扫查次数 / 次	直探头扫查
		斜探头扫查					
		频率 /MHz	晶片尺寸 /mm	探头角度	移动区宽度 /mm		
门扇对接焊缝	4≤t<8	5	6×6	70°	1.25P	2	否
	8≤t	2.5	9×9/8×8	70°	1.25P	2	否

3.2.4 缺欠长度的测量与评定

当发现缺欠的回波高度超过评定等级线时，需要对其长度进行测量；当门扇面板厚度小于 8 mm 时，采用 6 dB 测长法，即找到缺欠的最高回波，左右平移使波幅下降 6 dB，左右平移的距离即为缺欠的长度。当门扇面板厚度大于等于 8 mm 时，采用评定等级线绝对灵敏度测长法，即找到缺欠的最高回波，左右平移使波幅下降至评定等级线，左右平移的距离即为缺欠的长度。缺欠采用《焊缝无损检测超声检测验收等级》（GB/T 29712—2013）标准评定。

3.2.5 超声检测的流程

综上所述，推荐钢结构门焊缝超声检测的流程如下：了解检测对象→选定探伤方法→选定探伤仪（探头等）→确定检测范围→校正入射点及声速→调整测量范围→校正折射角→制作距离波幅曲线→调整灵敏度→修整探伤面→确定扫查区→现场检测→评定缺欠→记录原始数据并出具检测报告。现场检测如图 3 所示。

图 3　门扇对接焊缝超声检测

3.3　磁粉检测

钢结构门的门扇闭合焊缝需要进行磁粉检测。具体原理是：当铁磁性构件被磁化后，构件中存在磁感应线，如果遇到缺欠，磁感应线会发生畸变在构件表面或近表面，并形成漏磁场，漏磁场会吸附磁悬液中的磁粉，形成磁痕显示。

3.3.1 检测方法的选用

钢结构门的门扇闭合焊缝类型为角焊缝，构件较大，推荐采用磁轭法检测。由于门扇面板厚度较薄，焊脚尺寸小推荐采用交流电磁轭，表面缺欠的检出率较高。

3.3.2 检测准备

（1）提升力：检测之前需要确保交流电磁轭的提升力至少为 44 N，测试时需注意使用磁极最大间距。

（2）工件表面处理：焊接完成后，需要清除门扇焊缝表面热影响区的杂质，并经目视检测合格后，方可进行磁粉检测。

（3）综合性能测试：选用 A1（60/100）型试片对整个检测系统的灵敏度进行测试，使试片人工槽的一面朝下贴在待检焊缝热影响区的位置，一边磁化一边施加磁悬液，如果能够清晰看到人工槽的磁痕，则性能符合要求，如图4所示。

3.3.3 缺欠的评定

磁粉检测时显示的磁痕并非都是缺欠的，有些磁痕多是由于表面的油污或不清洁、构件表面粗糙及氧化皮、磁悬液浓度过大以及焊波等造成的[7]，应注意区分。缺欠应采用《焊缝无损检测 焊缝磁粉检测 验收等级》（GB/T 26952—2011）标准评定。

3.3.4 磁粉检测的流程

推荐钢结构门焊缝磁粉检测的流程如下：了解检测对象→确定磁化方法→选定设备试片等器材→工件表面处理→测试系统灵敏度→施加反差增强剂→磁化施加磁悬液→磁痕观察→记录原始数据并出具检测报告。现场检测如图5所示。

图4 磁粉检测综合性能测试

图5 门扇闭合焊缝磁粉检测

3.4 射线检测

钢结构门焊缝检测中很少使用射线检测，仅在超声检测结果有存疑时才使用射线检测进行验证。

具体原理是：射线穿透构件时，射线强度会有规律的衰减，如果构件内部存在缺欠，缺欠会使射线衰减变得不规律，通过构件后的射线强度存在缺欠的位置和其他位置不一样，在底片上会形成的黑度就不均匀[8]。

由于射线对人身体有伤害，从事X射线检测的人员必须接受射线理论知识和防护知识的培训，且需要取得无损检测人员资格证和放射工作人员证书，方可从事X射线操作。射线检测的主要流程包括拍片→洗片→评片，缺欠的检测标准采用《焊缝无损检测 射线检测 验收等级 第1部分：钢、镍、钛及其合金》（GB/T 37910.1—2019）标准评定。

4 结语

综上所述，通过多种无损检测方法可以在不破坏钢结构门结构的前提下，保证了其焊接质量，每种方法的特点各不相同，选择合理的无损检测方法，对确保焊接质量至关重要。人防工程防护设备种类较多，在实际检测中必须结合构件的实际情况，制订出相关对应的检测方案，有利于人防工程防护设备施工质量的提高。

参考文献

[1] 徐志谦. 人防工程防护设备检测机构资质扩项评审常见问题剖析 [J]. 广东建材，2020，36（1）：50-52.
[2] 王若艺，张婧帆. 无损检测技术及其应用 [J]. 广东化工，2014，41（17）：76-77.
[3] 田伟. 人防工程防护设备存在的问题及质量检测技术 [J]. 居舍，2018（22）：41-43.
[4] 朱颖. 薄板构件损伤非线性 Lamb 波检测中的关键问题研究 [D]. 长沙：国防科技大学，2019.
[5] 郑晖，林树青. 超声检测 [M]. 2 版. 北京：中国劳动社会保障出版社，2008.
[6] 中华人民共和国住房和城乡建设部. 钢结构现场检测技术标准：GB/T 50621—2010[S]. 北京：中国建筑工业出版社，2011.
[7] 宋志哲. 磁粉检测 [M]. 2 版. 北京：中国劳动社会保障出版社，2007.
[8] 强天鹏. 射线检测 [M]. 2 版. 北京：中国劳动社会保障出版社，2007.

浅析人防工程钢结构门检测方法应用

沈嘉毅

(上海众合检测应用技术研究所有限公司,上海 200436)

摘 要 本文主要结合国人防〔2017〕271号、沪民防规〔2019〕3号、沪民防〔2019〕85号等行业主管部门文件要求,结合人防工程检测的特点,以防护设备中的手动钢结构门为例,围绕检测方法应用等方面展开讨论。

关键词 人防工程;防护设备;手动钢结构门;检测

1 引言

在《人民防空工程防护设备试验测试与质量检测标准》(RFJ 04—2009)中对尺寸检测方法的描述均较为简单笼统,例如尺量检查。为规范检测方法,结合条文说明相关内容,确定了测试断面和量具分辨力等要求。在无损检测领域,明确了检测等级、验收等级以及参考试块的要求。在密闭性能试验方法中加入了超压室密封工艺要求。为便于对检测位置的描述,定义了门的正反面及左右扇。目的是提高检测活动的准确性和检测方法的统一性。本文主要结合《关于规范人防工程防护设备检测机构资质认定工作的通知》(国人防〔2017〕271号)、《关于印发〈上海市民防工程防护设备质量检测管理办法〉的通知》(沪民防规〔2019〕3号)和《上海市民防办公室关于贯彻落实〈上海市民防工程防护设备质量检测管理办法〉有关工作的通知》(沪民防〔2019〕85号)等行业主管部门文件要求,结合人防工程检测的特点,以防护设备中的手动钢结构门为例,积极围绕人防工程钢结构门检测方法应用等方面展开讨论。

2 术语定义

正面(外侧):人站在门的正前方,以铰页(或铰座)可视面为门(或门扇、门框)的正面。

反面(内侧):人站在门的正前方,铰页(或铰座)非可视面为门(或门扇、门框)的反面(或背面)。

左扇:人站在门的正面正前方,左侧门扇为左扇。

右扇:人站在门的正面正前方,右侧门扇为右扇。

作者简介:沈嘉毅(1988年—),男,工程师,主要从事人防工程防护设备检测、建筑门窗幕墙检验检测和实验室管理工作。E-mail:13818033160@163.com。

3 外形尺寸检测

3.1 外形尺寸门框孔高、孔宽，门扇高度、宽度检测

3.1.1 检测设备

钢卷尺，分辨力为 0.5 mm，量程是 0~10 m。

3.1.2 测试过程

如图 1 和图 2 所示，在门框正面测量 4 个断面上的门框的孔高、孔宽，测试结果保留至 0.5 mm；如图 3 和图 4 所示，在门扇正面测量 4 个断面上的门扇宽度，测试结果保留至 0.5 mm。

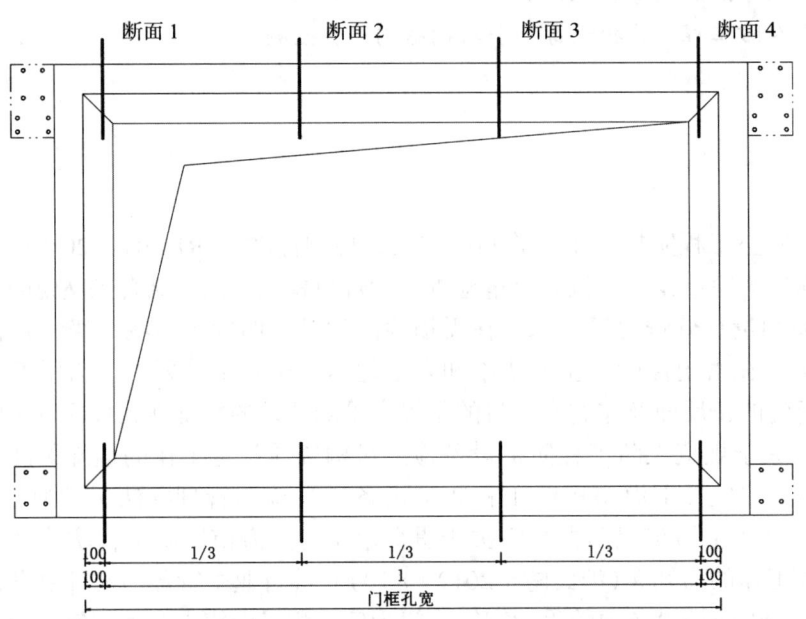

图 1 门框孔高测试断面图（单位：mm）

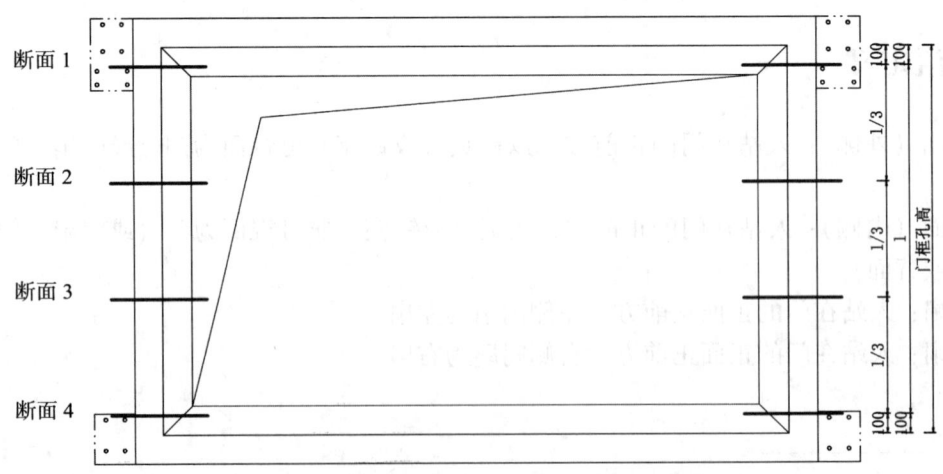

图 2 门框孔高测试断面图（单位：mm）

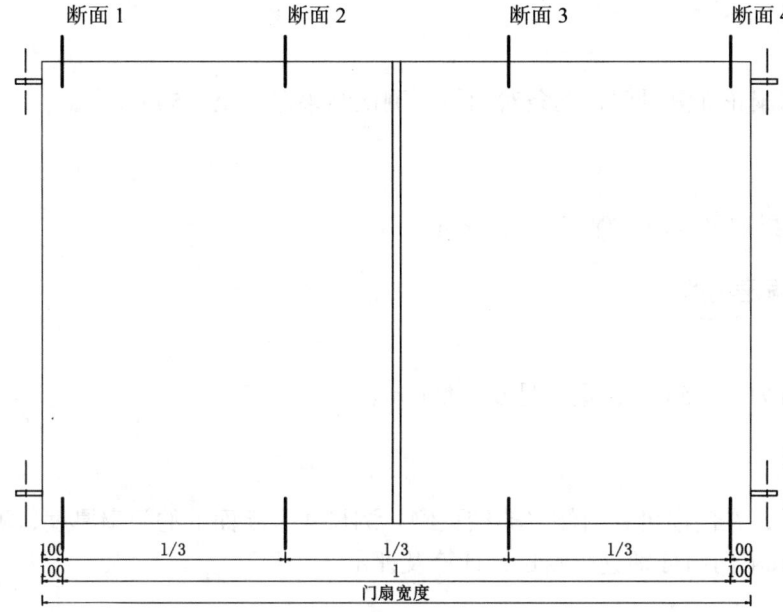

图 3　门扇高度测试断面图（单位：mm）

图 4　门扇宽度测试断面图（单位：mm）

3.1.3　结果计算

4 次测量结果取平均值，保留至 0.5 mm。

3.2　外形尺寸门框、门扇孔对角线长度检测

3.2.1　检测设备

钢卷尺，分辨力为 0.5 mm，量程是 0~10 m。

3.2.1 测试过程

在门框、门扇正面测量门框两条对角线，测试结果保留至 0.5 mm。

3.2.3 结果计算

2 次测量结果取平均值，保留至 0.5 mm。

3.3 门扇厚度偏差检测

3.3.1 检测设备

钢尺，分辨力为 0.5 mm，量程是 0~500 mm。

3.3.2 测试过程

如图 5 所示，在门扇可开启侧（非铰页侧）测量 4 个断面上的门扇厚度，测试结果保留至 0.5 mm。对双扇门扇分别进行测量、计算及评定。

3.3.3 结果计算

4 次测量结果取平均值，保留至 0.5 mm。

3.4 门扇面板及型材厚度偏差检测

3.4.1 检测设备

数字直读式超声测厚仪，分辨力为 0.01 mm，量程是 1~20 mm。

3.4.2 检测前准备

1）声速设定

对于一般以钢为原材料的人防门类产品，纵波声速设定值应为（5920 ± 50）m/s。

2）探头选择

探头应选用 5 MHz 直探头。

3）参考试块

采用 BRF12 无损检测用试块和测厚试块。

4）表面准备

检测表面应平整，表面粗糙度 R_a 值应小于 12.5 μm，无油漆和氧化皮等附着物。测点准备面积不小于 4 cm^2。

5）探头零点校准

每次更换探头、改变声速、更换电池、环境温度变化较大或者测量出现偏差时应进行探头校准。步骤如下：测量仪器上提供的标准试块［厚度为（4.00 ± 0.01）mm，当声速为 5 920 m/s 时］；仪器显示校准测量值［（4.00 ± 0.01）mm，当声速为 5 920 m/s 时］，校准过程完毕。每 3 个月或有必要时，应使用参考试块对仪器测厚示值的误差进行核查。

3.4.3 门扇面板厚度偏差测试过程

如图 5 所示，在门扇面板上测量 4 个测点的门扇面板厚度，测试结果保留至 0.01 mm。

对双扇门扇分别进行测量、计算及评定。对门扇内外面板厚度分别进行测量、计算及评定。

3.4.4 门扇型材厚度（腰厚）偏差测试过程

如图 6 所示，在门扇可开启侧（非铰页侧）测量 4 个断面上的门扇型材厚度（腰厚），测试结果保留至 0.01 mm。对双扇门扇分别进行测量、计算及评定。

3.4.5 门框型材厚度（腰厚）偏差测试过程

如图 7 所示，在门框内侧 4 个断面上的中点进行测量门框型材厚度（腰厚），测试结果保留至 0.01 mm。

3.4.6 结果计算

4 次测量结果取平均值，保留至 0.01 mm。

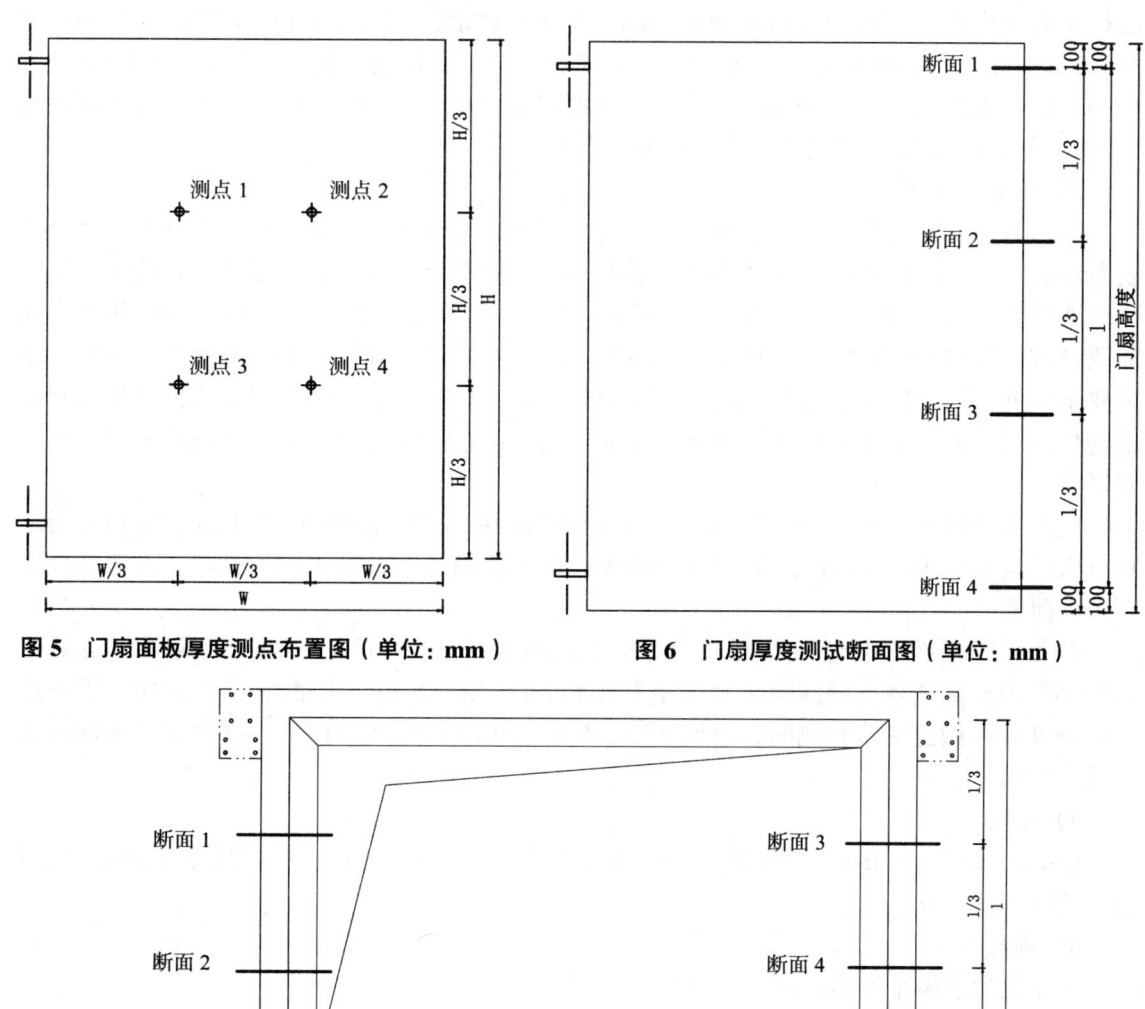

图 5　门扇面板厚度测点布置图（单位：mm）　　图 6　门扇厚度测试断面图（单位：mm）

图 7　门框型材厚度（腰厚）测试断面图（单位：mm）

4 无损检测

4.1 焊缝质量拼接焊缝质量

4.1.1 检测及验收等级

检测等级参考《焊缝无损检测超声检测技术、检测等级和评定》(GB/T 11345—2013) 中的 技术1，B级检测；验收等级参考《焊缝无损检测超声检测验收等级》(GB/T 29712—2013) 2级验收（AL2）。

4.1.2 探伤系统及性能要求

1）探伤仪型号及性能要求

可采用数字式超声波探伤仪（USM88、CTS-9006）。每3个月应采用标准试块进行水平线性和垂直线性核查。核查使用5MHz20Z超声波直探头，采用DB-P（Z20-2）试块，方法按《无损检测A型脉冲反射式超声检测系统工作性能测试方法》(JB/T 9214—2010) 中第6.2条、第7.2条和（或）《A型脉冲反射式超声波探伤仪通用技术条件》(JB/T 10061—1999) 中第4.2条、第4.4条的要求测试。性能要求如下：水平线性偏差不大于全屏宽度的 ±2%；垂直线性的测试值与理论值的偏差不大于 ±3%。

2）探头规格及性能要求

探头使用前，应进行前沿距离（入射点）、K值（折射角 β）与双峰、主声束偏离等主要参数的核查。核查采用CSK-IB试块，方法按《无损检测A型脉冲反射式超声检测系统工作性能测试方法》(JB/T 9214—2010) 中第10.2条和第11.2条和（或）《超声探伤用探头性能测试方法》(JB/T 10062—1999) 中第3.2.5条—第3.2.7条和第3.2.11条的要求测试。性能要求如下：斜探头入射点的测试值与标称值的偏差不大于 ±1 mm；斜探头折射角的测定值与标称值的偏差不大于 ±2°；声束轴线水平偏离角小于等于 2°，主声束垂直方向无明显双峰。

使用2.5MHz9×9K2超声波斜探头。在超声检测系统每次使用前，斜探头应进行前沿距离（入射点）、K值（折射角 β）与主声束偏离等方面核查。核查采用的试块、方法及性能要求同前款。

按《焊缝无损检测超声检测验收等级》(GB/T 29712—2013) 中第5.2条和《焊缝无损检测超声检测技术、检测等级和评定》(GB/T 11345—2013) 中第6.3.2条规定，需要用另一角度探头做进一步检测时，可使用2.5MHz9×9K3超声波斜探头，其性能要求同前款一致。

3）试块

CSK-IB试块、DB-P（Z20-2）试块和RB-1试块在每次使用前，应对其外观腐蚀及机械损伤情况进行核查。

4）耦合剂

采用化学浆糊作为耦合剂。

4.1.3 工件参数、探伤区、探伤面及探伤方法

1）工件参数

焊缝母材厚度为 $8\text{ mm} \leqslant t < 15\text{ mm}$。

2) 探伤区

焊缝本身 + 热影响区（两侧各 10 mm）。

3) 探伤面

探伤面（即探头移动区域 b）应足够宽，以保证声束能覆盖整个检测区域，如图 1 所示。例如，板厚 =10 mm 时，探头 K 值为 2，计算得 $b \geqslant 1.25 P = 1.25 \times 3 K_t = 1.25 \times 3 \times 2 \times 10 = 75$ mm。

4) 扫查方式

纵向缺陷扫查，依靠斜探头单面双侧锯齿形扫查，左右两侧各扫查 1 次，参考《焊缝无损检测超声检测技术、检测等级和评定》(GB/T 11345—2013)。探头垂直于焊缝前后移动，且移动时应有 10° 左右的角度幅度转动。扫查速度 ≤ 100 mm/s，覆盖率 ≥ 晶片尺寸的 10%。

4.1.4 检测准备

1) 检测时机及探伤面准备

检测时机：焊后 24 h 以后。

探伤面准备：探头移动区域应清除焊接飞溅铁屑、油污及其他杂质。检测表面应平整，表面粗糙度 Ra 值应小于 12.5 μm，以便于探头扫查。

2) 时基线调节和探头折射角度校准

时基线调节（定标）：使用 CSK-IB 试块 R50 mm 和 R100 mm 圆弧面反射波调节。

探头入射点（即前沿长度 L_0）测试：利用 CSK-IB 试块 R100 mm 圆弧面反射波，将测试结果 L_0 输入仪器。斜探头折射角（或 K 值）校准：使用 CSK-IB 试块 φ50 mm 深 30 mm 孔反射波。

3) 灵敏度调节或距离波幅曲线制作

使用 2.5MHz9×9K2 斜探头在 RB-1 试块上找到不同深度（5 mm，10 mm，15 mm，20 mm，30 mm，35 mm，40 mm，45 mm）的反射体（φ3 mm 横孔），制作出光滑的 DAC 曲线。将定量线和判废线设为 0 dB，评定等级线设为 −14 dB，设置出的 DAC 曲线为 φ3（参考等级）和 φ3-14 dB（评定等级）两条曲线。探伤时应确保两倍工件厚度处的评定等级线高度约为满屏的 20%。

4) 工件参数输入

探伤前或工件厚度发生变化时，必须将焊缝母材厚度输入仪器。

5) 传输修正

一般情况下，传输修正由 2 个参数组成，即：检测表面的耦合损耗，与声程无关；材质衰减，与声程有关。考虑到人防工程防护设备母材品种单一，材质与所用试块（CSK-IB、RB-1）接近，且均为薄板（5 mm ≤ t ≤ 12 mm）。故传输修正不考虑材质衰减，仅考虑检测表面的耦合损耗。通常情况下，传输修正补偿 3 dB。

当有需要时，传输修正可按下列步骤测定：斜探头在 RB-1 试块上找到端角反射的最高回波，并记录此时的波高；斜探头在被检工件上找到端角反射的最高回波，并记录此时的波高；二者回波幅度差值即为传输修正值；当测得的传输修正值小于等于 2 dB 时，无需修正；如测得的传输修正值大于 2 dB 且小于 12 dB 时，应按实际传输修正值进行补偿；如果测得的传输修正值大于等于 12 dB，应考虑原因，如适用的话应进一步修整探头移动区；当检测对象存在较大的声能传输损失差值，但未发现明显原因时，应测量检测对象不同位置的声能传输损失，并应采取修正措施。

4.1.5 检测

1）扫查

按前文所述的方法扫查焊缝。

2）缺陷定位定量

对回波高度超过评定等级线的缺欠均须进行定位、定量测长。并在焊缝上对缺陷部位做标记并记录相关数据。

3）显示位置

所有显示的位置，每条焊缝应参考一个坐标系定义，如图 8 所示。

4）显示长度的测量

显示长度应由固定回波幅度等级技术（绝对灵敏度测长法）获得。测量回波超过评定等级的探头移动距离，使用《焊缝无损检测超声检测验收等级》（GB/T 29712—2013）附录 B 中规定的固定回波幅度等级技术。

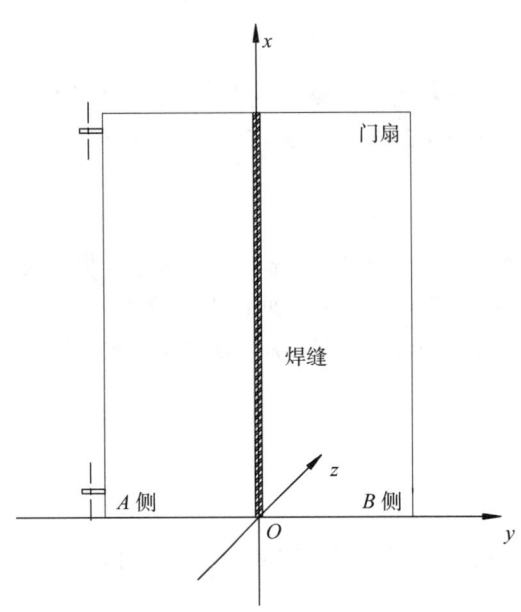

图 8 人防工程防护设备焊缝位置的坐标系

4.1.6 缺陷评定

1）缺陷评定标准

《焊缝无损检测超声检测验收等级》（GB/T 29712—2013）验收等级 2（AL2）作为评定标准，与回波高度及缺陷指示长度相关的评定条件如《焊缝无损检测超声检测技术、检测等级和评定》（GB/T 11345—2013）中的图 A.1 所示，验收等级 2 对应的波高分贝值见《焊缝无损检测超声检测技术、检测等级和评定》（GB/T 11345—2013）表 A.1 所列。

2）缺陷评定要求

缺欠波高和对应显示的水平长度超过验收等级的不能验收；单个缺欠或组合长度波高虽未超过验收等级但超过记录等级时，若缺欠累计长度超过 $20\%lw = 20\% \times 6t$ 时，则不能验收。

4.2 焊缝质量闭合焊缝质量

4.2.1 检测及验收等级

检测等级：参考《焊缝无损检测碳粉检测》（GB/T 26951—2011）中的交流磁轭湿连续法检测方法，选中灵敏度，检测比例 100%。

验收等级：《焊缝无损检测碳粉检测》（GB/T 26952—2011）3 级验收。

4.2.2 表面状况和准备

（1）被检区域应无氧化皮、机油、油脂、焊接飞溅、机加工刀痕、污物、厚实或松散的油漆和任何能影响检测灵敏度的外来杂物。

（2）必要时，可用砂纸进行局部打磨来改善表面状况，以便准确解释显示。

（3）任何清理或表面准备都不应影响磁粉显示的形成。

(4) 在某些情况下，可能需要打磨咬边和表面不规则；去除或减小焊缝余高。

(5) 假如涂层表面是非破损的，且涂层厚度不超过 50 μm，则覆盖有非磁性薄涂层（如底漆）的表面也可检测。超过该厚度时灵敏度变低，进行检测前可能要证实其灵敏度。

4.2.3 磁粉检测系统

1) 检测区域和磁化方法

检测区域：检测表面的宽度应包括焊缝金属和每测各 10 mm 距离的邻近母材金属。

磁化方法：交流磁轭湿连续法检测。

2) 磁化设备

磁粉探伤仪（MP-A-2L）。

3) 磁化规范

当电磁轭极距 120 mm 时，提升力 ≥ 44 N。

4) 标准（灵敏度）试片

采用 A1-30/100 或 C1-15/50、D1-15/50 并符合《无损检测碳粉检测用试片》(GB/T 23907—2009) 所规定的磁粉检测用试片要求。

5) 检测介质

黑油磁悬液，配置浓度 10~25 g/L。

6) 观察条件

白光观察；检测时，被测工件表面的光照度应大于或等于 500 lx；检测应在日光或人工照明条件下进行。当使用人工照明时，色温不应低于 2 500 K，推荐使用色温在 3 300 K 以上的光源；最佳检测条件是周围有环境白光。宜避免白光直接或间接从灯源照射人眼。光源在检测前提前打开，待其输出稳定后进行检测。检测表面应均匀照射。应避免闪烁和反射；视被检工件表面观察条件，可施加反差增强剂来增加对比度。

4.2.4 检测程序

1) 检测时机和检测准备

检测时机：焊后 24 h。

磁化规范验证：调整磁轭磁极极距大于等于 120 mm，采用符合《无损检测碳粉检测第 3 部分：设备》(GB/T 15822.3—2003) 中第 4.1.1 条要求且质量至少为 4.5 kg 的提升力试块符合《优质碳素结构钢》(GB/T 699—2015) 中 20 号钢的要求，提升力应大于等于 44 N。

受检部位清理：按前文 4.2.2 节要求进行。

检测灵敏度测试：将 A1-30/100 或 C1-15/50，D1-15/50 试片置于焊缝的磁轭有效检测区域边缘部位，按下文工件磁化部分的规定磁化规范检测，试片刻槽的磁痕应能清晰显示。对试片施加磁粉检测介质时，应采用连续法。试片使用前，应先将试片上的防锈溶剂擦净。试片使用后，应将试片上的磁痕清理干净，并做防锈处理。

2) 工件磁化

磁化：交流磁轭磁化，磁轭在被检件焊缝上的位置见图 2。

磁轭的两磁极间距与前款磁化规范验证时相同。

磁化方向：磁轭的磁极连线与焊缝交叉 45° 放置，对焊缝的同一部位应进行与磁极连线方向相互垂直的两次磁化。

相邻两次磁化的磁轭移动间距 $b \leqslant 60$mm，两次磁化的有效区域应有覆盖。

磁化通电时间：1~3 s。

3）检测介质的施加

按连续法的规定操作，在磁化前和磁化的同时立即施加检测介质；磁化通电时间应使得显示在磁场移离前形成。

4）检验

观察和解释显示的磁痕。对判断为相关显示缺欠磁痕的长度、宽度和分布位置进行测量。按《焊缝无损检测 焊缝磁粉检测 验收等级》（GB/T 26952—2011）规定对相关显示进行线状或非线状分类。

5）记录

对缺欠所规定的验收等级相当于评定等级，不应考虑低于该水平的显示。通常，可接受的显示不应做记录。

6）后处理

检测完成后，去除残余磁悬液与磁粉。交流检测后焊缝的剩磁通常很低，一般不需要对被检工件做退磁处理。

4.2.5 结果评定

（1）缺陷显示分类：长度大于 3 倍宽度的显示为线状显示；长度小于或等于 3 倍宽度的显示为非线状显示。

（2）群显示相邻且间距小于其中较小显示主轴尺寸的显示，应作为单个连续显示评定。群显示按上条分类。

（3）评定：按《焊缝无损检测 焊缝磁粉检测 验收等级》（GB/T 26952—2011）3 级验收等级进行，可接受的缺欠显示尺寸为线状缺欠显示的显示长度 l 小于等于 6 mm；非线状缺欠显示的显示长度 l 小于等于 6 mm。

（4）缺欠的去除：若产品技术条件允许，可通过局部打磨以减少或去除引起不可接受的显示的缺欠。返修区域应使用相同的磁化系统和技术重新检测和评定。

5 安装质量检测

5.1 配合尺寸门扇门框贴合面间隙检测

5.1.1 检测设备

采用楔形塞尺，分辨力为 0.2 mm，量程：0~15 mm。

5.1.2 测试过程

对于有嵌压条类防护设备，用塞尺检查门扇内表面与门框支承板之间的间隙。对于其他类防护设备，用塞尺检查门扇内表面与门框外表面之间的间隙。如图 9、图 10 所示，测量 6 个断面上的贴合面间隙，测试结果保留至 0.2 mm。对双扇门扇分别进行测量、计算及评定。

5.1.3 结果计算

6 次测量结果取最大值，保留至 0.2 mm。

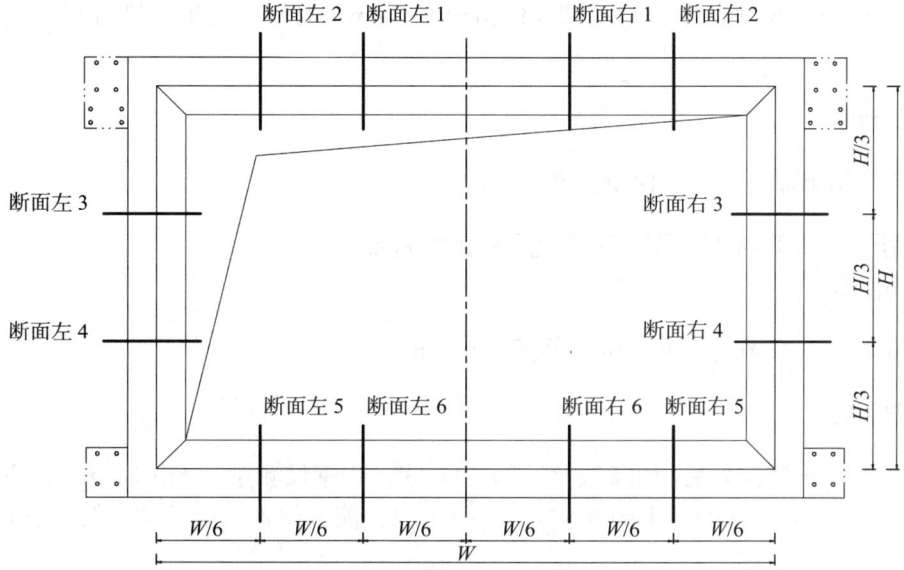

图 9　双扇门扇门框贴合面间隙测试断面图（单位：mm）

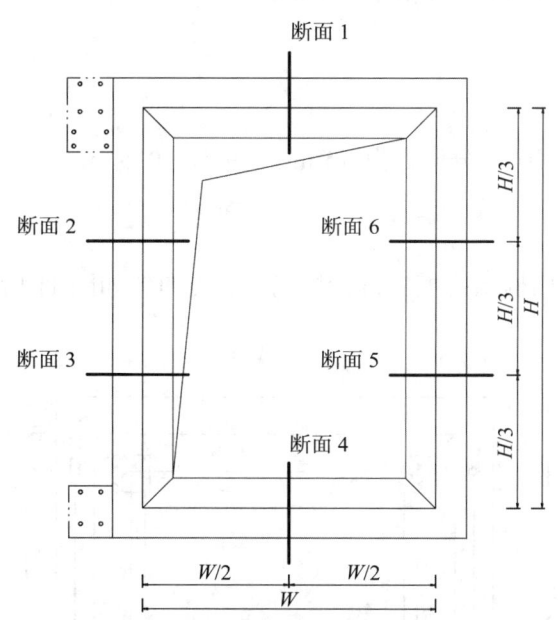

图 10　单扇门扇门框贴合面间隙测试断面图（单位：mm）

5.2　配合尺寸门扇门框贴合面中心线尺寸偏差检测

5.2.1　检测设备

采用钢尺，分辨力为 0.5 mm，量程：0~200 mm。

5.2.2　测试过程

对于有嵌压条类防护设备，用钢尺检查胶条嵌压线与中心之间的误差。对于其他类防护设备，贴合面中心线偏差取门扇压边尺寸偏差的一半。如图 9、图 10 所示，测量 6 个断面上的贴合面中心线尺寸偏差，测试结果保留至 0.5 mm。对双扇门扇分别进行测量、计算及评定。

5.2.3 结果计算

6 次测量结果取最大值，保留至 0.5 mm。

5.3 配合尺寸门扇中心至门框下门槛尺寸偏差检测

5.3.1 检测设备

采用钢卷尺，分辨力为 0.5 mm，量程：0~5 m。

5.3.2 测试过程

在门扇与门框装配好后，准确划好门扇中心线，用钢尺测量《人民防空工程质量验收与评价标准》（RFJ 01—2002）中图 3.4.3-1 所示的 C3，测量位置，测试结果保留至 0.5 mm。

5.3.3 结果计算

以单次测试结果报告结果，保留至 0.5 mm。

5.4 门框垂直度检测

5.4.1 检测设备

采用钢卷尺和磁力线坠，分辨力为 0.5 mm，量程：0~5 m。

5.4.2 测试过程

在门框立完樘后或门框墙拆模后进行检测，测点布置如图 11 所示，用钢尺测量 e_n，测试结果保留至 0.5 mm。

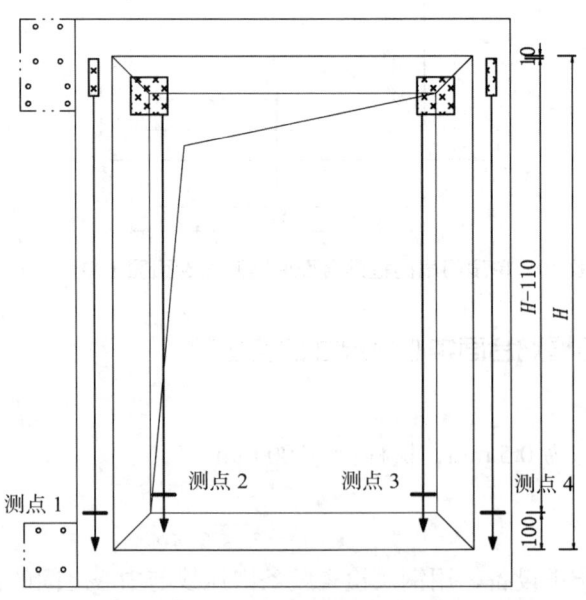

图 11　门框垂直度检测测点布置图（单位：mm）

5.4.3 结果计算

计算如式（1）：

$$e = e_n - e_0 \tag{1}$$

式中　e——垂直度尺寸偏差，mm；
　　　e_n——第 n 个测点测量值，mm；
　　　e_0——磁力线坠基准值，mm。

计算结果保留正负号，4 次测量结果取绝对值最大值，保留至 0.5 mm，并报告正负号。

5.5 门扇启闭及关锁操纵力检测

5.5.1 检测设备

采用推拉力计，分辨力为 1 N，量程：0~300 N。

5.5.2 门扇启闭力测试过程

力的作用点在门扇拉手处垂直方向延长线上，拉力的方向始终垂直于门扇表面，均匀慢速将门扇拉开或关闭至能锁上闭锁为止，整个过程的最大力为门扇启闭力，测试结果保留至 1 N。对双扇门扇分别进行测量、计算及评定。

5.5.3 关锁操纵力测试过程

力的作用点距离手柄末端（或手轮边缘）5 cm，拉力的方向必须始终垂直于闭锁手柄（或与手轮外圆相切），且平行于门扇表面，测试结果保留至 1 N。对双扇门扇分别进行测量、计算及评定。

5.5.4 结果计算

以开启或关闭时的最大值为测试结果。

6 密闭门密闭性能检测

6.1 检测设备

采用现场密闭性检测仪，分辨力为 1 Pa，0.001 $(m^3 \cdot h^{-1})$，量程：0~200 Pa，0~2 $(m^3 \cdot h^{-1})$；同时还需采用空盒气压表、温度计。

6.2 测试过程及准备

（1）单扇防护密闭门设定的超压值为 100 Pa，密闭门和双扇防护密闭门设定的超压值为 50 Pa，实际环境大气压力下的超压值应换算到标准环境大气压力下的值。

（2）标准状态：空气温度为 293 K（20℃）、大气压力为 101.3 kPa（760 mmHg）、空气密度为 1.202 kg/m^3 的试验条件。

（3）密闭性能试验测试系统有充气设备、密闭超压室、量测设备和一些辅件组成，系统组成与连接情况见图 12。

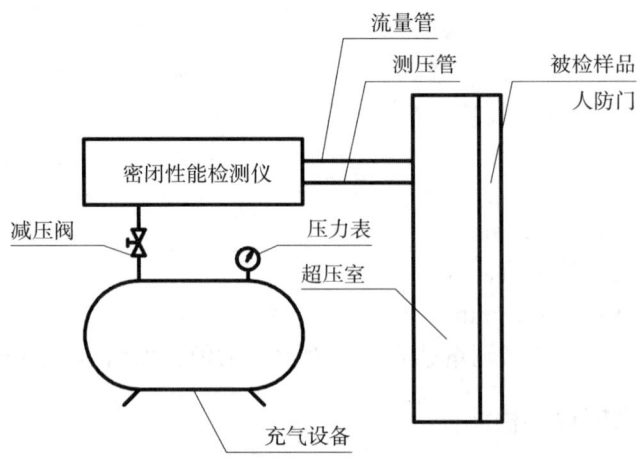

图 12　密闭性能试验测试系统示意图

(4) 符合超压室密封工艺要求。人防门洞口封堵应采用厚于 3 mm 以上塑料薄膜，收口密封应采用三道密封，从内至外分别是：聚氨酯发泡剂、海绵双面贴、透明胶带。

(5) 连接管路应连接可靠、密闭不漏气，测试系统总误差不得大于 3%。

(6) 流量法测试漏气量过程：关上测试件门扇并锁紧，按图 12 所示将测试系统连接好，打开充气设备，通过连接管向超压室内缓慢充气加压，当密闭超压室内气体压力稳定在设定超压值时，进行超压值和漏气量测量，此时，测试件的漏气量即为进气量，可由与进气管串联的流量计读出。

(7) 测试时，防护设备应处于关闭状态，量测设备处于工作状态，充气过程应缓慢，充气压力达到设定超压值并处于稳定状态后开始读数，测试数据为 3 组，在设定超压值至设定超压值 +2Pa 范围内读数为有效数据，每组有效数据为 5 对，发现管路漏气应及时采取封堵措施并重新测试。

6.3　结果计算

(1) 测试数据填入《人民防空工程防护设备试验测试与质量检测标准》(RFJ 04—2009) 表 4.3.4 中[1]，对每一次测试的有效漏气量数据取平均值作为该次测试的平均漏气量，多次测试的平均漏气量的平均值即为测试防护设备的漏气量。

(2) 标态下的防护设备的漏气量按式 (2) 计算：

$$q = \frac{293}{101.3} \times \frac{q' \cdot P}{T} \tag{2}$$

式中　q——标态下的防护设备的漏气量，m^3/h；

　　　q'——多次测试的平均漏气量的平均值，m^3/h；

　　　P——试验时的大气压力，Pa；

　　　T——试验时的环境温度，K。

(3) 当防护密闭类、密闭类防护设备的标态下的实测漏气量不大于该型号防护设备的最大允许漏气量时，则试验防护设备密闭性能合格。常用门孔尺寸的防护密闭门和密闭门最大允许漏气量见《人民防空工程防护设备试验测试与质量检测标准》(RFJ 04—2009) 表

4.1.6，对其他尺寸的密闭门和防护密闭门的最大允许漏气量按门框孔洞面积进行插值计算。计算见式（3）：

$$y = y_1 + \frac{y_2 - y_1}{x_2 - x_2}(x - x_1) \tag{3}$$

式中　y——其他尺寸（防护）密闭门的最大允许漏气量，m^3/h；
　　　x——其他尺寸（防护）密闭门的门框孔洞面积，m^2；
　　　x_1——《人民防空工程防护设备试验测试与质量检测标准》（RFJ 04—2009）中表4.1.6 所列比 x 小且最接近 x 的值，m^2；
　　　x_2——《人民防空工程防护设备试验测试与质量检测标准》（RFJ 04—2009）中表4.1.6 所列比 x 小且最接近 x 的值，m^2；
　　　y_1——x_1 对应的最大允许漏气量，m^3/h；
　　　y_2——x_2 对应的最大允许漏气量，m^3/h。

7　结语

本文以人防工程防护设备手动钢结构门的检测为例，对《人民防空工程防护设备试验测试与质量检测标准》（RFJ 04—2009）中未做具体阐述的检测参数及方法，做出了具体的适用性规定，包括测试前准备、测试断面、量具选择、测量次数等。在检测活动中，这些过程均是影响检测结果准确性的重要因素，需要特别重视和规范操作。本文涉及到的规范内容都是以不同人员或机构在对同一测试对象进行检测时，达到结果一致性作为要求，可减少争议。

参考文献

[1] 国家人民防空办公室.人民防空工程防护设备试验测试与质量检测标准：RFJ 04—2009[S]. 北京：中国计划出版社，2009.

民防工程防护设备检测中尺寸测量方法的探讨

李青山

(上海浦公检测技术股份有限公司,上海 201202)

摘 要 民防工程中使用的防护设备众多,其中尺寸测量为重要的检测参数,由于相应的人防标准制定时间较早,当前指定的部分检测设备目前已有了新的更高精度的产品,本文将通过对比几本有关人民防空工程防护设备质量检测的规范标准,深入探讨防护设备在尺寸测量时的方式方法,以期能达到快速准确的检测效果。

关键词 防护设备;尺寸测量

1 引言

随着国际形势的风云变幻,区域战争时有爆发,民防工程是在战时保障人民生命安全的重要掩蔽场所,而决定民防工程掩蔽效果的,则是其中使用到的各种防护设备以及主体结构的稳定性。如何在战时能最大发挥民防工程的作用,其生产、安装质量和防护性能的检测不容忽视。

本文仅结合目前现有的人防检测标准,对防护设备涉及到的尺寸测量方法[1,2]及影响因素进行探讨,以寻求便捷、准确的操作方法。

2 检测要点分析

2.1 检测方法的影响

现有的检测标准主要有:
《人民防空工程防护设备产品质量检验与施工验收标准》(RFJ 01—2002);
《人民防空工程防护设备试验测试与质量检测标准》(RFJ 04—2009);
《民防工程防护设备设施质量检测与评定标准》(DG/TJ 08-2330—2020);
《人民防空工程防护设备产品与安装质量检测标准(暂行)》(RFJ 003—2021)。
各标准中均对人防门及门框的尺寸测量进行了规定,但由于上述标准制定的时间差别较远,故测量方法有所不同。

本文将以钢筋混凝土门的外观尺寸检测为例,对相应标准规定进行探讨。首先对比以下几本标准中的仪器设备和测试要求(表 1)。

作者简介:李青山(1979 年—),男,本科,高级工程师,主要从事建设工程检测方面的工作或研究。E-mail: liqingshan@pgjc.com.cn。

表 1　不同标准中测试设备和测试方法的对比

测试样品		钢筋混凝土门
检测项目		门框（孔）宽度、高度、对角线、门扇宽度、高度、对角线
《人民防空工程防护设备产品质量检验与施工验收标准》（RFJ 01—2002）	所需设备及要求	钢直尺：0.500 mm；钢卷尺：0.500 mm
	检测方法（第 3.4.4 条）	宽度、高度均不少于 3 个断面，用钢尺测量； 对角线测两条，用拉线和钢尺测量
《人民防空工程防护设备试验测试与质量检测标准》（RFJ 04—2009）	所需设备及要求	最大误差 0.5 mm 钢尺
	检测方法（第 8.3.1 条和第 8.3.2 条）	尺量检查，孔（门扇）宽、孔（门扇）高测量 3 个以上断面，取平均值； 2 条孔（门扇）对角线的长度用钢尺测量
《民防工程防护设备设施质量检测与评定标准》（DG/TJ 08-2330—2020）	所需设备及要求	钢卷尺 0.5 mm 精度
	检测方法（第 4.4.1-1 条～第 4.4.1-4 条）	门框（门扇）高度、宽度：取门框（门扇）四等分点各测量一次，取算数平均值； 门框（门扇）对角线偏差：分别量取内门框（门扇）两个对角线长度，各测量 1 次，取二者差值
《人民防空工程防护设备产品与安装质量检测标准（暂行）》（RFJ 003—2021）	所需设备及要求	尺量或激光仪器
	检测方法（第 A.1.1 条～第 A.1.3 条、第 A.1.25 条～第 A.1.27 条）	门框（孔）宽偏差：上、中、下三段各任测 1 个断面，取最大偏差值，出现正、负同值时取负偏差值； 门框（孔）高偏差：左、中、右三段各任测 1 个断面，取最大偏差值，出现正、负同值时取负偏差值； 门框孔两条对角线长度差值：尺量或拉线检查，测门框孔两个对角线长度，取差值； 门扇（单扇）宽度偏差：上、下两段各任测 1 个断面，取较大偏差值，出现正、负同值时取负偏差值； 门扇高度偏差：左、右两段各任测 1 个断面，取较大偏差值，出现正、负同值时取负偏差值； 门扇（单扇）两对角线长度差值：选测门扇内或外面两个对角线长度，取差值

通过上述标准要求对比，发现存在以下影响因素。

2.1.1　测试部位的影响

随着标准的逐年更新，标准中虽然对测量部位和测量次数等要求逐步明确，甚至包括测量几个断面，以及断面选择的部位也逐步清晰，但仍然存在一些问题。如图 1 所示，以门宽度测量时的一个侧面为例，钢筋混凝土门的侧面因钢包边的原因，略有圆弧，圆弧边缘和整个端面平面测量时会略有偏差，如图 1 中测试部位 1 和测试部位 2 就会存在一个 ΔL 的长度偏差。

此外，在进行门扇对角线测量[3, 4]时，门表面的平整度以及门的四个角处的弧度都会影响到拉线的定位和长度测量（图 2），对测试结果也会造成影响。

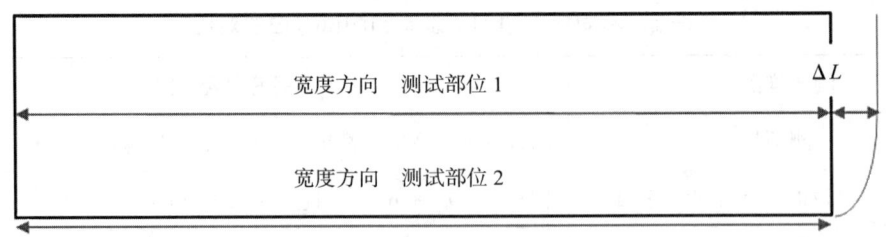

图 1 钢筋混凝土门宽度测量示意图

2.1.2 测量设备的影响

测量设备从要求使用 0.500 mm 精度的钢尺进行测量，到最新标准中要求也可以使用激光仪器测量。

常规钢卷尺的最小分度为 1 mm，要求使用的精度为 0.500 mm，读数实际只能按照 0.500 mm 估读；而钢直尺最小分度有 0.500 mm，但长度有限且长度过长的钢直尺携带不便。现有的激光测距仪器最小分辨率一般为 1 mm。相比之下，允许使用激光仪器似乎降低了对检测设备的精度要求，但是激光仪器具有使用便捷、数据准确等特点，测量门框尺寸时能极大地加快检测速度，对于测量高度较高的门框也不需要其他辅助登高的设备，但是对于测量门扇尺寸和对角线时激光无法从一端直射到另一端，其适用性也有所限制。

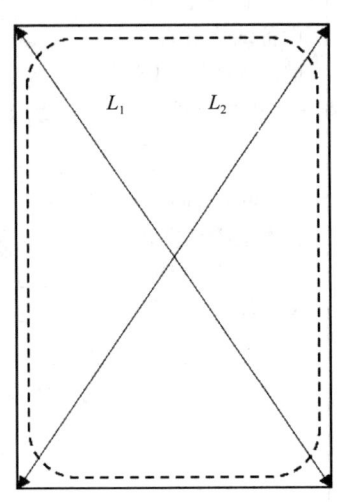

图 2 对角线测量示意图

除了上述测量设备以外，这里不得不提到使用的拉线，例如门扇的对角线测量，对于钢结构门，门扇较大，且表面有启闭装置等配件，无论是使用钢卷尺还是使用激光测距仪，因受摆放位置的影响会产生较大的误差概率。因此常用的方法是拉线，然后测量拉线的长度。

2.1.3 测量结果取值影响

测量结果取值影响主要是最终测试结果取平均值和取最大偏差的区别。同一方向尺寸测量，以宽度为例，设计值为 B，允许偏差为 δ，测量断面取高度方向的三个四分点，测试值为 b_1、b_2、b_3，三个断面平均值 $b = 1/3(b_1 + b_2 + b_3)$，假设 $b_1 = B + 2\delta$，$b_2 = B + 2\delta$，$b_3 = B - 4\delta$，评定时取平均值 $b = B$，符合要求；取最大偏差时，检测结果为 b_3 处的测试偏差 -4δ，远超允许偏差。相比较而言，规定在三个测试断面存在正负偏差时，结果取最大偏差进行评定时，这对检测结果要求更严格。

2.1.4 测试表明

经过不同人员对同一样品的重复测试，对于门框孔尺寸测量，使用钢卷尺测量时，因洞口内无支撑主要受到测试人员手工测量的影响，测试人员钢卷尺使用时尺面的张力控制以及可能存在的水平角度偏差对检测结果影响较大。假设测试时钢卷尺与水平方向的夹角为 α 时，测试门宽度为 L，则实际值应为 $L' = L\cos\alpha$，此时的测试值偏大；而在这种情况下激光测量仪器的使用能大大提高检测的便捷性，提高检测效率，且对误差的人为影响较小。

对于门扇，会受到外形的影响，激光类仪器使用不便，如使用则必须采用与其端面相垂直的遮挡物进行配合测量，容易造成二次测量误差；故仍是采用钢卷尺类的设备辅助以拉线的测试结果为宜，主要是门扇的形状、内、外表面以及断面测量位置的选择和测量的两个端面的不平整度，都会对检测结果产生影响。

2.2 测量环境的影响

测量环境的影响，主要是温度对检测设备或者测试样品所带来的影响。

对于门框，现在均在墙板支模时期进行检测，门框处于露天状态，夏季极易受到太阳直射高温的影响。对于激光测量仪器，由于激光本身较稳定，测量结果主要是门框或门扇受到温度影响，而发生热胀冷缩现象，所造成的尺寸变化。对于使用钢尺类设备，则需要考虑测量用尺与被测试样品的温差所造成的热胀冷缩不一致，而产生的测量误差。

而门扇多在主体完成后安装，处于地下室的环境中，不会受到太阳直射的影响，主要受到地下室雨后进水等的影响，测试时需注意现场满足条件后再进行测试。

2.3 测试时间的影响

前期的民防工程测试，均为竣工前进行的竣工验收检验，所有的民防设备均安装到位且调试正常后方可进行测试。其代表的是最终交付使用时的状态。其不利影响是当测试结果不符合要求时，对该现象进行整改的程序复杂，成本较高。

因此目前对于门框的检测时间是要求提前到进场时就对生产质量进行检测。门框主要材料为钢板或钢质型材，目前多为墙板配筋时进行安装并同时检测，确保其进场时生产质量便于控制。但是存在的问题是此时门框尚未明确唯一性编号标识，必须要在配筋安装时利用轴线位置进行唯一性识别。对于较大的门框中均有立撑（图3），立撑在一定程度上保证了门框的稳定性，但是也存在部分立撑尺寸不合适，略高于门框尺寸或者短于门框相应部位尺寸，或焊接时操作不当，在跟门框焊接时对门框的尺寸造成影响，使该检测部位数据异常。

除此以外，检测后由于混凝土浇筑等后续施工影响，会引起门框的变形，安装角度的变化，随着施工工期长、地下室排水不畅和潮湿等影响造成门框的锈蚀等，到最后竣工验收

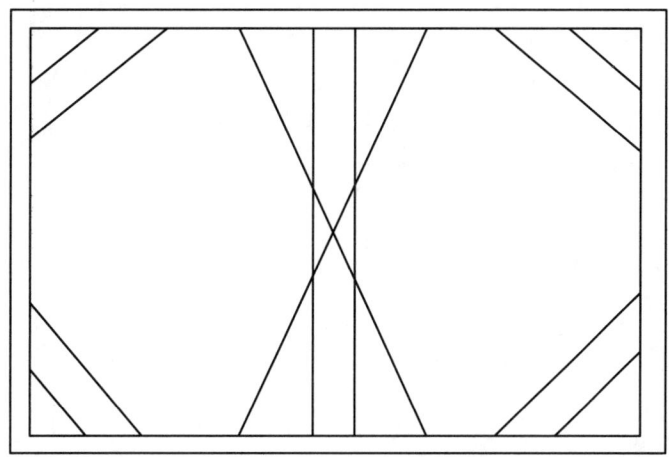

图3 带立撑的门框示意图

时，再次测量的尺寸与开始时有明显变化。而混凝土门扇则主要受到混凝土养护时期的变形影响。上述情况均会给尺寸测量带来不确定性。

3　结语

综上所述，民防工程防护设备的尺寸测量的准确性主要受到方法标准、仪器设备、测试时间和测试环境等多方面的影响。选择合适的测试设备、测试部位和测试时间便于提高检测效率和检测结果的准确性。本文以门框和门扇的尺寸测量为例，对尺寸测量中可能存在的问题进行了分析探讨，尺寸的测量，最终关系到防护设备的使用性能，因此有必要在标准之中进行明确，以利于不同的测试机构在测试时减少分歧，能达到统一的测试结果。

参考文献

[1] 李治，连崇志. 人防门尺寸测量小帮手（上）[J]. 建筑工人，2019，40（5）：28.
[2] 武海蔚，李治. 人防门尺寸测量小帮手（下）[J]. 建筑工人，2019，40（6）：27.
[3] 屈霞，贡启明. 基于视觉测量的人防门位置检测方法 [J]. 计算机测量与控制，2020，28（4）：57-61，109.
[4] 魏明. 大型框架类构件的对角线测量 [J]. 机械工人，1998（12）：22.

人防工程防护设备存在的问题及质量检测技术分析

许红生

(上海诚云建设工程质量检测有限公司，上海 201313)

摘 要 随着时代的进步，信息的飞速发展，我国的国防事业越来越强，人防工程也越来越为普通民众所关注。通常情况下，人防工程主要设置在建筑工程的地下，具有较为特殊的性质，而人防工程中的防护设备是关键的组成部分。就某种意义而言，应用在人防工程中的防护设备质量及其性能将会直接影响到人防工程的整体防护效果。基于此，本文将对人防工程中的防护设备问题及其质量检测技术进行分析。希望通过本文的分析，可以有效确保防护设备质量，使其在人防工程中发挥出充分优势，确保人防工程的防护效果。

关键词 人防工程；防护设备；设备问题；质量检测技术

1 引言

在建筑地下工程之一的人防工程中，防护设备的良好应用是确保其防护效果的关键。但是由于生产加工方面的原因以及现场安装质量的影响，使得防护设备很容易出现一些质量问题，如果这些问题得不到有效解决，人防工程也难以发挥出充分的防护效果。因此，在此类防护设备的应用中，相关单位一定要通过合理的技术措施来做好其质量检测，并加强设备的质量管理。这样才可以有效避免防护设备质量问题对人防工程的不利影响，使其防护效果发挥出最大的功效。

2 人防工程防护设备安全保障的重要性

防护设备是人防工程中的关键组成，只有确保防护设备的质量及其应用效果，才能使平时的应用需求得到良好的满足，并使其时刻处在一种良好的备战状态中，以确保整个人防工程的防护质量[1]。因此，在具体的人防工程建设与应用过程中，相关单位一定要做好防护设备的检测工作，来保障各种战时技术指标满足设计需求，保障人防设备对于各种武器的阻挡和削减效果。通过这样的方式，才可以让人防工程在战时对民众起到良好的保护作用。

3 人防工程防护设备主要问题分析

3.1 设备生产加工质量问题

在人防工程中，防护设备的生产加工质量将会对其应用质量与性能产生直接影响，所

作者简介：许红生（1982 年—），男，本科，高级工程师，现任上海诚云建设工程质量检测有限公司检测二部副经理，主要从事民防工程防护设备质量的检测和研究工作。E-mail: 13621665270@163.com。

以，生产加工方面的质量问题也是导致防护设备质量问题的一个主要原因。通过具体分析可知，在防护设备的生产加工中，主要的质量问题包括以下几个方面：第一，如果原材料选择不当或是将未经检验的原材料直接应用到生产加工中，便会对设备质量产生直接的不良影响。第二，如果没有按照防护设备的设计图纸进行生产加工，也会对设备的强度及其使用性能造成很大程度的不利影响，使质量标准不能满足其实际应用需求。第三，如果应用的生产加工技术和设备水平交叉，设备零部件加工粗糙，不能达到设计标准和相关规范要求，其应用质量也难以得到保障。第四，如果门框、门扇的高度、宽度超出了设计允许的偏差范围，或者是设备加工中的配合尺寸和外形尺寸超出了设计与规范的偏差要求，也会对其质量造成不良影响。第五，如果钢构件的材料质量和焊缝质量与设计图纸中的相关要求不符，焊接时出现漏焊、少焊、夹渣、气孔、焊穿或者是焊缝饱满度不佳等情况，也很容易引发质量问题[2]。第六，如果钢筋混凝土门中的门扇配筋规格、型号、间距、数量、绑扎效果、接头位置与保护层设置不符合设计图纸和相关规定，或者是混凝土强度等级不足，都会对质量产生不良影响。第七，如果门框预理过程中选择的锚固钩规格、型号、数量和位置等不符合设计图纸，便很容易出现质量问题。第八，如果应用在自动排气活门和手动密封阀门中的防护设备本身质量不佳，便会对通风系统的运行效果产生不良影响，进而引发严重的安全问题。

3.2 设备现场安装质量问题

在人防工程中，如果防护设备安装效果不佳，也会导致质量问题的产生，具体问题包括以下几个方面：第一，在防护设备安装中，如果选择的型号与设计不符，或者是开启方向和设计方向不一致，导致门扇无法正常打开和关闭，这样会对防护设备性能产生直接的不利影响。第二，在门扇安装中，如果表面光滑度和平整度不能满足设计要求，颜色不一致，产品标牌和标志不齐全、传动机构锈蚀或涂油润滑效果不好，都会影响到其防护质量。第三，如果安装中没有做好技术交底，混凝土浇筑时不能及时将门框垂直度校正好，便会使其垂直度出现偏差，上下铰页不能均匀受力，门扇的打开和关闭效果将会受到不利影响，自动开闭不严等质量问题也会由此产生。第四，在防护设备安装中，如果胶条质量不合格，胶条出现破损，接头安装效果不好、坡口位置的搭接不是45°、胶垫干裂或剥离等情况都会引发相应的质量问题。第五，如果门框和门扇面漆或除锈效果与设计要求不符，设备防护质量及其耐久性都将受到不良影响。第六，如果门框孔和门扇贴合面上的中心线尺寸存在过大的偏差，或者是门框和门扇关闭时不能贴合严密，都会降低防护设备质量，并使其耐久性受到不良影响。第七，如果门框和门扇贴合面上的中心线存在较大尺寸的偏差，上下铰座孔存在较大的同轴度偏差，防护设备密闭性能就会受到不利影响。第七，如果铰页和闭锁的装配与设计要求不符，相应的零部件损坏或缺失，临空墙位置的防护密封板和封堵门框出现变形情况等，都会降低防护设备的质量，影响其防护效果[3]。第八，在安装中，如果将固定门槛和活门槛装反，弄反了防护设备的安装方向，就会对其应用质量造成不利影响。

4 人防工程防护设备质量检测技术

4.1 设备质量检测基本内容

在对人防工程中的防护设备进行质量检测时，其基本的检测内容有两类，其一是常规检测，其二是专项性能检测。其中，常规检测主要包括防护设备生产质量（配合尺寸、外形尺寸、外观及材质等）和安装质量检测；专项性能检测包括密闭型防护设备密闭性能、密闭阀门和活门设备通风性能、抗力防护设备抗力性能以及屏蔽防护设备屏蔽性能等的检测。

4.2 设备生产质量检测

为有效确保防护设备在人防工程中的应用效果，满足人防工程的实际应用需求，设备的生产加工质量检测则至关重要。在防护设备进入施工现场时，检验人员应通过抽检的形式对其进行生产加工质量检测。具体抽检过程中，检验人员一定要从同一批次中对防护设备进行随机选取，以此来确保检测结果的客观性。对于同一型号、同一规格的防护设备，其抽样检验的数量计算公式如下：

$$m = n \times 20\% \tag{1}$$

式中　m——防护设备样的抽检数量，如果 m 不超过 1，则按 1 取值；如果 m 不是整数，则应该按照四舍五入的方式进行取整。

n——同一规格、同一型号的防护产品总数[4]。

在抽取了检测样品之后，需按照规定的检测内容来进行防护设备各项参数的检测，在确保所有参数都符合设计要求的情况下才可认定为合格，允许进行设备的安装。检测过程中，如果检测出了一个不合格样品，就需要将随机抽样数量增加一倍；如果再检测出一个不合格样品，就需要对同一批次的防护设备全部进行抽检，并逐一做好质量等级确定。

4.3 设备安装质量检测

在对人防工程中的防护设备安装质量进行检测时，需要对其施工和验收质量做好检验。具体检测中，所有的检测器具都应在质量检定合格之后才可以应用，且应严格按照规定的操作规程来进行检测操作。在人防工程施工中，防护设备安装属于分部工程中的一项，而在安装过程中，相关单位应将每一套防护设备安装都设定为一个分项工程，并在安装质量检测时对各个分项工程进行严格检测，确保每一个分项工程中的所有防护设备的安装质量检测效果良好，以此来保障其防护质量。

对于安装质量不达标的分项工程，一定要责令施工单位及时整改，并按照以下规定来做好防护设备的安装质量等级控制：第一，对于返工重做的防护设备，应根据实际情况对其质量等级评定标准进行重新制定。第二，对于加固补强处理之后的防护设备，在法定检测单位检测合格之后，方可确认为安装质量合格。

4.4 设备应用性能和其他检测

1）门扇启闭力检测

在具体检测中，可通过推拉力计推拉门扇，使其开启或者关闭，将门扇拉手位置作为拉力作用点，让拉力方向和门扇表面保持垂直，让门扇被缓慢、均匀地拉开或关闭。在这一过程中产生的最大拉力就是门扇的开启和关闭力，在确保这个力不超过设计允许偏差的情况下，方可认定为合格。

2）关锁操纵力检测

在此过程中，通常会借助于弹簧秤或推拉力计拉动闭锁手柄或闭锁轮的方式来进行检测，将与闭锁手柄末端或闭锁轮边缘相距 5 cm 的位置作为拉力的作用点，让拉力方向和闭锁手柄垂直，或者是和闭锁轮外圆保持相切，且与门扇表面平行。在此过程中，产生的最大拉力是关锁操纵力，如果这个力符合设计允许范围，方可认定为合格。

3）防护密闭门以及密闭门的漏气量检测

具体检测中，主要的方法是流量检测法，通过流量计进行漏气流量检测，如果漏气流量与设计允许范围相符，便可认定为合格；对于单扇防护密闭门，可将施加的超压值设计为 100 Pa，对于密闭门和双扇防护密闭门，可将施加的超压值设计为 50 Pa，在施加了超压之后，其内部超压在规定值的基础上 +2Pa 范围内测得漏气量为有效数据，漏气量检测结果不超过规范允许范围，方可认定为合格[5]。

4）自动排气活门以及超压防爆排气活门的质量检测

主要检测其外形尺寸是否符合设计要求，活门的漏气量在超压值为 100 Pa 压力时是否满足规范要求，重要的是其在安装过程中平衡锤杆铅垂度必须满足要求，否则无法使其产生使用效果。

5）密闭阀门的质量检测

密闭阀门作为通风系统中的重要设备之一，其安装质量直接影响通风系统的运行，安装完毕的阀门既要保证其密闭性能符合要求，同时也要使其开关灵活，在设备启用时能迅速开启或关闭。

6）悬摆式防爆波活门检测

具体检测中，其底座和胶板之间必须具有平整、牢固的粘贴效果；悬板在关闭之后，其底座胶垫具有严密的贴合效果；悬摆板灵活开启和关闭，并能够自动开启到限位座位置；闭锁定位足够灵活可靠。

5 人防工程防护设备质量管理措施分析

在人防工程的管理中，为实现防护设备质量的良好保障，政府需要将此项工程纳入到总体城市规划中，并对人防工程建设与管理体系加以科学构建，通过更加权威性和时效性的建设与管理规划来确保防护设备的质量。在此过程中，人防工程主管部门和防护设备质量监管单位应加大防护设备的质量监督和管理力度，并对其质量监管制度进行科学的建立健全，包括检测仪器应用与控制制度、岗位责任制度、物资管理制度、组织管理制度、档案管理制度、检后服务制度以及安全保密制度等的科学制订与严格执行，以此来确保防护设备检测效果，使其质量得以被良好控制。为进一步确保防护设备检测质量，相关单位也可以引入第三方检测机构，让专业的检验人员对防护设备的生产加工质量、安装质量及其应用性能进行全面检测，并做好设备生产技术人员和安装技术人员的专业技术培训工作。通过这样的方式，可以让防护设备质量得到最大限度的保障，以此来确保防护设备在人防工程中的防护效果，满足人防工程实际的建设与应用需求。

6 结语

综上所述，在对人防工程中应用的防护设备进行检测的过程中，相关单位和检测人员应明确其防护质量问题的主要影响因素，然后以此为依据，通过合理的策略与技术措施来进行防护设备检测，以便及时发现设备的防护质量问题，并使其得到及时解决。同时，政府与相关单位也应该做好人防工程的管理工作，使防护设备质量得到科学管理。通过这样的方式，才可以确保防护设备性能的充分发挥，为人防工程建设质量的提升和人民生命财产安全的良好保障奠定坚实的基础。

参考文献

[1] 王永明. 浅谈加强人防工程质量监督管理提升工程质量的措施及方法 [J]. 居业，2021（4）：159-160.
[2] 孙志峰，闫灿，田江泽. 地铁兼顾人防工程施工质量控制要点 [J]. 城市建筑，2020（11）：77-80.
[3] 徐志谦. 人防工程防护设备检测机构资质扩项评审常见问题剖析 [J]. 广东建材，2020，36（1）：50-52.
[4] 柴永生，王迎春，刘京威，等. 人防工程防护设备焊接质量检验与评定方法研究 [J]. 科技视界，2018（36）：176-178，195.
[5] 田伟. 人防工程防护设备存在的问题及质量检测技术 [J]. 居舍，2018（22）：41-42.

第 5 篇

民防工程监理

BIM 技术在地铁机电设备监理工作中的应用探讨

彭金元

(上海天佑工程咨询有限公司，上海 200092)

摘 要 结合 BIM 技术的特点，对地铁机电设备监理中发挥的作用进行探讨，提出 BIM 技术在地铁机电设备监理领域中的应用之处，为提高地铁机电设备监理效率和水平提供价值参考。

关键词 BIM；地铁机电设备；监理应用

1 BIM 技术概述及地铁机电设备监理内容

1.1 BIM 技术概述

建筑信息模型（Building Information Modeling，BIM）技术是以三维数字技术为基础，一方面，它是集成建筑工程项目各种相关信息的工程数据模型，具有对工程项目相关信息详尽表达的特点。另一方面，BIM 技术可在项目的全生命周期过程中实现对有效信息的共享，使相关参与单位及时对项目做出信息整合以及制订相应的应急措施，为各参与方打好共同合作的基础，同时可提高建筑的设计、施工、监理和运营等效率，节约建筑成本和缩短建筑施工工期[1]。BIM 技术包括七个特性：可视化、协调、仿真、优化、集成化、参数化和信息完整性[2]。本文所指的 BIM 技术，主要是指单纯的建筑信息建模，管理建筑信息的平台应用技术。

1.2 主要一线城市 BIM 应用政策

北京：2013 年 12 月，北京市规划委员会、北京市质量技术监督局发布《民用建筑信息模型设计标准》（DB11/T 1069—2014），文件从 BIM 设计和实施过程中的基本规定、资源要求、模型深度要求、交付要求等方面规范了民用建筑 BIM 设计的基本内容，在一定程度上指导了北京地区民用建筑的施工要求。

上海：2017 年 10 月 1 日，上海市人民政府办公厅发布了《关于促进本市建筑业持续健康发展的实施意见》，意见指出：到 2020 年，上海市政府投资工程全面应用 BIM 技术，实现政府投资项目成本下降 10% 以上，项目建设周期缩短 5% 以上，全市主要设计、施工、咨询服务等企业普遍具备 BIM 技术应用能力，新建政府投资项目在规划设计施工阶段应用比例不低于 60%。

深圳：2017 年 10 月 30 日，深圳市建筑工务署发布《工程项目 BIM 普及应用指引》，

作者简介：彭金元（1983 年—），男，本科，工程力学专业，国家注册监理工程师、高级职称，长期从事施工管理工作，曾负责多个建设项目的项目管理工作。E-mail：jerrypeng@foxmail.com。

2018 年 2 月 28 日发布《基于 BIM 的建筑指标管理规范（试行版）》(SZGWS BIM31—2017) 等 12 项工务署 BIM 实施标准，明确规定了 BIM 组织实施的管理模式、管理流程、各参与方协同方式以及各自职责要求，成果交付标准等要求，为项目参与各方提供了 BIM 项目的实施标准框架与实施标准流程。

1.3 地铁机电设备内容

地铁机电设备一般包括：站内客运设备、站台屏蔽门、通风与空调、给水与排水、供电、通信、信号、火灾自动报警系统、环境与设备监控系统、综合监控系统、乘客信息系统、自动售检票系统以及门禁系统等[3]。

1.4 地铁机电设备监理内容

地铁机电设备监理内容，一般是从工程建设前期开始，贯穿整个工程实施期，直至保修期的设备监理服务，主要包括机电设备采购合同管理、接口协调及管理、设备制造阶段管理、包装运输管理、设备安装调试监理、系统联调管理、验收管理、试运营管理、质保期管理、培训管理和工程资料归档服务等内容。

2 BIM 技术在地铁机电设备监理工作中的应用探讨

一个标准的地铁站，结构一般分为上下两层，总的建筑面积大约 4 000 m^2。在如此狭小的地铁站内，将涉及风、水、电、电扶梯、屏蔽门、火灾自动报警、通信、信号、供电、自动售检票、人防和装修等专业一起交叉施工，并且每个专业的工作内容和工作区域涉及到整个车站的各个部位，这将面临施工接口多，管线设备复杂以及交叉施工等问题。再加上地铁工程普遍存在交付时间不可拖延，土建压缩机电设备安装调试时间等现实问题，导致了机电设备安装调试时间紧、任务重的实际情况，从而也给地铁机电设备的监理工作带来了极大的挑战。

鉴于地铁机电设备工程的以上特点，要求监理单位在监理过程中对质量、安全、进度、造价和变更等方面的管理尽量做到精细化和科学化，对施工中的重点、难点工序做出针对性的管理。另外各参与单位之间的沟通协调和信息数据的共享也将成为地铁设备工程顺利完成的保障基础。BIM 技术的应用为此提供了一个很好的平台，其在地铁机电设备监理上的应用思路如图 1 所示。

2.1 质量管理

质量管理包括图纸会审、设计交底、施工方案审查、"人、财、料、法、环"模拟及监理、防碰撞监理及报告、土建预留预埋、孔洞封堵等审查、可视化审查及演练等内容。

在图纸会审、设计交底过程中，监理人员可以通过建筑信息管理平台，提取设计单位制作的设计模型，并对模型深度和质量进行审查，并及时将审查结果在平台上进行记录、上传和交流等。

在施工方案审查中，可以通过平台提取施工单位经过深化设计后的施工模型和关键节点的施工方案模拟，同时对施工方案的合理性和可行性进行评审，最后增加监理质量控制的关键节点信息。

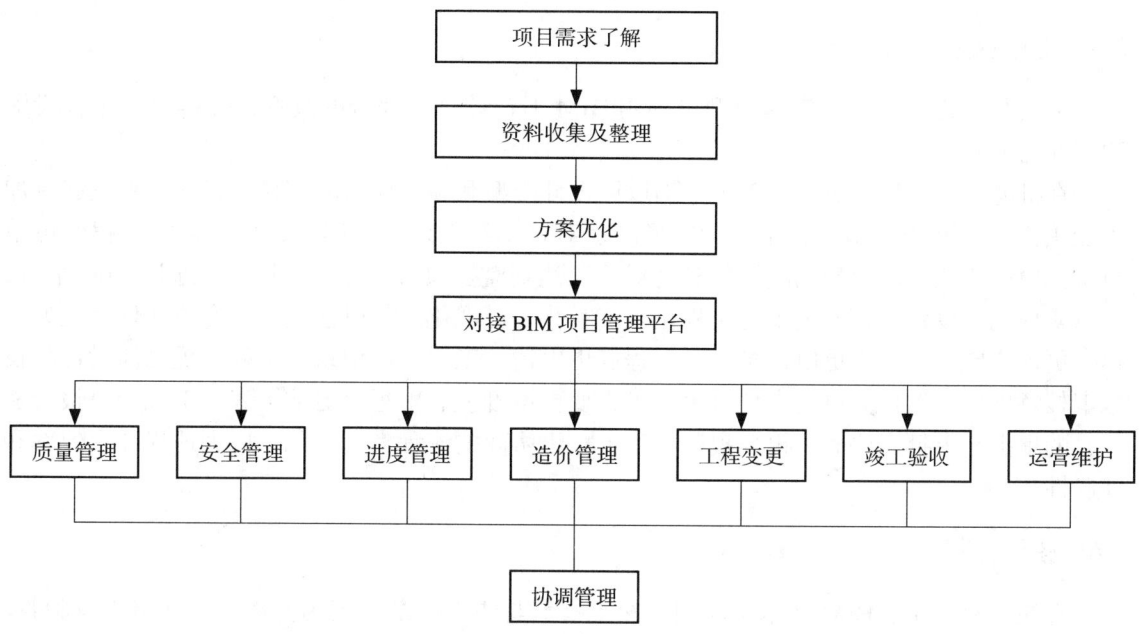

图 1　BIM 技术在地铁机电设备监理工作中的应用思路

在地铁机电设备各专业的管线和设备安装前，通过 BIM 技术，可提早发现是否存在碰撞、失实失真等问题，做好防碰撞监理及报告。

在土建预留预埋、空洞封堵审查、可视化审查及演练等方面，利用 BIM 技术可大大提高工作效率及精确度。

2.2　安全管理

在安全管理方面，BIM 技术可应用于危险性较大风险源可视化、专项安全施工方案模拟及审查。BIM 技术可实现施工安全工作流程管理、施工安全库管理功能和安全案例可视化分析、教育功能。

2.3　进度管理

在进度管理上，BIM 技术可实现施工进度模拟、实际完工与进度计划关联、虚拟进度与实际进度的对比，并为就设备材料采购、大型机械设备进场等方面的进度管理提供监理意见。

针对计划进度及实际进度分别建立 3D 模型，按照时间节点将桥架安装、管线敷设以及机电设备的安装情况在模型中予以展示，通过对比可以直观准确地显示出实际进度与计划进度的偏差。

2.4　造价管理

在前期招标阶段、施工阶段、竣工结算阶段，应充分利用 BIM 技术优势，即可视性（所见即所得）、协调性（避免或者减少冲突）和模拟性（把控现场情况）精确控制造价情况。实现验工计价与模型、派工单的关联，实现可视化管理，通过工程量对比，实现自动化校正工作[4]。

2.5 工程变更

可关联工程变更单与实体模型可利用 BIM 平台计算工程量的改变，并得出对工程投资和工期的影响。

在机电设备工程变更的处理中，提取原设计模型和施工模型的信息，督促变更发起方加入变更内容，利用模型计算工程量的增减及对费用和工期等的影响，还可以将工程变更单与实体模型关联，形成现场疏漏的实时对比，达到监控项目全过程的目的。通过 BIM 平台，可以实现机电设备工程变更审批流程化、实时化、可视化。将以往烦琐的变更文件（比如工程变更提议单、工程变更申请指令、工程变更申请、工程洽商记录、工程变更总体设计院技术审核意见表、工程变更技术评审表、工程变更审批表、工程变更估算表、工程变更报价表等）的填报、审批、协商、再填报、再审批、再协商的流程大大简化，极大地提高了效率和准确性[5]。

2.6 竣工验收

在竣工验收中，BIM 技术可应用于竣工模型与竣工图纸、现场实物一致性审查及验收。BIM 技术可实现设备验收可视化功能，且有利于监理现场验收标准比对、材料追溯，结合新测量技术应用及验收资料收集手段，可以提高监理验收工作的效率。

2.7 运营维护

充分运用 BIM 模型及平台，并可利用手机移动端或者便携终端获取现场即时双向传送设施、设备、管理和维修等的信息，并可进行应急、能源等管理。此外，还可利用二维码等技术，结合 BIM 模型，实现物资全生命周期追踪，实现物资出入场检验工作管理。

3 BIM 技术在地铁机电设备监理工作应用中面对的困难与不足

3.1 打破壁垒，转变观念

由于管理模式和流程的变化，需要对管理制度及工作流程进行全面的重新梳理及建立新的制度及流程，这工作量极其庞大。行业传统壁垒难于打破，相关的规范和要求更新不及时，这也需要加速推进 BIM 技术在地铁机电设备中的应用。新的管理模式及工作流程要想顺利推行，需各参与方共同转变观念，是一个长期持续的过程[6]。

3.2 加快人才培养和引进

BIM 技术实际应用人才不足，应加大对既具备机电设备专业相关知识，又能熟练操作 BIM 平台的人才培养和引进力度。

3.3 加强对成熟 BIM 技术综合监理信息平台的开发和应用

BIM 技术的相应软件较多，像国内应用较多的系统有清华大学自主研发的 4D 施工管理系统 4D-GCPSU，上海毕埃慕的 BDIP 建筑数据集成平台，深圳市工务署应用的 TiBIM 产品等，但这些平台仍有缺陷，应加强对成熟 BIM 技术综合监理信息平台的持续开发及应用。

4　结论与展望

通过以上探讨可得知，BIM 技术在提高地铁机电设备项目监理效率、加强监理的精细化管理方面都发挥着不可或缺的作用，但也存在前期投入资金较大、专业人才缺乏等问题。因此监理单位需提早储备起单位内部的 BIM 团队，培养拥有专业素养的 BIM 人才，来切实推进 BIM 技术在工程设备监理方面的应用。未来随着 BIM 技术的快速发展，监理行业必然也会有大的变革。

参考文献

[1] 李建成，王广斌. BIM 应用·导论 [M]. 上海：同济大学出版社，2015.
[2] 田野，严萌. BIM 技术在建筑施工中的应用研究 [J]. 建筑技术开发，2017，44（17）：51-52.
[3] 程梅. BIM 技术在工程造价管理中的应用及效益分析 [J]. 价值工程，2019，38（2）：9-12.
[4] 王凤起. BIM 技术应用发展研究报告 [J]. 建筑技术，2017，48（11）：1124-1126.
[5] 王希磊. BIM 技术在地铁工程项目精细化管理中的应用研究 [J]. 工程建设与设计，2018（21）：176-178，180.
[6] 王忠诚，王磊，张桥. 基于 BIM 技术的地铁车站机电综合管线排布应用 [J]. 土木建筑工程信息技术，2016，8（3）：66-73.

民防工程渗漏监理检查要点分析及防治建议

张德新

(上海百通项目管理咨询有限公司，上海 200122)

摘 要 渗漏是工程建设中较为常见的质量问题，如果没有对渗漏问题引起足够的重视并及时进行防治，将会给施工过程及后期的使用带来严重的安全隐患。因此在工程建设尤其是人防工程的实际施工与监理工作中，应积极采取切实可行的防治措施，来保证工程质量。通过以往工程经验及类似项目在施工过程中出现的问题及完成使用情况，分析人防工程施工中产生渗漏的主要原因，探讨如何对各类渗漏问题进行有效的预防与处理，从而达到相应的使用功能和建设预期的目标。

关键词 人防工程；渗漏；原因；防治

1 引言

渗漏问题不仅会对使用功能带来影响，还会对建筑结构产生严重损坏，使工程存在较大的安全隐患。因此，防渗漏是一项重点整治内容，防渗漏也是每一个工程人的底线。人民防空工程又称人防工程，是指为保障战时人员与物资的掩蔽、人民防空指挥、医疗救护而单独修建的地下防护建筑，以及结合地面建筑修建的战时可用于防空的地下室。当前结合民用建筑修建的防空地下室占据整个设防区域人防工程的绝对数量。应该加快对工程尤其是人防工程中的各种渗漏问题进行分析、归纳、总结，并采取相应的治理措施，以尽早防治施工中可能出现的渗漏问题。

2 民防工程渗漏监理检查要点

目前，导致渗漏的原因主要有以下四个方面。

2.1 后浇带或施工缝检查要点及渗漏分析

人防区域面积比较大，无法一次性浇筑成型，这需要设置必要的后浇带或者施工缝，后浇带或者施工缝通常有水平向的也有竖直向的。按照顺序，应先进行最下部的底板混凝土浇筑，然后再进行墙板和顶板的混凝土浇筑作业[1]。有的时候考虑到沉降因素或者施工便利，或根据设计规范，设计单位会提前规划好后浇带的位置。当在后浇带或者施工缝后面再浇筑混凝土的时候，由于处理不当，就会出现渗漏问题。后浇带或者施工缝处理不当的具体原因

作者简介：张德新（1978 年—），男，工程师，国家注册一级建造师，国家注册监理工程师，国家注册咨询工程师，主要从事人防渗漏领域的研究。E-mail: 304324962@qq.com。

一般包括：混凝土振捣不密实，止水钢板没有满焊、漏设、不交圈、露出宽度不符合设计和规范要求，原有混凝土表面未清理干净，没有接浆，混凝土强度等级选择错误等都会导致混凝土的黏结密实度受到一定影响。

2.2 沉降缝检查要点及渗漏分析

沉降缝是变形缝的一种主要表现形式。在混凝土浇筑施工后，会由于不均匀沉降而出现裂缝，如主体结构与出入口的连接位置会由于沉降不均匀而产生沉降裂缝。主体结构下方一般都会是桩基础，主体结构会作用在桩上面，桩承受主要的受压力，而桩基础一般都会经过地勘单位、设计单位的勘察并计算达到持力层，沉降变形较小，出入口坡道一般处在原土或者回填土上，沉降变形相对来说较大，不均匀沉降就会造成沉降裂缝，进而引发渗漏的情况发生[2]。

2.3 外墙防水检查要点及渗漏分析

地下室墙板模板支设都会使用中间带有密闭止水环的止水螺杆，止水螺杆的止水环有的没有双面焊接或者焊接不饱满，也存在渗漏隐患。另外，外墙面防水的施工质量也十分关键，如螺杆切割后是否对螺杆洞进行封堵，防水涂料的涂抹遍数和厚度是否符合设计要求，在土方回填过程中防水涂层是否被破坏而没有得到及时修复等，也会引起渗漏，有的部位水会顺着螺杆洞从外面渗入到墙内。

2.4 混凝土工程检查要点及渗漏分析

由于结构特点，混凝土十分容易出现裂缝问题，导致结构的抗渗性能大大降低。混凝土产生裂缝的原因很多，主要包括粉煤灰添加量的控制，振捣不密实、漏振，或钢筋过密，增大了混凝土下料的难度，或者天气原因，后期养护原因等造成混凝土不密实，出现裂缝，引起渗漏，混凝土自防水的功能无法全部发挥出来。

3 民防工程施工渗漏防治措施建议

3.1 后浇带或施工缝引起的渗漏防治

后浇带或施工缝引起的渗漏，采用预埋止水钢板可达到较好的防水效果。但是止水钢板的设置必须要规范，如搭接采用双面焊接，搭接长度不小于50 mm（图1），转角处采用成品止水钢板或埋设前应进行焊接，不能"直角对焊"（图2和图3）。止水钢板的施工要落实到样板评审，建立专项验收机制，对浇筑混凝土之前进行专项检查，确认合格后才可以将其隐蔽。在止水钢板附近进行混凝土浇筑时不可漏振，确保混凝土密实。施工过程中，监理单位要对薄弱环节进行全数检查，发现没有按照规范、设计要求及方案施工的，要求施工单位必须整改，整改合格后方可通过隐蔽验收，确保防水效果。

图1 提前双面搭接满焊

图 2　水平止水钢板转角做法　　　　图 3　竖向止水钢板转角做法

3.2　变形缝渗漏的防治

变形缝渗漏的防治，较常用的做法有采用中埋式止水带、可卸式止水带、复合式止水带。

3.2.1　中埋式橡胶止水带

该种止水带主要用于混凝土变形缝、伸缩缝等混凝土内部设置的止水带产品中，具有橡胶材料的弹性和结构形式来适应混凝土伸缩变形的能力。在预埋中埋式橡胶止水带的过程中，应尽量避免止水带与转角位置距离过近，并使其保持在较高的位置。使用钢筋套固定在止水带的两侧，并用镀锌铁丝将止水带两侧边缘位置进行固定，防止移动，浇筑混凝土时保证该位置的密实度。待上一段混凝土浇筑完成，施工缝界面硬化并表干后，清除界面浮渣，在浇筑混凝土以前先要使其在界面部位保持平整，接头部分黏结紧固，止水带接头必须黏结良好，若施工现场条件完备，可采用热硫化连接的方法，使用与止水带相匹配的热硫化模具及生胶片，现场进行硫化热接，施工难度虽大，但接头效果好，适合对工程质量要求严格的项目。

3.2.2　可卸式止水带

使用可卸式止水带时，应在变形缝两侧分别预埋铁框，并确保止水带与扁铁压板的预留孔位置一致。为防止在混凝土浇筑过程中发生位移，采用热胶等黏合剂进行固定，使其与连接位置保持45°夹角。如发现有裂缝或渗漏情况时，要及时进行拆卸与更换。

3.2.3　复合式止水带

综合了上述两种止水带的优点，现在又有新型的遇水膨胀橡胶止水带，具有先进的防水线设计，遇水后自行膨胀，与混凝土接触更紧密，止水效果更好。在安装区增设安装孔，可使其与相邻钢筋便于固定，不产生位移，施工方便，定位牢固可靠。

3.3　外墙防水施工导致渗漏的防治措施

对地下室外墙防水施工不到位导致的渗漏，应首先对止水螺杆全数检查，一定要使用双面满焊止水环的螺杆（图4）进行模板加固，待模板拆除后，止水螺杆端头应在剔出凹槽后

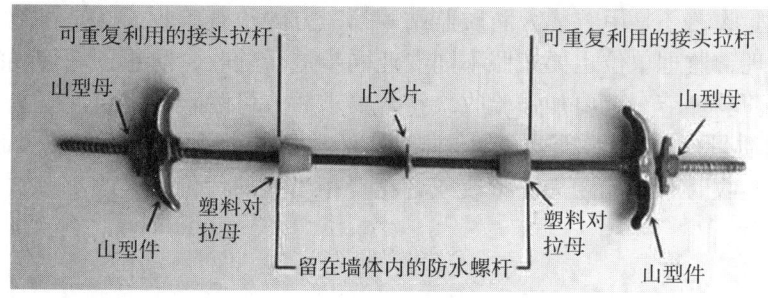

图 4 止水螺杆

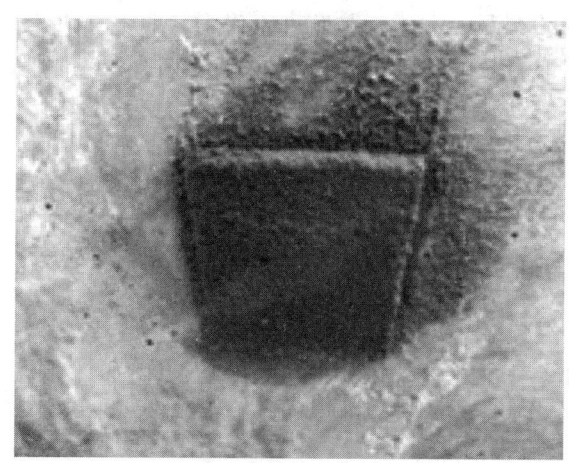

图 5 螺杆洞的封堵

图 6 外墙螺杆洞封堵

从根部切除，外侧使用防水砂浆封堵密实（图 5 和图 6），且不应出现开裂。

然后再进行防水卷材或防水涂料的施工，对防水卷材的搭接宽度、防水涂料的厚度进行检查，满足设计及验收规范要求后再进行土方回填，回填前用挤塑聚苯板等材料进行保护。另外，防空地下室相关设备管线的预留、预埋工作是保证防空地下室战时功能达到设计要求的关键。为避免后面开洞，这就要求在浇筑混凝土之前，施工单位的设备专业技术人员应认真熟悉图纸，积极配合土建单位做好混凝土隐蔽工程的预留、预埋工作，尤其是防护、密闭的特殊处理，各专业进行综合验收，确保所有管线预埋位置及数量正确，严格按照规范施工到位，切实保障防空地下室的战时功能[3]。

3.4 混凝土本身产生的裂缝防治

混凝土裂缝的防治措施，从混凝土拌制材料配比上进行控制，材料的配比要留有一定的余量。到现场后严禁私自加水，钢筋过密处要用骨料小的混凝土浇筑，防止下部空洞，振捣过程中快插慢拔，不要漏振，尤其是梁柱节点、降板、外墙，在混凝土浇筑过程中，管理人员要在现场跟踪旁站，发现问题及时指出解决。混凝土浇筑完成后加强养护，防止内外温差过大引起收缩裂缝。

3.5 管理措施

无论多么先进的技术手段，都离不开管理，管理不到位，仍然会有很大的问题。不管是监理单位的隐蔽验收，还是甲方、人防质监站等第三方的检查验收，都是在施工单位自检的基础上进行的管理，监理单位也要按照不同专业同步进行验收，防止预埋管线的遗漏，尤其是对关键部位、薄弱环节一定要加强验收，符合要求后方可隐蔽，浇筑混凝土。在施工过程中，施工单位的质量员和监理单位的专业监理工程师就要加强现场巡视，发现问题及时指出，防止到最后验收时有的问题无法整改或者花费相当大的代价去整改。

4　结语

综上所述，造成人防工程渗漏的原因是多方面的，也是较复杂的。在施工过程中，往往难以避免现场发生渗漏。为了有效防止人防工程的渗漏，在施工与监理工作中，应不断进行经验总结与归纳，分析产生的原因，针对性地采取有效的防治措施，做好事前控制，并加强现场的管理工作，或者说加强责任心，将工程中的渗漏问题最小化，以保证人防工程的使用安全。

参考文献

[1] 张蕾. 人防工程施工过程的渗漏控制研究 [J]. 黑龙江科技信息，2013（3）：260.
[2] 林彰银，杨霞. 浅析人防工程施工监理中渗漏的原因及其防治 [J]. 建筑工程技术与设计，2015（9）：810.
[3] 朱波. 人民防空地下室工程施工阶段质量控制要点分析 [J]. 中文科技期刊数据库（全文版）工程技术，2016（39）：174.

强风化泥质砂岩地质条件下深基坑施工技术探讨

蔡晓明

(上海天佑工程咨询有限公司,上海 200092)

摘 要 地铁车站深基坑多采用明挖法施工。明挖法具有造价低、施工进度快,工艺相对简单、操作方便等特点,是目前国内地铁工程中运用最多、最成熟的工艺,也是车站施工首选方法。本文对在强风化泥质砂岩地质条件下,组织的地铁车站深基坑的围护桩和冠梁及钢支撑施工、土方开挖及引排基岩裂隙水作了施工技术介绍,提出了深基坑施工过程中的施工技术要点和管理措施,对于类似地质条件下深基坑工程施工具有重要的参考价值。

关键词 深基坑施工技术;基坑围护;土方开挖;施工管理

1 引言

随着中国城市化进程的加快,城市人口的增加使城市公共交通压力日渐明显。加了谋求城市化的发展就需要摆脱交通压力的束缚,因而地下轨道交通就成为缓解城市交通压力的新渠道。目前国内大、中城市大力发展地铁交通。地铁线路一般由地下车站和区间隧道组成,地下车站施工大多采用开挖深基坑后进行结构施工,本文以地铁深基坑车站施工为例,系统地阐述了在强风化泥质砂岩地质条件下进行地铁车站建设的施工技术。

2 地铁车站施工的主要特点

2.1 工程风险大

地下车站土建工程属于深基坑工程,往往要面临施工场地小、周边环境敏感等诸多难题。基坑施工技术复杂、施工周期长,尤其是受周边环境影响大,主要包括地质水文环境、地下管线环境、周边建(构)筑物环境等,从而导致施工风险很高,需要特别注意风险管理。

2.2 沉降控制严

地下车站在建造时,基坑大部分是在城市主干道或既有建(构)筑物周边修建,为了确保基坑施工期间地面不发生过量沉降或坍塌,保护周边环境安全,对于基坑施工期间的沉降控制要求十分严格,需要精心筹划组织施工,采取有针对性的沉降位移变形控制措施。

作者简介:蔡晓明(1974年—)高级工程师,国家注册监理工程师、一级注册建造师、注册安全工程师等执业资格,长期从事施工管理工作,先后担任土建专业技术负责人、总监理工程师等职务。E-mail:502288752@qq.com。

2.3 防水要求高

地下车站结构防水涉及工程使用寿命及运营安全，一旦在运营期间发生渗漏，后果十分严重，会降低结构的使用寿命。因此，必须加强地下车站结构防水施工管理，严把材料质量关、施工工艺关和检查验收关，才能确保地下结构防水质量。

2.4 协调内容多

地铁工程由土建、设备、轨道、车辆、供电和通信等诸多子系统构成，车站土建工程作为地铁综合性系统工程中的子系统之一，不可避免会遇到诸多接口，而接口越多，协调难度就越大。因此，需要对接口进行缜密的策划，尽可能减少接口矛盾，才能确保工程顺利进行。

3 深基坑施工技术

深基坑施工技术主要包括基坑围护支撑、基坑土方开挖、桩间网喷支护以及引排基坑裂隙水。

3.1 基坑围护支撑体系
3.1.1 围护桩

地铁深基坑支护方式包括地下连续墙+支撑、围护桩+支撑、土钉+喷射混凝土等支护形式，受场地限制一般采用围护桩+内支撑的支护体系，根据地质条件、地下水位分布情况与土体侧压力等确定围护桩类型、桩径及间距。围护桩施工一般采用冲击钻、旋挖钻、全套管回转钻和泥浆护壁钻孔灌注桩等施工工艺。下面将详细展开。

冲击钻对地质条件的要求比较苛刻，在砂卵石、软土地层中成孔难度较大，且噪声大、易污染环境，较难在市区施工中进行推广。旋挖钻主要适合在砂卵石、软土地层中成孔，成孔速度快，精度高。全套管回转钻成孔速度快，精度高、污染轻，适用于多种地层，在围护桩施工中应用较广。泥浆护壁钻孔灌注桩适用于地下水位较高且适宜于布设泥浆池的施工场地，采用正、反循环钻机钻进，原土造浆护壁成孔，连续钻进至设计高程后进行第一次清孔，撤除钻杆，在孔口分节下放钢筋笼和钢格构柱及注浆管，下钢导管后利用导管进行二次清孔。泥浆指标和孔底沉渣厚度检测符合设计及规范要求后，安放隔水橡胶球胆并立即采用商品混凝土进行水下混凝土灌注。混凝土灌注高度高于设计标高 0.5 m 以上。

3.1.2 冠梁混凝土支撑

为保证深基坑土方开挖施工的安全性，基坑第一道内的支撑应采用钢筋混凝土支撑，横向中间设置格构柱竖向加以支撑，纵向各混凝土支撑采用混凝土连系梁连接，然后混凝土支撑及围护桩桩头锚入冠梁内，保证了支撑体系和基坑围护体系连成一个整体的受力结构，在基坑土方开挖过程中，第一道混凝土支撑既能轴向受压又能轴向受拉。

钻孔灌注桩施工完成后，对冠梁处和第一道混凝土支撑位置进行土方开挖施工。土方开挖采用挖掘机将土方装车外运，开挖至设计冠梁底和混凝土支撑底标高后进行冠梁及混凝土支撑施工，然后进行挡墙施工，冠梁以上的土方被开挖后，采用自然放坡形式。待挡墙施工完毕后，对挡墙背后进行土方回填并夯实。冠梁施工前需将钻孔桩桩头凿除、清洗并调直桩顶钢筋，冠梁主筋应与桩顶锚固筋焊接，以保证围护结构的整体性。

3.1.3 钢支撑

深基坑除第一道钢筋混凝土支撑外，下部几道钢管内支撑体系也是保证深基坑稳定的关键因素，根据土体侧压力值确定钢管的直径、管壁厚度等参数。角部支撑由于受力复杂，是内支撑体系控制的关键环节，为防止角部支撑滑动应安装防滑装置（图1）。在基坑开挖过程中充分利用"时空效应"，使钢支撑的安装和预应力的施加应控制在12 h以内。施工中应做到随挖随撑，防止开挖深度与钢支撑架设不匹配造成基坑监测值变化异常，影响基坑稳定。钢管支撑采用 $\phi 609$ mm钢管，钢支撑施工配合土方施工展开。钢管支撑在基坑旁应提前拼装，开挖到钢管支撑标高时，安装三角托架，架设钢围檩。钢围檩与

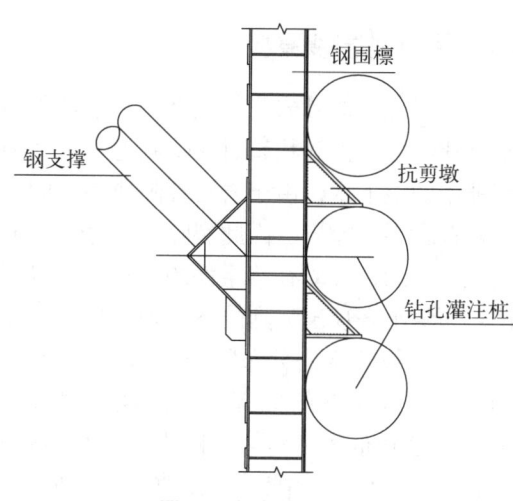

图1 抗剪墩设置图

钻孔灌注桩之间预留约30 mm的水平通长空隙，其间用细石混凝土嵌填，及时用履带汽车吊吊装安设钢围檩与钢管横撑，通过液压千斤顶对钢管支撑活动端端部施加预应力，并及时进行基坑监测点初始值的采集。

3.2 基坑土方开挖

3.2.1 基坑开挖原则

明挖法即采用放坡开挖或施加围护墙后开挖基坑，先从地面向下开挖基坑至设计标高，然后在基坑内按照设计位置由下而上完成车站结构施工，最后回填土方并恢复地面道路。

基坑开挖按照"分层分段开挖，随挖随撑，开挖与支撑结合"的原则，采取竖向分层、纵向分段的措施开挖，及时支撑，减少围岩土体暴露区域和时间。在基坑开挖中设置集水槽，随开挖随加深集水槽，将基坑中的积水及时抽出，保证土方开挖无水作业。

3.2.2 基坑开挖部署

土方开挖采用竖向分层、纵向分段拉槽、横向扩边的原则，当进行每一层每一段的土方施工时，在横断面跨中开中槽，由车站两端开始沿纵向挖掘；由中槽向两侧开挖面进行开挖作业。中槽的大小首先要满足挖掘机回转弃土的要求，同时要尽可能多地保留两侧土体，以支撑围护结构，减小对周边环境的影响，并满足钢支撑的施作要求。中槽开挖后架设钢支撑，然后横向扩边拓展，挖至钻孔桩附近时应人工配合，以免机械开挖破坏围护桩。当放坡开挖至坡脚线附近，运输车辆无法进入时，将采取多台挖掘机接力倒运开挖；局部位置无条件作业的，可采用长臂挖掘机配合人工，进行土方开挖或者使用坑内挖掘机将土方装运至提升料斗内，再用汽车吊机将其吊出[1]。

3.3 桩间网喷支护

桩间喷射混凝土支护施工随土方的开挖分步进行，采用自上而下、随挖随喷的原则。混

凝土搅拌采用强制式搅拌机。每层施工高度控制在 3 m 左右，桩间土体清理干净后，将膨胀螺栓锚入钻孔灌注桩，保证有效的锚固长度，然后在灌注桩外侧挂接钢筋网片，采用水平钢筋与钢筋网片绑扎，锚栓头加钢板压住钢筋固定在桩上的形式加固。

3.4 引排基岩裂隙水

强风化泥质砂岩为砂质结构，节理裂隙发育，岩石破碎，岩芯多呈块状、短柱状，具有遇水软化特性。饱和状态时在受到地震和其他动载作用时易产生液化。基岩裂隙水是贮存于岩层裂隙中的地下水，由于岩石裂隙成因不同，致使岩石的裂隙率大小、裂隙的张开程度和连通情况常存在很大差异，因此裂隙水的分布一般很不均匀。裂隙水的运动受裂隙展布方向及其连通路径的制约，并受补给条件的影响，所以裂隙水在不同部位的富水程度相差较大。与孔隙水相比，裂隙水表现出强烈的不均匀性和各向异性。以下将从几个方面对裂隙水进行分析。

（1）裂隙水的分布特征。由于裂缝在岩层中发育不均匀，从而导致储存其间水的分布不均匀。裂缝发育的地方透水性强，含水量多，反之，透水性弱，含水量也少。在松散岩层中，孔隙分布连续均匀，构成统一水力联系、水量分布均匀的层状孔隙含水层。而对于坚硬基岩，一方面因裂隙率比孔隙率小，另一方面裂隙发育不均匀且具方向性，故裂隙水的分布形式既有层状，也有脉状。在裂缝发育密集均匀且开启性和连通性较好的情况下，裂隙水呈层状分布，并且具有良好的水力连系和统一的地下水面，称层状裂缝水。若裂缝发育不均匀，连通条件较差时，通常只在岩层中某些局部范围内连通而构成若干个互不联系或联系较差的脉状含水系统，各系统之间水力联系差，通常又无统一的地下水位，则被称为脉状裂缝水。同时，裂隙水的分布和富集受地质构造条件控制明显。

（2）裂隙水的运动特征。裂隙水运动状况复杂，在流动过程中水力联系呈明显的各向异性，往往顺着某个方向流动，裂缝发育程度好，沿此方向的导水性就强，而沿另一方向的裂缝基本不发育，导水性就弱。同时，裂缝的产状对裂隙水运动也具有明显的控制作用。裂隙水的运动速度一般不大，通常呈层流状态，但在一些宽大的裂缝中，在一定的水力梯度下，裂缝水流也可呈紊流状态。

（3）基岩裂隙水主要赋存于岩石强、中等的风化带中，因此在桩间喷锚支护过程中，需钻孔灌注桩间喷射混凝土面层应设置导引排水管（图2），导引排水管采用梅花形布置，以

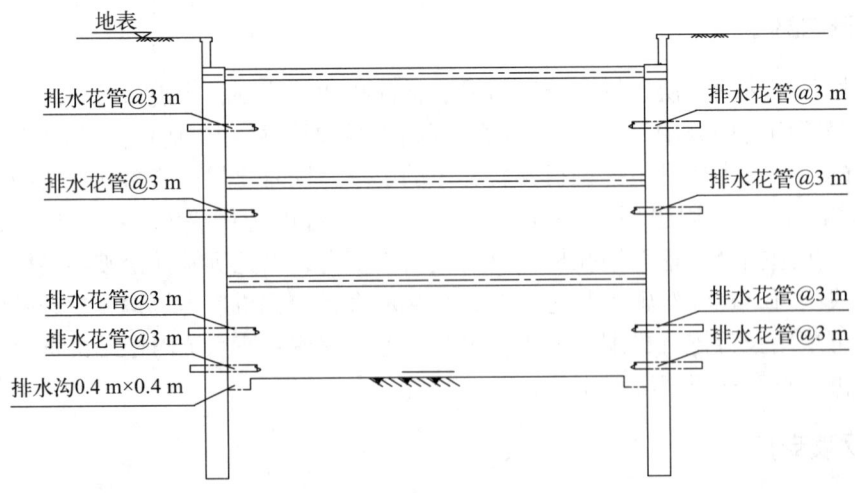

图 2　导引排水管

排干喷射混凝土面层后的滞水。基坑开挖到底后，在基底设置排水沟、集水井，及时抽排基底积水。浇筑混凝土垫层后进行防水施工，防水卷材铺设施工时应保证基面无积水现象。横向盲沟每一分仓设置一条与设置在围护桩边的盲沟相连，导引排水管的水通过连接软式透明塑料管引排到盲沟内。

4 深基坑工程施工要点[2]

针对强风化泥质砂岩中深基坑变形情况的分析研究，综合现场施工情况，总结如下的施工要点须引起重视。

4.1 深基坑土方开挖施工要点

（1）土方开挖过程必须严格照技术方案设定的顺序分段分层开挖，严格做到开挖一层、支护一层，上层未支护完，不得开挖下一层，并且禁止在雨雪强对流恶劣天气下施工。

（2）根据钢支撑位置确定基坑竖向分层开挖，每层开挖至钢支撑下 50 cm。开挖完成及时安装钢支撑，按设计要求预加轴力后方可继续开挖；开挖至设计基底标高向上 20 cm 左右时进行人工清底，以控制好基底标高和防止土层扰动。

（3）土方开挖前必须先放坡线，土方开挖中必须随开挖进度放出开挖边线，以便及时控制开挖深度及边线，避免超挖或开挖不足。

（4）坑底人工的清土、基坑边角部位和桩边机械开挖不到之处的土方应配备足够的人工及时清运至挖掘机作业半径范围内，及时通过挖掘机将土方挖走，避免误工。

（5）基坑开挖时必须特别小心，避免挖掘机的挖斗碰撞基桩、格构柱。

4.2 深基坑开挖过程中的"时空效应"[3]

"时空效应"理论，是遵循"分段、分层、分块挖土，先中间后两边，随挖随撑，限时完成"的原则，是针对软土地层具有的流变特性，利用土体在基坑开挖过程中位移的变化规律，所提出的一种控制措施。这是对基坑开挖作动态管理、并做到信息化施工、确保基坑变形在设计允许范围之内的有效措施。具体说，是按施工全过程进行分解控制，在空间上规定尺寸大小，在时间上确定完成时限，按量化的空间和时间结合有序的操作，实施科学的施工，对各道工序施工注意事项要仔细考虑并安排落实。

4.3 深基坑钢管支撑的质量控制

地铁深基坑的围护结构一般由围护桩、钢围檩和钢管支撑组成的深基坑围护体系。围护桩的支护体系视其开挖深度而定，一般 4 m 左右设一道支撑，构成一个空间受力体系来支撑基坑主动区土压力和其他附加荷载，以达到安全施工的目的。因此围护结构支撑的质量控制十分关键，支撑一般常采用 ϕ609 mm 钢管（壁厚 16 mm）。质量控制包含两个方面的内容，即支撑本身的质量和支撑施工安装的质量，除此之外，还应考虑钢支撑施加预应力。

（1）钢管支撑质量控制：应从材质、直径、壁厚、强焊接、顺直度、螺栓连接强度、活络头刚度等是否符合有关要求，应认真检查核实。

（2）支撑安装质量控制：钢管支撑为轴心受力结构，安装时必须直顺无弯曲，接头必须紧密牢固，与围檩接触处除有足够强度与刚度外，还需与围檩密贴，若有间隙需用添加速凝剂的细石混凝土填实。当有角撑时，围檩与围护桩的连接处，除设专门的斜支座确保支撑轴心受力外，在围檩与围护桩间还应考虑剪力传递的措施。支撑与格构柱的连接必须严格按设计进行施工，必须充分考虑到基坑回弹的因素。对油泵要经常校验，使之工作正常、数据准确。并且每根支撑施加预应力值均要记录备查，如钢支撑的支撑轴力达不到设计要求或因挠曲过大，使支撑失稳失去抗力，会产生围护结构被破坏及基坑坍塌等严重后果。

(3) 钢支撑施加预应力和预应力的复加。

①钢支撑安装后立即按设计值在支撑一头或支撑两端施加第一次预应力，并检查接头是否拧紧螺栓。

②一般在第一次施加预应力后 12 h 内监测预应力损失及围护结构水平位移情况，并复加预应力至设计值；当昼夜温差过大导致支撑预应力损失时，立即在当天低温时复加预应力至设计值。

③当基坑变形的速率超过控制范围接近警戒值，而支撑轴力未达到自身的规定值时，可增大支撑轴力来控制变形。

④当围护结构变形过大，采用被动区注浆控制围护结构位移，应在注浆后 1~2 h 内对在注浆范围的支撑复加预应力至设计值，以减少围护结构外移所造成的应力损失。

⑤当支撑的轴力接近或超过设计值时，通过增设支撑来分解轴力，提高抗变形能力，阻止基坑变形进一步增大。

4.4 深基坑开挖纵向入坡的坡度控制

地铁深基坑开挖时，地下水位和围护结构强度均已达到设计要求。除严格遵循"时空效应"，坚持"分层开挖、先撑后挖、快挖快撑、减少无支撑暴露时间"的原则外，另外特别要注意：

(1) 边坡设计应根据地质条件、土质特性、施工作业周边环境，经过稳定抗滑验算，确定安全坡度，使纵向放坡坡度要小于安全坡度；一般地下水位较低或降水效果较好的基坑分层坡度宜控制在 1:1.5 左右，从坑底到坑顶的总坡度一般控制在 1:3 左右[4]。

(2) 上下道支撑之间层坡不宜过缓，也不宜过陡。前者造成近坡脚处无支撑暴露面积过大，时间一长，围护桩变形就大；后者若遇雨天或土体的含水量偏大，坑内排水较差，极易产生坍方滑坡。

(3) 基坑分块开挖完成后，即进行修坡，使基坑纵坡始终保持在安全坡度状态下，确保基坑安全。

4.5 做好深基坑内排水工作

深基坑开挖面的排水沟和集水井要及时设置，严防基底积水浸泡，降低地基承载力，降低土体自身抗变形能力。不应在开挖面或坡顶设横向截水沟，这样容易诱发滑坡；应在开挖面设纵向排水沟和集水井，纵向排水沟应设在中间或三分线上，不宜设在紧靠围护桩边的位置。积水应及时排除，以防止冲刷和软化坡体，导致滑坡发生边坡失稳事故。另外，基坑开挖过程中应及时封堵围护桩桩间的渗漏点。

4.6 合理确定结构施工段长度，减少基坑暴露时间

结构段的长度必须根据基坑深度和坡度合理确定[5]，其长度一般为 20~30 m，当基坑分

段挖至距设计标高 20 cm 左右时，必须立即安排人工清底，如有接地网应在 24 h 内迅速施作完毕，并立即浇筑混凝土垫层，以减少基坑变形值。底板混凝土必须尽快完成，相应的结构层施工及时跟进，以建立永久的受力平衡体系，从根本上控制住基坑变形。

4.7 基坑周边严禁堆放、增加荷载[6]

受施工场地条件的限制，大型施工机械设备，如挖掘机、吊机等及施工材料就近堆放在基坑边，这些都将导致围护结构的变形大大增加，甚至使基坑围护失稳。

受土方禁运和场地布设的影响，将土方临时堆放在基坑开挖面周边，是较常见的现象，由此引发的基坑滑坡时有发生。特殊情况下确实需要临时堆放，必须通过计算确定土方堆放的位置及方量。

4.8 加强对基坑开挖施工全过程的监控[7]

深基坑远程监控是在传统监测的基础上通过网络传输的一种直观反映基坑变形情况的监测手段，是信息化施工常用的一种方法，施工监测在确保深基坑开挖安全上起着十分重要的作用。监测的主要内容有支撑轴力、围护结构的位移及沉降变形、地表沉降、管线的位移及沉降、周边构建物的位移及沉降、基坑隆起和地下水位变化等。在基坑开挖施工中，及时准确地监测这些内容，当一些监控数据接近或超过警戒值时，能及时准确地发现施工过程中存在的问题，从而可及时准确地调整施工步骤，并采取相应对策，以达到有效控制基坑变形、确保基坑安全的目的。

5 深基坑工程施工管理

5.1 针对基坑最宽、最深位置采取的管理措施

基坑开挖过程中以及在雨雪强对流恶劣气象条件下，需对监测点位加大监测频率，建立分级预警制度，若基坑开挖过程中监测数据异常，应及时预警并启动应急响应机制，分析原因，采取措施，在原因未分析清楚前，处理措施未实施完成前，不得擅自进行下一步施工。

为保证钢支撑架设后轴心受力，避免支撑过长、挠度过大，需在隔构柱上和喷射混凝土面上统一放出每道钢支撑的轴心标高，并按此标高架设钢支撑，架设过程中调整每节钢支撑的直线度，保证每节钢支撑的轴心在同一轴线上，同一根钢支撑两端不能面接触钢围檩，受力面积减小，为保证钢支撑两端面接触，减少局部集中荷载，考虑在每道钢支撑位置增设楔形锥（图 3），保证钢支撑两端面接触楔形锥，通过图 3 楔形锥锥将支撑轴力传到钢围檩上受力，中间钢管与钢联系梁加焊型钢抱箍（图 4）。

5.2 针对支撑道数及格构柱多采取的管理措施

为保证支撑架设的效率和质量，在架设基坑下部钢支撑时，首先将每节支撑在基坑内拼装好后，再采用两台挖掘机在基坑内配合两台吊车架设支撑，两台挖掘机主要在基坑内对正在架设的支撑进行微调，保证上下两道支撑在同一垂直面上。

由于格构柱较多，基坑开挖过程中为防止拉土车碰撞隔构柱，在每根格构柱上宜每60 cm 竖向粘贴反光条，对挖掘机司机进行警示。

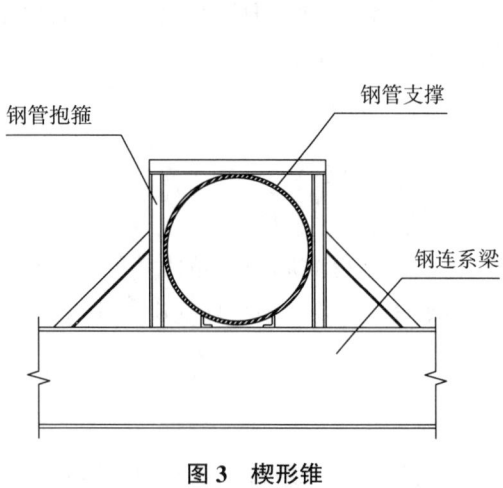
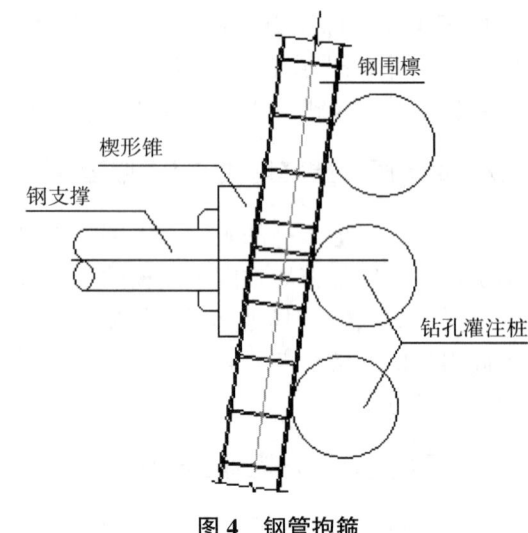

图 3　楔形锥　　　　　　　　　　图 4　钢管抱箍

5.3　针对换乘线路多采取的管理措施

如车站换乘线路多，预留的洞口相应增加，而相应连接换乘线洞口预留接驳器就更多，为保证接驳器后期开凿后的机械连接质量，可在每个接驳器内填塞柔性材料进行丝扣的保护和填充。

换乘线路截面一般会扩大形成阴阳角部位，此部位正是结构受力的薄弱环节，因此宜在阴阳角位置加大斜撑抗剪墩的安装，并在每道斜撑安装轴力计用于监测轴力变化，若轴力变化大立即加密钢斜撑。

6　结语

地铁车站深基坑工程施工难度大，基坑采取何种支护形式，如何进行现场施工管控，加强设计优化进行技术改进，对基坑安全控制管理极为重要[8]。施工过程中，针对强风化泥质砂岩地质条件下的地铁车站深基坑的特点，所采取的管控措施和技术控制要点以及技术优化对同类型深基坑工程提供了宝贵的施工经验。

参考文献

[1] 马海贤．地铁深基坑开挖施工技术 [J]．安徽建筑，2013，20（6）：104-105．
[2] 蔡鹭锋．深基坑土方开挖施工技术 [J]．科技致富向导，2011（30）：405-406．
[3] 卢立萍．建筑工程中深基坑施工管理初探 [J]．中国新技术新产品，2009（14）：187．
[4] 刘魁刚．场地不足条件下的地铁施工管理之探讨 [J]．市政技术，2011，29（4）：149-151．
[5] 韩会山．地下工程基坑开挖施工过程管理 [J]．商业文化：学术版，2012（12）：43．
[6] 廖红建，党发宁．工程地质与土力学 2014 年版 [M]．武汉：武汉大学出版社，2014．
[7] 蔡晓明．深基坑工程施工过程中的监测管理 [J]．中国建设监理与咨询，2017（3）：56-60．
[8] 王雪青．国际工程项目管理 [M]．北京：中国建筑工业出版社，2000．

第 6 篇

民防工程科研信息

国内轨道交通兼顾设防的发展现状、问题和对策

赵 晟[1] 秦莉真[2]

(1 上海市民防科学研究所,上海 200000;2 上海市水利管理事务中心,上海 200000)

摘 要 目前,轨道交通已成为城市居民的重要出行方式。轨道交通在建设中落实兼顾设防需要,使设防线路纳入城市防护体系中,战时期间在人口疏散、人员掩蔽、物资运输等方面发挥举足轻重的作用。笔者将通过对国内典型城市(北京、上海、重庆、广州、深圳等)轨道交通兼顾设防发展的现状分析,指出轨道交通在思想认识、规划管理、设计规范、法规体系以及科学技术等方面存在的问题,并针对各个问题提出相关的解决对策,为后续轨道交通的创新发展提供参考价值。

关键词 轨道交通;兼顾设防;人民防空

1 引言

2021 年初,中国大陆的地铁总里程已经达到 7 545.5 km,有 44 座城市开通了地铁,狭义上的地铁里程数,中国居世界首位,是名副其实的地下长城。"十三五"期间,北京、上海、广州的城市轨道交通运营里程已位居世界前三,形成了庞大的城市轨道交通路网。深圳、天津、成都、南京等城市轨道交通规模持续增长。据统计,上海市城市轨道交通已经承担了公共交通 70% 以上的运输量。轨道交通在平时满足人民群众交通出行、缓解城市交通拥堵、促进经济社会发展的同时,在战时也为城市居民筑起了地下防护网络。在轨道交通工程建设过程中,需要考虑兼顾设防工程建设,兼顾设防的轨道交通工程,在战时可以发挥出更大的作用。《轨道交通工程人民防空设计规范》(RFJ 02—2009)中提到:"轨道交通工程战时应具有战时保障人员安全交通、转移和物资运输的功能,车站战时可作为紧急人员掩蔽部或物资储备场所"[①]。轨道交通兼顾设防体系建设,已然成为城市人民防空工程体系的重要部分。

2 现状分析

2.1 北京

首都北京是中国第一个开通地铁的城市。北京地铁 1 号线在修建之初受莫斯科的影响,将指导思想为"战备为主,兼顾交通"。北京地铁 1 号线通车之后,只有持有单位介绍信的乘客才有资格参观、乘坐,在 1972 年取消凭介绍信购票的制度后才开始真正担负起民众的

作者简介:赵 晟(1993 年—),男,硕士,主要研究方向为民防工程。E-mail:297504682@qq.com。

① 见于《轨道交通工程人民防空设计规范》(RFJ 02—2009)。

交通任务。这条地铁隧道之上铺设70~80 cm厚的钢筋混凝土和1 m厚的防爆破材料，以防止核辐射和生化武器的渗透。

从1992年北京地铁复八线建设开始，我国地铁建设开始向"以平时交通运营为主，兼顾人防"的思想转变。这次建设思路的转变，目的是减小人防设计对地铁平时使用功能的影响，促进了地铁建设的快速发展。2007年，北京市民防局工程建设处组织召开了关于北京2007年计划开工建设的6条地铁线路人防工程设防方案的讨论会。在这次会议中进一步提出了"兼顾人防，建设和谐轨道交通"的新思路。

近年来，北京市地下轨道交通建设发展迅猛，后期建设的地铁在人防设计时，一般按甲类人防工程设计：核6级、常6级[1,2]；同时，根据其地理位置、周边环境和在人防总体规划中的重要性等因素，都将车站划分为重点车站和一般车站，并分别进行设计，如把重点车站的防化等级从一般车站的丁级提高到丙级，这表明了重点车站具有滤毒式通风系统。截至2020年12月，北京市轨道交通路网运营线路达24条，总里程727 km，车站428座，其中较为特殊的快速轨道交通线——北京地铁大兴机场线于2019年9月26日与北京大兴国际机场同步开通运营，北京地铁大兴机场线全长41.36 km，共设3座地下车站，时速可达160 km/h，位列中国地铁第一。

2.2 上海

1990年开工建设的上海地铁1号线，使上海市成为中国内地第三座开通地铁的城市。虽然当时上海市行政主管部门组织过有关的专家、学者对上海市轨道交通兼顾设防进行了可行性论证，但由于介入时机较晚，未能在轨道交通施工时一起同步施工到位。之后，自上海地铁1号线北延伸段的地下站设计开始，"轨道交通兼顾人防"才有了实质性的推进，但在追求节约投资的错误指导思想下，取消了区间隔断门的设置，最终未能实现一个完整的防护单元设置[3]。1995年，上海地铁2号线开工建设。参与轨道交通建设的各设计单位仅考虑了兼顾设防的预留措施，除江苏路站个别出入口落实了防护措施外，其余车站均未将设计内容在施工中落实。2003年，上海地铁4号线董家渡站至浦东南路附近越江隧道区间的安全联络通道，在运用"冻结法"进行施工时，由于竖井与旁通道的开挖顺序错误、冷冻设备出现故障导致温度回升以及地下沉压水导致喷沙等多个不利因素，引起隧道部分结构损坏及周边地区地面沉降（图1），造成重大经济损失。如果当时设置了防淹门兼防护密闭隔断门，则可以阻断水和流沙涌入，为应急处置可争取一定的时间。

图1　上海市临江花苑门口地面塌陷

以上案例给上海市轨道交通防护体系造成了无法挽回的损失，上海市政府吸取了前期建设的宝贵经验，果断决定将人防结建费用的50%用于轨道交通兼顾人防的建设。此外，1999年施行《上海市民防条例》和2009年施行的国家行业标准《轨道交通工程人民防空设计规范》(RFJ 02—2009)，使上海轨道交通兼顾设防发展走上了法制化与规范化的轨道。如今的上海市地铁一般情况地下段全线设防，高架线路不设防，但对于个别特殊线路采取了不完整设防、局部设防以及扩大设防等处理方式[4]。设防的区域主要分为以下三部分：①地下车站；②地下区间隧道（含中间风井）；③地下主变电所。上海市轨道交通兼顾设防的抗力等级，在建设上海地铁 8 号线（含上海地铁 8 号线）以前的地铁线均为抗核武器 6 级，从上海地铁 8 号线延伸段开始以后的线路均为常 6 级、核 6 级（按人防甲类工程考虑），防化级别均为丁级，不具备滤毒式通风系统。上海市轨道交通不设置重点设防和一般设防车站，也不设置防化等级为丙级的车站，兼顾设防建设的指导思想是创造疏散条件让紧急掩蔽人员通过人防连通道疏散到专业的人防工程中去。

截至 2021 年 6 月，上海地铁运营里程为 772 km。截至 2021 年，上海地铁运营线路共 19 条（含磁浮线），共设车站 460 座，运营里程居中国内地第一名；其中与北京大兴机场线类似的上海轨道交通机场联络线于 2019 年开建，计划 2024 年投运，此线路规划的九个站点中有六个是地下站点。

2.3 广州

广州是中国内地第四座开通轨道交通的城市。20 世纪 90 年代初，广州地铁 1 号线建设启动，人防部门曾提出过建议，要求广州地铁建设应兼顾人民防空需要，但是因当时缺乏明确的法律依据，国内各城市在做法上也参差不齐，以及地铁建设经费紧张等因素，所以广州地铁 1 号线当时暂未考虑兼顾人防建设的需要。到 1999 年，广州市建委根据广州市人防办的意见，致函广州地铁总公司，明确要求广州地铁 2 号线建设应考虑人防功能需要，同时人防部门会同市地铁总公司共同采取措施，根据国家人防办专家审定的方案，按照《人民防空工程战术技术要求》的内容对广州地铁 1 号线 14 个地下车站及相关区间隧道进行防护补救处理，制订改造方案，使其达到相应的防空抗力等级和防化等级标准。

广州现运营的地铁线路工程与北京类似，一般按甲类人防工程设计，防核武器抗力等级 6 级、防常规武器抗力等级 6 级，广州对运营线路与北京一样设置了重点设防站和一般设防站，重点站的防化等级为丙级，一般设防站为丁级。

截至 2021 年 9 月 28 日，广州地铁运营线路共 15 条，共设车站 290 座，运营里程 589.4 km，其中较为特殊的快速轨道交通——广州地铁 18 号线于 2021 年 9 月 28 日正式开通试运营，全长超 60 km，仅设站 9 座，其中 8 座为换乘站，最大站间距达 20 km 以上，全地下敷设。这条最大运行时速为 160 km 的线路，与北京大兴机场线时速并列国内第一。

2.4 深圳

深圳地铁设防意识在建设之初就相当严谨缜密，深圳地铁 1 号线于 1998 年开工建设，在建设之前专家组特地把地铁兼顾设防作为单独章节写入了深圳地铁的可行性研究报告中，并相继提出了人防设防标准、技术措施等具体技术要求。该线路首次创新性地提出了地铁车站人防分重点站和一般站的设计理念，做到了地铁平战转换的快速切换与人员掩蔽功能与交通疏散功能的有机结合。在一期工程的 18 个车站中，有 3 个重点车站设置了高等级防护标准，每个车站均预留了人防连通道，并设计有人员疏散预案，配备了专门的水电供应系统，以及其他一些专用设施。整体而言，深圳地铁可把人防工程连片成网，是城市战时疏散的大动脉，同时可为数万人提供掩蔽空间或作为物资库。

截至 2020 年 12 月 31 日，深圳地铁已开通运营线路共有 11 条，深圳地铁运营里程为 422.6 km。

2.5 重庆

2007年，重庆地铁1号线一期工程朝天门至沙坪坝段开工，1号线的小什字至两路口段有约2.7 km的里程利用了20世纪60年代至80年代修建的防空洞以及地铁隧道。另外，2017年开通的重庆地铁10号线红土地站是重庆最深的地铁站，位于重庆市江北区红黄路南北两侧，埋深达94 m，相当于深入地下31层楼的高度，94 m的埋深也就代表了超深的覆土厚度，在战时可以为人民群众搭建天然的保护屏障，阻隔核武器和生化武器的渗透。

截至2021年2月，重庆已开通9条轨道交通线路，线网覆盖重庆主城都市区多个区，共设车站193座，运营里程为370 km。重庆依托轨道交通建设的人防设施达数百万平方米，轨道交通成为重庆市人防工程体量的重要增长点。轨道交通和人防设施同步规划、同步建设、同步投入使用在重庆已经成为常态。下一步，重庆将以担负全国第一批交通强国建设试点任务为契机，深入推进轨道交通建设贯彻人防要求工作。

3 存在问题与主要对策

3.1 思想认识

(1)《轨道交通工程人民防空设计规范》(RFJ 02—2009)中虽然提到，"轨道交通工程战时应具有战时保障人员安全交通、转移和物资运输的功能，车站战时可作为紧急人员掩蔽部或物资储备场所。"，但是大部分城市还没有对各自轨道交通在战时哪些线路承担人员安全交通功能，哪些车站作为人员掩蔽场所或物资储备场所，哪些车站和线路的重要性级别高作出明确的规划，人防部门可以考虑把轨道交通建设纳入到城市防空袭方案中。

(2) 上海前期建设的地铁1，2，4号线的防护设计盲点给后期的城市防护体系造成了不小的损失，制约了上海轨道交通兼顾设防质量的提高。因此必须首先从人防主管部门和相关科研机构做起，加大对城市兼顾设防体系的前瞻性研究，挖掘城市坚固设防创新发展体系的潜力，同时也应当增强建设方的防护意识与责任感。

3.2 规划管理

(1) 如今各个城市都会编制人防专项规划，在规划中会对轨道交通站点提出要与周边人防工程相连等相关方面的要求，然而在实际的落实情况中，能够做到车站与相邻民防工程连通的案例少之又少，没有达到专项规划中"连片成网"的布局要求，使设防网络体系的效能大打折扣。因此，人防主管部门可以从轨交车站与周边民防工程立项开始，在批文中就应明确规定必须按人防专项规划要求，将周边民防工程的防护单元与地铁车站防护单元连通，同时对人防设计部门的设计文件进行严格的审查，在施工中落到实处。

(2) 由于我国地下空间建设方面的条块分割，各类工程分属不同的单位，报批和施工各自为政，各权属单位往往不服从规划部门的统一管理，没有把城市地下空间资源作为一个整体来全面统筹规划、开发建设，从而造成各类地下工程"见缝插针，零星建设"的现象。这不仅造成重复建设和资源浪费，影响城市正常的生活和生产，而且到建设后期将使城市地下空间资源的整合成本越来越高，掣肘了城市的可持续发展。因此，要在体制上实现地下空间资源的规划、开发建设、日常运营管理可以由一个部门统一领导、统筹管理，这也将为城市地下防护体系规划建设打下良好的基础，增强城市防护工程的机动性。

3.3 设计规范

（1）《轨道交通工程人民防空设计规范》（RFJ 02—2009）中没有具体明确轨道交通与周边连通道和连通口设置技术要求，例如连通口的大小和位置要求，连通道的设防和防化等级是否与主体工程一致，防护密闭门的选型要求等，这些在设计上存在着很大的模糊性。因此，国防办应组织相关设计单位在下一版《轨道交通工程人民防空设计规范》（RFJ 02—2009）中补充完善这一部分内容，为全国的轨道交通设计单位提供明确的设计依据。

（2）快速轨道交通工程与普通轨道交通工程相比，其运行速度显著提高[5]，站间距势必会较长，且为提高线路的通达性，换乘站设置也会较多，比如广州地铁 18 号线最大站间距达 20 km 以上；设站 9 座，其中 8 座为换乘站。正因为这些特点，使得常规的轨道交通兼顾设防设计不再完全适用于快速轨道交通工程的人防系统，其设防难度有所增加。比如，快速轨道交通的区间隧道较长，如果继续按照《轨道交通工程人民防空设计规范》（RFJ 02—2009）中防护单元"一站一区间"的设计原则，将会造成防护单元规模过大的问题，在实际的轨道交通兼顾设防设计中，应当尽量控制防护单元的规模。再如，快速轨道交通隧道断面较大，当平开式区间隔断门可能无法满足线路坡度和限高要求时，可采用提升式区间隔断门。

3.4 法律体系

《中华人民共和国物权法》第三十条规定："因合法建造、拆除房屋等事实行为设立或者消灭物权的，自事实行为成就时发生效力。"建设单位通过投资建造这种生产行为，创造出人防工程和其他地下工程等财产，成为工程所有权的原始取得者。然而，这项法律条文只适用于建设者所投资地块的用地红线内，对于连通道工程必然会超出自身的用地红线，超出部分的法律归属问题尚没有得到妥善处理。因此，建立健全连通道工程的法律归属问题是当下亟待解决的法律盲点，可以通过股权分配的方式让建造方们共同建设、共同持有、共同管理、共同收益，或是通过人防主管部门等第三方投资建设持有等方式来解决。

3.5 科学技术

（1）在平战转换期间对于通风井道的战时封堵会导致轨道交通无法将气流及时排出，也会导致列车不能保持正常的运行速度，对于此类问题可以参考北京人防院研制的滑轨式封堵设施[6]，如图 2 所示。平时可存放于储藏室，战时仅需两个操作员在 10 min 内即可完成口部的关闭操作，在车辆需要保持运输功能时可以再次打开，平战转换迅速。

（2）以往的老式区间防护密闭门在平战转换时会切断供电触网，那就意味着轨道交通在战时就无法保证运输的功能，人防院等相关设计、科研单位可以研发新型防护密闭门，在平战转换时不需要切断供电触网，也不需要改变轨道

图 2　滑轨式封堵设施[7]

交通运行的供电方式。

（3）重点设防车站的防化等级为丙级，理论上整个工程需要全工程超压，在实际使用过程中，全工程超压难以实现[7]。对于此类问题，一方面，科研机构应当积极找寻问题所在，研发新型封堵材料；另一方面，人防部门也应积极思考建设原则，是否有必要必须设置丙级防化的车站，还是建设与车站相连的连通道工程，把人员快速地疏散到附近的人防工程当中去。

4 结语

轨道交通工程是我国一项重要的民生工程，而轨道交通兼顾设防工程是保障人民生命财产安全的护民之盾。因此，完善轨道交通兼顾设防体系是我国需要不断推进的一项重要任务，在探索过程中遇到的在思想认识、规划管理、设计规范、法规体系以及科学技术等方面存在的问题，我们应积极面对，找寻破解之法，筑牢护民之盾。

参考文献

[1] 冯星，周锋. 地铁兼顾城市人防防护体系的设防设计[J]. 上海建设科技，2018（3）：36-40.
[2] 耿艳霞. 浅谈轨道交通工程人民防空建筑设计[J]. 建设设计，2010，14（2）：94-96.
[3] 吴玮民. 环顾上海轨道交通兼顾设防发展的足迹[J]. 生命与灾害，2009（S1）：67-71.
[4] 吴玮民. 上海轨道交通工程兼顾设防的应用技术[J]. 生命与灾害，2009（S1）：61-66.
[5] 秦伟民. 快速轨道交通工程兼顾人防设计探讨[J]. 建筑工程技术与设计，2018（6）：977.
[6] 胡慧茹. 北京地铁人防工程建设管理特点分析[J]. 房地产世界，2021（4）：107-109.
[7] 曾程亮. 广州地铁新线兼顾人防要求设计及优化[J]. 建筑技术开发，2018，45（14）：32-34.

人防工程空气质量与安全的智能监控

李树广[1]　马军[1]　周奕[2]

(1 国科瀚海激光科技北京有限公司，北京 102600；2 迪爱斯信息技术股份有限公司，上海 200233)

摘要　人防工程作为我国重要的战略性工程，地位重要且具有特定功能。其建设既要做到战时防空需要，又需考虑平时城市建设、经济使用和人民生活的需求，具有缓解城市发展矛盾，增强城市综合发展能力的重要作用，满足平战双重功能[1]。为进一步推进人防工程事业的发展，我们提出"构建人防空气质量安全智能化监控体系"。人防空气质量安全智能化监控体系采用国际上最前沿的气体检测技术——激光吸收光谱气体检测技术。此技术的应用被世界公认为是气体检测技术未来发展的主流趋势，具有可进行远距离遥测、灵敏度高、反应速度快、抗交叉干扰能力强及无需定期调校等特点。激光吸收光谱气体检测技术弥补了现有气体检测技术的全部缺陷，具有非常巨大的应用优势。可快速监测到运行设备及空气中散发的易燃易爆气体，切实有效地预防与监测气体泄漏所造成的风险。最大程度地发挥人防工程的性能和作用，为人防工程提供更多的安全保障。

关键词　人防工程；空气质量安全；激光吸收光谱气体检测技术；监控平台

1 引言

目前大量人防场所正逐步被商业化，形成由城市人民防空工程、地下交通干线、地下商业娱乐设施、地下停车场、地下过街道、共同沟以及结合民用建筑修建的防空地下室等组成的城市地下防护空间体系。人防工程属于地下密闭空间，由于汽车尾气排放、通风不够等现象，导致空气质量越来越差。部分人防工程内还设有燃气管道、污水井和污水管道等设施。极易产生一氧化碳（CO）、二氧化碳（CO_2）、二氧化硫（SO_2）、二氧化氮（NO_2）、甲烷（CH_4）、硫化氢（H_2S）和氨气（NH_3）等有毒有害气体[1]。鉴于人防工程属于地下密闭空间，一方面，空气质量不能保证；另一方面，若有毒有害气体泄漏，极易产生因气体聚集而造成的燃爆或气体中毒事故，造成群死群伤的严重后果。

要充分利用地下空间，就要使地下空间环境质量尽量接近地面环境，采取有效措施，保证良好的空气质量，使各种污染物浓度降低到允许范围。

2020 年北京市人民防空办公室关于印发《北京市人防空工程内有限空间安全管理规定》的通知提出，有限空间是指封闭或部分封闭、进出口受限但人员可以进入、未被设计为固定工作场所、自然通风不良，易造成有毒有害、易燃易爆物质积聚或氧含量不足的空间。人防工程相关专业从业者或被许可使用人，应当建立健全有人防工程内有限空间的管理制度，配

作者简介：李树广（1951 年—），男，本科，职称，主要从事激光吸收光谱气体检测技术方面工作及研究。E-mail: lisghanhai@gkhhlaser.com。

备与有限空间作业相匹配的安全防护设备、个人防护设备和应急救援装备等。

2 人防工程内空气质量智能监测现状

2.1 人防工程环境现状

人防工程建设时，初期比较侧重战时功能，忽视和平时期的使用要求和环境的改善。如地下车库内汽车尾气排放、地下商城通风不够、燃气管道及污水井未安装有害气体监测设备、商场内可燃气体监测设备监测区域受限等，导致空气质量较差，安全隐患较多。

2.2 传统气体监测技术在人防工程使用中的缺陷

人防工程环境中含有各种危险气体，如甲烷、硫化氢等在泄漏时会首先扩散到空气中，空气的组成很复杂，含有氧气、氮气、二氧化碳等多种成分，因此从众多气体中快速、准确地发现目标气体，就成为了气体检测设备的首要需求。

传统的气体监测技术主要有催化燃烧、电化学和非分散红外技术。这类气体监测技术属于被动探测，需要气体扩散到设备所在位置才能被发现，反应速度较慢，不能及时报警，且会发生漏报的情况；抗干扰性差，容易受到其他气体干扰和环境影响产生误报。特别是在人防工程这类有限空间，一方面，湿度大，传统气体监测技术难以解决水汽等交叉气体干扰造成误报、漏报的问题；另一方面，对因无法发现早期微量泄漏，极易产生因气体聚集造成的燃爆或气体中毒事故。无法满足人防工程对气体监测精准、稳定，无漏报、误报的需求。

3 人防工程空气质量和安全的智能监控策略

3.1 激光吸收光谱技术与传统技术产品的竞争优势对比

表1 激光吸收光谱技术与传统技术产品的竞争优势对比

催化燃烧、电化学技术	非分散红外技术	激光吸收光谱技术
寿命短，1~2年需更换	光源易老化	20年寿命
需要频繁进行标定，维护工作量大，综合成本高	需定期标定，维护工作量大，综合成本高	无需调校，免维护、综合成本低
需要电源，无电区域无法使用，并存在引爆风险	需要电源	光学检测，监测现场无需电源
抗干扰性差，误报率高	宽带光源，水汽干扰严重，交叉气体有干扰	指纹性检测，无误报，可靠性高
可靠性差，存在高深度冲击失效和中毒问题	波长无法控制，光源老化后影响检测结果	非接触性检测，0~100%全量程
反应速度慢（30 s）不能及时报警，会发生漏报	反应速度较慢（10 s）	反应速度极快，只需0.1 s，实时高效检测
灵敏度不足，无法发现早期微量泄漏	检测干扰导致灵敏度不足	高灵敏度，可检测到PPb级的气体
检测状态无法监测，失效后无法发现，无自检功能	光源波长无法精确控制	全系统运行状态完整实时监控

3.2 激光吸收光谱气体检测技术在人防工程中的应用

结合人防智能监控建设理念，根据应用场景划分，在布有燃气管道的地下人防区域、地下停车场和地下商业街等，可使用固定反射式激光气体遥测仪（图1）。

固定反射式激光气体遥测仪由激光控制单元、光谱分析单元与光学反射单元组成，采用激光吸收光谱气体检测技术（Tunable Diode Laser Absorption Spectroscopy，TDLAS），对位于激光收发装置和反射装置之间的气体浓度进行远距离全天候的在线监测，是大范围开放区域内监测气体泄漏的理想选择。监测范围可达到1 km，多台设备组网可以实现对分布浓度、移动速度以及移动方向的实时监测（图2）。

图1 光谱分析单元、激光控制单元

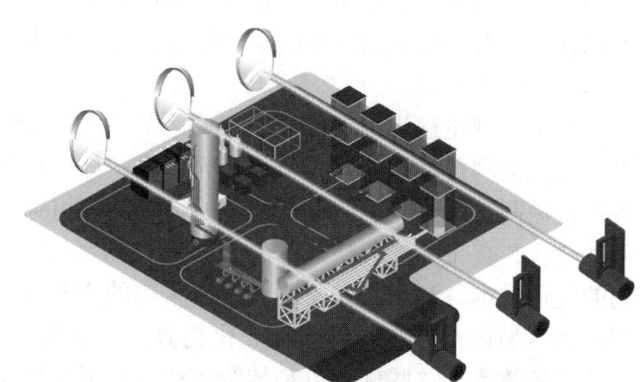

图2 固定反射式激光气体遥测仪组网工作示意图

在地下人防的阀井、污水井和集水井等处可使用激光气体泄漏监测仪（图3和图4）。

激光气体泄漏监测仪由探测器、供电与通信模组、监控平台组成，是采用TDLAS技术、低功耗技术和物联网技术于一体的地下激光监测类产品。并通过NB-IoT物联网通信传输到监控平台，对地下、封闭与半封闭空间内痕量气体泄漏实现实时、快速、长距离及精准的监控（图5）。

图3 激光气体泄漏监测仪（不锈钢型）

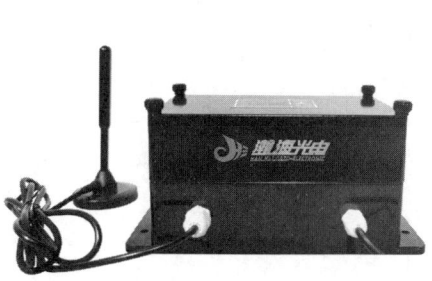

图4 激光气体泄漏监测仪（紧凑型）

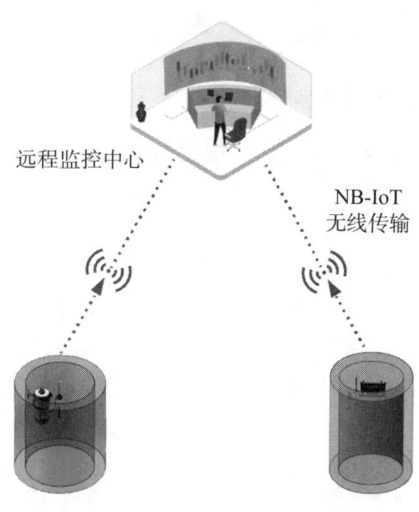

图5 激光气体泄漏监测仪工作示意图

激光气体泄漏监测仪采用电池供电，待机时间长。设备会每隔 1 h 进行 1 次气体浓度采集，并将该时间段内采集到的浓度数据集中通过 NB-IoT 物联网无线传输到监控平台。

4 结语

根据人防工程空气质量与安全现状，了解到目前人防工程建设与管理中缺少符合现代气体监测需求的技术解决手段。通过对这一领域的技术研究，了解到激光吸收光谱气体检测技术是目前最先进、可靠、精准、有效、可主动监测，并符合人防工程环境的气体监测技术。

该技术相较于传统的催化燃烧、电化学与非分散红外技术具有可进行远距离遥测、灵敏度高、反应速度快、抗交叉干扰能力强以及无需定期调校等特点。激光吸收光谱气体检测技术弥补了现有气体检测技术的全部缺陷，更符合人防工程对气体监测的需求，是当前最佳的气体监测解决方案。

安全管理正逐步进入 5G 大数据时代，对于监测设备的智能化要求越来越高，激光吸收光谱气体检测技术由于融合了当今光、电、计算机等高精尖领域的最新成果，其前端监测设备、传输网络、监控运营平台三位一体，数据可通过网络实时共享，实现与各种应急机制的联动合作，真正实现危险气体的智能化、无人化管控，这种监测模式可大大降低危险气体检测的硬件成本，利用激光监测设备所采集的实时海量数据，进而利用大数据进行模型演算预测监测区域内危险气体的浓度变化趋势，实现预警，通过对泄漏成因分析，提供治理依据，提高监管效率。这些优势也是传统监测设备无法比拟的。

与此同时，通过对人防工程的结构、环境分析，匹配出相关的激光吸收光谱气体监测设备，暨固定反射式激光气体遥测仪和激光气体泄漏监测仪。为人防工程空气质量与安全提供最佳的智能监控解决方案。目前人防工程在气体监测领域上，意识与技术手段的推行都处于滞后阶段；而在技术领域上，我们并不缺少其解决方案。随着国家对人防工程的经济价值开发与安全管理重视的推动，人防工程应尽快填补在气体智能监控的空白。大力推进对激光吸收光谱气体检测技术在人防工程领域的应用，为人防工程空气质量与安全的保障提供更加有效的技术手段支持。

参考文献

[1] 吴东艳. 地下人防工程内部空气质量现状及改善措施 [J]. 污染防治技术，2019（3）：24-25，41.

新形势下加强民防事业单位财务管理的探讨

沈小艳

(上海市民防科学研究所,上海 200020)

摘 要 人民防空是国防的重要组成部分,民防事业单位承担着科学研究、科普宣传、指挥通信保障与工程管理等重要职能,在民防建设发展中起着不可忽视的作用。随着人民防空改革高质量的建设与深入发展,民防工作经费保障的深层次矛盾逐渐凸显,探索科学、高效的财务管理模式则至关重要。本文结合目前基层民防事业单位财务管理的现状,对民防事业单位在财务管理过程中存在的不足进行分析,探讨进一步加强财务管理的对策,以期能够防范或降低财务风险,提高民防事业单位财务管理水平,为更好地服务民防高质量发展夯实基础。

关键词 民防事业单位;财务管理;问题;对策

1 引言

近年来,国家加大财税改革力度,深化"放管服"改革,转变政府职能,推动经济数字化转型。随着民防治理能力的提高和治理体系现代化的推进,人民防空改革发展不断深入,民防工作经费来源不断多元化,经费保障的深层次矛盾逐渐凸显,对民防事业单位财务管理工作提出了更高的要求。新形势下,民防事业单位应当转变原有的以会计核算为中心的财务管理模式,正确认识当前民防事业单位在财务管理方面存在的不足,"对症下药"找到加强管理工作的对策,才能有效防范民防事业的财务风险,提高民防工作经费管理的质量和效率,可以更好地激发民防干部职工干事创业的积极性,促进民防高质量发展。

2 民防事业单位财务管理工作的重要性与必要性

当前,世界安全形势复杂多变,习近平总书记在第七次全国人民防空会议上指出:"人民防空是国之大事,是国家战略,是长期战略。""要坚持人民防空为人民,铸就坚不可摧的护民之盾。"从国家战略高度来看,对民防事业发展提出了更高的要求。民防工作经费是民防事业的重要支撑,做好民防财务管理更是发展民防事业的重要保障。

2021年,上海市民防办公室制定《上海市民防建设发展"十四五"规划》(以下简称《规划》),《规划》指出:"将民防工作经费纳入各级政府财政预算保障范围。加大资金投入

作者简介:沈小艳(1990年—),女,大学本科,会计师,主要从事财务管理及会计核算方面工作或研究。E-mail: sxy_1107@126.com。

力度，资金向组织指挥、通信警报、重要经济目标防护、训练演练等倾斜。严格预算管理和财务管理，加强审计监督。"从制度层面来看，要求进一步做好财务管理工作，为民防事业发展保驾护航。

3 民防事业单位财务管理现状

目前，民防事业单位原有的财务管理模式已经不能适应社会发展的需要，存在着或多或少的管理问题，具体问题如下。

3.1 成本控制理念不足

2019年财政部印发《事业单位成本核算基本指引》（以下简称《基本指引》），并于2021年1月1日施行。《基本指引》的制定旨在促进事业单位加强成本核算工作，提升单位内部管理水平和运行效率，减少公共资源不必要的浪费，夯实绩效管理基础。目前相关部门尚未要求民防事业单位强制执行成本核算，加上民防工作经费大多是由财政保障的，造成民防事业单位对成本管理的认识相对薄弱，尚未建立成本控制的概念体系，甚至存在不同程度的铺张浪费现象。

3.2 内部财务管理制度不健全

事业单位财务管理制度主要包括预算管理、收支管理、资产管理和负债管理等，具有很强的政策性。现阶段，大部分民防事业单位制订了财务管理制度，但仍存在制度内容不完善，更新不及时等问题，在执行具体的经济业务时，主要参照国家、本市以及上级主管部门的相关规定，缺乏针对本单位实际情况的全面的财务管理细则。

3.3 内部财务监督管理不到位

民防事业单位受编制体制限制，普遍单位规模小，人员配置不齐全，没有独立的审计监管部门或未配置内部审计人员，没有建立内部审计和监管的机制，往往依靠第三方审计事务所进行事后审查，内部审查不够及时、深入与全面[1]。

3.4 无形资产管理相对落后

随着民防建设的不断发展，民防科技创新不断深入，民防科研形成的专利、发明应用、知识产权和定制化软件等无形资产对民防发展十分重要，但这类资产不具有实物形态，不属于货币资产，价值难以被衡量和准确核算，往往容易被忽视，造成无形资产未入账、少核算等情况。

假设民防A单位委托B公司探索某先进技术在民防领域的应用，并签订合作协议，B公司开具技术服务费发票。在实际研发过程中，B公司形成定制化应用软件。A单位相关业务经办人员就该项目履行报销手续。财务人员履行必要的审核程序后，根据报销凭证进行核算入账，其中财务会计核算借记业务费用科目，贷记零余额账户/银行存款等科目。由于财务人员不参与业务活动，业务经办人员未就该项目进行充分说明，财务人员无法从财务报销凭证附件合同、发票等材料中发现该项目形成定制化软件，从而造成无形资产未核算入账的情况。

3.5 单位内部财务信息化建设落后

目前，民防事业单位的财务信息系统主要依靠财政预算一体化系统，实现了"基层事业单位—主管单位—财政部门"之间的纵向互联互通。但在民防事业单位内部，预算编制、预算执行汇报、费用报销和预算调整等环节还停留在纸质流转阶段，尚未在单位内部形成横向互联互通、有机整合的财务信息系统，各部门之间信息共享程度较低，财务人员需要频繁地向业务部门索要数据或材料，业务部门也不能实时掌握项目资金的使用情况，影响民防各项工作的质量和效率。

4 加强民防事业单位财务管理的对策

4.1 深化成本控制理念，加强成本核算管理

当前，面临经济下行的压力和国内外复杂的经济形势，党中央提出"政府要过紧日子"，严格控制一般性支出，民防事业单位经费不足与经费需求不平衡的矛盾愈加突出。为破解或者缓解这些难题，各民防事业单位可以从内部成本控制着手，通过成本控制来应对减税降费带来的财政收入减少，确保单位平稳运行。通过培训的方式，加强领导层对成本管理理念和技术方法的学习，切实深化成本控制理念，从思想根源上重视成本控制，消除固有的认知误区，进而对基层职工进行管束引导，树立全民成本控制理念[2]。

此外，还可以通过细化成本控制的方式方法，将成本管理与绩效管理相结合，开展成本核算管理。根据民防事业单位的行业特点及其社会服务公益性质，财政收入主要用于预算项目，成本控制不能简单地以最低成本来考核，而是要注重在保证完成既定的绩效目标下，尽可能地减少投入，节约成本；同时在有限的预算下，获得更多的绩效。

4.2 加快制度建设，提升财务管理工作的质量

随着事业单位财务管理体制改革的深入，民防财务及相关部门应加快财务管理相关的制度体系建设，对传统的财务制度进行统一处理，对内容缺乏完善性的制度实施填充措施；对实践性缺乏的制度实施修整措施；对与时代发展缺乏匹配性的制度实施优化措施。基于民防事业单位发展的实际情况，应加快建立健全单位内部《财务管理工作规范》《无形资产管理规定》《内部监督管理制度》《内部控制管理制度》等规章制度，并制订配套的实施细则，进一步提升财务管理工作的质量，为财务管理工作运行的有效性与有序性提供制度保障。

4.3 探索民防"业财融合"财务管理模式，提升财务监管质量

大数据时代，随着智能财务的推行，"业财融合"在企业财务管理中并不陌生[3]，而在事业单位财务管理领域中受经费、人员和体制等因素的限制，较少得到有效的探索及运用。传统会计核算下的财务人员对经济业务只是事后核算，而"业财融合"要求财务人员要融入业务，打破业务与财务的界限，改变传统财务和业务独立分开的模式，由事后监督向事前预测、事中控制、事后监督转变，全程参与业务活动。现在已经推行的"公务之家"系统就是"业财融合"的成功探索。"公务之家"系统实现了业务流程与风险预警数据分析等管理功能。因此，探索适用于民防事业单位的"业财融合"模式，可以有效提高财务监督质量，提前防范财务风险，弥补内部审计部门和审计人员缺失所造成的监管不足。

4.4 全面落实绩效管理，加强专业人才队伍建设

财务管理相关人员业务能力水平的高低，直接影响到民防财务管理的质量，高素质的财务管理人员可以帮助单位进一步规范财务管理流程，提高资金和项目的管理效率，有效规避或降低潜在的财务风险。新时期，高素质的财务管理人才不仅需要基础的财务专业能力，还需具备数据挖掘能力、数据分析能力、发现和解决问题的能力以及较高的学习能力。为此，民防事业单位首先应当在内部培训一批符合新时代发展要求的财务管理专业人员；其次，在人员编制受限的情况下，充分发挥社会行业专家、中介咨询机构的专业力量，最后组建一支能力强、创新性高的复合型财务管理专业人才队伍。

另外，民防事业单位应重视开展全面绩效管理，科学编制绩效考核计划，建立绩效考核指标体系，完善绩效考核机制，将绩效考核融入成本控制、预算收支管理和资产管理等财务管理活动中，对职工的工作执行情况进行追踪和引导，强化绩效考核结果的应用，达到以绩效优化财务管理的目的。

4.5 实现财务信息化平台互联互通，推进民防财务数字化转型

党的十九届五中全会通过的《中共中央关于制定国民经济和社会发展第十四个五年规划和二〇三五年远景目标的建议》提出，加快发展数字经济，加强数字社会、数字政府建设。上海民防在《规划》中同时指出要加强数字民防建设，推进民防信息平台建设，实现资源共享。结合目前民防财务信息化建设现状，应加快建立适用于民防事业单位内部的财务信息化平台，和现有的"智慧民防"、民防 OA 系统、财政一体化系统、资产管理系统以及其他民防业务系统互联互通，在确保信息安全的同时实现无纸化报销、无纸化办公以及数据共享等，落实财务业务一体化，真正做到让业务人员"少跑腿"，让数据"多跑路"，从而进一步提高民防事业单位的竞争优势，提升财务管理质量和效率，推进民防财务的数字化转型[4]。

5 结语

总而言之，在新形势背景下，民防事业单位需要转变传统的财务管理理念，重视成本控制，加强财务改革创新，积极探索财务管理新模式，根据单位发展的需求，构建完善的财务管理体系，提高民防事业单位财务管理水平，推进民防事业的高质量发展。

参考文献

[1] 王东云. 新常态下人防事业单位财务管理问题探究 [J]. 会计师，2020（19）：27-28.
[2] 何菲. 事业单位如何加强成本管理的思考 [J]. 财会学习，2021（21）：116-118.
[3] 周嵘. 事业单位业财融合现状、必要性和措施分析 [J]. 财会学习，2020（14）：37-38.
[4] 张鑫. 新形势下加强行政事业单位固定资产管理的探讨 [J]. 中国管理信息化，2019，22（7）：8-9.

民防指挥室和会议室中音频信号技术的发展趋势

茅翔升

(上海金桥信息股份有限公司，上海 200233)

摘 要 专业数字网络音频技术供应商敖联公司（Audinate）在 2003 年通过针对 ZeroConf，ip 和 dscp 等音频技术以及针对 IEEE1588 时钟音频协议系统进行了技术融合，并初步开发了新推出的 Audante 融合数字音频网络化和音频数据传输技术，本文在连接方式、时钟同步性和网络延时等优势以及应用等方面对 Dante 数字网络音频传输技术进行了研究。Dante 数字网络中的音频传输技术的应用在延时性、成本以及精度上都有极好的表现。Dante 数字网络音频传输技术是在市场强烈的需求下诞生的一款优秀的现代数字化多媒体电声建设方案，其可用于民防工程中的会议室、指挥室及公共广播等有关音频扩声系统。

关键词 Dante；数字音频；传输技术；网络工程

1 引言

在目前最为广泛应用的专业音频设备和行业中，基于以太网的大规模数字音频信号传输技术作为一个聚焦技术，它具有独立存在的特征，在诸多工程和项目中都已得到广泛应用。在这个模拟式传输的时代很多都是无法克服和解决的问题，例如多线路布线困难、远程传输、数据备份等难题在应用数字音频传输技术后得到圆满解决。随着社会的发展，对技术提出了更高的要求，Audinate 在 2003 年融合了当下主流技术网络音频实时传输技术（CobraNet）和网络数字音频（EtherSound）技术以及其他诸多技术，推出了集硬件、软件、协议为一体的 Dante 数字音频传输技术。某民防工程单位目前使用较为先进的音频技术，系统中包含的数字调音台、音频处理器和音响都采用了 Dante 的网络音频方式来完成系统搭建。同时每个房间和指挥室通过 Dante 数字音频传输技术来完成互联互通对话，减少了放置较长模拟线交流干扰的问题，以及放音频线的成本，只需网线来传输，大大降低了成本。在千兆交换机内实施网络传输的音频特点，通过交换机就能实现音频传输，无需对交换机进行设置可通过软件订阅通道的方式来实现。

2 Dante 数字网络音频传输技术的优点

2.1 使用方便兼具传统音频传输技术的优点

Dante 数字网络中的音频传输技术是一种可以跨越二层网络的通信协议，更为方便的 IP

作者简介：茅翔升（1991 年—），男，主要从事会议系统音视频调试和研究。E-mail: maoxiangsheng@shgbit.com。

三层通信协议，它具有传统的延时低、费用少、精确性差、传输速率快等特点，为实现点对点的音频传输与连接应用，提供了极好的解决办法。使用 Dante Controller 软件（图 1）就可对网络音频信号进行订阅通信，所有音频设备需支持 Dante 网络协议。

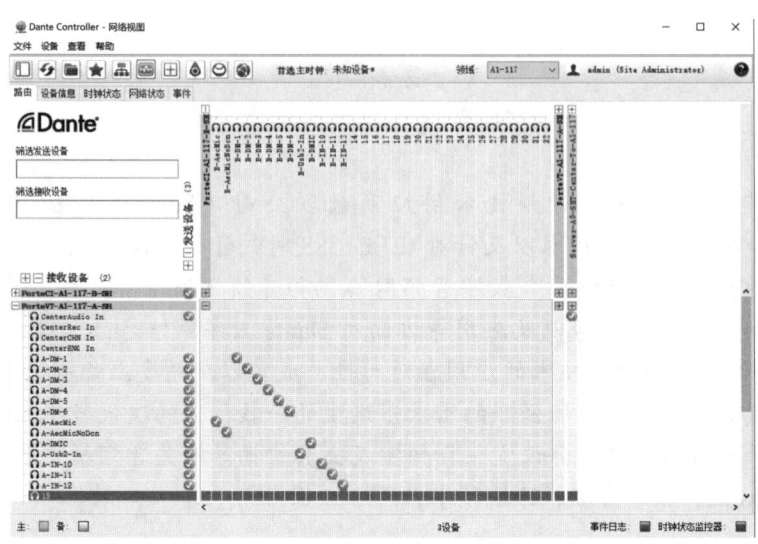

图 1 Dante 软件订阅

2.2 集成了 CobraNet 和 EtherSound 的共同优点

Dante 音频技术路由是一个可将各种高精度的数字时钟编码信号和各种专用数字音频编码信号直接在无线以太网上进行传输的，并对其线路进行复杂化的路由。因为 andante 两项早期技术只是能够在一根以太网线上同时地进行发送和接受许多个的音频信号通道，早期的音频信号数据接收和音频发送的技术复杂性和其中的局限性被很好地加以克服和并得到有效解决。

同其他传统技术相比，Dante 数字网络音频技术充分集合了 CobraNet 与 EtherSound 的一些优点[1]，一是它可以不必像其他传统的音频数据传输那样对系统进行烦琐的设计和布线，可以有效地降低成本；二是采用不经过压缩的数字信号，更好地保证了优秀的声音；三是对于现有的网络具备良好的适应性，无需对其进行专门的配置即可投入使用；四是在网络中所对应的任何一个音频信号，都必须以"标签"的方式存在，具有更高的精度。

2.3 独特优势

Dante 数字音频传输技术除此之外还具有一些自己的特点，也是 Dante 数字音频传输技术的优势所在。

（1）延时时间短[2]。Dante 系统能够对可用的网络带宽进行自动调整，将延时的传送时间减少到最短，总的音频传送时间在 100 m 的网络带宽中的延时只有 34 μs。

（2）运用 IEEE1588 精密的时钟协议，具有极高的同步性。

（3）运用 ZeroConf 协议，不再要求进行复杂的手工网络配置即可正常运行。

（4）对于网络中的数据具有很高的兼容性，Dante 技术能够使自身的数据信号以及与其他不相干的数据流共同存在一个网络中，且彼此之间不会产生任何干扰，用户不必再需要建

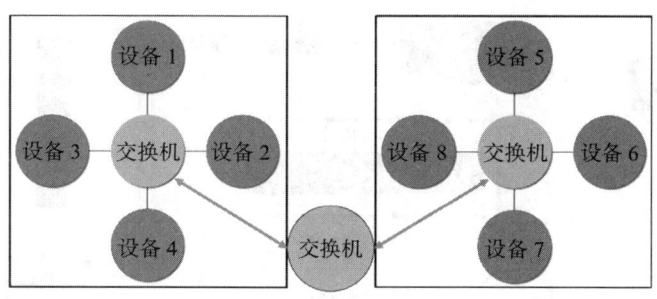

图 2　网络拓扑图

立一个专用的网络就可以完成目标（图 2）。

（5）在出现网络故障、时钟遗漏等情况下，Dante 技术能够进行自我修复[3]。

（6）Dante 数字音频传输技术可以选择采用单播或者多播的数字音频通道进行传输，依据每个接收点的要求进行屏蔽或者过滤通道，控制多播或者少量音频的传输路由。

通过计算在交换机 Dante 数据占用的带宽可知：PCM 音频带宽 = 采样率 × 比特深度 × 通道数量。示例：48 kHz/24 brt 条件下的 64 通道 PCM 音频 =48 000 × 24 × 64=74 Mbps。从而会发现占用的带宽占交换机带宽不到 10%。

3　基本原理

3.1　"即插即用"的连接方式

首先将一个带有 dante-my16-aud 的网卡直接插入一个带有语音数据伺服器的电脑主机，然后与一台无线交换机直接进行无线连接，就能够直接实现基于这种 dante 无线技术的无线数字音频数据传输。要注意的是，网络传输网线需达到千兆要求，否则数据传输会造成延时，时钟同步丢失信号等现象。

3.2　传输协议

Dante 数字音频传输技术应用了以太网传输层技术。通过 UDP/IP 协议进行传输，即在音频信号传输时使用 UDP，在以太网的路由上使用 IP。

音频信号传输路径是将音频信号转变为 UDP/IP 信号，并输入到网络中[4]。网络任意路由的语言服务器就可以收到被打包成数据包的音频信号，音频信号数据包被解包后并转换成模拟信号，由音箱等外放设备播出，同时还可以进行记录。

当使用数字处理器或者数字混音台等音频处理设备时，可以直接对数字音频信号进行编辑，无需转化成模拟信号，编辑后自动形成新的音频数据包发回网络中，可供其他路由的设备使用。在这个过程中，所有的路由由一个软件进行对应的地址编码即可完成，无需关心信号的来源和去处，完全解决了断点设备配置的复杂性（图 3）。

对于设备的连接基于设备支持 Dante 的协议才能完成数据相互在交换机中的通信，通过网线进入交换机，软件订阅通道的配置方式来完成系统搭建。

3.3　时钟同步

Dante 数字音频传输技术中的时钟同步应用了 IEEE1588 精密时钟协议。发送音频信号

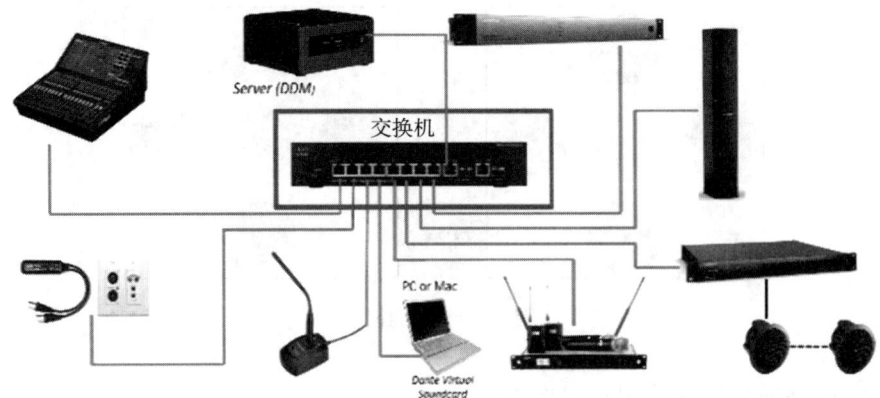

图 3　设备连接示意图

时，必须在信号上添加一个采样时钟信号才能在网络中传输，采样时钟信号由自身的时钟振荡器发出，且必须与主时钟同步，然而振荡器发出的时钟信号有时会与主时钟产生偏差，造成故障，这时 Dante 能够自动调整这种偏差，使之与主时钟同步。Dante 技术的高品质，低延时音效正是因为精准的时钟同步，极低的抖动采样率才能够得以实现。

3.4　网络延时

Dante 数字音频传输技术主要包括以下基本要素及其组成：一是数字网络的传输带宽；二是视频发送点与音频接收点的网络数量和连接位置；三是采用单点还是多点进行传输。同时通过 Dante Controller 软件中的延时监控来查看网络中音频的延时情况（图 4），当网络出现较大延时的情况后会出现声音断续甚至会有杂音。这时就需要查看交换机是否配置了某些不必要的参数（图 5）。

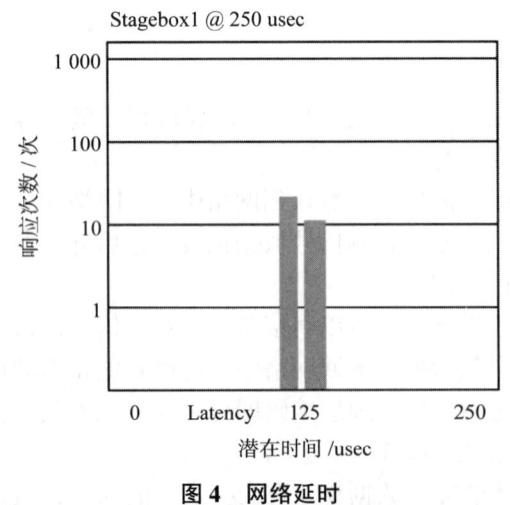

图 4　网络延时

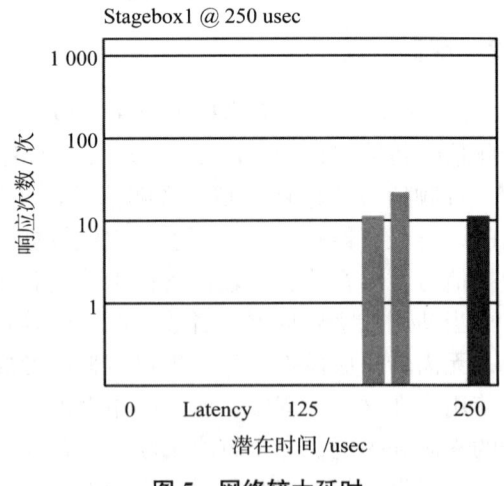

图 5　网络较大延时

Dante 数字音频传输技术能够在网络带宽和延时之间实现平衡，由用户在经济性或者延时性能上做出自己的选择。Dante 在保证网络安全的情况下可根据用户的选择，自动调整为可用的网络带宽，尽可能多地使用网络空余带宽，以达到减少网络延时的目的。

4 结语

Dante 数字音频传输技术在数字多媒体领域中具有很强的优势，可广泛应用于民防工程指挥系统音频传输和多类会议室、专业音响行业、广播系统、智能音频系统等诸多方面，为音频传输技术在数字化与网络化的发展中奠定了坚实的基础。Dante 结合了硬件和软件，使用标准 IP 网络技术在设备之间传输音频和视频，它给予了四种优势——集成容易、安装容易、使用容易、管理容易，未来将会是网络音频发展的重要趋势。

参考文献

[1] 周芳卉. Dante 技术实现现场扩声中调音台与 DAW 的协同工作 [J]. 卫星电视与宽带多媒体，2020（1）：45-48.
[2] 严坤贤. Dante 音频网络传输技术在电影院扩音系统中的应用 [J]. 电声技术，2018，42（3）：60-61，71.
[3] 赵国利. 数字音频技术在广播电视工程领域中的应用 [J]. 电子技术与软件工程，2016（22）：105.
[4] 潘晓愚. 广电工程中数字音频技术的运用 [J]. 通讯世界，2019，26（12）：101-102.

融媒体时代下的民防宣教

浦 玮 钱晨路 陈 曦 吴苑琪

(上海市民防宣传教育中心，上海 200020)

摘 要 为了探索融媒体时代下民防宣教的路径创新，探讨融媒体时代对民防宣教带来的机遇与挑战相关问题，本文采用定性分析方法，从融媒体的基本定义和基本情况入手，就当前既有经验基础上进行讨论、分析民防宣教融媒体发展的重要意义，总结出在媒体融合的背景下更好地实现创新民防宣传教育，推动民防事业健康有序发展的方法。

关键词 融媒体；民防；宣传

1 引言

党的十八大以后，媒体融合发展上升为中央决策和国家战略。习近平总书记强调，要加快传统媒体和新兴媒体融合发展，充分运用新技术新应用创新媒体传播方式，占领信息传播制高点。推动媒体融合发展、建设全媒体成为我们面临的一项紧迫课题。民防宣传教育作为民防社会组织和动员的重要载体，是意识形态工作的重要组成部分。当前，以融媒体理念科学整合宣传资源，构建顺应融媒体时代发展趋势的民防宣传教育工作新格局，已成为民防宣教工作领域中的重要课题和紧迫任务。本文拟从介绍融媒体及其基本分类、特征入手，通过总结已往经验，展望发展机遇，探索路径创新，分析融媒体时代下的民防宣传教育，探讨如何把握融媒体的时代机遇，做好民防宣教工作，推动民防高质量发展。

2 融媒体与民防宣教

2.1 融媒体发展概述

融媒体（Media Convergence）的概念是国内学者基于美国学者提出的媒介融合概念提出的。伊契尔·索勒·普尔最早在其著作《自由的技术》中提到"媒体融合"（Media Convergence）是指各种媒介呈现了多功能一体化的趋势。在我国，"融媒体"的概念在2009年被首次提出。庄勇在《从"融媒体"中寻求生机的思考与探索》一文中指出，融媒体是充分利用互联网这个载体，把广播、电视和报纸这些既有共同点，又存在互补性的不同媒体，在人力、内容及宣传等方面进行全面整合，实现"资源通融、内容兼融、宣传互融、利益共融"的新型媒体[2]。

2014年被称为中国的"媒介融合元年"。2014年8月，中央全面深化改革领导小组第

作者简介：浦 玮（1970年—），上海民防宣教中心融媒体科科长。E-mail: 18019478920@163.com。

四次会议审议通过了《关于推动传统媒体和新兴媒体融合发展的指导意见》，媒体融合发展战略正式上升到国家层面。习近平总书记在会议上强调，要推动传统媒体和新兴媒体融合发展。2018年8月，习近平总书记在全国宣传思想工作会议上指出："要扎实抓好县级融媒体中心建设，更好引导群众、服务群众"。2018年11月，中央全面深化改革委员会第五次会议审议通过《关于加强县级融媒体中心建设的意见》。2019年1月，中宣部和国家广电总局联合发布《县级融媒体中心建设规范》；同时，国家广电总局发布《县级融媒体中心省级技术平台规范要求》。2019年，在全媒体时代和媒体融合发展举行的第十二次集体学习上，习近平总书记再次强调："推动媒体融合发展、建设全媒体成为我们面临的一项紧迫课题。""要运用信息革命成果，推动媒体融合向纵深发展。"

从提出"推动媒体融合发展的重大任务"到"推动媒体融合向纵深发展"，从加强顶层设计到提出采写编评流程再造，以及融媒体中心建设，习近平总书记的重要论述为媒体融合发展绘制了路线蓝图，推动我国媒体融合不断走深走实。

2.2 发展融媒体的重要意义

时代发展的必然要求。根据中国互联网络信息中心（China Internet Network Information Center，CNNIC）2021年8月27日在京发布第48次《中国互联网络发展状况统计报告》显示，截至2021年6月，我国网民规模达10.11亿，较2020年12月增长2 175万人，互联网普及率高达71.6%。已成为全球最为庞大、生机勃勃的数字社会，与此同时，新闻客户端和各类社交媒体已成为广大民众，尤其是年轻人的第一信息源。以习近平同志为核心的党中央敏锐洞悉和把握到互联网尤其是移动媒体的巨大功能，坚定抓好融媒体中心建设，为媒体融合指明方向。在顶层设计和互联网发展的推动下，融媒体必将不断走向蓬勃发展，传统媒体和新兴媒体在内容、渠道、平台、经营和管理等方面不断共融互通，催化融合质变，放大一体效能，中国大地上不断涌现出具有强大传播力、引导力、影响力的新型融媒体。

治国理政的重大举措。党的十八大以来，党的宣传思想工作面临的最突出问题，是在纷繁复杂的舆论场中如何提高舆论引导能力。必须以变应变，及时更新舆论结构和舆论引导方式，实现传统媒体和新兴媒体的优势互补，增强受众线上线下的交流互动，拓宽舆论表达的渠道和方式，使传统主流媒体在提升舆论引导力的同时，巩固壮大党的主流思想舆论。推动媒体融合发展，把传统媒体的影响力向网络空间延伸，能够进一步巩固思想共识，夯实执政基础，强化执政资源，弘扬主旋律、释放正能量，为社会主义现代化建设营造良好的舆论环境，为实现中华民族伟大复兴的中国梦助力。

服务人民的重要途径。人民是包括媒介工作在内的所有工作的出发点和落脚点。习近平总书记说，"读者在哪里、受众在哪里"，融合发展离不开用户的参与，在媒体融合发展中"以人民为中心"是必须始终坚持的导向。在媒体融合过程中始终把最广大人民的需求放在首位，贯彻落实群众路线，切实做到从群众中来到群众中去，提高百姓的"获得感"，真正实现媒体与人民群众需求的大融合。

2.3 融媒体时代下的民防宣教

习近平总书记指出，"人民防空是国之大事，是国家战略，是长期战略"，并强调"要坚持人民防空为人民，铸就坚不可摧的护民之盾"。在新形势、新任务和新要求下，融媒体时代为民防宣教工作带来机遇也带来挑战。

1）融媒体时代下民防宣教的转变

一方面，融媒体时代能够丰富民防宣教形式。让民防宣教工作能够以融媒体理念科学地整合宣传资源，图文、视频、动画、海报、HTML5（H5）及知识竞赛等传播手段使得民防宣教内容形式不断创新，更加多样。提升民防宣教时效。融媒体平台载体具有即时传播的特点，利用微博微信等即时发布，使得民防宣教工作简化便捷、能够与用户及时互动。融合放大民防声音。在全国各级媒体融合发展的背景下，民防融媒体与主流媒体、兄弟部门等能够深度融合、深度合作，进一步增强民防宣教的社会覆盖面和公众知晓率。另一方面，对内容质量要求更高。融媒体时代，传播内容具有海量性和碎片化，受众关注度日益稀缺，宣教内容极易湮没在信息的海洋中，为达到宣传效果，民防宣教内容质量需要不断提高。舆情控制难度更大。融媒体传播的实时性和广泛性，在不断放大民防声音的同时，舆情的不可控性也一定程度地被放大，对内容把关提出了更高的要求。人才队伍建设紧迫。融媒体发展迅速，技术不断更迭，对民防宣教人才团队的综合素质提出了更高要求，如何迅速聚集宣传力量，建立实力强的宣传队伍，填补人才缺口成为一大挑战。

2）我国部分地区民防宣教在融媒体上的进展

随着媒体融合驶向深水区，各地民防宣教工作不断突破原有的传播方式，把握机遇，应对挑战，融合创新。例如河南人防成立融媒体中心，在纸质媒体、网络媒体全面开花，按照"群众办报"的思路，统分结合，让所属各单位都参与到融媒体宣教的矩阵中，同时在河南手机报上线人防版。北京人防上线"北京防空防灾信息网"，打造"一网两微一端"全覆盖的新媒体矩阵，开通政务外网、政务微博"民防小卫士"、政务微信及今日头条客户端等。湖南人防在2021年上线"湖南人防App"，为用户提供了人防疏散引导、宣传教育和公共信息查询等便捷服务，制作《人防微课堂》10集科普动画视频，上线学习强国，获第九届湖南省优秀科普视频二等奖等。

3 上海民防融媒体的成立与发展

3.1 机遇和挑战

1）政治号召

自党的十八大以来，习近平总书记高度重视媒体融合发展，尤其是县一级融媒体中心的发展，在新的发展形势下提出"建设全媒体，推动媒体融合向纵深发展"这一重要论题，发表了一系列深刻论述。

在习近平全媒体思想引领下，上海市民防融媒体于2020年正式成立。融媒体深刻落实以人民为中心的发展理念，认真贯彻习近平总书记关于宣传思想和新闻舆论工作的重要指示精神，融入大势大局，不断融合创新，在宣传"产品创作、渠道拓展、平台运用、制度建设、力量集聚"等方面取得成效。即时跟进全国性会议、活动等发布；聚焦主责主业，各渠道发布工作信息2 000余条，落实"举旗帜、聚民心、育新人、兴文化、展形象"的使命任务，在扩大民防社会宣传声量、推动上海民防转型升级和高质量发展方面起到了独特作用。

2）社会发展

在社会治理的大环境之下，政务融媒体服务功能的重要性日益凸显，因此上海市民防融媒体作为手段和平台，在提高社会动员效果、回应社会关切问题、提升社会服务质量方面发挥出重要作用。在完善国防动员体系、强化全民国防教育的背景下，社会治理和社会动员成为民防新闻宣传的全新视角。上海市民防融媒体抓住每年 5 月和 9 月的两大宣传节点以及其他不定期的具有社会关注度的大型集中宣传活动，不仅针对群众关切的事件，如一网通办、民防工程公益化使用等制作了系列专题；同时注重对群众参与行为的多点记录，营造区级、街道、学校、企业等活动遍地开花、比学赶超的氛围，进一步强化了群众国防观念，提高人防意识和防护技能。

3) 群众需求

人民防空人民建，人民防空为人民。对于群众最为关注的问题，上海市民防融媒体充分利用日常发布机会，聚焦重点、热点，于 24 h 内集中发声，用群众喜闻乐见、易于接受的形式，引导社会参与，回应群众关切，正确引领舆论导向。两年来，对新冠疫情进展、台风、地震等灾害和交通事故等生活防护问题的探讨与科普获得了较高关注度和转载率，同时系列答题活动、征稿、"为民办实事"的活动信息通过融媒体平台扩散，激起众人参与的热情。

4) 注意力竞争

随着信息技术和互联网技术迅速的发展，各种新媒介不断更新演变，信息的生产和传播更加快捷，人类社会逐步进入了信息大爆炸时代，信息过载问题逐渐显露出来[1]。而信息过载为人们使用新媒体的行为带来的影响是显而易见的。面对自动推送机制、信息发布成本降低所带来的"内容潮涌"，人们在享受科技发展带来便捷的同时，也感到注意力的严重不足。信息过载体现在当下人们对信息的筛选、甄别与整合环节中，因此也对政务融媒体的相应能力提出了更高的要求[2]。通过强化审核机制、向外借鉴经验及向内培训团队，目前上海市民防融媒体已经初步做到了根据明确的宣传目标确定信息来源合理、信息有一定价值、信息组合呈现形式便于被读者认知接纳。

5) 内容平台

积极创作融媒体产品，放大民防声音。坚持内容为王，紧扣重大任务重大互动，确立宣传项目；注重传播时效，创新制作方式，利用全新的融媒体传播手段和表现形式开展民防宣教。不断拓展宣传平台，壮大民防声势，与主流媒体进行深度融合。与解放日报签署战略合作协议，与人民日报和新华社等 20 余家主流媒体加强融合，与区民防办加强融合，统筹宣传力量。主动对接上级单位、兄弟部门，建立对接合作协同机制；利用自有媒体资源形成"两微一网一刊一报"的全媒体矩阵和市区两级宣传平台互联共享的宣传矩阵。

3.2 民防融媒体的特殊性

1) 党的舆论宣传阵线

承担上海市民防官方的发布工作，上海民防融媒体不仅是媒体矩阵，更是党的舆论宣传阵线的组成部分。在坚持正确舆论导向的前提下，上海民防融媒体充分研究传播规律，把融媒体矩阵的优势发挥出来，为主流舆论服务；根据不同媒体的特点和传播方式，有针对性地探索新的管理模式，以适应融媒体发展的全新要求[3]。在这个过程中，要研究融媒体的传播规律，创新融媒体生态下新型的管理方式和手段。把坚持新闻舆论的党性原则这根红线贯穿于新闻选题、热点跟踪、政策解读、后期制作包装和安全生产、安全播出的每个环节，并根据不同媒体的传播形态和传播要求，灵活运用三审制度，严格把关，始终把正确的舆论导向和传播安全放在第一位，同时兼顾不同的媒体属性和时效要求，分类分级把关，把三审制度的原则性和灵活性有机统一起来，提高传播效率[4]。

2）人防专业与保密

人防系统内容生产时而涉及专业知识与保密信息，虽然数量占比不多，但责任重大，要求较高，容易因处置不当而造成舆情事件。这就要求上海市民防融媒体在工作过程中谨慎考证、及时修改。经过干部"必修"的入职培训和保密培训，融媒体人员已经具有基本的人防概念和保密意识，在实际工作中，所有涉及专业条线知识的内容在三审之外增加对应机关处、室审核的环节，有效确保了内容发布的专业性。

3）节点化宣传与日常发声的结合

宣传对象的注意力、可以投入的成本预算以及可以采用的宣传手段等要素都是有限的，为利用有限的要素撬动更大的社会关注度，上海市民防融媒体将在每年 5 月和 9 月设为集中宣传点，配合贯穿全年的持续发布，对群众注意力轮番强化、固化，提升民众对民防概念的认知[5]。2021 年全民国防教育日活动中，从 9 月初新闻宣传通气会进行重点稿件的全媒体投放，到原创视听产品一周内的密集上线，再到警报试鸣当天电视直播、解放日报专版和图片直播等相结合的浓厚集中宣传氛围营造，上海市民防融媒体汇聚合力，达到民防新闻宣传发布遍地开花的良好宣传效果。

4 融媒体条件下做好民防宣传教育工作的对策措施

开展民防知识宣传教育已经成为关系到国家安危和人民群众生命财产安全的重大问题，深入普及民防教育，是平时做好防空防灾准备不可缺少的重要工作。同时，随着城市化进程的不断深入，社会和群众对民防建设融入城市建设、服务经济社会发展、服务和保障生产生活、融入城市应急管理提出了更高的要求和期望，加强民防法律法规政策制度的宣传，保障维护相关方合法权益，提高参与度，成果共享，也成为当前民众所需。时代需要上海市民防充分发挥融媒体优势，创新思路，科学整合，打造"互助参与式厨房"，构建形式多样、内容丰富、参与主体多元的民防宣教立体格局[6]。

4.1 坚持基本原则

1）坚持正确导向

加强党对新闻宣传工作的全面领导，牢牢把握正确的政治方向、舆论导向、价值取向，提高政治站位，严格遵守宣传工作的制度规范和规定要求，切实增强政治上的坚定性、敏锐性和鉴别力，始终保持正确的政治立场、观点和舆论导向；坚持以人为本，秉持"人民防空人民建、人民防空为人民"的原则，坚守社会职责，坚持把社会效益放在首位，善用老百姓听得懂的语言、信得过的典型、看得到的事实开展民防宣传，让群众爱听爱看、产生共鸣，充分发挥正面宣传鼓舞人、激励人的作用。

2）坚持守正创新

始终以团结稳定鼓劲、正面宣传为主，把握时、度、效，巩固和壮大民防新闻舆论阵地。适应分众化和差异化的传播趋势，创新宣传形式、增强宣传实效，强化形势宣传、成就宣传[7]、主题宣传、集中宣传及典型宣传，提高社会面宣传质效。

3）体现时代要求

围绕新时期人民防空工作面临的新形势、新任务、新特点与新要求，根据当前人民防空宣传教育的不同对象、不同层次和不同需求，抓住重点、瞄准焦点，扩大覆盖面和受众面，增强针对性、有效性，不断提升人民防空宣传教育的传播力、引导力和影响力。

4.2 创新形式，打造多彩宣传阵地

1）抓节点

注重利用全市防空警报试鸣、全民国防教育日、全国防灾减灾日等重大活动和重要节点，统一部署实施，统一策划设计，统一制作发布高质量、广覆盖、易传播的宣传作品，优化完善全市人民防空宣传教育上下联动的活动机制。及时跟进、准确发布各级各类人民防空的重要动态和即时信息，提升民防宣传的全面性和时效性。

2）重互动

（1）加强市区两级宣传平台互动。充分发挥各区、街镇等民防新闻宣传部门的主体作用，建立与区宣传、融媒体中心等部门的常态化联系机制，依托区级全媒体传播体系，进入区级主流媒体平台和各类公共宣传阵地，上下联动、同向发力、整体发声，拓宽民防宣传渠道，形成多渠道投放、立体化传播的态势。

（2）加强与外部平台互动。充分发挥市级民防新闻宣传部门牵引作用，加强与宣传、新闻等主管部门联系，不断完善媒体平台沟通协调机制。对接全国性报刊杂志、中央媒体和市级媒体，与主流媒体、新兴平台建立合作关系和推送机制，精准发力、广为发布。建立完善主流媒体和信息平台合作机制，细分目标人群，合理布局民防新媒体入驻。借助专业媒体的资源和力量，针对民防重点工作宣传议题、重要节点宣传主题，开展专题宣传，制作宣传产品，提高民防宣传的专业性和吸引力。借力主流媒体平台，形成整体策划、多点开花、亮点纷呈的新闻宣传效果，不断扩大社会影响力[8]。

（3）加强与受众互动。注重个性化制作、可视化呈现、互动化传播，让更多受众爱看爱听爱用。分析关注者数据，使内容方向、内容质量符合受众需求；紧抓热点开发线上互动活动，制造更多沟通的机会，提升认同感，促进私域社交传播，进一步提升民防工作的知晓度；积极推动面向群众的双向沟通平台建设，健全民防联系服务群众长效机制。灵活运用各类媒介平台，拓宽民防部门听民声、察民情、聚民智、解民忧的渠道和途径，及时做好民防活动发布、政策制度解读，把握群众诉求、回应群众呼声，充分发挥民防新闻宣传平台的桥梁作用。

3）融平台

运用新媒体开展宣传教育并不意味着放弃传统宣传平台，而是要各取所长，互补共融，相济共长。目前，上海市民防自有媒体资源已形成了"两微一网一刊一报"的全媒体矩阵，其中包括上海市民防门户网站政务微博、微信公众号等政务新媒体发布平台，也包括《生命与灾害》《上海民防之声》等传统媒体。要大力推动二者融合发展，重塑生产流程，一次采集，多元生成，实现内容的多元呈现；要创新渠道传播，利用可视化呈现、互动化传播等创新方式，多渠道投放，精准覆盖不同受众群体，放大传播效果。

4.3 内容为主，讲述精彩民防故事

1）围绕主责主业，强化成就宣传

充分体现人民防空"战时保护人民，平时造福人民"的职能属性和机构形象。大力宣传民防融入国防准备的积极成效，聚焦人防战备，紧扣国防动员，展示组织指挥、训练演练、工程防护和重要经济目标防护等重点工作成果；大力宣传民防融入经济社会发展的独特价

值，突出平战结合，建设人民城市，展示民防为民、服务民生等方面的生动实践；大力宣传民防融入城市应急管理的特色亮点，服务城市治理，构筑韧性城市，展示防护救援、人防专业队建设、民防工程规范化使用、人防疏散基地以及应急避难场所建设等方面的工作实效；大力宣传民防人"讲政治、爱民防、精业务、干成事"的奋斗历程，向社会公众、民防前辈和资深民防工作者征集上海民防故事，记录民防人的心路历程，弘扬艰苦奋斗、无私奉献的精神。

2）聚焦社会热点，扩大传播效果

做强上海民防"中央厨房"，制作富有民防品牌特色和传播力的宣传产品。紧扣重点工作、重大任务、重要活动和社会热点，深植民防土壤进行年度策划、专题策划与热点策划，并深入一线采访，深挖新闻线索，记录民防特色亮点，反映民防精神、展示民防形象，多出有内容、有思想、有内涵的精品力作，打造一系列"媒体＋政务"的民防特色品牌宣传产品。

5 加强保障，汇聚民防新闻宣传合力

5.1 加强组织领导

坚持党对意识形态工作的领导，市、区、街镇民防部门要牢牢掌握意识形态工作的领导权，进一步认清意识形态工作的重要地位，强化意识形态工作的政治责任，筑牢新闻舆论和宣传思想阵地，为新闻宣传工作提供强有力的组织保障。

5.2 强化督导检查

明确职责任务，细化指标要求，将创新拓展宣传平台工作纳入各级民防年度业务考核项目。市、区、街镇的民防主管部门和单位要善于将工作中的创新内容、独特形式和有效方法及时总结、精准指导、逐步固化、面上推广，准确掌握工作中存在的问题、不足和短板，及时改进调整工作方式方法。

5.3 加强业务培训

进一步加大业务培训力度，加强自身学习，在"深、实、新、活"上下足功夫，不断提高宣传质量。可定期邀请资深记者开展新闻写作、摄影构图等培训，主动挖掘工作中的亮点、特色，积极组稿、投稿，围绕各个时期的宣传重点，实现上下紧密配合、协同作战，全力做好宣传工作，使宣传工作更具深度和广度。

5.4 做好综合保障

建立健全市、区、街镇的民防部门和相关单位共同参与、合力推进、共建共享的综合保障机制，形成各司其责、齐抓共管、密切配合的民防宣传工作局面。各级民防部门要在原有宣传工作的基础上，进一步加大政策支持、人员配备和经费保障，积极开拓利用社会性、公益性的宣传平台资源，不断提升民防宣传的影响力和传播力，为提高人防宣传教育的质量效益提供有力保障[9]。

立足新时代，阔步新征程。处在"两个一百年"的历史交汇期，"十四五"宏伟蓝图徐徐展开。上海民防将加快构建现代化人防宣传教育工作体系，聚合社会资源，不断提升人防

宣传教育能力，做到与时俱进、理念形式常新。在唤醒民众忧患意识上更加发力，在增强人防战备震慑力上更加发力，进一步增强人民群众的国防观念、人防意识和防灾减灾的知识技能，营造全社会关心人防、支持人防、建设人防的良好氛围，奏响新时代人防宣传教育的交响曲。

参考文献

[1] 李玮. 跨媒体·全媒体·融媒体——媒体融合相关概念变迁与实践演进 [J]. 新闻与写作，2017（6）：38-40.

[2] 庄勇. 从"融媒体"中寻求生机的思考与探索 [J]. 当代电视，2009（4）：18-19.

[3] 段玲莉. 新媒体时代人防宣传教育工作探析 [J]. 中国人民防空，2020（6）：53-54.

[4] 朱春阳. 县级融媒体中心建设：经验坐标、发展机遇与路径创新 [J]. 新闻界，2018（9）：21-27.

[5] 李哲. 适应媒体融合发展新趋势 打造人防宣传教育新高地 [J]. 中国人民防空，2016（10）：52-54.

[6] 高建华. 融媒体时代媒体融合的发展路径探析 [J]. 通讯世界，2019，26（5）：265-266.

[7] 许可，陈秋实. 当前县级融媒体中心建设的发展实践与研究 [J]. 中国广播影视，2019（8）：78-82.

[8] 林晓冰. 围绕中心发力 唱响人防著旋律——河南省人防办融媒体宣传工作几点做法 [J]. 中国人民防空，2020（3）：54-55.

[9] 石丹. 县级融媒体中心建设的价值意义与生态系统建构 [J]. 传媒，2019（4）：66-68.

浅谈风险文化理论对民防工作的启示

侯瑞同

(上海市民防科学研究所，上海 200020)

摘 要 "人民防空人民建，人民防空为人民"，民防工作作为城市的重要防护力量，要以人民为中心，构建契合人民群众行为方式的民防体系。本文以风险文化理论为研究基础，结合中国的文化背景与社会现状，从风险防控、空袭应对和经济恢复等多方面进行分析，探索民防工作可能遇到的矛盾、问题，为未来民防工作的进一步发展提供启示。

关键词 风险文化；应急管理体系；人防民防

1 风险文化理论概述

在由道格拉斯和威尔德韦斯在合著的《风险与文化》一书中，首次从文化构建主义的角度，对风险社会的概念进行了解释。这为风险理论的研究开辟了新的道路，也为对预防战争及各类突发事件的研究提供了新角度[1]。

根据对欧洲主要国家的文化以及防灾减灾救灾的传统研究，依据风险认知、政府信任度、民众的风险应对能力和风险应对方式等特征进行区分，主要有下列三种风险文化。

1) 国家主义风险文化（State-Oriented Risk Culture）

在风险认知方面，民众认为风险是可控的，因此更倾向于通过早期预防来规避风险或者减轻其影响。在政府信任度方面，由于在该文化下的人民对政府的信任度较高，因此人民普遍愿意遵从政府的各项规定和政策，也更习惯于在政府的统一领导下集中力量应对风险；人民对社会化媒体，尤其是官方媒体也有较高的信任度。在民众风险应对能力方面，民众对于如何独立预防和应对风险所知甚少，对于自身独立应对风险的能力也缺乏信心。在风险应对方面，政府是风险出现前的预防措施和风险来临时的紧急应对措施的实施者和主导者，民众一般作为参与者响应政府号召，共同应对风险。在欧洲范围内，该文化的典型是德国。

2) 个人主义风险文化（Individualistic Risk Culture）

在风险认知方面，民众同样认为风险是可以被人为控制的，虽然民众同样倾向于以早期预防可以尽可能地减轻风险的影响，但不同的是，民众认为他们有必要时刻提醒自己可能面对的风险隐患，并做好独立应对风险的准备。在政府信任度方面，民众同样相信政府和社会化媒体，但政府很少组织民众共同应对风险，更多的是为民众提供风险的警报与应对建议。在民众风险应对能力方面，他们通常非常了解常见风险的应对方法。在风险应对方面，政府

作者简介：侯瑞同（1997年—），男，学士，助理工程师，主要从事民防方面研究工作。E-mail: houruitong@foxmail.com。

仍然主导了国家层面和地区层面的预防措施和紧急应对措施的实施，民众则通常以个人或家庭为单位独立承担个人层面的风险应对。在欧洲范围内，该文化的典型是荷兰。

3）宿命论风险文化（Fatalistic Risk Culture）

在风险认知方面，民众更愿意服从命运的支配，因而不注重采取相应的预防措施。在政府信任度方面，由于政府已往应对措施的失败或其他原因，民众对政府和社会化媒体的信任度相当低。在民众风险应对能力方面，民众对是否能独立应对风险缺乏信心，因此在风险应对方面产生了一个奇怪的现象，就是在灾难时民众寄希望于政府采取行动应对危机，但他们对于政府的各项救助和应对的措施与政策却大多心存不满，也不会认真配合，因此多数情况下是由政府独自进行风险应对，民众仅在自身利益受到较大损害时才会参与到风险应对当中。

当然，文化是复杂多样的，受多方面因素的影响，且不是一成不变的。一个国家内部可能存在着不止一种风险文化，在某些方面会展现为某一种风险文化，而在另一方面则展现为另一种，这种文化上的混合在各国都非常常见。此外，不同风险文化类型之间并没有明显界限，同一文化类型的不同国家也可能有不同的倾向性。而随着风险的种类、形式、频率以及政府的施政纲领等的变化，风险文化是会缓慢改变的。

2 中国的风险文化

依据风险文化理论进行分析，中国在很多方面应当展现为国家主义风险文化。主要体现在以下几个方面。

1）对风险的认知

自古以来，中国就有"人定胜天"和"顺其自然"两种对立却又有机结合的态度。一方面，这代表了中国古代广大人民对于避免各类自然灾害、兵燹等风险的态度，具有对富足稳定生活的美好向往；另一方面，也代表了人民愿意充分发挥主观能动性，灵活利用自然规律，因势利导，为尽可能减小风险及其带来的损失而做出不懈努力。随着时代的进步，党和人民更是充分发挥出制度优势和科技优势，战胜了无数风险，维护了人民的生命财产安全。因此，中国文化通常认为风险是可控的，与国家主义风险文化相吻合。

2）预防风险的方式

中国政府和人民历来高度重视对于各类风险的预防。通过由政府主导来修建的各类防护设施，以及完善的应急管理体系，将各类风险的损失尽可能降到最小。在许多地区，对于某类风险的防范标准是参考该地区历史上该风险的极端情况而制订的，因此能够对大多数风险起到防护作用。在这一点上，中国与国家主义风险文化相吻合。

3）应对风险的方式

依托于各类防护设施、应急管理体系以及人民对于抗灾的积极态度，党和政府充分发挥制度优势，统筹全局，积极主动地采取各种措施来应对灾难。通常，在某一地区发生灾难时，其他未受影响地区的政府和人民也不会置身事外，而是会尽力帮助受灾地区渡过难关，正因如此，党和人民才能战胜一个又一个灾难，渡过一次又一次难关。在这一点上，中国与国家主义风险文化相吻合。

4）人民对政府及社会媒体的信任程度

由于中国共产党始终将人民群众的利益放在首位，拥有良好的群众基础，因此人民群众对于中国共产党的信任度极高。具有政府公信力支持的官方媒体深受民众无条件信任，使民众积极响应政府的号召。在这一点上，中国与国家主义风险文化相吻合。

5）民众自身的防灾与自救能力

中国的应急管理体系是围绕政府和各级救援力量而建立的。在多数情况下，民众是作为整个体系的参与者，仅被要求具备较低的独自预防灾难的能力。此外，民众的自救也是依托于各级救援力量而建立的，大多数自救行为的目的是为了保证生命安全，并等待救援力量的到来，而非独立处理灾难。在这一点上，中国与国家主义风险文化相吻合。

综上所述，中国在很多方面是与国家主义风险文化相贴合的。因此也具有国家主义风险文化的多数特征。

3 中国的民防体系架构分析

在 21 世纪，由于发生战争与核袭击的可能性减小，而遭受自然灾害的频率和规模不断增加，因此政府开始考虑建设用于防治自然灾害的管理体制。这一时期，民防组织的重构主要有三种方式：一是在民防机构传统的防空袭职能基础上增加了灾害救援的职能，形成了应对所有危险的公共安全管理体制，如德国的德国民防与救灾局（Bundesamt für Bevölkerungsschutz und Katastrophenhilfe）；二是将应对其他灾害的机构从民防或国防部门中独立出来，建立专门应对自然灾害或其他突发事件的组织机构，例如以色列，由后方司令部（Home Front Command）主管防空袭工作，由应急管理局负责日常的防灾减灾救灾工作(Israeli Emergency Managment Agency）；三是废除民防部门，相关职能收归军队，另外单独成立应对自然灾害及其他突发事件的应急管理部门，或是将民防部门完全转变为应急管理部门，这种形式在许多小国和中立国中十分常见，例如丹麦就在 20 世纪撤销了民防部门，仅设应急管理局（Danish Emergency Managment Agency）。而中国就属于第二种方式，即在保留民防办的情况下，另外成立应急管理部，负责处理防灾减灾救灾的相关工作，协调各地方相关部门的工作，保障人民的生命财产安全。而民防办仍以应对战争为主要职责，同时配合开展相关防灾减灾救灾工作[2]。三种方式没有明显的优劣，重点是是否契合本国的风险形式和风险文化。

近年来，国际局势愈发动荡不安，尤其是在受到疫情的冲击后，世界各国都正面临着经济下行的压力，以及由此带来的社会矛盾凸显、政局动荡不安等问题，严重时甚至会升级为地区间的武装冲突，由此引发的恐怖袭击等以非战争突发事件为特征的非传统安全威胁不断增加。

此外，随着全球平均气温的持续升高，暴雨、洪水、干旱、暴雪、极端高温及低温等极端气候和反常气候越来越频繁，因此，中国的自然灾害情况也不容乐观。

综上所述，再结合中国国家主义风险文化的文化类型，当前的民防体系架构是符合中国国情的。

4 对民防工作的启示

应急管理体系的建设应当与本国的风险文化类型相适，不同风险文化的国家在战争及各类突发事件的应对方面可能有着截然相反的措施，盲目照抄他国模式可能会适得其反。

作为以国家主义风险文化为主导的国家，整个应急管理体系的核心就是党和政府的正确领导，以及人民群众的全力配合。在人民对于党和政府给予极大的信任和支持的同时，也将预防和抗击战争及各类突发事件的责任压在了党和政府的肩上。从这个角度来看，尽管战争似乎还很遥远，但党和政府应当且必须抓好民防建设工作，以随时应对战争的发生，保护人民的生命财产安全。

由于党和政府是风险预防措施和应对措施的实施者和主导者，而人民群众则是重要的参与者，因此要求民防体系中应当包含引导社会参与的体制机制。为此，要充分发扬"人民城市人民建，人民城市为人民"的理念，利用各级民防部门加强对社会力量的管理、引导和协调工作，发挥人民群众的主观能动性，充分调动民众的积极性，共同努力，为整个社会的良好运行以及社会稳定贡献力量[3,4]。

由于人民对政府的信任度较高，普遍愿意响应政府的号召，因此可以依靠这一点，完善现有的志愿者系统，将民防知识技能纳入到志愿者课程当中，以此建立一个具备通用性的志愿者库，这样可以在需要时快速召集相关人员参与处置各类情况，从而提高对于空袭等各类情况的反应速度。此外，还可以针对政府部门职工建立类似的职工库，进一步充实民防力量。

参考文献

[1] 李春瑶. 风险意识：西方风险文化理论研究 [D]. 上海：华东理工大学，2015.

[2] 李宇环. 中国民防体系的历史演变与特征规律 [J]. 风险灾害危机研究，2016（2）：60-78.

[3] 马峰. 大地震后的思考——从"5·12"大地震看企事业单位突发灾难的预防与应对 [J]. 航空工业经济研究，2008（5）：29-32.

[4] Forschungsforum Öffentliche Sicherheit. Neue Strategien der Ernährungsnotfallvorsorge[M]. Berlin: Free University of Berlin, 2016.

基于大数据的人防工程全生命周期管控探讨

李 昌

(上海金桥信息科技有限公司,上海 200000)

摘 要 本文从人防工程的报建立项、审批、设计、审图、建设、质检、验收、使用、管理、运维和报废等全生命周期管控内容进行现状分析,结合人防大数据建设理念,建设统一标准的数据库和人防工程建设管控平台,针对单个项目进行唯一标签、数据共享,突出基于大数据的建设规划决策分析、项目的全生命周期资料管控、各阶段流程化、规范性管理,数据对外共享等,并探讨现阶段的实现途径,最终使人防工程更好地服务于人民群众。

关键词 人防工程;大数据;全生命周期;管控平台;服务

1 概述

人民防空工程也叫人防工事,是指为保障战时人员与物资掩蔽、人民防空指挥、医疗救护而单独修建的地下防护建筑,以及结合地面建筑修建的战时可用于防空的地下室。人防工程是防备敌人突然袭击,有效地掩蔽人员和物资,保存战争潜力的重要设施;是坚持城镇战斗,长期支持反侵略战争直至胜利的工程保障。本文针对结建式人防工程,从项目立项到后期运行维护管理,到工程的运行维护管理的全生命周期管控,生命周期的管控包含人防工程各项核心数据。

国家高度重视人防工程建设。1996 年 10 月国家颁布了《中华人民共和国人民防空法》,相继四部委联合颁发了《人民防空工程建设管理规定》,国家人防办颁发了《人民防空工程条例》《人民防空工程建设管理规定》《人民防空工程建设监理暂行规定》《人民防空工程质量监督管理暂行办法》《人民防空工程施工图设计文件审查暂行办法》和《人民防空信息系统建设暂行规定》,依法建设,依法管理的力度得到加强,人防工程建设按照"坚持城市建设相结合,坚持长远建设与应急建设相结合;坚持国家投资与社会投资建设相结合"稳步推进,并加快了建设速度,为完善城市人防工程体系、增强城市综合防空能力起到了保障作用。

人防工程的建设、管理和使用在全国各区域出现了发展不平衡的现象,由于各省市经济发展不平衡,人防工程建设管理队伍的落实有先有后、管理能力有强有弱,政策执行有深有浅,加之法律规范理解不统一等多方面的因素影响,在人防工程建设人均面积上全国各地发展不平衡;在人防工程布局上不够合理,各种配套工程跟不上,难以融合城市快速发展的节奏;在人防工程建设程序上,各地流程和手段也不尽相同,各自独立体系运作;工程质量执

作者简介:李 昌 (1986 年—),男,本科,主要从事人防信息化建设等方面的研究。E-mail: lichang@shgbit.com。

行标准、建设监管要求各地不统一，出现防护门、密闭门和防爆波活门等防护设备安装到位率不高，平战转换配套设施缺失，日常保养措施不到位等现象。

2 现状分析

根据各地人防工程建设情况调研，主要存在以下问题。

2.1 建设规划不准确、不合理

人民防空工程建设规划是城市人防工程建设的重要依据，其依据是各城市总体发展规划，根据城市的防护类别、战时留城人数和城市重点防护目标的性质、位置等多种因素科学地计算出各类防护工程的数量，合理规划建设地点，以提高整个城市的综合防护能力。在实际操作中，各市人防工程建设主管部门缺少与城市规划部门，公安、民政部门以及人防内部指挥室建立有效的协调机制和数据共享机制，导致掌握数据不统一，出现规划不准确、布局不合理或建设规划滞后等问题。

2.2 建设管控不规范

人防工程的建设，涉及项目报建立项、审批、设计、审图、施工、质检、验收、使用管理、运维和报废等全过程中管控，各地人防工程建设主管部门建设程序不一致，以结建工程为例，从建设单位申报的材料、审批的流程等管控就存在差异，有的相对复杂，有的相对简单；从服务形式上，有基于计算机利用软件进行网络电子申报的，也有以纸质形式申报的。各地对管控流程标准、申报材料要求、过程质量管控规范以及工程维护管理制度等均不一致，缺乏标准化、规划化和统一的管控机制与手段，对从业单位（包括设计、监理、施工和材料供应等单位）的资质、能力等管控缺乏统一的标准。究其原因，主要是因为人防工程的建设管控，所涉及的人防单位管理部门多、协调机制弱、各部门缺少统一的协作平台，数据不共享等问题。

2016 年国家人防组织在杭州市召开全国人防关于"人防大数据集训"主题的会议，提出以大数据的理念促进人防行业的发展，建设人防大数据库，明确"把四面八方的数据广泛采进来、把浩如烟海的数据分类存进来、把决策支撑的数据快速查出来、把蕴含规律的数据科学算出来、把各型各类应用软件全部统起来"的建设方向和目标要求，依据人防大数据的建设思路，针对人防工程项目报建立项、审批、设计、审图、施工、质检、验收、使用管理、运维及报废等全生命周期的管控，解决当前人防工程建设过程中的不足，并进一步提升整体管控水平。

3 全面整合数据、明确共享机制

建立人防大数据，整合人防与各政府、企事业单位的数据，并与相关部门协调数据的更新与共享机制，确保数据全面、准确、实时。包括住建部门有关城市规划的数据，公安、民政部门有关人口分布的数据，城市重要目标单位的位置、等级、类型和防护方案等数据，防空袭方案中人员掩蔽等数据，用于人防工程规划依据的数据支撑，为人防工程在哪建、建多少、怎么建等提供了辅助决策。

以单个人防工程为主线，建立该项目全生命周期数据库，各建设管理部门均可实时查询统一同步数据，用于数据共享；同步实现人防工程不同维度的统计分析和报表管理，按项目进度统计（报建项目、在建项目和竣工项目），按项目类型统计（指挥工程、人员掩蔽工程、医疗救护、专业队与配套工程）等，自动生成相应报表（工程面积和实力统计等）。

人防工程的数据也作为共享数据，一为人防指挥服务，用于往哪藏、藏多少等决策支撑；二为社会服务，用于停车库、物资储备库及商业服务等平战结合数据支撑。

4　构建统一的人防工程建设管控平台

人防工程建设管控平台是针对人防工程全生命周期各环节的综合管控平台，也是作为数据共享和各管理部门统一的协作应用平台。通过梳理人防工程：即从项目报建立项至使用维护和报废标准规范的建设管控流程，构建基于网络统一的应用软件平台，秉承"让数据多跑路、让企业少跑腿"的理念，实现以人防大数据为支撑的人防工程建设管控应用，通过数据的维护更新和全面共享，服务于项目建设单位和人防工程管理单位。

人防工程建设管控平台主要包括项目在线审批、工程质量监督、人防执法等应用系统，提供计算机终端和移动智能终端的软件界面，实现方便、快捷、准确的标准化申报与质检，实现公开、透明的可视化执法。

5　结语

基于人防大数据的人防工程建设管控平台有两种实现途径。

一是自建平台。对于已经建成本单位的人防工程建设管控软件的部分省市，均存在数据孤岛的问题，且与其他软件系统无法实现数据共享，导致服务能力不足，无法满足应用需求，建议结合人防战备数据工程建设，整合统一的数据库，构建全面共享的大数据平台，升级完善软件平台；而对于未建人防工程建设管控软件的单位，按照人防大数据的要求开展建设。

二是采购社会化服务。主要针对结建工程，依托专业公司建设的人防工程建设管控服务平台，以采购社会化服务的形式，管控本单位的人防工程建设，最大程度地弥补由于人防单位人员编制、技术维护能力、持续开发能力等不足所造成的短板。

长三角一体化背景下高层次科技创新人才培养和流动的思考探析

王嘉文

(上海市民防科学研究所,上海 200020)

摘 要 长江三角洲区域是我国经济社会发展最活跃、科技创新能力最强、开放程度最高的区域之一,长三角一体化发展已经上升为国家战略。长三角地区的高质量发展必须依托高层次科技创新人才,思考和探索如何整合长三角地区人才资源、优化区域人才政策、完善人才服务体系等,提高科技创新人才流动效率,实现长三角各地优势互补,进一步发挥长三角区域人才富集、科技水平高、市场潜力巨大等诸多优势,是积极探索形成新发展格局的有利举措之一。

关键词 长三角一体化;高层次科技创新人才;人才培养;人才流动

1 长三角一体化及其战略地位

长三角一体化发展是党中央着眼于我国社会主义现代化建设全局,为引领全国高质量发展、完善我国改革开放空间布局、打造我国发展强劲活跃增长极而实施的国家战略。《长江三角洲区域一体化发展规划纲要》中提出,规划范围包括上海市、江苏省、浙江省、安徽省全域(面积为35.8万km^2),以上海市,江苏省南京市、无锡市、常州市、苏州市、南通市、扬州市、镇江市、盐城市、泰州市,浙江省杭州市、宁波市、温州市、湖州市、嘉兴市、绍兴市、金华市、舟山市、台州市,安徽省合肥市、芜湖市、马鞍山市、铜陵市、安庆市、滁州市、池州市、宣城市等27个城市为中心区(面积22.5万km^2),辐射带动长三角地区高质量发展。长三角一体化可以说是中国经济结构转型升级的先行者、践行者、推动者。

2 长三角一体化背景下高层次科技创新人才及其重要性

实施长三角一体化发展战略要紧扣"一体化"和"高质量"两个关键词,一体化就是要整合资源、优势互补、提高政策协同,根据2021年全球人才竞争力指数(the Global Talent Competitiveness Index,GTCI)报告城市排名可知,我国共有12个城市进入前100名,其中长三角地区的上海市、南京市、杭州市、苏州市等城市上榜。高质量离不开科技创新的引领。瞄准科技前沿领域,必须要在关键核心技术领域取得重大突破。牢牢把握科技创新这个牛鼻子,核心在人才、关键靠人才。高层次科技创新人才是发展的"第一资源",培养一批各专业领域科技人才,并且让高层次科技创新人才能在更大范围内畅通流动,让各类人才的创新智

作者简介:王嘉文(1989年—),女,经济师,主要从事人力资源管理方向的研究。E-mail:2308563014@qq.com。

慧竞相迸发，对长三角一体化高质量发展乃至我国社会主义现代化建设具有重要深远意义。

3 人才培养和流动的必要性及其对策方法

习近平总书记曾强调，要在长三角区域一体化发展战略实施的过程中培育人才、使用人才。构建健康有序的人才培养、流动模式，优化高层次科技创新人才的布局、整合长三角地区人才资源，使长三角各地区之间优势互补，是长三角一体化高质量发展的重要抓手。

3.1 在人才培养流动方面存在的问题

自长三角一体化发展上升为国家战略以来，区域间携手推进更高质量一体化发展方面已取得了一定的成绩。但由于长三角各个地区城市之间的经济发展、产业结构、人才政策、生活环境等方面存在差异，一定程度导致了人才资源分布的非均衡性，在培养流动方面仍存在一些问题。比如，缺乏人才一体化的有力平台和赋能机制；高层次科技创新人才队伍水平有待提升，结构待进一步优化；人才流入地、流出地信息互通渠道不畅；各地在人才考核、评价体系、聘用管理、激励奖励等方面标准不一。此外，房价过高和政策限购、地区落户手续政策不同、中高考子女需回户籍地参加考试、相关社会保障政策衔接等问题，也在一定程度上影响了高层次科技创新人才流动的意愿和实现合理健康流动的可操作性。

3.2 促进人才培养和流动的对策方法

长三角一体化的核心在于人才一体化。尤其是高层次科技创新人才集聚和自由有序流动是实现人才一体化和实现长三角地区高质量发展的重要抓手。加强人才培养顶层设计，借助大数据平台，加快建设长三角区域人才管理、政策服务、职业发展等一体化制度和标准，破除人才自由流动制度障碍，提供基础物质保障等，对人才一体化及长三角地区高质量发展具有重要的战略意义。

3.2.1 加强人才培养顶层设计

按照"党管人才"的原则，人才培养应落实"第一把手"抓"第一资源"的工作，健全人才工作领导责任制。首先，树立现代人力资源管理理念，建立人才工作目标责任制，明确专人负责人才管理工作，加大督促检查力度。其次，建立完善的人才信息大数据系统，建立涵盖不同行业、不同专业、不同层级的人才信息共享平台。建立人才台账，通过大数据分析，摸清人才分布、数量、质量、结构等情况，把握自然变动情况，科学合理预测未来人才需求，尤其是高层次科技创新人才需求，建立完善统计配套制度，定期收集、汇总各类人才基础信息、专业信息、业绩信息等，强化对人才信息实施全面、准确、实时、动态管理，统筹考虑长三角人才培养与发展。此外，需树立人才投资优先理念，完善人才投入机制，加大财政投入力度，尽可能保证科研人才开发经费逐年增长。

3.2.2 丰富人才培养渠道手段

高校作为培养高层次科技创新人才的重要摇篮，专业动态调整机制需要适应经济结构调整和产业转型升级对人才的需求，是全面提高高等教育质量的核心。[1]区域内各高校应根据长三角一体化发展战略，结合本地区经济发展、产业发展动向，结合人才成长规律和今后一段时间内的人才需求，及时研究、动态调整学校人才培养的指导思想和战略对策，优化调整专业结构布局，以便更好地培养地区发展急需的高层次科技创新人才，减少人才培养盲目性。

以提高人才能力素质为核心，着力培养一批科技创新型人才，建立和完善人才培养新机制。具体做法包括：一是积极拓展人才培训渠道，加强培训规划贯彻落地，凸显成效，针对性开展培训需求分析，以需求为导向，整合资源、分类组织，开展多样化针对性培训，建立有效的工作人员培训激励约束机制，逐步形成"计划调训、自主择训、竞争参训"相结合的培训机制；二是探索建立骨干人才导师制，设立科技研发专项资助项目，提供平台和相应的技术设备支持，建立课题辅导机制，加大科研骨干培养力度。通过专项配套、项目资助、引才补贴、研修培训、国际交流等，培养学科带头人；三是实施以项目为载体的个性化培养方案，支持专业技术人才，尤其是青年人才参与重大课题项目，给予经费扶持，给他们交任务、压担子，支持开展自由选题研究，采取国内实践锻炼与国际化培训相结合的方式，重点培养储备一批素质优良、专业技术过硬的优秀青年人才；四是充分利用好长三角地区各大高校、科研院所等优质资源，组建科技人才培训基地，推进区域内创新园区、产业基地等建立联动，加快培养高素质复合型人才。

3.2.3 搭建人才交流平台

坚持"造血"与"输血"并重，探索项目聘用、短期聘用、岗位聘用、技术合作、人才租赁和挂职交流等多种方式，打破行政区划壁垒，进一步激发和引导高层次科技创新人才的有序流动。搭建人才交流平台的措施包括：一是加强长三角地区科研院所、高校、有关单位等项目联动，组建一批长三角人才联盟、行业联盟等，充分发挥行业协会作用，强化人才与技术交流合作活动，建立定期人才交流合作机制；二是探索建立科技人才共同培养平台，完善培养开发共享机制，建立高级专家互聘和"兼职导师"机制，开展相关领域研究生和专业学位共同培养，共同推进项目合作与联合攻关，整合长三角各地区人才资源，实现优势互补；三是营造暖心文化氛围，增强人才归属感和幸福感，引导和发挥好区域内社会组织、团体、工会、共青团等群团组织，开展形式多样的活动，搭建各类人才柔性沟通平台，不断丰富文化载体，强化感情维系纽带；四是坚持以人为本的管理理念，形成共同价值观，激发人才的荣誉感、自豪感、使命感和责任感。积极倡导勇于创新、宽容失败、崇尚竞争、力戒浮躁的文化氛围，不断增强向心力和凝聚力。

3.2.4 优化人才交流政策

探索通过政策制度和激励机制等方面引导人才有序流动，进而优化各类高端人才在长三角区域内的布局，合理配置人才资源，发挥高层次科技创新人才的重要作用。具体政策包括：一是健全人才职业发展通道。对于高层次科技创新人才来说，职业发展是影响流动的关键要素之一。畅通专业人才职业发展通道，完善专业人才职业发展体系，以体现专业人才的岗位价值，鼓励专业人才走职业化发展道路，引导专业技术人才一心一意在专业上作出贡献。使区域科技创新发展与人才职业发展相结合，实现共同促进与共同成长。二是进一步完善对优秀人才的激励机制，建立科学立体的人才考核标准，人才评价要建立分类指标体系，强化高层次人才年度竞聘机制，建立正常的人才竞争代谢机制，对考评优秀的人才予以一定的年终奖励，对承担技术类关键岗位工作的高层次科技创新人才建立特定的岗位津贴等。

3.2.5 完善人才服务体系

构建完善的人才服务体系，是形成人才有序流动的重要保障。养老、住房、医疗、子女教育、生活环境等在很大程度上影响着高层次科技人才的流动意愿及其工作稳定性。创造区域内公共服务各项制度的最大化便捷，如完善各地积分落户制度，进一步加大"人才公寓"等住房保障或补贴政策，对区域内高端急需紧缺人才，给予个人所得税优惠政策，打通各地医保卡、老年卡通用渠道，探索各高校之间学生互访互学、学分互认等方式，异地开设学校分校、医院分院，实现师资及医疗资源均衡化，促进区域公共服务资源共享化，推动诚信记录共享共用，建立区域内信息沟通和应急联动机制等，是引导和鼓励科技创新人才全心全意投入专业技术工作，解决高层次科技创新人才"后顾之忧"的有效手段。且政策稳定性应保持一定的周期，以此给予人才稳定的预期，有利于提高人才队伍的稳定性。

4 长三角一体化背景下民防科研人才的培养和流动

人民防空是国之大事，是国家战略，是长期战略。推动长三角区域民防科研协同发展，是落实长三角一体化发展国家战略的要求，也是发挥长三角优势、提升民防科研工作水平的现实需要。培养一批民防科研领域的高层次科技创新人才，是聚力科技赋能、铸盾强防的核心。探索加强长三角地区民防科研院所、高校、社会组织、相关单位等主体在涉及课题研究、宣传教育、人才培训等多领域的沟通联动，探索通过组建长三角民防科研创新中心、科技联盟等，搭建交流平台，强化人才与技术交流合作活动，建立定期人才交流合作机制，建立科技人才共同培养平台等。依托民防领域社会组织，充分发挥行业协会作用，可以协同开展学术研究、专业培训、技术论证、科研成果推广等工作。充分发挥上海核心城市作用，苏浙皖各扬所长，形成分工合理、优势互补、各具特色的区域协作发展格局，共同推进民防科研工作高质量发展。

5 结语

为更好实现长三角一体化高质量发展的战略目标，必须着力培养和使用高层次科技创新人才，提高人才流动效率，锻长板、补短板，进一步促进长三角各地优势互补。积极实现高端引领，整体推进。突出重点，全面布局，以学术技术带头人为引领，以实务型人才为主体，加快培养一批复合型、高层次、国际化的人才，推动人才资源的整体性开发，造就一支适应事业发展需要的高素质人才队伍。大力建设创新机制，夯实保障。深化人才工作体制机制改革，完善人才管理体制，遵循人才成长规律，进一步创新人才培养开发、考核评价、选拔使用、激励保障机制，构建有利于激发人才创造活力、促进人才健康成长、充分发挥人才作用的体制机制。加快统筹规划，合理布局。加强科学规划，统筹抓好科研人才、青年人才，推动人才结构优化，促进人才合理布局，形成统分结合、协调有效的人才工作机制。加快服务发展，人才优先。把服务长三角一体化高质量发展的大局作为人才工作的根本出发点和落脚点，把人才优先发展作为未来发展实施的关键举措。

参考文献

[1] 苏晓云. 高校专业动态调整机制的研究与实践 [J]. 文教资料，2014 (26): 71-72.